KB216897

앤서블
시작과 실행 3/e

앤서블
시작과 실행 3/e

구성 관리와 배포를 쉽게 자동화하는 방법

바스 마이어 · 로린 혹스테인 · 르네 모저 지음   양정열 옮김

i!i
에이콘

에이콘출판의 기틀을 마련하신 故 정완재 선생님 (1935-2004)

지은이 소개

바스 마이어^{Bas Meijer}

프리랜서 소프트웨어 엔지니어이자 데브옵스 코치다. 암스테르담대학교를 졸업했으며, 1990년대 초부터 웹 개발을 선도해 왔다. 고주파 거래, 은행, 클라우드 보안, 항공, 하이테크와 정부 분야에서 일했다. 2014년부터 앤서블 대사로 활동하고 있으며 2020년부터 2021년까지 하시코프^{HashiCorp} 대사로 활동했다.

로린 혹스테인^{Lorin Hochstein}

넷플릭스^{Netflix}의 카오스 팀에서 시니어 소프트웨어 엔지니어로 일하며 넷플릭스가 지속 가능한 상태를 유지할 수 있도록 노력하고 있다. 오라일리의 『OpenStack Operations Guide』 공동 저자이며 다수의 학술 논문을 발표했다.

르네 모저^{René Moser}

스위스에 거주하며 아내와 세 아이와 함께 살고 있고, 동작하고 확장이 가능한 단순한 것을 좋아한다. IT 분야 학위를 취득했다. 지난 15년 동안 오픈소스 커뮤니티에 참여해 왔으며, 최근에는 ASF CloudStack Committer(아파치 클라우드스택 프로젝트에 기여하는 개발자)로 활동하고 있고 앤서블 CloudStack 통합의 저자로 활동했다. 2016년 4월에 앤서블 커뮤니티 핵심 구성원이 되었으며, 현재 SwissTXT의 시니어 시스템 엔지니어로 활동하고 있다.

감사의 글

책 초고를 검토하고 피드백을 제공해 준 얀-피트 멘스[Jan-Piet Mens]와, 맷 제인스[Matt Jaynes], 존 자비스[John Jarvis]에게 감사드린다. 이 작업을 지원해 준 센드그리드[SendGrid]의 아이작 살다나[Isaac Saldana]와 마이크 로완[Mike Rowan]에게도 감사드린다. 앤서블을 만들고 그 주변 커뮤니티를 이끌어 온 것은 물론, 왜 '앤서블'이라는 이름을 선택했는지에 대한 설명을 포함해 책에 대한 피드백을 제공해 준 마이클 데한[Michael DeHaan]에게 감사드린다. 끝없는 인내심으로 함께 일해 준 편집자 브라이언 앤더슨[Brian Anderson]에게도 감사드린다.

내 가족에게 끊임없는 지지를 보내주는 부모님, 실제로 가족 중에서 글쓰기에 능숙한 형 에릭[Eric], 그리고 내 두 아들 밴자민[Benjamin]과 줄리안[Julian], 마지막으로 아내 스테이시[Stacy]에게 감사를 전한다.

— 로린

나의 가족, 지지와 사랑을 보내준 아내 시모네[Simone]와 삶에 기쁨을 준 세 아이들 길[Gil], 사리나[Sarina], 레안느[Léanne]에게 감사를 전한다. 또한 앤서블에 기여하는 모든 분께 감사의 말을 전하고 싶다. 그중에서도 특별히, 앤서블을 소개해 준 마티아스 블라저[Matthias Blaser]에게 감사드린다.

— 르네

90년대 초반 오라일리 도서를 접하게 해준 헹크 데 종^{Henk de Jongh}에게 감사드린다. 앤서블을 소개해 준 조르디 클레멘트^{Jordi Clement}에게도 감사드린다. 앤서블에 기여해 준 모든 분께 감사하다. 나를 있게 해준 훌륭한 팀(안트라시엣^{Antraciet}, IMC의 통합 및 엔지니어링, iWelcome, CD@GS, 벤도라^{Vendora}, CDaaS, 스핏파이어^{Spitfire}, 콜리브리^{Colibri}, 윌버^{Wilbur}, 덕테이프^{Duck Tape}, 퍼플^{Purple}, ICC) 그리고 프랭크 베제마^{Frank Bezema}와 베르너 다이커만^{Werner Dijkerman}에게 감사드린다. 오픈소스 개발을 지원해 준 지리 후그랜드^{Jiri Hoogland}와 볼라 다이내믹스^{Vola Dynamics}에게도 감사드린다. 톤 케르스텐^{Ton Kersten}과 케림 사티를리^{Kerim Satirli}에게 무한한 감사를 표한다! 리뷰를 해준 얀-피트 멘스^{Jan-Piet Mens}와 마렉 베트^{Marek Vette}, 존 커니프^{John Cunniff}에게도 감사의 말을 전하고 싶다. 세르주 반 긴데라흐터^{Serge van Ginderachter}와 루크 머피^{Luke Murphy}, 로버트 드 복^{Robert de Bock}, 빈센트 반 데르 쿠센^{Vincent van der Kussen}, 다그 위어스^{Dag Wieers}, 아르나브 신하^{Arnab Sinha}, 아난드 부데프^{Anand Buddhef}, 그리고 앤서블 베넬룩스 모임에서 멋진 프레젠테이션을 해주신 모든 분께도 진심으로 감사하다. 그분들이 없었다면 이 책을 집필할 수 없었을 것이다. 이 책을 편집해 준 사라 그레이^{Sarah Grey}에게도 감사드린다. 마지막으로 내 가족에게 모든 기쁨과 사랑을 전한다.

— 바스

옮긴이 소개

양정열(yjyeal@gmail.com)

국내 Telco SI/SM Software 개발자와 프로젝트 매니저로 일했다. 현재는 IT 및 정보보호, 개인정보보호 감사 업무를 하고 있으며, 강의/번역/저술 공동체 GoDev 멤버다.

옮긴이의 말

이 책은 현대 IT 자동화의 핵심 도구로 자리 잡은 앤서블에 대한 깊이 있는 이해를 제공한다. 초보자부터 전문가까지 다양한 수준의 독자들이 앤서블을 통해 인프라 관리와 애플리케이션 배포를 어떻게 간편하고 효율적으로 자동화할 수 있는지 배울 수 있도록 구성되어 있다. 앤서블의 기본 개념과 동작 원리의 설명을 시작으로, 앤서블이 왜 개발됐는지, 어떤 문제를 해결하는지, 그리고 기존의 자동화 도구와 어떤 차이점이 있는지 쉽게 이해할 수 있도록 풀어낸다. 이를 통해 앤서블의 에이전트리스^{Agentless} 아키텍처와 인간이 읽기 쉬운 YAML 형식의 플레이북을 작성하는 방법을 배우게 된다. 이러한 기초 지식은 앤서블을 처음 접하는 독자들이나 비기술적 배경을 가진 독자들도 쉽게 이해할 수 있다. 더불어, 앤서블을 실제로 어떻게 사용할 수 있는지를 다양한 예제를 통해 자세히 설명한다. 서버 설정 자동화, 클라우드 환경 관리, 애플리케이션 배포와 같은 일반적인 IT 작업부터 복잡한 네트워크 머신의 구성까지 다양한 시나리오를 다루고 있어, 실무에서 앤서블을 어떻게 활용할 수 있는지를 명확하게 이해할 수 있다. 이 과정에서 앤서블의 모듈과 플러그인을 활용해 효율적이고 재사용 가능한 자동화 작업을 구성하는 방법을 배울 수 있다. 또한 고급 사용자를 위한 심화 내용도 다룬다. 앤서블 타워^{Ansible Tower} 같은 관리 도구를 통해 대규모 인프라를 어떻게 모니터링하고 관리할 수 있는지, 그리고 멀티 클라우드 환경에서 앤서블을 활용하는 방법을 설명한다. 해당 장은 이미 앤서블을 사용하고 있는 전문가들이 좀 더 높은 수준의 자동화와 통합을 달성할 수 있도록 돕는다. 마지막으로, 앤서블의 최신 기능과 향후 발전 방향에 대한 통찰을 제공한다. 커뮤니티에서 활발히 기여하고 있는 오픈소스 프로젝트로서 앤서블이 어떻게 진화하고 있는지, 그리고 앞으로의 자동화 기술이 IT 인프라 관리에 미칠 영향을 살펴본다. 이를 통해 앤서블을 단순한 도구로서가 아닌, IT 자동화의 미래를 이끌어 갈 중요한 기술로 인식하게 될 것이다. 이 책은 앤서블을 배우고자 하는 모든 이에게 훌륭한 가이드가 될 것이다. 초보자에게는 친절한 입문서로, 전문가에게는 깊이 있는 참고서로 사용될 수 있으며, 누구나 IT 자동화의 혜택을 누릴 수 있도록 돕는다. 앤서블을 통해 자동화의 세계를 탐구하고, 복잡한 인프라 관리의 효율성을 극대화하고자 하는 모든 이들에게 이 책을 추천한다.

차례

아마존 EC2에 호스트 이름이 ec2-203-0-113-120.compute-1.amazonaws.com인 우분투 머신을 갖고 있다면 이 인벤토리 파일은 다음과 같은 모양이 될 것이다.

```
[webservers]
testserver ansible_host=ec2-203-0-113-120.compute- 1.amazonaws.com

[webservers:vars]
ansible_user=ec2-user
ansible_private_key_file=/path/to/keyfile.pem
```

 앤서블에서는 ssh-agent 프로그램을 지원하기 때문에 명시적으로 SSH 키 파일을 자신의 인벤토리 파일에 지정하지 않아도 된다. 자신의 사용자 ID를 사용해 로그인하는 경우에도 마찬가지로 해당 내용을 지정하지 않아도 된다.

앤서블 명령줄 도구를 사용해 앤서블에서 서버에 접속할 수 있는지 확인한다. 앤서블 명령은 자주 사용하지 않는다. 대부분 임시로 사용하거나 일회성 작업에 사용한다.

다음과 같이 앤서블에서 vagrant.ini라는 이름의 인벤토리 파일에 작성된 testserver라는 서버로 접속하고 ping 모듈을 호출한다.

```
$ ansible testserver -i inventory/vagrant.ini -m ping
```

자신의 로컬 SSH 클라이언트에서 호스트 키$^{host-key}$ 확인이 활성화되어 있다면 앤서블에서 최초로 서버에 접속할 때 다음과 같은 내용을 보게 될 것이다.

```
The authenticity of host '[127.0.0.1]:2222 ([127.0.0.1]:2222)' can't be
established.
ED25519 key fingerprint is SHA256:6l2Lg8/EBqMFstGNPqFtLychVkxRxqdvRhvLlv/Tj1E.
Are you sure you want to continue connecting (yes/no)?
```

여기서는 **yes**를 입력한다.

잘 진행됐다면 다음과 같은 내용이 출력된다.

```
testserver | SUCCESS => {
```

```
    "ansible_facts": {
      "discovered_interpreter_python": "/usr/bin/python3"
    },
    "changed": false,
    "ping": "pong"
}
```

 앤서블이 실행되지 않으면 -vvvv 플래그를 추가해 오류에 관한 더 자세한 내용을 확인한다.

```
$ ansible testserver -i inventory/vagrant.ini -m ping -vvvv
```

해당 모듈이 성공적으로 실행됐다는 내용을 확인할 수 있다. 출력된 내용의 "changed": false라는 부분에서는 모듈 실행이 서버의 상태를 변경하지 않았음을 알 수 있다. "ping": "pong" 텍스트 출력 내용은 ping 모듈에 따라 다르다.

ping 모듈은 앤서블에서 해당 서버로 SSH 세션을 시작할 수 있는지 확인하는 것 외에는 어떤 동작도 하지 않는다. 즉, 앤서블에서 여러 서버에 접속할 수 있는지 확인하는 용도의 도구이며, 규모가 큰 플레이북을 시작할 때 아주 유용하다.

ansible.cfg 파일을 통한 단순화

앤서블에서 자신의 테스트 서버로 ping을 하기 위해 많은 내용을 입력을 해야 했다. 다행히도 앤서블에서는 이러한 여러 변수를 구성할 수 있는 방법을 제공하므로 모든 변수를 한 곳에 두지 않아도 된다. 지금은 그러한 방식의 하나인 ansible.cfg 파일을 추가하고 기본적인 사항 몇 가지를 설정해 명령줄에서 많은 내용을 입력할 필요가 없게 한다.

 ansible.cfg 파일을 어느 위치에 둬야 할까?

앤서블에서는 다음 위치에서 순서대로 ansible.cfg 파일을 찾는다.

- ANSIBLE_CONFIG 환경 변수에 지정된 파일
- ./ansible.cfg(현재 디렉터리의 ansible.cfg)
- ~/.ansible.cfg(사용자 홈 디렉터리의 .ansible.cfg)

- /etc/ansible/ansible.cfg(리눅스) 또는 /usr/local/etc/ansible/ansible.cfg(*BSD)

이 책에서는 일반적으로 현재 디렉터리에 플레이북과 함께 ansible.cfg를 둔다. 이렇게 하면 플레이북과 동일한 버전 관리 저장소에서 ansible.cfg를 확인할 수 있다. 그리고 프로젝트에 사용되는 설정 파일이 될 가능성도 늘어난다.

예제 2-2에서는 ansible.cfg 파일을 보여준다. 이 파일에 인벤토리 파일(inventory)의 위치를 지정하고 파라미터를 설정한다. 해당 파라미터는 앤서블 실행 방식에 영향을 준다(예: 출력 표시 방식).

로그인하게 될 사용자와 이 사용자의 SSH 개인 키는 자신이 사용하는 인벤토리에 따라 다르기 때문에 해당 인벤토리 파일에서 **vars** 블록을 사용하는 편이 ansible.cfg 파일에서 연결 파라미터 값을 지정하는 것보다 실용적이다. ansible.cfg나 인벤토리 파일에 개인 키 파일 이름을 추가할 수 있지만, 그렇게 하면 여러 사용자에게 자신의 프로젝트를 공유할 수 있는 유연함이 줄어든다. 대안은 암묵적으로 자신의 SSH 설정을 따르는 방법이 있다.

예제 ansible.cfg에서 SSH 호스트 키 확인도 비활성화한다. 이렇게 하면 베이그런트 머신을 다룰 때 편리하다. 그렇지 않으면 베이그런트 머신을 삭제하고 다시 생성할 때마다 ~/.ssh/known_hosts 파일을 수정해야 한다. 하지만 호스트 키 확인을 비활성화하면 네트워크를 통해 서버에 접속할 때 보안상의 위험이 따를 수 있다.

예제 2-2 ansible.cfg

```
[defaults]
inventory = inventory/vagrant.ini
host_key_checking = False
stdout_callback = yaml
callback_enabled = timer
```

앤서블과 버전 관리

앤서블에서는 인벤토리 파일의 기본 위치로 /etc/ansible/hosts를 사용한다. 동일한 디렉터리에 인벤토리 파일을 플레이북 등과 함께 두는 방법은 글로벌 인벤토리가 아닌 프로젝트별로 인벤토리를 지정할 수 있게 해준다. 인벤토리에서 프로젝트를 분리하면 다른 사람이 소유한 시스템에서 해당 프로젝트를 쉽게 재사용할 수 있다.

이 책에서는 버전 관리를 다루지 않지만 깃 버전 관리 시스템을 통해 잊지 말고 자기 플레이북의 모든 변경사항을 저장하기를 강력하게 권고한다. 자신이 개발자라면 이미 버전 관리 시스템에 익숙할 것이다. 만약 시스템 관리자이고 아직 버전 관리 시스템을 사용해 보지 않았다면 깃은 실제로 IaC(Infrastructure as Code)를 시작하기에 완벽한 도구다.

다음과 같이 자신이 설정한 기본값을 사용해 -i 호스트 이름 인수(인벤토리)를 전달하지 않고 앤서블을 호출할 수 있다.

```
$ ansible testserver -m ping
```

ansible 명령줄 도구를 사용해 여러 원격 시스템에 PSSH^Parallel SSH와 같은 임의의 여러 가지 명령을 실행한다. command 모듈을 사용해 임의의 명령을 실행할 수 있다. 이 모듈을 호출하는 경우 해당 명령을 실행하기 위해 -a 플래그와 함께 인수를 전달해야 한다.

예컨대, 자기 서버의 가동 시간^uptime을 확인하기 위해서는 다음과 같이 사용할 수 있다.

```
$ ansible testserver -m command -a uptime
```

실행 결과는 다음과 같다.

```
testserver | CHANGED | rc=0 >>
  10:37:28 up 2 days, 14:11, 1 user, load average: 0.00, 0.00, 0.00
```

command 모듈은 기본 모듈이며 아주 일반적으로 사용되므로 다음과 같이 생략할 수 있다.

```
$ ansible testserver -a uptime
```

자신의 명령에 공백이나 따옴표를 사용한다면 셸에서는 전체 문자열을 하나의 인수로 앤서블에 전달한다. 예컨대, /var/log/dmesg 로그 파일에서 마지막 열 줄을 보려면 다음과 같이 한다.

```
$ ansible testserver -a "tail /var/log/dmesg"
```

베이그런트 머신의 출력 결과는 다음과 같다.

```
testserver | CHANGED | rc=0 >>
[ 9.940870] kernel: 14:48:17.642147 main    VBoxService 6.1.16_Ubuntu r140961
(verbosity: 0) linux.amd64 (Dec 17 2020 22:06:23) release log
                 14:48:17.642148 main    Log opened 2021-04-18T14:48:17.642143000Z
[ 9.941331] kernel: 14:48:17.642623 main    OS Product: Linux
[ 9.941419] kernel: 14:48:17.642718 main    OS Release: 5.4.0-72-generic
[ 9.941506] kernel: 14:48:17.642805 main    OS Version: #80-Ubuntu SMP Mon Apr 12
17:35:00 UTC 2021
[ 9.941602] kernel: 14:48:17.642895 main    Executable: /usr/sbin/VBoxService
                 14:48:17.642896 main    Process ID: 751
                 14:48:17.642896 main    Package type: LINUX_64BITS_GENERIC
                 (OSE)
[ 9.942730] kernel: 14:48:17.644030 main 6.1.16_Ubuntu r140961 started.
Verbose level = 0
[ 9.943491] kernel: 14:48:17.644783 main    vbglR3GuestCtrlDetectPeekGetCancelSupport:
Supported (#1)
```

특별한 접근 권한이 필요한 경우에는 -b나 --become 플래그를 앤서블에 전달해 루트 사용자가 되도록 지시한다. 유닉스나 리눅스에서는 보통 sudo와 같은 권한 설정 도구에서 처리된다. 이 책의 베이그런트 예제에서는 이러한 부분이 자동으로 처리된다.

예컨대, 다음과 같이 /var/log/syslog에 접근하는 경우 상위 권한이 필요하다.

```
$ ansible testserver -b -a "tail /var/log/syslog"
```

실행 결과는 다음과 같다.

```
testserver | CHANGED | rc=0 >>
Apr 23 10:39:41 ubuntu-focal multipathd[471]: sdb: failed to get udev uid:
Invalid argument
```

```
Apr 23 10:39:41 ubuntu-focal multipathd[471]: sdb: failed to get sysfs uid: No
data available
Apr 23 10:39:41 ubuntu-focal multipathd[471]: sdb: failed to get sgio uid: No
data available
Apr 23 10:39:42 ubuntu-focal multipathd[471]: sda: add missing path
Apr 23 10:39:42 ubuntu-focal multipathd[471]: sda: failed to get udev uid:
Invalid argument
Apr 23 10:39:42 ubuntu-focal multipathd[471]: sda: failed to get sysfs uid: No
data available
Apr 23 10:39:42 ubuntu-focal multipathd[471]: sda: failed to get sgio uid: No
data available
Apr 23 10:39:43 ubuntu-focal systemd[1]: session-95.scope: Succeeded.
Apr 23 10:39:44 ubuntu-focal systemd[1]: Started Session 97 of user vagrant.
Apr 23 10:39:44 ubuntu-focal python3[187384]: ansible-command Invoked with
_raw_params=tail /var/log/syslog warn=True _uses_shell=False stdin_add_newline=True
strip_empty_ends=True argv=None chdir=None executable=None creates=None
removes=None stdin=None
```

이 실행 결과에서 앤서블이 실행되면 앤서블에서 syslog를 기록한다는 것을 알 수 있다.

ansible 명령줄 도구 사용은 ping과 command 모듈로 제한되지 않는다. 즉, 원하는 아무 모듈이나 사용할 수 있다. 예를 들면, 다음 명령을 사용해 우분투에 엔진엑스를 설치할 수 있다.

```
$ ansible testserver -b -m package -a name=nginx
```

엔진엑스 설치에 실패하는 경우 해당 패키지 리스트를 업데이트해야 할 수 있다. 해당 패키지를 설치하기 전에 앤서블에서 apt-get update와 동일한 내용을 실행하도록 지시하려면 name=nginx를 name=nginx update_cache=yes로 변경한다.

다음과 같이 엔진엑스를 재시작할 수 있다.

```
$ ansible testserver -b -m service -a "name=nginx state=restarted"
```

루트만 엔진엑스 패키지를 설치하고 서비스를 재시작할 수 있으므로 루트 사용자가 되도록 -b 인수를 사용해야 한다.

익숙함과 결별하라

이 책에서는 테스트 서버의 설정을 개선할 것이므로 자신의 첫 번째 가상 머신에 집착하지 마라. 지금은 다음 명령을 사용해 제거한다.

```
$ vagrant destroy -f
```

편리한 베이그런트 설정 옵션

베이그런트에서는 가상 머신에서 사용할 수 있는 여러 가지 설정 옵션을 제공하지만 베이그런트로 테스트할 때 특히 유용한 두 가지 옵션이 존재한다. 특정 IP 주소 설정과 에이전트 포워딩 활성화 옵션이 바로 그것이다.

포트 포워딩과 사설 IP 주소

vagrant init 명령을 사용해 새로운 Vagrantfile을 생성하는 경우 기본 네트워크 설정은 localhost에서 포워딩된 SSH 포트를 통해서만 베이그런트 박스box에 접근할 수 있도록 허용한다. 처음으로 실행한 베이그런트 머신에서는 2222번 포트를 포워딩하고 그다음으로 실행한 이후 베이그런트 머신에서는 모두 다른 포트를 포워딩하게 된다. 결국 기본 설정의 베이그런트 머신에 접속할 수 있는 유일한 방법은 SSH를 사용해 2222번 포트로 localhost에 접근하는 것이다. 베이그런트에서는 이 포트를 베이그런트 머신의 22번 포트로 포워딩한다.

기본 설정은 웹 기반 애플리케이션을 테스트하기에는 그다지 유용하지 않다. 그 이유는 웹 애플리케이션에서 수신 대기하는 포트에 접근하기가 용이하지 않기 때문이다.

이를 우회할 수 있는 방법은 두 가지다. 한 가지는 베이그런트에서 다른 포트를 포워딩하도록 지정하는 것이다. 예를 들어, 자신의 베이그런트 머신에 있는 웹 애플리케이션에서 80번 포트를 수신하고 있는 경우 로컬 머신의 8040번 포트를 80번 포트로 포워딩하도록 베이그런트를 구성한다. 또는 로컬의 8443번 포트를 게스트guest의 443번 포트로 포워딩할 수도 있다.

그림 2-1에서 볼 수 있듯이, 자신의 로컬 머신에서 8080번 포트와 8443번 포트의 브라우저 요청을 베이그런트 머신의 80번 포트와 443번 포트로 포워딩하도록 베이그런트를 구성한다. 이렇게 하면 http://localhost:8080과 https://localhost:8443으로 베이그런트에서 동작하는 웹 서버에 접근할 수 있다.

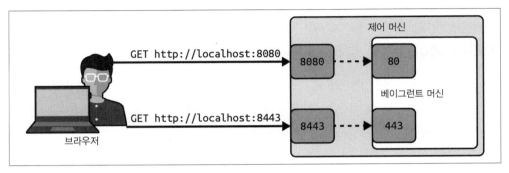

그림 2-1 베이그런트 머신의 포트 노출

예제 2-3에서는 Vagrantfile을 수정해 포트 포워딩을 설정하는 방법을 설명한다.

예제 2-3 로컬 머신의 8000번 포트를 베이그런트 머신의 80번 포트로 포워딩

```
# Vagrantfile
VAGRANTFILE_API_VERSION = "2"

Vagrant.configure(VAGRANTFILE_API_VERSION) do |config|
  # 다른 설정 옵션들은 생략됨
  config.vm.network :forwarded_port, host: 8000, guest: 80
  config.vm.network :forwarded_port, host: 8443, guest: 443
end
```

로컬 네트워크의 다른 머신으로 포트 포워딩도 가능하므로 베이그런트 머신에 고유한 IP 주소를 할당하는 것이 더 유용하다. 그렇게 하면 베이그런트와의 상호작용이 사설망에 있는 원격 서버와 상호작용하는 것과 비슷해진다. 즉, localhost의 8000번 포트로 연결하지 않고 해당 머신의 IP와 80번 포트로 직접 접속할 수 있고, 포트 포워딩을 하지 않는다면 자신만 접속할 수 있다.

간단한 방법은 사설 IP를 머신에 할당하는 것이다. 예제 2-4에서는 Vagrantfile을 수정해 192.168.33.10 IP 주소를 머신에 할당하는 방식을 보여준다.

예제 2-4 베이그런트 머신에 사설 IP 할당

```
# Vagrantfile
VAGRANTFILE_API_VERSION = "2"

Vagrant.configure(VAGRANTFILE_API_VERSION) do |config|
  # 다른 설정 옵션들은 생략됨

  config.vm.network "private_network", ip: "192.168.33.10"
end
```

베이그런트 머신의 80번 포트에서 웹 서버를 실행한다면 http://192.168.33.10으로 이 서버에 접속할 수 있다.

이 설정에서는 베이그런트 **사설 네트워크**private network를 사용한다. 해당 머신은 베이그런트를 실행하는 머신에서만 접근할 수 있다. 다른 물리 머신에서는 이 IP 주소에 접근할 수 없으며, 베이그런트를 실행하는 머신과 동일한 네트워크에 있더라도 마찬가지다. 하지만 베이그런트 머신에서는 서로 다른 베이그런트 머신에 접속할 수 있다.

다양한 네트워크 설정 옵션에 관한 더 자세한 사항은 베이그런트 문서(https://oreil.ly/EXvBL)를 확인한다.

에이전트 포워딩 활성화

SSH로 원격 깃 저장소에서 체크아웃하고 에이전트 포워딩을 사용해야 한다면, SSH를 통해 에이전트에 연결할 때 베이그런트에서 에이전트 포워딩을 활성화하도록 베이그런트 머신을 설정해야 한다(예제 2-5 참고).

예제 2-5 에이전트 포워딩 활성화

```
# Vagrantfile
```

```
VAGRANTFILE_API_VERSION = "2"

Vagrant.configure(VAGRANTFILE_API_VERSION) do |config|
  # 다른 설정 옵션들은 생략됨
  # SSH 에이전트 포워딩 활성화
  config.ssh.forward_agent = true
end
```

도커 프로비저너

다양한 리눅스 배포판과 컨테이너 런타임에서 컨테이너의 동작을 비교해야 할 경우가 있다. 베이그런트에서는 박스에서 가상 머신을 생성하고, 도커^{Docker}나 포드맨^{Podman}을 설치하고, 컨테이너 이미지를 실행하는 작업을 다음과 같이 자동으로 한 번에 처리할 수 있다.

```
Vagrant.configure("2") do |config|
  config.vm.box = "ubuntu/focal64"
  config.vm.provision "docker" do |d|
    d.run "nginx"
  end
end
```

앤서블 로컬 프로비저너

베이그런트는 **프로비저너**^{provisioner}라고 하는 외부 도구를 제공하며 이 도구는 가상 머신이 실행된 후 가상 머신을 설정하는 데 사용한다. 베이그런트에서는 앤서블과 더불어 셰프^{Chef}와 퍼펫^{Puppet}, 솔트^{Salt}, CFEngine 등의 셸 스크립트를 사용해 프로비저닝을 할 수 있다.

예제 2-6에서는 ansible_local을 사용해 구성한 Vagrantfile을 보여준다. ansible_local은 가상 머신에 앤서블을 설치하고 프로비저너로 사용한다. 더 자세하게 말하자면, playbook.yml이라고 하는 앤서블 플레이북을 사용한다.

```
VAGRANTFILE_API_VERSION = "2"
Vagrant.configure(VAGRANTFILE_API_VERSION) do |config|
  config.vm.box = "ubuntu/xenial64"
  config.vm.provision "ansible_local" do |ansible|
    ansible.compatibility_mode = "2.0"
    ansible.galaxy_role_file = "roles/requirements.yml"
    ansible.galaxy_roles_path = "roles"
    ansible.playbook = "playbook.yml"
    ansible.verbose = "vv"
  end
end
```

따라서 Vagrantfile에 `config.vm.provision "ansible_local"`을 포함시켰다면 자신의 머신에 앤서블을 설치하지 않아도 된다. 이 설정으로 앤서블이 설치되고 가상 머신에서 실행된다. Vagrantfile에서 `config.vm.provision "ansible"`을 사용하면 프로비저너는 자신의 머신에서 앤서블을 사용한다. 샘플 코드의 여러 가지 예를 원하는 대로 변경해 보기 바란다.

프로비저너 실행 시점

처음으로 베이그런트를 구동하면 베이그런트에서는 프로비저너를 실행하고 프로비저너가 실행됐음을 기록한다. 해당 가상 머신을 중단하고 다시 시작하게 되면 베이그런트에서는 프로비저너가 이미 실행됐다는 사실을 기억하고 있으므로 다시 실행하지 않는다.

다음 명령으로 베이그런트에서 실행 중인 가상 머신에 대해 프로비저너가 강제로 실행되도록 할 수 있다.

```
$ vagrant provision
```

다음과 같이 가상 머신을 재부팅하고 그 이후 프로비저너를 실행할 수도 있다.

```
$ vagrant reload --provision
```

마찬가지로 중지된 가상 머신을 시작하고 베이그런트에서 프로비저너를 실행하도록 할
수 있다.

```
$ vagrant up --provision
```

또는 가상 머신을 시작하고 프로비저너는 실행하지 않을 수 있다.

```
$ vagrant up --no-provision
```

이러한 명령은 명령줄에서 플레이북을 실행하기 위해 태그나 제약사항 등과 함께 자주
사용한다.

베이그런트 플러그인

베이그런트는 플러그인plug-in을 통해 확장 가능하다. 최신 버전에서는 사용하려는 플러
그인을 지정하기만 하면 된다. vagrant-hostmanager와 vagrant-vbguest에 대한 예를
살펴보자.

```
config.vagrant.plugins = ["vagrant-hostmanager", "vagrant-vbguest"]
```

hostmanager

vagrant-hostmanager 플러그인은 호스트명을 통해 여러 가상 머신에 접근하는 데 도움
을 준다. 이 플러그인에서는 다음과 같은 설정에 따라 게스트의 /etc/hosts를 수정하여
호스트명을 변경한다. 또한 호스트의 정보도 변경한다.

```
# /etc/hosts 파일 관리
config.hostmanager.enabled = true
config.hostmanager.include_offline = true
config.hostmanager.manage_guest = true
config.hostmanager.manage_host = true
```

vbguest

`vagrant-vbguest` 플러그인은 버추얼박스에서 동작하며 게스트 가상 머신에 Guest Additions를 자동으로 설치하거나 업데이트해 준다. 바스는 보통 이러한 기능을 맥OS에서 비활성화한다. 그 이유는 게스트와 맥OS 사이에 파일 공유 기능이 충분히 빠르고 안정적이지 않기 때문이다. 더욱이 호스트와 게스트 사이에서 파일을 공유하는 방식은 소프트웨어를 개발 환경에서부터 테스트, 스테이징, 상용 환경까지 배포하는 방식과는 다르다. 하지만 윈도우에서 앤서블을 학습하는 용도로는 나쁘지 않다.

```
# 게스트 추가 기능 업데이트
if Vagrant.has_plugin?("vagrant-vbguest")
  config.vbguest.auto_update = true
end
```

버추얼박스 사용자화

버추얼박스에서는 가상 머신의 속성과 형태를 정의할 수 있다. 다음은 정의한 예다.

```
host_config.vm.provider "virtualbox" do |vb|
  vb.name = "web"
  virtualbox.customize ["modifyvm", :id,
      "--audio", "none",
      "--cpus", 2,
      "--memory", 2048,
      "--graphicscontroller", "VMSVGA",
      "--vram", "64"
    ]
end
```

Vagrantfile은 루비다

자신의 편집기에 문법을 강조하는 기능이 있다면, 베이그런트 2 파일은 루비^{Ruby} 인터프리터로 실행된다는 사실을 알아두면 좋다. 변수를 선언하고 제어 구조와 반복문 등을 사용할 수 있다. 이 책과 함께 제공되는 소스 코드에는 그림 2-2에서 볼 수 있는 것처럼 15개의 다양한 리눅스 배포판에서 사용할 수 있는 더 개선된 Vagrantfile 예제(https:// oreil.ly/h1jTF)가 존재한다.

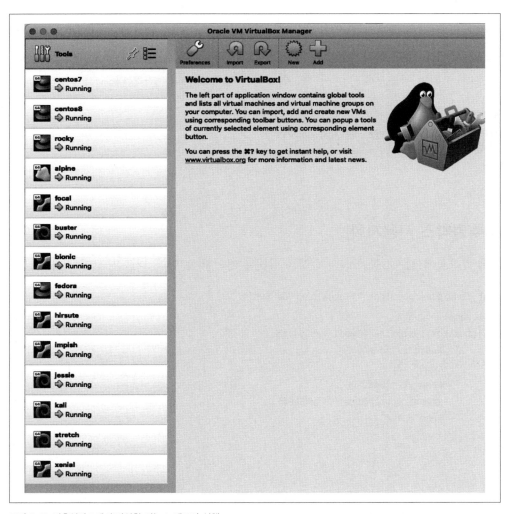

그림 2-2 버추얼박스에서 다양한 리눅스 배포판 실행

다음과 같은 요소를 포함하는 게스트 설정용 JSON 파일을 사용한다.

```
[
  {
    "name": "centos8",
    "cpus": 1,
    "distro": "centos",
    "family": "redhat",
    "gui": false,
    "box": "centos/stream8",
    "ip_addr": "192.168.56.6",
    "memory": "1024",
    "no_share": false,
    "app_port": "80",
    "forwarded_port": "8006"
  },
  {
    "name": "focal",
    "cpus": 1,
    "distro": "ubuntu",
    "family": "debian",
    "gui": false,
    "box": "ubuntu/focal64",
    "ip_addr": "192.168.56.8",
    "memory": "1024",
    "no_share": false,
    "app_port": "80",
    "forwarded_port": "8008"
  }
]
```

Vagrantfile에는 다음과 같이 이름을 입력해 게스트를 생성할 수 있는 몇 가지 구성 방법이 있다.

```
$ vagrant up focal
```

다음은 Vagrantfile이다.

```
Vagrant.require_version ">= 2.0.0"
```

```ruby
# JSON 모듈 불러오기
require 'json'
# 설정 세부 정보를 포함한 JSON 파일 읽기
f = JSON.parse(File.read(File.join(File.dirname(__FILE__), 'config.json')))
# 마운트에 사용할 로컬 PATH_SRC
$PathSrc = ENV['PATH_SRC'] || "."
Vagrant.configure(2) do |config|
  config.vagrant.plugins = ["vagrant-hostmanager", "vagrant-vbguest"]
  # 기본 이미지를 업데이트할지 확인
  config.vm.box_check_update = true
  # 부팅 시간을 더 길게 설정
  config.vm.boot_timeout = 1200
  # 게스트 추가 기능 업데이트 비활성화
  if Vagrant.has_plugin?("vagrant-vbguest")
    config.vbguest.auto_update = false
  end
  # SSH 에이전트 포워딩 활성화
  config.ssh.forward_agent = true
  # 표준 Vagrant SSH 키 사용
  config.ssh.insert_key = false
  # /etc/hosts 파일 관리
  config.hostmanager.enabled = true
  config.hostmanager.include_offline = true
  config.hostmanager.manage_guest = true
  config.hostmanager.manage_host = true
  # JSON 파일의 항목을 순회하며 설정
  f.each do |g|
    config.vm.define g['name'] do |s|
      s.vm.box = g['box']
      s.vm.hostname = g['name']
      s.vm.network 'private_network', ip: g['ip_addr']
      s.vm.network :forwarded_port,
        host: g['forwarded_port'],
        guest: g['app_port']
      # 파일 공유를 활성화하려면 no_share를 false로 설정
      s.vm.synced_folder ".", "/vagrant", disabled: g['no_share']
      s.vm.provider :virtualbox do |virtualbox|
        virtualbox.customize ["modifyvm", :id,
          "--audio", "none",
          "--cpus", g['cpus'],
```

```
            "--memory", g['memory'],
            "--graphicscontroller", "VMSVGA",
            "--vram", "64"
        ]
        virtualbox.gui = g['gui']
        virtualbox.name = g['name']
      end
    end
  end
  config.vm.provision "ansible_local" do |ansible|
    ansible.compatibility_mode = "2.0"
    ansible.galaxy_role_file = "roles/requirements.yml"
    ansible.galaxy_roles_path = "roles"
    ansible.playbook = "playbook.yml"
    ansible.verbose = "vv"
  end
end
```

각 가상 머신에 대한 속성값은 config.json 파일에 구성된다.

상용 환경 설정

앤서블에서는 SSH를 사용해 리눅스/맥OS/BSD 머신에 접속하고 WinRM을 통해 윈도우 머신에 접속한다. 네트워크 머신은 HTTPS나 SSH로 관리할 수 있다. 관리 대상 호스트에는 추가적인 소프트웨어가 필요치 않다. 단, 리눅스/맥OS/BSD 머신에는 파이썬이, 윈도우 머신에는 파워셸이 있어야 한다.

전통적인 시스템 관리자는 시스템 권한이 필요한 도구를 도입할 때 신중해진다. 왜냐하면 보통 시스템 관리자만이 이러한 권한을 갖기 때문이다. 일반적으로 유닉스에서는 sudo 도구를 사용해 /etc/sudoers.d/에 신중하게 만든 파일을 통해 개발자에게 특정 명령을 위임하는 방법을 사용한다.

하지만 이러한 방식은 앤서블에서 사용할 수 없고 rbash와 같은 제한적인 셸도 사용할 수 없다. 앤서블에서는 다양한 파이썬 스크립트에서 사용하기 위해 임의의 이름을 가진 임시 디렉터리를 만드는 반면 sudo에서는 정확한 명령을 사용해야 한다. 이 문제를 해결할 수 있는 대안으로는 스테이징 환경에서 관심사를 내용의 변경이 아닌 버전 관리로 전환하고, 다음과 같이 ansible 그룹에서 사용하기 위한 sudoers 파일을 두는 방법이 있다.

```
%ansible    ALL=(ALL) ALL
```

요약

2장에서는 앤서블을 설치하는 방법과 앤서블 학습을 위해 버추얼박스와 베이그런트를 통해 테스트 환경을 만드는 방법을 간략하게 살펴봤다. 베이그런트에서는 이 장에서는 다루지 않은 여러 가지 다양한 옵션이 제공된다. 더 자세한 내용은 베이그런트 공식 문서를 살펴보기 바란다. 베이그런트를 모두 설명하는 것은 이 책의 범위 밖이다. 좀 더 자세한 정보는 베이그런트를 만든 미첼 하시모토^{Mitchell Hashimoto}의 『Vagrant: Up and Running』(오라일리)을 살펴보기 바란다.

3장

플레이북 시작하기

앤서블을 시작할 때 해야 하는 여러 가지 일 중 첫 번째는 플레이북을 작성하는 것이다. 플레이북은 앤서블의 설정 관리 스크립트에서 사용하는 용어다. 다음 예제를 살펴보자. 이 예제는 엔진엑스 웹 서버를 설치하고 보안 통신을 설정하는 플레이북이다.

이 장을 진행하면서 다음과 같은 디렉터리 트리 구조의 리스트를 만나게 될 것이다.

```
.
├── Vagrantfile
├── ansible.cfg
├── files
│   ├── index.html
│   ├── nginx.conf
│   ├── nginx.crt
│   └── nginx.key
├── inventory
│   └── vagrant.ini
├── requirements.txt
├── templates
│   ├── index.html.j2
│   └── nginx.conf.j2
├── webservers-tls.yml
├── webservers.yml
└── webservers2.yml
```

준비 단계

자신의 Vagrantfile을 다음과 같이 수정한다.

```
Vagrant.configure(2) do |config|
  config.vm.box = "ubuntu/focal64"
  config.vm.hostname = "testserver"
  config.vm.network "forwarded_port",
    id: 'ssh', guest: 22, host: 2202, host_ip: "127.0.0.1", auto_correct: false
  config.vm.network "forwarded_port",
    id: 'http', guest: 80, host: 8080, host_ip: "127.0.0.1"
  config.vm.network "forwarded_port",
    id: 'https', guest: 443, host: 8443, host_ip: "127.0.0.1"
  # 게스트 추가 기능 업데이트 비활성화
  if Vagrant.has_plugin?("vagrant-vbguest")
    config.vbguest.auto_update = false
  end
  config.vm.provider "virtualbox" do |virtualbox|
    virtualbox.name = "ch03"
  end
end
```

여기서는 로컬 머신의 8080번 포트를 베이그런트 머신의 80번 포트와 매핑하고 로컬 머신의 8443번 포트와 베이그런트 머신의 443 포트를 매핑한다. 그리고 1장의 다른 머신을 계속해서 사용하고 싶을 수 있으므로 특정 가상 머신을 위해 포워딩 포트인 2202번 포트를 예약한다. 이러한 내용을 적용했다면 다음 명령을 실행해 베이그런트에서 변경사항이 반영되도록 한다.

$ vagrant up

다음과 같은 내용이 포함된 출력 결과를 확인할 수 있다.

```
==> default: Forwarding ports...
    default: 22 (guest) => 2202 (host) (adapter 1)
    default: 80 (guest) => 8080 (host) (adapter 1)
    default: 443 (guest) => 8443 (host) (adapter 1)
```

이제 자신의 테스트 서버가 구동되어 실행 중이다.

아주 간단한 플레이북

첫 번째 플레이북 예제에서는 단순한 HTTP 서버를 실행하는 호스트를 구성한다.
webservers.yml(예제 3-1)의 플레이북을 실행하면 어떤 일이 일어나는지 살펴본 후 플
레이북의 내용을 자세히 알아본다. 이 예제는 이러한 목적을 달성하기 위한 아주 간단
한 플레이북이며, 추후 개선을 위한 여러 가지 방법을 알아보겠다.

예제 3-1 webservers.yml

```
---

- name: Configure webserver with nginx
  hosts: webservers
  become: True
  tasks:
    - name: Ensure nginx is installed
      package: name=nginx update_cache=yes

    - name: Copy nginx config file
      copy:
        src: nginx.conf
        dest: /etc/nginx/sites-available/default

    - name: Enable configuration
      file: >
        dest=/etc/nginx/sites-enabled/default
        src=/etc/nginx/sites-available/default
        state=link

    - name: Copy index.html
      template: >
        src=index.html.j2
        dest=/usr/share/nginx/html/index.html

    - name: Restart nginx
```

```
    service: name=nginx state=restarted
...
```

엔진엑스 설정 파일 지정

이 플레이북에서는 엔진엑스 설정 파일을 필요로 한다.

엔진엑스에는 설정 파일이 포함되며, 정적인 파일만을 제공할 경우 그대로 사용할 수 있다. 하지만 이 파일은 언제나 사용자 정의하여 사용하게 되므로, 이 플레이북의 일부로서 이 기본 설정 파일을 자신에게 맞게 다시 작성한다. 나중에 살펴보겠지만 TLS가 지원되도록 설정을 변경할 것이다. 예제 3-2에서는 기본 엔진엑스 설정 파일을 보여준다. 이 내용을 playbooks/files/nginx.conf에 추가한다.[1]

예제 3-2 nginx.conf

```
server {
  listen 80 default_server;
  listen [::]:80 default_server ipv6only=on;

  root /usr/share/nginx/html;
  index index.html index.htm;

  server_name localhost;

  location / {
    try_files $uri $uri/ =404;
  }
}
```

웹 페이지 생성

다음으로 간단한 웹 페이지를 만든다. 앤서블은 템플릿 파일에서 HTML 페이지를 만들

---

1   여기서는 이 파일을 nginx.conf라고 했지만, 기본 /etc/nginx.conf 설정 파일이 아닌 sites-enabled/default라고 하는 엔진엑스 서버 블록 설정 파일을 대체하게 된다.

어 낼 수 있다. 예제 3-3의 내용을 playbooks/templates/index.html.j2에 추가한다.

예제 3-3 playbooks/templates/index.html.j2

```
<html>
  <head>
    <title>Welcome to ansible</title>
  </head>
  <body>
  <h1>Nginx, configured by Ansible</h1>
  <p>If you can see this, Ansible successfully installed nginx.</p>

  <p>Running on {{ inventory_hostname }}</p>
  </body>
</html>
```

이 템플릿에서는 특별한 앤서블 변수인 inventory_hostname을 참조한다. 앤서블에서 템플릿을 렌더링할 때 이 변수가 인벤토리의 호스트 이름으로 대체된다(그림 3-1 참고). 렌더링된 HTML에는 이 페이지가 웹 브라우저에서 어떻게 출력될지 지정된다.

앤서블에서는 files라는 하위 디렉터리에서 파일을 복사하거나, templates라는 하위 디렉터리에서 Jinja2 템플릿을 제공받는 것이 규칙이다. 그리고 앤서블에서는 이와 같은 디렉터리를 자동으로 탐색한다. 따라서 이 책 전반에서 이 규칙을 따른다.

그림 3-1 렌더링된 HTML

그룹 생성

webservers 그룹을 인벤토리 파일에 생성해 보자. 그렇게 하면 이 그룹을 플레이북에서 참조할 수 있다. 지금은 이 그룹에 하나의 테스트 서버만 존재한다.

가장 단순한 인벤토리 파일은 .ini 파일 형식이다. 이 책에서 나중에 이 형식에 관해 더 자세히 알아본다. 자신의 playbooks/inventory/vagrant.ini 파일을 예제 3-4의 playbooks/inventory/vagrant.ini 파일처럼 testserver 행 위쪽에 [webservers] 행이 포함되도록 수정한다. 이렇게 작성하면 testserver가 webservers 그룹에 속한다는 의미다. 이 그룹은 변수를 가질 수 있다. 예컨대, 이러한 변수는 여러 서버에 접속하기 위한 변수가 될 수 있다. vars는 'variables'(변수)의 줄임말이다. 이제 여러분의 파일이 예제 3-4와 같을 것이다.

예제 3-4 playbooks/inventory/vagrant.ini

```
[webservers]
testserver ansible_port=2202

[webservers:vars]
ansible_user = vagrant
ansible_host = 127.0.0.1
ansible_private_key_file = .vagrant/machines/default/virtualbox/private_key
```

1장에서 인벤토리 항목을 사용해 ansible.cfg 파일을 생성했었다. 따라서 명령줄 인수에 -i를 추가할 필요가 없다. 이제 다음 명령을 사용해 해당 인벤토리에서 자신의 그룹을 확인한다.

```
$ ansible-inventory --graph
```

실행 결과는 다음과 같다.

```
@all:
  |--@ungrouped:
  |--@webservers:
  |  |--testserver
```

플레이북 실행

ansible-playbook 명령은 플레이북을 실행한다. 플레이북을 실행하기 위해 다음 명령을 사용한다.

```
$ ansible-playbook webservers.yml
```

실행 결과는 예제 3-5와 같다.

예제 3-5 ansible-playbook 실행 결과

```
PLAY [Configure webserver with nginx] ****************************************
TASK [Gathering Facts] ******************************************************
ok: [testserver]

TASK [Ensure nginx is installed] ********************************************
changed: [testserver]

TASK [Copy nginx config file] ***********************************************
changed: [testserver]

TASK [Enable configuration] ************************************************
ok: [testserver]

TASK [Copy index.html] ****************************************************
changed: [testserver]

TASK [Restart nginx] *****************************************************
changed: [testserver]

PLAY RECAP ***********************************************************
testserver : ok=6 changed=4 unreachable=0 failed=0 skipped=0 rescued=0 ignored=0
Playbook run took 0 days, 0 hours, 0 minutes, 18 seconds
```

아무런 오류가 발생하지 않았다면 브라우저에서 http://localhost:8080을 입력해 그림 3-1에서 볼 수 있는 사용자 정의된 HTML 페이지를 확인할 수 있다.[2]

---

2   오류가 발생하면 8장으로 넘어가 디버깅하는 데 도움을 받을 수 있다.

카우세이

지금 읽고 있는 이러한 표지를 사용하는 오라일리 책은 카우세이(cowsay)에 관한 지원을 설명하지 않으면 완성되지 않는다. 카우세이 프로그램을 자신의 로컬 머신에 설치했다면 앤서블의 출력 결과에 다음과 같이 ASCII 코드로 만들어진 암소(cow) 그림이 포함된다.

```
< PLAY [Configure webserver with nginx] >
----------------------------------------
    \   ^__^
     \  (oo)_____
        (__)\       )\/\
            ||----w |
            ||     ||
```

로그에서 더 많은 동물을 사용하고 싶다면 자신의 ansible.cfg 파일에 다음 내용을 추가한다.

```
[defaults]
cow_selection = random
cowsay_enabled_stencils=cow,bunny,kitty,koala,moose,sheep,tux
```

자신의 머신에서 대체할 수 있는 이미지의 전체 리스트는 다음 명령으로 조회한다.

cowsay -l

암소 그림을 보고 싶지 않다면 ansible.cfg 파일에 다음 내용을 추가해 비활성화할 수 있다.

```
[defaults]
nocows = 1
```

다음과 같이 ANSIBLE_NOCOWS 환경 변수를 설정해 카우세이를 비활성화할 수도 있다.

$ export ANSIBLE_NOCOWS=1

플레이북은 YAML

YAML 구문을 사용해 앤서블 플레이북을 작성한다. YAML은 JSON과 아주 많이 닮은 파일 형식이다. 하지만 YAML이 더 편하게 읽고 쓸 수 있다. 플레이북에 대해 알아보기 전에 플레이북을 작성하는 데 사용되는 YAML의 아주 중요한 개념을 살펴보자.

유효한 JSON 파일은 유효한 YAML 파일이다. 그 이유는 YAML 파일에서 문자열을 인용부호를 통해 사용할 수 있고, true와 false를 유효한 불리언(Boolean)으로 판단하고, 본질적으로 JSON 배열 및 객체와 동일한 딕셔너리 구문과 인라인 리스트를 사용할 수 있기 때문이다. 하지만 플레이북 작성에 JSON을 사용하지는 않는다. YAML의 핵심은 읽기가 더 편하다는 점이다.

문서의 시작

YAML에서는 문서의 시작을 표시하는 3개의 대시가 포함된다. 앤서블 파일마다 하나의 YAML 문서를 갖는다.

'-' 3개를 사용해 앤서블 플레이북 작성을 시작하는 것이 관례다. 따라서 작성자는 이 방법을 선택한다. 하지만 이 3개의 대시를 플레이북 맨 앞에 입력하는 것을 잊어버리더라도 앤서블에서는 아무런 문제가 발생하지 않는다.

파일의 끝

YAML 파일은 3개의 점으로 끝나며, 이 점은 완성을 표현하는 데 사용한다. 하지만 거의 대부분 생략한다.

...

플레이북 파일에서 이와 같은 3개의 점을 사용하지 않아도 앤서블에서 오류가 발생하지 않는다.

주석

주석은 셸 스크립트와 파이썬, 루비와 마찬가지로 해시 마크(#)로 시작하며 행의 끝까지 적용된다. 다른 내용과 함께 주석도 들여쓰기 해 열을 맞춘다.

```
# YAML에서 주석을 작성하는 방법
```

들여쓰기와 공백

파이썬처럼 YAML은 공백 들여쓰기를 사용해 문장 부호의 개수를 줄일 수 있다. 공백은 기본적으로 2개를 사용한다. 가독성을 좋게 하기 위해 파일 안에서 플레이북의 각 태스크 사이에 공백을 추가하는 것이 좋다. 그리고 섹션^{section} 사이에도 추가한다.

문자열

일반적으로 YAML 문자열은 인용부호를 사용하지 않아도 된다. 공백이 있더라도 인용부호가 불필요하다. 예컨대 다음은 YAML에서 문자열이다.

```
this is a lovely sentence
```

다음은 동일한 JSON 표현이다.

```
"this is a lovely sentence"
```

앤서블의 일부 시나리오에서는 문자열에 인용부호를 사용해야 한다. 이러한 시나리오에서는 모든 문자열을 인용하는 것이 좋다. 큰따옴표는 일반적으로 변수 보간^{interpolation}이나 그 밖의 표현식에 사용한다. 작은따옴표는 콜론이나 대괄호, 중괄호와 같이 예약된 문자가 포함된 문자열이나 소수점 형식의 번호와 버전 번호처럼 계산하지 않는 리터럴 값에 사용한다. 이 내용은 나중에 살펴본다.

불리언 값은 절대 따옴표 안에 추가하면 안 된다. NO(노르웨이의 국가코드로 사용됨)는 문자열임을 기억하기 바란다.

불리언

YAML은 기본 불리언 타입과 참이나 거짓으로 평가되는 다양한 값을 제공한다. 예컨대, 다음과 같은 값은 모두 YAML에서 불리언 참이다.

```
true, True, TRUE, yes, Yes, YES, on, On, ON
```

JSON에서는 다음 값만 참에 해당된다.

```
true
```

YAML에서 다음 값은 모두 불리언 거짓이다.

```
false, False, FALSE, no, No, NO, off, Off, OFF
```

하지만 JSON에서는 다음 값만 거짓이다.

```
false
```

저자 중 한 명인 바스는 앤서블에서 **true**와 **false**를 소문자로만 작성한다. 그 이유는 이두 가지 값이 반환되는 값이기 때문이다. 예를 들어, 허용되는 다른 어떤 값을 사용하더라도 디버깅할 때 이 두 가지 값이 출력된다. **true**와 **false**는 JSON에서도 마찬가지로 유효한 불리언 값이고 앤서블 액션에서 결과를 JSON 데이터로 반환하므로 이러한 방법을 사용하면 동적인 데이터를 단순하게 활용할 수 있게 된다.

한 곳에서 True를 사용하고 다른 곳에서 Yes를 사용하면 어떤가?

예리한 눈을 가진 독자라면 webservers.yml에서 플레이북의 한 곳(루트 위치)에서는 True를 사용하고 다른 곳(apt 캐시 업데이트 위치)에서는 yes를 사용한다는 사실을 알아차렸을 것이다.

앤서블에서는 플레이북에서 참과 거짓 값을 사용하는 방식이 유연하다. 하지만 엄밀하게는 앤서블에서 모듈 인수(예: update_cache=yes)와 플레이북의 다른 곳에 있는 값(예: become: True)은 다르게 취급한다. 다른 곳의 값은 YAML 파서(parser, 구문 분석기)에서 처리되므로 YAML에서 다음과 같은 참/거짓에 대한 작성 규칙을 사용한다.

1. YAML에서 참: true, True, TRUE, yes, Yes, YES, on, On, ON
2. YAML에서 거짓: false, False, FALSE, no, No, NO, off, Off, OFF

모듈 인수는 문자열로 전달되며 다음과 같은 앤서블의 내부 작성 규칙을 사용한다.

```
module arg truthy: yes, on, 1, true
module arg falsey: no, off, 0, false
```

yamllint라는 명령줄 도구를 사용해 모든 YAML 파일을 확인하는 것이 좋다. 이 도구의 기본 설정에서는 다음과 같은 경고가 발생한다.

```
warning truthy value should be one of [false, true] (truthy)
```

바스는 이 'truthy' 규칙을 따르기 위해 따옴표가 없는 true와 false만 사용한다.

리스트

YAML 리스트는 JSON과 루비의 배열이나 파이썬의 리스트와 같다. YAML 명세에서는 이를 **시퀀스**^{sequence}라고 부르지만, 여기서는 공식 앤서블 문서와의 일관성을 위해 **리스트**^{list}라고 부른다.

리스트 아이템은 들여쓰기 하고 하이픈으로 구분한다. 리스트는 다음과 같이 이름에 콜론을 붙인다.

```
shows:
  - My Fair Lady
  - Oklahoma
  - The Pirates of Penzance
```

다음은 동일한 내용의 JSON 표현이다.

```
{
  "shows": [
    "My Fair Lady",
    "Oklahoma",
    "The Pirates of Penzance"
  ]
}
```

보다시피, YAML은 문자열을 적게 사용하므로 읽기 쉽다. YAML에서는 문자열에 공백이 포함되더라도 인용부호를 사용하지 않는다. 그리고 YAML에서는 다음과 같이 리스트에서 대괄호 안에 콤마로 구분된 값을 사용할 수 있는 인라인 형식을 지원한다.

```
shows: [ My Fair Lady , Oklahoma , The Pirates of Penzance ]
```

딕셔너리

YAML의 딕셔너리는 JSON의 객체와 같고, 파이썬의 딕셔너리, 루비의 해시, PHP의 연관 배열associative array과 같다. YAML 명세에서는 이를 **매핑**mapping이라고 부르지만, 여기서는 앤서블 문서와 일관성을 맞추기 위해 **딕셔너리**dictionary라고 부른다. 이 딕셔너리는 다음과 같은 모양이다.

```
address:
  street: Main Street
  appt: 742
  city: Logan
  state: Ohio
```

동일한 내용의 JSON은 다음과 같다.

```
{
  "address": {
    "street": "Main Street",
    "appt": 742,
    "city": "Logan",
    "state": "Ohio"
  }
}
```

그리고 YAML에서는 다음과 같이 중괄호 안에 콤마로 구분된 튜플tuple을 딕셔너리에 사용할 수 있는 인라인 형식을 제공한다.

```
address: { street: Main Street, appt: '742', city: Logan, state: Ohio}
```

여러 줄 문자열

YAML을 사용해 여러 줄 문자열 형식을 지정할 수 있다. 블록 스타일 지시자(|, >)로 연결하거나 블록 촘핑chomping 지시자(+, −)로 연결하거나, 들여쓰기 지시자(1~9)로 연결할 수도 있다. 예컨대, 미리 지정된 블록이 필요한 경우 다음과 같이 파이프 문자열과 더하기 기호를 함께(|+) 사용할 수 있다.

```
---
visiting_address: |+
  Department of Computer Science

  A.V. Williams Building
  University of Maryland
city: College Park
state: Maryland
```

YAML 파서에서는 입력된 모든 개행문자를 유지한다.

JSON에서는 여러 줄의 문자열을 사용할 수 없다. 따라서 모든 개행문자를 \n(개행문자로 인코딩하기 위해)으로 치환하거나, 다음 address 필드와 같이 배열을 사용해 JSON으로 인코딩한다.

```
{
  "visiting_address": ["Department of Computer Science",
    "A.V. Williams Building",
    "University of Maryland"],
  "city": "College Park",
  "state": "Maryland"
}
```

문자열 대신 순수 YAML

플레이북을 작성할 때 모듈에 많은 인수를 전달하는 상황을 자주 볼 수 있다. 가독성을 좋게 할 목적으로 파일에서 여러 행을 나눌 수도 있다. 문자열 형식을 사용하면 발견하기 어려운 YAML의 오타를 yamllint를 통해 찾을 수 있으므로 앤서블에서 이러한 인수를 YAML 딕셔너리로 파싱하도록 한다. 이 방식은 행의 길이가 짧기 때문에 버전 비교가 쉽다.

로린은 다음과 같은 스타일을 선호한다.

```
- name: Ensure nginx is installed
  package: name=nginx update_cache=true
```

바스는 순수 YAML 형식을 선호한다. 그 이유는 `yamllint`로 파싱해 정확성을 검증할 수 있기 때문이다.

```yaml
- name: Ensure nginx is installed
  package:
    name: nginx
    update_cache: true
```

플레이북의 구조

지금까지 살펴본 내용을 자신의 플레이북에 적용하면 예제 3-6과 같은 두 번째 버전이 된다.

예제 3-6 webservers2.yml

```yaml
---
- name: Configure webserver with nginx
  hosts: webservers
  become: true
  tasks:
    - name: Ensure nginx is installed
      package:
        name: nginx
        update_cache: true

    - name: Copy nginx config file
      copy:
        src: nginx.conf
        dest: /etc/nginx/sites-available/default

    - name: Enable configuration
      file:
        src: /etc/nginx/sites-available/default
        dest: /etc/nginx/sites-enabled/default
        state: link

    - name: Copy home page template
```

```
      template:
        src: index.html.j2
        dest: /usr/share/nginx/html/index.html

  - name: Restart nginx
    service:
      name: nginx
      state: restarted
...
```

플레이

YAML을 살펴보면 플레이북이 여러 딕셔너리에 대한 리스트라는 사실이 명확해진다. 구체적으로 플레이북은 여러 플레이에 대한 리스트다. 예제의 리스트에는 Configure webserver with nginx라는 이름의 플레이가 하나만 포함되어 있다.

다음은 예제에서 사용하는 플레이다.

```
- name: Configure webserver with nginx
  hosts: webservers
  become: true

  tasks:
    - name: Ensure nginx is installed
      package:
        name: nginx
        update_cache: true

    - name: Copy nginx config file
      copy:
        src: nginx.conf
        dest: /etc/nginx/sites-available/default

    - name: Enable configuration
      file:
        src: /etc/nginx/sites-available/default
        dest: /etc/nginx/sites-enabled/default
        state: link
```

```
  - name: Copy home page template
    template:
      src: index.html.j2
      dest: /usr/share/nginx/html/index.html

  - name: Restart nginx
    service:
      name: nginx
      state: restarted
...
```

모든 플레이에는 hosts 변수가 포함되어야 하고 이러한 변수는 webservers와 같은 그룹이나, 매직 그룹인 all(인벤토리의 모든 호스트), 또는 설정할 여러 호스트의 집합에 대한 표현식이 될 수도 있다. 플레이를 호스트 그룹에 연결하고 해당 호스트에서 처리할 작업의 리스트라고 생각할 수 있다. 경우에 따라 더 많은 호스트 그룹에서 다양한 작업을 처리해야 한다면 플레이북에서 더 많은 플레이를 사용한다.

플레이에서는 특정 호스트와 작업을 지정하는 기능과 더불어 부가적인 설정을 지원한다. 이러한 설정에 대해서는 나중에 자세히 알아보겠으며 지금은 일반적인 세 가지 설정을 살펴본다.

name:

해당 플레이가 어떤 내용인지 기술한다. 앤서블에서는 해당 플레이가 실행될 때 name을 출력한다. name은 대문자로 시작하는 것이 관행이다.

become:

이 불리언 변수가 true라면 앤서블은 become_user가 되어 작업을 실행하게 된다. 이러한 방식은 리눅스 서버 관리에 사용하며, 리눅스에서는 기본적으로 루트 사용자로 로그인하지 않기 때문이다. become은 필요에 따라 작업 또는 플레이별로 지정할 수 있고, become_user는 루트(생략된 경우 기본값)나 다른 사용자를 지정할 때 사용할 수 있지만, become은 시스템 정책의 적용을 받는다. sudoers 파일을 변경해야 루트가 될 수 있다.

vars:

> 변수와 값에 대한 리스트다. 이 장에서 나중에 동작하는 부분을 살펴본다.

태스크

예제 플레이북에는 5개의 태스크가 포함된 하나의 플레이가 존재한다. 다음은 해당 플레이의 첫 번째 태스크다.

```
- name: Ensure nginx is installed
  package:
    name: nginx
    update_cache: true
```

이전에 살펴본 예제는 모듈 이름이 package이고 인수는 name: nginx와 update_cache: yes이다. 이러한 인수를 통해 패키지 모듈에서 nginx라는 이름의 패키지를 설치하고 해당 패키지를 설치하기 전에 패키지 캐시를 업데이트(우분투의 apt-get update와 동일함)하도록 지시한다.

이름은 선택사항이지만 포함하는 것이 좋다. 논리적이고 정확한 이름으로 태스크의 명칭을 지정한다. 태스크 이름은 작업의 의도를 알려주는 좋은 방법이다. 이 이름은 자신을 포함한 다른 작업자가 자신이 작성한 지 6개월 지난 플레이북의 로그를 이해하려고 할 때 아주 요긴하게 사용된다. 앞서 살펴본 것처럼 앤서블에서는 태스크를 실행할 때 태스크의 이름을 출력한다. 그리고 16장에서 보게 되겠지만 --start-at-task ⟨태스크 이름⟩ 플래그를 사용해 ansible-playbook에서 특정 플레이의 중간에 플레이북을 실행하도록 지시할 수 있으며, 이름을 통해 해당 태스크를 참조한다.

다음과 같이 -a 플래그를 사용해 모듈의 인수를 하나의 문자열로 ansible 명령에 전달할 수 있다. -m 플래그에서는 모듈을 지정한다.

```
$ ansible webservers -b -m package -a 'name=nginx update_cache=true'
```

하지만 이 형식에서 알아야 할 중요한 부분은 앤서블 파서의 관점에서 인수는 딕셔너리가 아니고 하나의 문자열로 취급된다는 점이다. 임시로 명령을 이와 같이 사용하는 것은 괜찮지만 플레이북에서는 버그가 발생할 가능성이 높고, 많은 옵션을 인수로 전달해야 하는 복잡한 모듈을 사용할 경우에는 말할 것도 없다. 바스는 버전 관리와 문법 검사를 더 개선하기 위해 이러한 인수를 여러 행으로 나누는 것을 선호한다. 그래서 항상 다음과 같이 YAML 구문을 작성한다.

```
- name: Ensure nginx is installed
  package:
    name: nginx
    update_cache: true
```

모듈

모듈module은 앤서블과 함께 제공되는 스크립트이며 호스트에서 일련의 액션을 수행한다. 모듈에 관한 설명은 아주 일반적인 내용이지만, 실제로는 엄청나게 많은 앤서블 모듈이 존재한다. 1장의 내용을 떠올려 보면, 앤서블에서는 모듈 이름과 인수를 사용해 맞춤형 스크립트를 만든 후, 해당 스크립트를 호스트에 복사해 실행함으로써 호스트에서 특정 작업을 처리한다. 앤서블에서 제공되는 유닉스와 리눅스용 모듈은 파이썬으로 작성되어 있고, 윈도우용 모듈은 파워셸PowerShell로 작성됐으며 해당 문서는 파이썬으로만 작성되어 있다. 어떤 언어로든 모듈을 직접 작성할 수 있다.

이 장에서는 다음 모듈을 사용한다.

package

호스트의 패키지 관리자를 사용해 패키지를 설치하고 제거한다.

copy

앤서블을 실행하는 머신에서 여러 웹 서버로 파일을 복사한다.

file

파일이나 심볼릭 링크, 디렉터리의 속성을 설정한다.

service

서비스를 시작하거나 중지 또는 재시작한다.

template

템플릿으로 파일을 생성하고 해당 파일을 호스트에 복사한다.

앤서블 모듈 문서 살펴보기

앤서블에는 ansible-doc 명령줄 도구가 포함되어 있으며 이 도구를 통해 설치된 모듈에 관한 문서를 확인할 수 있다. 앤서블 모듈에 관한 메인 페이지라고 생각하면 좋다. 예컨대, service 모듈에 관한 문서를 보려면 다음을 실행한다.

```
$ ansible-doc service
```

우분투 apt 패키지 관리자와 관련된 모듈을 더 찾아보려면 다음 명령을 실행한다.

```
$ ansible-doc -l | grep ^apt
```

하나로 모으기

요약하면 플레이북은 하나 이상의 플레이를 포함한다. 하나의 플레이는 호스트 집합(순서가 없는)과 태스크 리스트(순서가 있는)를 연결한다. 각 태스크는 정확히 하나의 모듈과 연결된다. 그림 3-2에서는 플레이북과 플레이, 호스트, 태스크 간의 관계를 그림으로 보여준다.

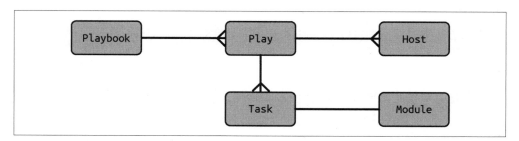

그림 3-2 플레이북 ERD(Entity-Relationship Diagram)

변경되면 호스트 상태 추적

ansible-playbook을 실행하면 앤서블에서는 해당 플레이에서 실행된 각 태스크의 상태 정보를 출력한다.

예제 3-5의 출력 결과를 다시 살펴보면 일부 태스크는 changed 상태이고 나머지 태스크는 ok 상태임을 알 수 있다. 예를 들면, 다음과 같이 'Ensure nginx is installed' 태스크는 changed 상태를 가지며 터미널에서 노란색으로 표시된다.

```
TASK: [Ensure nginx is installed] ********************************************
changed: [testserver]
```

반면 'enable configuration'은 다음과 같이 ok 상태를 가지며 터미널에서 녹색으로 표시된다.

```
TASK: [Enable configuration] ********************************************
ok: [testserver]
```

동작하는 모든 앤서블 태스크는 특정 방식으로 호스트의 상태를 변경할 수 있는 가능성을 갖는다. 앤서블 모듈에서는 모든 액션을 취하기 전에 호스트의 상태가 변경되어야 하는지 여부를 확인한다. 만약 해당 호스트의 상태가 모듈의 인수와 일치하면 앤서블에서는 해당 호스트에서 아무런 액션을 취하지 않으며 ok 상태를 응답한다.

반면 호스트의 상태와 모듈의 인수 사이에 차이점이 있다면 앤서블에서는 해당 호스트의 상태를 변경하고 changed를 반환한다.

방금 살펴본 예제의 출력에서 'Ensure nginx is installed' 태스크가 변경됐으며, 이는 플레이북을 실행하기 전에 해당 호스트에 nginx 패키지가 미리 설치되지 않았다는 의미다. 'Enable configuration' 태스크는 변경되지 않았으며, 이는 생성한 서버와 동일한 서버에 심볼릭 링크가 이미 존재함을 의미한다. 이는 플레이북에 제거할 noop가 존재한다는 뜻이다(noop는 'no operation'으로, 아무것도 하지 않음을 뜻한다). 플레이북을 자주 실행하고 내부 실행 상태가 ok인지 확인한다.

이 장에서 살펴보겠지만 앤서블의 상태 변경 감지를 통해 핸들러를 사용하는 부가적인 액션을 실행할 수 있다. 하지만 핸들러를 사용하지 않더라도, 플레이북이 실행될 때 변경된 내용과 위치를 자세한 피드백 형식으로 확인할 수 있다.

고급 기능: TLS 지원

더 복잡한 예제를 살펴보자. 이전에 살펴본 플레이북을 수정해 웹 서버에서 TLSv1.2를 지원하도록 할 것이다. 이 장 마지막의 예제 3-9에서는 전체 플레이북을 확인할 수 있다. 이번 절에서는 다음과 같은 앤서블 기능을 간략히 소개한다.

- 변수^{variable}

- 루프^{loop}

- 핸들러^{handler}

- 테스트^{testing}

- 검증^{validation}

TLS와 SSL

보안 웹 서버의 맥락에서 TLS(Transport Layer Security)보다는 SSL(Secure Sockets Layer)이라는 용어에 익숙할 것이다. SSL은 브라우저와 웹 서버 간 통신을 안전하게 만들어 주는 프로토콜에 속한다. SSL을 사용하면 HTTPS에 있는 'S'가 추가된다. SSL은 추가적인 시간이 든다. 최신 버전은 TLSv1.3이다. HTTPS 보안 프로토콜을 말하기 위해 SSL이라는 용어를 일반적으로 사용하지만 이 책에서는 TLS라는 용어를 사용한다.

TLS 인증서 생성

TLS 인증서를 생성한다. 상용 환경에서는 인증 기관에서 TLS 인증서를 받아야 하지만 여기서는 직접 서명한 인증서를 사용한다. 이 예제에서 사용할 인증서는 쉽게 생성할 수 있다. ansiblebook/ch03/playbooks 디렉터리에서 다음 명령을 실행한다.

```
$ openssl req -x509 -nodes -days 365 -newkey rsa:2048 \
  -subj /CN=localhost \
  -keyout files/nginx.key -out files/nginx.crt
```

이 명령을 실행하면 플레이북 디렉터리 하위의 files 디렉터리에 nginx.key 파일과 nginx.crt 파일이 생성된다. 이 인증서는 생성일로부터 1년의 만료일을 갖는다.

변수

예제 플레이북의 플레이에는 vars:라고 하는 새로운 섹션이 존재한다. 이 섹션에서 다음과 같이 5개의 변수를 정의하고 각 변수에 값을 할당한다.

```
vars:
  tls_dir: /etc/nginx/ssl/
  key_file: nginx.key
  cert_file: nginx.crt
  conf_file: /etc/nginx/sites-available/default
  server_name: localhost
```

이 예제에서는 모든 값이 /etc/nginx/sites-available/default와 같은 문자열이지만 유효한 YAML은 모두 변수의 값으로 사용할 수 있다. 문자열이나 불리언과 함께 리스트와 디렉터리도 사용할 수 있다.

변수는 태스크뿐만 아니라 템플릿 파일에서도 사용할 수 있다. {{ mustache }} 표기법을 사용해 변수를 참조한다. 앤서블에서는 이 {{ mustache }}를 mustache라는 변수의 값으로 치환한다.

이 태스크를 플레이북에서 살펴보자.

```
- name: Manage nginx config template
  template:
    src: nginx.conf.j2
    dest: "{{ conf_file }}"
    mode: '0644'
  notify: Restart nginx
```

앤서블에서는 이 태스크가 실행될 때 "{{ conf_file }}"을 /etc/nginx/sites-available/default로 치환환다.

앤서블 문자열에 인용부호 사용

모듈을 지정한 직후에 변수를 참조하면 YAML 파서에서는 변수 참조를 인라인 딕셔너리의 시작으로 해석하는 오류가 발생한다. 다음 예제를 살펴보자.

```
- name: Perform some task
  command: {{ myapp }} -a foo
```

앤서블에서는 {{ myapp }} -a foo의 첫 번째 부분을 문자열이 아닌 딕셔너리로 파싱한 후 오류를 반환한다. 이 경우에는 다음과 같이 인수에 인용부호를 사용해야 한다.

```
- name: Perform some task
  command: "{{ myapp }} -a foo"
```

인수에 콜론이 포함되면 이와 유사한 문제가 발생한다. 예를 들면 다음과 같다.

```
- name: Show a debug message
  debug:
    msg: The debug module will print a message: neat, eh?
```

msg 인수 안의 콜론은 YAML 파서의 오류를 일으킨다. 이를 피하기 위해서는 전체 msg 문자열에 인용부호를 사용해야 한다. 작은따옴표나 큰따옴표 둘 다 가능하다. 바스는 문자열에 변수가 있는 경우 다음과 같이 큰따옴표를 사용한다.

```
- name: Show a debug message
  debug:
    msg: "The debug module will print a message: neat, eh?"
```

이러한 방법으로 YAML 파서의 오류를 해결한다. 앤서블에서는 다음과 같이 작은따옴표와 큰따옴표를 번갈아 가며 지원한다. 따라서 다음과 같이 사용할 수 있다.

```
- name: Show escaped quotes
  debug:
    msg: '"The module will print escaped quotes: neat, eh?"'

- name: Show quoted quotes
  debug:
    msg: "'The module will print quoted quotes: neat, eh?'"
```

이 부분의 예상되는 출력 결과는 다음과 같다.

```
TASK [Show escaped quotes] ********************************************
ok: [localhost] ==> {
    "msg": "\"The module will print escaped quotes: neat, eh?\""
}
TASK [Show quoted quotes] *********************************************
ok: [localhost] ==> {
    "msg": "'The module will print quoted quotes: neat, eh?'"
}
```

엔진엑스 설정 템플릿 생성하기

웹 프로그래밍 경험이 있다면 HTML을 생성해 주는 템플릿 시스템을 사용해 본 경험이 있을 수도 있다. 템플릿은 텍스트 파일이며 값으로 치환되는 변수를 사용할 수 있는 특별한 문법을 갖고 있다. 스팸 메일을 받아본 적이 있다면, 이러한 메일은 예제 3-7에서 볼 수 있는 것과 유사한 이메일 템플릿을 사용해 생성됐다.

예제 3-7 이메일 템플릿

```
Dear {{ name }},
You have {{ random_number }} Bitcoins in your account, please click: {{ phishing_url }}.
```

앤서블에서 템플릿은 HTML 페이지나 이메일이 아니라 설정 파일을 만들기 위한 것이다. 할 수만 있다면 설정 파일을 수동으로 변경하는 작업은 하지 않을 것이다. 특히 동일한 부분의 설정 데이터를 여러 설정 파일에서 재사용해야 하는 경우라면 더욱 그렇다. 예를 들면, 큐 서버의 IP 주소나 데이터베이스 계정 정보가 해당될 수 있다. 배포마다 달라지는 정보를 특정 위치에 기록한 후, 템플릿을 사용해 이 정보를 사용해야 하는 파일을 모두 생성하는 것이 좋은 방법이다.

앤서블에서는 Jinja2 템플릿 엔진을 사용해 템플릿을 구현한다. 이는 웹 프레임워크인 플라스크^{Flask}의 동작과 유사하다. 머스터치^{Mustache}나 ERB, 장고^{Django}와 같은 템플릿 라이브러리를 사용해 봤다면 Jinja2도 아주 비슷하게 생각될 것이다.

엔진엑스의 설정 파일에서는 TLS 키와 인증서를 찾을 수 있는 위치 정보를 사용해야 한다. 앤서블 템플릿 기능으로 이 설정 파일을 정의해 바뀌는 값을 하드코딩하지 않을 수 있다.

예제 3-8에서 볼 수 있는 것처럼 플레이북 디렉터리에 templates 하위 디렉터리를 만들고 templates/nginx.conf.j2 파일을 생성한다.

예제 3-8 templates/nginx.conf.j2

```
server {
        listen 80 default_server;
        listen [::]:80 default_server ipv6only=on;

        listen 443 ssl;
        ssl_protocols TLSv1.2;
        ssl_prefer_server_ciphers on;
        root /usr/share/nginx/html;
        index index.html;
        server_tokens off;
        add_header X-Frame-Options DENY;
        add_header X-Content-Type-Options nosniff;

        server_name {{ server_name }};
        ssl_certificate {{ tls_dir }}{{ cert_file }};
        ssl_certificate_key {{ tls_dir }}{{ key_file }};

        location / {
            try_files $uri $uri/ =404;
        }
}
```

.j2 확장자를 사용해 해당 파일이 Jinja2 템플릿이라고 알려준다. 하지만 원하는 다른 확장자를 사용할 수도 있다. 앤서블에서는 확장자를 구별하지 않는다.

예제 템플릿에서는 4개의 변수를 참조한다. 따라서 다음과 같이 플레이북에 이 변수를 정의했다.

server_name

> 웹 서버의 호스트 이름(예: www.example.com)

cert_file

> TLS 인증서 파일 이름

key_file

> TLS 개인 키 파일 이름

tls_dir

> 위 3개의 파일이 존재하는 디렉터리

앤서블도 Jinja2 템플릿 엔진을 사용해 플레이북의 변수를 계산한다. 플레이북의 {{ conf_file }} 문법을 살펴봤던 부분을 다시 기억해 보자. 자신의 템플릿에서 Jinja2의 모든 기능을 사용할 수 있지만 여기서는 그러한 세부적인 내용까지는 다루지 않는다. 좀 더 상세한 내용은 Jinja2 템플릿 디자이너 문서^{Jinja2 Template Designer Documentation}(https://jinja.palletsprojects.com/en/3.1.x/templates/)를 확인하길 바란다. 하지만 그러한 고급 템플릿 기능은 불필요할 것이다. 앤서블에서 사용하게 될 Jinja2의 한 가지 기능은 필터다. 이 기능은 나중에 살펴본다.

루프

리스트의 모든 아이템과 태스크를 실행하기 위해 루프(loop)를 사용할 수 있다. 루프는 태스크를 여러 번 실행한다. 실행될 때마다 item을 지정된 리스트의 다른 값으로 대체한다.

```
- name: Copy TLS files
```

```
copy:
  src: "{{ item }}"
  dest: "{{ tls_dir }}"
  mode: '0600'
loop:
  - "{{ key_file }}"
  - "{{ cert_file }}"
notify: Restart nginx
```

핸들러

예제 3-9의 webservers-tls.yml 플레이북에는 아직 설명하지 않은 2개의 새로운 요소
가 존재한다. 하나는 handlers 섹션이며 다음과 같다.

```
handlers:
  - name: Restart nginx
    service:
      name: nginx
      state: restarted
```

그리고 일부 태스크에는 notify 구문이 포함된다. 예는 다음과 같다.

```
- name: Manage nginx config template
  template:
    src: nginx.conf.j2
    dest: "{{ conf_file }}"
    mode: '0644'
  notify: Restart nginx
```

핸들러는 앤서블에서 지원하는 조건부 형식 중 하나다. 핸들러는 태스크와 유사하지만
태스크에서 알려주는 경우에만 실행된다. 태스크에서 시스템의 상태를 변경했다는 것
을 앤서블이 인지한 경우 해당 태스크에서 알람이 발생한다.

태스크에서는 핸들러의 인수에 핸들러의 이름을 전달해 알려준다. 앞서 설명한 예제에
서 핸들러의 이름은 Restart nginx이다. 엔진엑스 서버는 다음과 같은 상황이 발생하
면 재시작되어야 한다.

- TLS 키 변경

- TLS 인증서 변경

- 설정 파일 변경

- **사이트의 활성화된** 디렉터리 내용 변경

이러한 상태가 되었을 경우 앤서블에서 엔진엑스를 재시작하도록 각 태스크에 `notify` 구문을 추가한다.

핸들러에서 알아둘 내용

핸들러는 보통 모든 태스크가 실행된 후 플레이의 마지막에 실행된다. 플레이의 중간에 알람 핸들러를 사용하려면 코드에 다음 두 줄을 추가한다.

```
- name: Restart nginx
  meta: flush_handlers
```

하나의 플레이에 여러 핸들러가 포함되어 있다면 이 핸들러는 언제나 알람 순서가 아닌 `handlers` 섹션에 정의된 순서대로 실행된다. 그리고 이러한 핸들러는 여러 번 알람을 받더라도 단 한 번만 실행된다.

앤서블 공식 문서에서는 서비스 재시작과 재부팅을 일반적인 핸들러의 용도라고 언급한다. 로린은 서비스 재시작 용도로만 핸들러를 사용하며, 조건 없이 플레이북의 마지막에서 언제나 서비스를 재시작할 수 있고 서비스 재시작에는 보통 긴 시간이 들지 않기 때문에 변경 시 한 번만 재시작하는 방법이 아주 단순한 최적화라고 생각한다. 하지만 엔진엑스를 재시작하면 사용자 세션이 영향을 받게 되며 알람 핸들러를 통해 이와 같은 불필요한 재시작을 피할 수 있다. 바스는 서비스를 재시작하기 전에 해당 구성을 확인하는 것을 선호하며, 특히 sshd와 같이 중요한 서비스의 경우는 말할 것도 없다. 또한 핸들러에게 알람을 주는 핸들러를 사용한다.

테스트

핸들러의 한 가지 단점은 플레이북을 디버깅할 때 문제가 발생할 수 있다는 점이다. 보통 문제는 다음과 같이 발생한다.

- 플레이북을 실행한다.

- 알람이 발생되는 태스크 중 하나에서 상태가 변경된다.

- 다음 순서의 태스크에서 오류가 발생하고 앤서블이 멈춘다.

- 플레이북에서 오류를 수정한다.

- 앤서블을 다시 실행한다.

- 두 번째 실행에서는 상태 변경을 보고하는 태스크가 없으므로 앤서블에서 핸들러가 실행되지 않는다.

이러한 상황이 반복되는 경우 플레이북에 테스트를 추가하면 좋다. 앤서블은 uri라고 하는 모듈을 포함하고 있으며, 이 모듈에서는 웹 서버의 실행과 웹 페이지 제공 여부를 확인하기 위한 HTTPS 요청을 수행할 수 있다.

```
- name: "Test it! https://localhost:8443/index.html"
  delegate_to: localhost
  become: false
  uri:
    url: 'https://localhost:8443/index.html'
    validate_certs: false
    return_content: true
  register: this
  failed_when: "'Running on ' not in this.content"
```

검증

앤서블에서는 정확한 위치에 인용부호를 사용하지 않았거나 유효하지 않은 YAML을 사용하는 경우 상당히 의미 있는 오류 메시지를 생성해 준다. yamllint는 좀 더 많은 문제를 찾는 데 사용할 수 있다. 추가로 ansible-lint는 파이썬 도구로 플레이북에서 발생하는 잠재적인 문제를 발견하는 데 사용할 수 있다.

플레이북을 실행하기 전에 앤서블 문법을 검사해야 한다. 다음과 같은 방법으로 플레이북을 실행하기 전에 내용을 모두 확인하는 것이 좋다.

```
$ ansible-playbook --syntax-check webservers-tls.yml
$ ansible-lint webservers-tls.yml
$ yamllint webservers-tls.yml
$ ansible-inventory --host testserver -i inventory/vagrant.ini
$ vagrant validate
```

플레이북

잘 따라 했다면 이제 플레이북은 예제 3-9와 같은 모양이다.

예제 3-9 playbooks/webservers-tls.yml

```
---
- name: Configure webserver with Nginx and TLS
  hosts: webservers
  become: true
  gather_facts: false

  vars:
    tls_dir: /etc/nginx/ssl/
    key_file: nginx.key
    cert_file: nginx.crt
    conf_file: /etc/nginx/sites-available/default
    server_name: localhost

  handlers:
    - name: Restart nginx
      service:
        name: nginx
        state: restarted

  tasks:
    - name: Ensure nginx is installed
      package:
```

```
    name: nginx
    update_cache: true
  notify: Restart nginx

- name: Create directories for TLS certificates
  file:
    path: "{{ tls_dir }}"
    state: directory
    mode: '0750'
  notify: Restart nginx

- name: Copy TLS files
  copy:
    src: "{{ item }}"
    dest: "{{ tls_dir }}"
    mode: '0600'
  loop:
    - "{{ key_file }}"
    - "{{ cert_file }}"
  notify: Restart nginx

- name: Manage nginx config template
  template:
    src: nginx.conf.j2
    dest: "{{ conf_file }}"
    mode: '0644'
  notify: Restart nginx

- name: Enable configuration
  file:
    src: /etc/nginx/sites-available/default
    dest: /etc/nginx/sites-enabled/default
    state: link

- name: Install home page
  template:
    src: index.html.j2
    dest: /usr/share/nginx/html/index.html
    mode: '0644'
```

```
  - name: Restart nginx
    meta: flush_handlers

  - name: "Test it! https://localhost:8443/index.html"
    delegate_to: localhost
    become: false
    uri:
      url: 'https://localhost:8443/index.html'
      validate_certs: false
      return_content: true
    register: this
    failed_when: "'Running on ' not in this.content"
    tags:
      - test
...
```

플레이북 실행

이전과 같이 ansible-playbook 명령을 사용해 플레이북을 실행한다.

```
$ ansible-playbook webservers-tls.yml
```

실행 결과는 다음과 유사한 모양이다.

```
PLAY [Configure webserver with Nginx and TLS] *********************************

TASK [Ensure nginx is installed] *********************************************
ok: [testserver]

TASK [Create directories for TLS certificates] *******************************
changed: [testserver]

TASK [Copy TLS files] ********************************************************
changed: [testserver] => (item=nginx.key)
changed: [testserver] => (item=nginx.crt)

TASK [Manage nginx config template] ******************************************
changed: [testserver]
```

```
TASK [Install home page] ********************************************
ok: [testserver]

RUNNING HANDLER [Restart nginx] *************************************
changed: [testserver]

TASK [Test it! https://localhost:8443/index.html] ******************
ok: [testserver]

PLAY RECAP *********************************************************
testserver : ok=7 changed=4 unreachable=0 failed=0 skipped=0 rescued=0 ignored=0
```

브라우저에서 https://localhost:8443을 입력한다(https에서 's'를 꼭 입력한다). 크롬 브라우저를 사용한다면 그림 3-3과 같이 "Your connection is not private"(연결이 비공개로 설정되어 있지 않습니다)와 같은 내용의 무시무시한 메시지를 볼 수 있다.

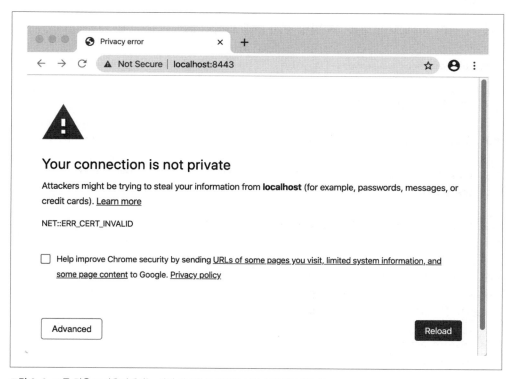

그림 3-3 크롬 같은 브라우저에서는 직접 발급한 TLS 인증서를 신뢰하지 않는다.

하지만 걱정하지 않아도 된다. 직접 TLS 인증서를 발급했기 때문에 해당 오류가 발생하는 것은 당연하다. 대부분의 브라우저에서는 인증 기관에서 발급한 인증서만 신뢰한다.

쉬뱅

유닉스 같은 운영체제에서 실행할 수 있는 텍스트 파일을 스크립트라고 한다. 첫 번째 줄의 시작 부분에 2개의 문자 #!을 사용하면 프로그램 로더 메커니즘에서 해당 파일의 첫 번째 줄을 스크립트 인터프리터 지시어로 해석하고 나머지 부분을 파싱한다. 스크립트를 통해 스크립트 인터프리터가 시작된다. 여기서는 다음과 같이 쉬뱅(shebang)을 파일의 시작 부분에 사용하고 플레이북 파일(webservers-tls.yml)의 모드를 실행 가능하도록 변경했다(만약 '!' 없이 '#'만 사용하면 주석이 된다).

```
#!/usr/bin/env ansible-playbook
# 이 플레이북은 스크립트처럼 실행할 수 있다.
---
```

요약

3장에서는 앤서블이 '무엇인지'에 대해 많은 내용을 다뤘다. 예컨대, 앤서블을 통해 호스트에서 처리하는 내용을 설명했다. 핸들러는 앤서블에서 제공되는 제어 흐름의 한 형태다. 9장에서는 많은 루프와 변숫값 기반의 태스크를 조건에 따라 실행하는 복잡한 플레이북에 대해 자세히 알아본다. 다음 장에서는 앤서블의 '대상'을 살펴본다. 즉, 플레이북이 동작하게 될 호스트를 기술하는 방법을 다룬다.

## 4장

서버를 기술하는 인벤토리

지금까지는 하나의 서버(앤서블에서는 **호스트**[host]라고 함)에서만 작업을 했다. 가장 단순한 인벤토리는 호스트 이름을 콤마로 구분한 리스트다. 이 리스트는 다음과 같이 실제 서버가 없어도 실행된다.

```
$ ansible all -i 'localhost,' -a date
```

실무에서는 여러 호스트를 관리하게 될 것이다. 앤서블에서 식별되는 호스트의 집합을 **인벤토리**[inventory]라고 부른다. 이 장에서는 여러 머신이 포함된 인벤토리를 만들어 보면서 여러 호스트의 집합을 앤서블 인벤토리로 기술하는 방법을 배운다.

ansible.cfg 파일은 예제 4-1과 같고, 모든 인벤토리 플러그인을 명시적으로 활성화한다.

예제 4-1 ansible.cfg

```
[defaults]
inventory = inventory

[inventory]
enable_plugins = host_list, script, auto, yaml, ini, toml
```

이 장에서는 인벤토리 예제에서 사용하기 위해 inventory라는 디렉터리를 사용한다. 앤서블 인벤토리는 아주 유연한 객체다. 이 객체는 파일(다양한 형식이 될 수 있음)이나 디렉터리, 실행 파일이 될 수 있고 일부 실행 파일은 플러그인으로 제공된다. 인벤토리 플러그인은 해당 인벤토리를 컴파일하기 위한 데이터 소스를 지정할 수 있으며, 이러한 데이터 소스는 클라우드 제공자가 될 수 있다. 인벤토리는 플레이북과 분리해 저장할 수 있다. 즉, 인벤토리 디렉터리를 만들고 명령줄에서 클라우드 서비스(베이그런트나 아마존 EC2, GCP$^{Google\ Cloud\ Platform}$, 마이크로소프트 애저 등)에서 동작 중인 호스트와 함께 앤서블을 실행할 수 있다.

 세르헤 반 힌데라흐터(Serge van Ginderachter)는 앤서블 인벤토리의 대가다. 더 자세한 내용은 그의 블로그(https://serge.vanginderachter.be/)를 확인하기 바란다.

inventory/hosts 파일

앤서블에서 호스트를 기술하는 기본적인 방법은 인벤토리 호스트 파일이라고 하는 텍스트 파일에 나열하는 것이다. 예제 4-2처럼, 가장 단순한 형태는 hosts라는 파일에 호스트 이름의 리스트만 있는 것이다.

예제 4-2 아주 단순한 인벤토리 파일

```
frankfurt.example.com
helsinki.example.com
hongkong.example.com
johannesburg.example.com
london.example.com
newyork.example.com
seoul.example.com
sydney.example.com
```

앤서블에서는 기본적으로 하나의 호스트를 인벤토리에 자동으로 추가한다. 자동으로 추가되는 인벤토리는 localhost이다. 앤서블에서는 localhost가 로컬 머신을 가리킨다는 것을 알고 있으므로 SSH로 연결하지 않고 직접 상호 작용한다.

사전 작업: 여러 베이그런트 머신 준비

인벤토리에 관해 설명하려면 여러 호스트와 상호 작용이 있어야 한다. 베이그런트를 설정해 3개의 호스트가 실행되도록 해보자. 각 호스트 이름은 간단하게 vagrant1, vagrant2, vagrant3이라고 짓는다.

이 장에서 사용하기 위한 Vagrantfile을 새로 생성하기 전에, 다음 명령을 실행해 기존 가상 머신을 삭제한다.

```
$ vagrant destroy --force
```

--force 옵션을 사용하지 않으면 베이그런트에서는 Vagrantfile에 나열된 가상 머신을 삭제할 것인지 물어본다.

다음으로 예제 4-3과 같은 새로운 Vagrantfile을 생성한다.

예제 4-3 ❙ 3개의 서버가 포함된 Vagrantfile

```
VAGRANTFILE_API_VERSION = "2"
Vagrant.configure(VAGRANTFILE_API_VERSION) do |config|
  # 각 머신에 대해 동일한 키 사용
  config.ssh.insert_key = false
  config.vm.define "vagrant1" do |vagrant1|
    vagrant1.vm.box = "ubuntu/focal64"
    vagrant1.vm.network "forwarded_port", guest: 80, host: 8080
    vagrant1.vm.network "forwarded_port", guest: 443, host: 8443
  end
  config.vm.define "vagrant2" do |vagrant2|
    vagrant2.vm.box = "ubuntu/focal64"
    vagrant2.vm.network "forwarded_port", guest: 80, host: 8081
    vagrant2.vm.network "forwarded_port", guest: 443, host: 8444
  end
  config.vm.define "vagrant3" do |vagrant3|
    vagrant3.vm.box = "centos/7"
    vagrant3.vm.network "forwarded_port", guest: 80, host: 8082
    vagrant3.vm.network "forwarded_port", guest: 443, host: 8445
  end
end
```

베이그런트 1.7 버전부터 기본적으로 각 호스트마다 다른 SSH 키를 사용할 수 있다. 예제 4-3에서는 각 호스트마다 동일한 SSH 키를 사용하는 기존의 동작으로 변경하기 위해 다음 행을 포함시켰다.

```
config.ssh.insert_key = false
```

모든 호스트에 동일한 키를 사용하면 설정에서 하나의 SSH 키를 사용할 수 있으므로 앤서블의 설정이 단순해진다.

지금은 이 모든 서버가 웹 서버가 될 수 있으니 예제 4-3에서는 베이그런트 머신의 80 포트와 443 포트를 로컬 머신의 포트와 매핑한다.

다음 명령을 사용해 3개의 가상 머신을 실행한다.

```
$ vagrant up
```

모두 잘 처리되면 실행 결과는 다음과 같다.

```
Bringing machine 'vagrant1' up with 'virtualbox' provider...
Bringing machine 'vagrant2' up with 'virtualbox' provider...
Bringing machine 'vagrant3' up with 'virtualbox' provider...
...
    vagrant1: 80 (guest) => 8080 (host) (adapter 1)
    vagrant1: 443 (guest) => 8443 (host) (adapter 1)
    vagrant1: 22 (guest) => 2222 (host) (adapter 1)
==> vagrant1: Running 'pre-boot' VM customizations...
==> vagrant1: Booting VM...
==> vagrant1: Waiting for machine to boot. This may take a few minutes...
    vagrant1: SSH address: 127.0.0.1:2222
    vagrant1: SSH username: vagrant
    vagrant1: SSH auth method: private key
==> vagrant1: Machine booted and ready!
==> vagrant1: Checking for guest additions in VM...
==> vagrant1: Mounting shared folders...
    vagrant1: /vagrant => /Users/bas/code/ansible/ansiblebook/ansiblebook/ch03
```

다음으로 로컬 머신의 어떤 포트가 각 가상 머신 내부의 SSH 포트(22)와 매핑되는지 알아야 한다. 다음 명령을 실행하면 해당 정보를 확인할 수 있다는 내용을 다시 떠올려 보자.

```
$ vagrant ssh-config
```

실행 결과는 다음과 같다.

```
Host vagrant1
  HostName 127.0.0.1
  User vagrant
  Port 2222
  UserKnownHostsFile /dev/null
  StrictHostKeyChecking no
  PasswordAuthentication no
  IdentityFile /Users/lorin/.vagrant.d/insecure_private_key
  IdentitiesOnly yes
  LogLevel FATAL
Host vagrant2
  HostName 127.0.0.1
  User vagrant
  Port 2200
  UserKnownHostsFile /dev/null
  StrictHostKeyChecking no
  PasswordAuthentication no
  IdentityFile /Users/lorin/.vagrant.d/insecure_private_key
  IdentitiesOnly yes
  LogLevel FATAL
Host vagrant3
  HostName 127.0.0.1
  User vagrant
  Port 2201
  UserKnownHostsFile /dev/null
  StrictHostKeyChecking no
  PasswordAuthentication no
  IdentityFile /Users/lorin/.vagrant.d/insecure_private_key
  IdentitiesOnly yes
  LogLevel FATAL
```

대부분의 ssh-config 정보는 반복되기 때문에 줄일 수 있다. 호스트별로 다른 정보는

vagrant1에서는 2222번 포트를 사용하고, vagrant2에서는 2200번 포트를 사용하고, vagrant3에서는 2201번 포트를 사용하는 부분이다.

앤서블에서는 기본적으로 로컬 SSH 클라이언트를 사용하며, 이는 자신의 SSH 설정 파일에 설정한 모든 에일리어스를 인식한다는 의미다. 따라서 다음과 같이 ~/.ssh/config 파일에 와일드카드(*) 에일리어스를 사용한다.

```
Host vagrant*
  Hostname 127.0.0.1
  User vagrant
  UserKnownHostsFile /dev/null
  StrictHostKeyChecking no
  PasswordAuthentication no
  IdentityFile ~/.vagrant.d/insecure_private_key
  IdentitiesOnly yes
  LogLevel FATAL
```

inventory/hosts 파일은 다음과 같다.

```
vagrant1 ansible_port=2222
vagrant2 ansible_port=2200
vagrant3 ansible_port=2201
```

이제 이러한 머신에 접속할 수 있는지 확인한다. 예를 들어, vagrant2 네트워크 인터페이스에 관한 정보를 얻어오려면 다음 명령을 실행한다.

```
$ ansible vagrant2 -a "ip addr show dev enp0s3"
```

실행 결과는 다음과 같다.

```
vagrant2 | CHANGED | rc=0 >>
2: enp0s3: <BROADCAST,MULTICAST,UP,LOWER_UP> mtu 1500 qdisc fq_codel state UP
group default qlen 1000
    link/ether 02:1e:de:45:2c:c8 brd ff:ff:ff:ff:ff:ff
    inet 10.0.2.15/24 brd 10.0.2.255 scope global dynamic enp0s3
      valid_lft 86178sec preferred_lft 86178sec
```

```
inet6 fe80::1e:deff:fe45:2cc8/64 scope link
   valid_lft forever preferred_lft forever
```

동작 인벤토리 파라미터

앤서블 인벤토리 파일에 베이그런트 머신을 기술하기 위해서는 앤서블의 클라이언트가
연결되어야 하는 포트(2222, 2200, 2201)를 명시적으로 지정해야 한다. 앤서블에서는 이
와 같은 변수를 **동작 인벤토리 파라미터**^{behavioral inventory parameter}라고 부르며, 호스트별로 앤
서블의 기본값을 재정의할 때 사용할 수 있는 변수가 존재한다(표 4-1 참고).

표 4-1 동작 인벤토리 파라미터

이름	기본값	설명
ansible_host	호스트 이름	SSH 연결 대상 호스트 이름 또는 IP 주소
ansible_port	22	SSH 연결 대상 포트
ansible_user	$USER	SSH 사용자
ansible_password	(없음)	SSH 인증에 사용할 비밀번호
ansible_connection	smart	앤서블에서 호스트 연결 방법(다음 절 참고)
ansible_ssh_private_key_file	(없음)	SSH 인증에 사용할 SSH 개인 키
ansible_shell_type	sh	명령어에서 사용할 셸(다음 절 참고)
ansible_python_interpreter	/usr/bin/python	호스트의 파이썬 인터프리터(다음 절 참고)
ansible_*_interpreter	(없음)	다른 언어의 ansible_python_interpreter 와 유사함(다음 절 참고)

이러한 옵션은 그 이름에서 의미를 알 수 있지만, 다음과 같은 그 밖의 옵션은 설명이
필요하다.

ansible_connection

  앤서블은 다양한 전송 방식을 지원한다. 앤서블에서는 이러한 전송 방식을 통해 호
  스트에 접속한다. 기본 전송 방식은 smart이고 로컬에 설치된 SSH 클라이언트에서
  ControlPersist 기능을 지원하는지 여부를 확인한다. 만약 해당 SSH 클라이언트에

서 ControlPersist를 지원한다면 앤서블에서는 로컬 SSH 클라이언트를 사용하게 된다. 그게 아니라면 smart 전송 방식은 Paramiko라고 하는 파이썬 기반의 SSH 클라이언트 라이브러리를 사용하게 된다.

ansible_shell_type

앤서블은 원격 머신과 SSH 연결을 만든 후 스크립트를 호출하는 방식이다. 기본적으로 앤서블에서는 원격 셸이 /bin/sh에 있는 본^{Bourne} 셸이라고 가정하고 해당 셸에서 동작하는 적절한 명령줄 파라미터를 생성한다. 그리고 이러한 스크립트를 저장하는 임시 디렉터리를 생성한다.

앤서블에서는 csh와 fish, powershell(윈도우용)도 이 파라미터의 값으로 사용할 수 있다. 하지만 제한된 셸$^{restricted\ shell}$은 사용할 수 없다.

ansible_python_interpreter

앤서블에서는 원격 머신의 파이썬 인터프리터 위치를 알아야 한다. 이 위치는 자신이 선택한 버전에 따라 달라진다. 파이썬 3 이하에서 앤서블을 실행하는 가장 간단한 방법은 pip3를 사용해 앤서블을 설치하고 다음과 같이 설정하는 것이다.

```
ansible_python_interpreter="/usr/bin/env python3"
```

ansible_*_interpreter

파이썬으로 작성되지 않은 커스텀 모듈을 사용한다면 이 파라미터를 사용해 인터프리터의 위치(예: /usr/bin/ruby)를 지정할 수 있다. 이 내용은 12장에서 다룬다.

동작 파라미터의 기본값 변경

인벤토리 파일에 있는 동작 파라미터의 기본값을 일부 변경하거나 ansible.cfg 파일(표 4-2)의 defaults 위치에 있는 내용으로 변경할 수 있다. 이 파라미터 변경 위치에 대해 생각해 보자. 개인적인 선택으로 변경하는가, 아니면 팀 전체에 적용되는 변경인가? 인벤토리의 일부가 다르게 설정되어야 하는가? SSH 설정을 ~/.ssh/config 파일을 통해 구성할 수 있었던 내용을 다시 떠올려 보자.

표 4-2 ansible.cfg에서 변경할 수 있는 기본값

동작 인벤토리 파라미터	ansible.cfg 옵션
ansible_port	remote_port
ansible_user	remote_user
ansible_ssh_private_key_file	ssh_private_key_file
ansible_shell_type	executable(다음 내용 참고)

ansible.cfg의 executable 설정 옵션은 ansible_shell_type 동작 인벤토리 파라미터와 완전히 같지는 않다. executable에서는 원격 머신에서 셸의 전체 경로를 지정한다. 예를 들면 /usr/local/bin/fish와 같다. 앤서블에서는 이 경로의 기본 이름(여기서는 fish)을 찾아서 ansible_shell_type의 기본값으로 사용한다.

그룹, 그룹, 그룹

일반적으로 개별 호스트가 아닌 여러 호스트 그룹에서 설정 작업을 진행한다. 앤서블에서는 all(또는 *)이라는 그룹이 자동으로 정의된다. 이 그룹에는 인벤토리의 모든 호스트가 포함된다. 예컨대, 머신의 시간이 동기화되어 있는지 여부를 다음 명령으로 확인할 수 있다.

```
$ ansible all -a "date"
```

또는

```
$ ansible '*' -a "date"
```

바스가 실행한 결과는 다음과 같다.

```
vagrant2 | CHANGED | rc=0 >>
Wed 12 May 2021 01:37:47 PM UTC
vagrant1 | CHANGED | rc=0 >>
Wed 12 May 2021 01:37:47 PM UTC
vagrant3 | CHANGED | rc=0 >>
Wed 12 May 2021 01:37:47 PM UTC
```

인벤토리의 호스트 파일에서 그룹을 정의할 수 있다. 앤서블에서는 .ini 파일 형식을 사용해 인벤토리의 호스트 파일을 지정한다. 이 파일에서는 여러 설정값이 섹션으로 그룹화된다.

다음은 3개의 베이그런트 호스트를 이 장의 시작 예제에서 언급했던 다른 호스트와 함께 vagrant라는 그룹으로 지정하는 방식을 보여준다.

```
frankfurt.example.com
helsinki.example.com
hongkong.example.com
johannesburg.example.com
london.example.com
newyork.example.com
seoul.example.com
sydney.example.com

[vagrant]
vagrant1 ansible_port=2222
vagrant2 ansible_port=2200
vagrant3 ansible_port=2201
```

다른 방법으로는 다음과 같이 3개의 베이그런트 호스트를 위에 나열한 다음 그룹을 나열할 수도 있다.

```
frankfurt.example.com
helsinki.example.com
hongkong.example.com
johannesburg.example.com
london.example.com
newyork.example.com
seoul.example.com
sydney.example.com
vagrant1 ansible_port=2222
vagrant2 ansible_port=2200
vagrant3 ansible_port=2201

[vagrant]
vagrant1
```

```
vagrant2
vagrant3
```

자신에게 맞는 방식의 그룹을 사용할 수 있다. 원한다면 이러한 그룹을 중복하거나 중첩하는 것도 가능하다. 그리고 가독성이 떨어질 수 있겠지만 순서도 상관이 없다.

예제: 장고 앱 배포

시간이 많이 걸리는 작업을 처리하는 장고^{Django} 기반의 웹 애플리케이션을 배포해야 한다고 가정해 보자. 이 앱은 다음 서비스를 제공한다.

- 실제 장고 웹 앱: 거니콘^{Gunicorn} HTTP 서버에서 동작

- 엔진엑스 웹 서버: 거니콘의 앞부분에 위치하며 정적인 애셋 제공

- Celery 작업 큐: 웹 앱을 대신하여 시간이 많이 걸리는 작업 실행

- RabbitMQ 메시지 큐: Celery의 백엔드 역할

- Postgres 데이터베이스: 데이터 저장소 역할

이 예제에서는 Celery나 RabbitMQ를 사용하지 않겠지만 이후 여러 장에서 상세한 예제를 통해 이러한 종류의 장고 기반 애플리케이션을 다룬다. 지금은 이 애플리케이션을 세 가지 다른 환경인 상용(실제 환경)과 스테이징(개발 팀에서 테스트를 위해 공용으로 접속하는 호스트), 베이그런트(로컬 테스트 용도)에 배포해야 한다.

상용 환경에 배포할 때, 전체 시스템이 빠르고 신뢰할 수 있는 응답을 하도록 애플리케이션을 다음과 같이 처리한다.

- 성능을 향상하기 위해 웹 애플리케이션을 여러 호스트에서 실행하고 그 앞에 로드 밸런서를 둔다.

- 좀 더 나은 성능을 위해 작업 큐 서버를 여러 호스트에서 실행한다.

- 거니콘과 Celery, RabbitMQ, Postgres를 모두 별도의 서버에 둔다.

- 2개의 Postgres 호스트(프라이머리[primary], 레플리카[replica])를 사용한다.

하나의 로드 밸런서와 3개의 웹 서버, 3개의 작업 큐, 하나의 RabbitMQ 서버, 2개의 데이터베이스 서버를 갖고 있다고 가정하면 이를 처리하기 위해 10개의 호스트가 필요하다(그림 4-1).

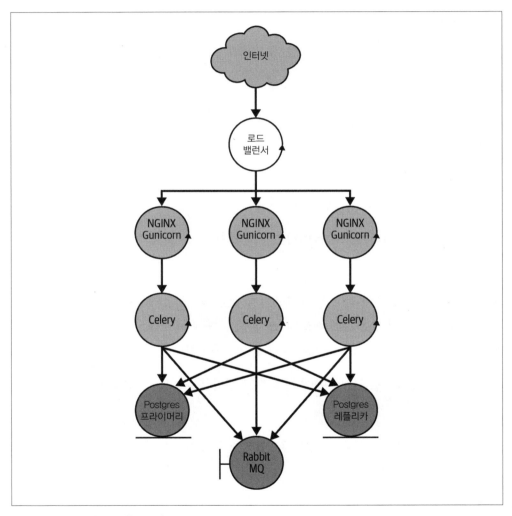

그림 4-1 장고 앱 배포를 위한 10개의 호스트

스테이징 용도의 호스트는 상용보다 훨씬 적게 동작할 것이므로 비용 절약 차원에서 상용 환경의 호스트보다 적은 호스트를 사용한다. 스테이징 호스트를 단 2개만 사용하는 것으로 결정했다고 가정해 보자. 웹 서버와 작업 큐를 하나의 스테이징 호스트에서 사용하고 RabbitMQ와 Postgres를 나머지 호스트에 둔다.

자신의 로컬 베이그런트 환경에는 다음 3개의 서버를 사용하는 것으로 정한다. 하나는 웹 앱에서 사용하고 다른 하나는 작업 큐에서 사용하고 나머지 하나에는 RabbitMQ와 Postgres를 둔다.

예제 4-4에서는 환경(상용, 스테이징, 베이그런트)과 기능(웹 서버, 작업 큐 등)에 따라 그룹화된 간단한 인벤토리 파일을 보여준다.

예제 4-4 장고 앱 배포용 인벤토리 파일

```
[production]
frankfurt.example.com
helsinki.example.com
hongkong.example.com
johannesburg.example.com
london.example.com
newyork.example.com
seoul.example.com
sydney.example.com
tokyo.example.com
toronto.example.com

[staging]
amsterdam.example.com
chicago.example.com

[lb]
helsinki.example.com

[web]
amsterdam.example.com
seoul.example.com
sydney.example.com
```

```
toronto.example.com
vagrant1

[task]
amsterdam.example.com
hongkong.example.com
johannesburg.example.com
newyork.example.com
vagrant2

[rabbitmq]
chicago.example.com
tokyo.example.com
vagrant3

[db]
chicago.example.com
frankfurt.example.com
london.example.com
vagrant3
```

먼저 그룹을 지정하지 않고 인벤토리 파일의 맨 처음에 서버를 모두 나열할 수도 있지만 그렇게 할 필요가 없고, 그렇게 한다면 파일이 길어질 수 있다.

베이그런트 인스턴스용 동작 인벤토리 파라미터는 한 번만 지정해야 한다는 점에 주의한다.

에일리어스와 포트

다음과 같이 베이그런트 호스트를 기술했다.

```
[vagrant]
vagrant1 ansible_port=2222
vagrant2 ansible_port=2200
vagrant3 ansible_port=2201
```

여기서 vagrant1, vagrant2, vagrant3이 에일리어스다. 실제 호스트 이름이 아니고 호스트를 참조하기 쉽게 만든 이름이다. 앤서블에서는 인벤토리와 SSH 설정 파일, /etc/ hosts, DNS를 사용해 호스트 이름을 확인한다. 이러한 유연함이 개발할 때는 유용하지 만 헷갈리는 원인이 되기도 한다.

앤서블에서는 호스트를 지정할 때 `<hostname>:<port>` 문법을 사용할 수 있다. 따라서 예제 4-5와 같이 `vagrant1`이 포함된 행을 `127.0.0.1:2222`로 대체할 수 있다.

예제 4-5 이 예제는 동작하지 않음

```
[vagrant]
127.0.0.1:2222
127.0.0.1:2200
127.0.0.1:2201
```

하지만 예제 4-5의 내용은 실제로 동작하지 않는다. 그 이유는 앤서블의 인벤토리는 하나의 호스트만 127.0.0.1과 연결할 수 있기 때문이며, 결국 `vagrant` 그룹은 셋이 아닌 단 1개의 호스트만 포함하게 된다.

그룹의 그룹

앤서블에서는 다른 그룹을 포함하는 그룹을 정의할 수도 있다. 예를 들어, 웹 서버와 작업 큐 서버에서 모두 장고와 장고의 의존성이 필요하다면 이 둘을 포함하는 `django` 그룹을 정의하는 것이 좋다. 이러한 내용을 인벤토리 파일에 다음과 같이 추가한다.

```
[django:children]
web
task
```

호스트의 그룹이 아닌 그룹의 그룹을 지정할 경우 문법이 변경된다는 점에 유의한다. 즉, 앤서블에서는 `web`과 `task`를 호스트가 아닌 그룹으로 해석한다.

번호가 있는 호스트(반려동물과 가축)

예제 4-4에서 살펴본 인벤토리 파일은 복잡해 보인다. 15개의 호스트가 기술되어 있으며 확장 가능한 클라우드 환경에서는 큰 숫자는 아니다. 하지만 인벤토리 파일에서 15개의 호스트를 처리하는 일은 번거로운 작업이다. 그 이유는 모든 호스트가 완전히 다른 호스트 이름을 갖기 때문이다.

마이크로소프트의 빌 베이커^{Bill Baker}는 서버를 **반려동물**로 취급하는 것과 **가축**으로 취급하는 것의 구분 방법을 제시했다.[1] 반려동물에게는 구별할 수 있는 이름을 지어주고 개별적으로 돌본다. 하지만 소는 식별번호를 통해 확인하고 가축으로 취급한다.

서버를 '가축'처럼 취급하는 방식은 확장성이 더 좋으며, 앤서블에서는 이러한 방식을 숫자 패턴 기능을 통해 제공한다. 예를 들어 20대의 서버가 web1.example.com, web2.example.com 등의 이름을 사용한다면 인벤토리 파일에서는 이러한 서버를 다음과 같이 지정할 수 있다.

```
[web]
web[1:20].example.com
```

web01.example.com처럼 0부터 시작하는 이름을 선호한다면 다음과 같이 범위를 지정할 수 있다.

```
[web]
web[01:20].example.com
```

앤서블에서는 알파벳 문자를 사용해 범위를 지정하는 방식도 지원한다. 20대의 서버에 web-a.example.com, web-b.example.com 등의 작성 규칙을 사용한다면 다음과 같이 처리할 수 있다.

```
[web]
web-[a:t].example.com
```

---

1   이 용어는 랜디 바이어스(Randy Bias)의 클라우드 스케일링(Cloudscaling, https://www.slideshare.net/randybias/pets-vs-cattle-the-elastic-cloud-story)에서 널리 알려졌다.

인벤토리에서 호스트와 그룹 변수

다음과 같이 베이그런트 호스트에서 사용하는 동작 인벤토리 파라미터를 지정하는 방식을 다시 떠올려 보자.

```
vagrant1 ansible_host=127.0.0.1 ansible_port=2222
vagrant2 ansible_host=127.0.0.1 ansible_port=2200
vagrant3 ansible_host=127.0.0.1 ansible_port=2201
```

이러한 파라미터는 변수이며 앤서블에서 특별한 의미를 갖는다. 임의의 변수명과 관련된 값을 호스트에 정의할 수도 있다. 예를 들어, 다음과 같이 각 서버마다 color라는 변수를 정의하고 값을 설정할 수 있다.

```
amsterdam.example.com color=red
seoul.example.com color=green
sydney.example.com color=blue
toronto.example.com color=purple
```

그리고 이러한 변수를 다른 변수와 마찬가지로 플레이북에서 사용할 수 있다. 개인적인 경험으로는 변수를 특정 호스트에 정의하는 경우는 많지 않다. 반면에 변수를 그룹과 연결하는 빈도는 높다.

다시 장고 예제로 되돌아와서, 웹 애플리케이션과 작업 큐 서비스에서는 RabbitMQ 및 Postgres와 통신을 해야 한다. Postgres 데이터베이스에 대한 접근은 네트워크 계층(따라서 웹 애플리케이션과 작업 큐만 데이터베이스에 연결할 수 있다)에서뿐만 아니라 사용자 이름과 비밀번호로 보호된다고 가정한다. 그리고 RabbitMQ는 네트워크 계층에서만 보호된다.

모든 내용을 설정하기 위해 다음과 같이 처리한다.

- 호스트 이름, 포트, 주 Postgres 서버의 사용자 이름, 비밀번호, 데이터베이스의 이름을 사용해 웹 서버를 구성한다.
- 호스트 이름, 포트, 주 Postgres 서버의 사용자 이름, 비밀번호, 데이터베이스의

이름을 사용해 작업 큐를 구성한다.

- 호스트 이름과 RabbitMQ 서버의 포트를 사용해 웹 서버를 구성한다.

- 호스트 이름과 RabbitMQ 서버의 포트를 사용해 작업 큐를 구성한다.

- 호스트 이름과 포트, 보조 Postgres 서버의 사용자 이름과 비밀번호를 사용해 주 Postgres 서버를 구성한다(상용 환경용).

이러한 구성 정보는 환경에 따라 다양하다. 따라서 이러한 부분은 상용, 스테이징, 베이그런트 그룹에서 그룹 변수로 정의하는 것이 좋다. 예제 4-6에서는 인벤토리 파일에서 이러한 부분을 처리하는 한 가지 방법을 보여준다(좀 더 좋은 비밀번호 저장 방식은 8장에서 다룬다).

예제 4-6 인벤토리에서 그룹 변수 지정

```
[all:vars]
ntp_server=ntp.ubuntu.com
[production:vars]
db_primary_host=frankfurt.example.com
db_primary_port=5432
db_replica_host=london.example.com
db_name=widget_production
db_user=widgetuser
db_password=pFmMxcyD;Fc6)6
rabbitmq_host=johannesburg.example.com
rabbitmq_port=5672
[staging:vars]
db_primary_host=chicago.example.com
db_primary_port=5432
db_name=widget_staging
db_user=widgetuser
db_password=L@4Ryz8cRUXedj
rabbitmq_host=chicago.example.com
rabbitmq_port=5672
[vagrant:vars]
db_primary_host=vagrant3
db_primary_port=5432
```

```
db_name=widget_vagrant
db_user=widgetuser
db_password=password
rabbitmq_host=vagrant3
rabbitmq_port=5672
```

그룹 변수를 [<group name>:vars] 섹션으로 구성하는 방법에 주목한다. 그리고 호스트에 따라 변경되지 않는 변수를 지정하기 위해 all 그룹(앤서블에서 자동으로 생성)도 사용했다.

파일에서 호스트와 그룹 변수

너무 많은 호스트를 갖고 있는 경우가 아니라면 인벤토리 파일은 호스트와 그룹 변수를 설정하기 위한 적절한 곳이다. 하지만 인벤토리가 거대해지면 이러한 방식으로 변수를 관리하기는 더 어려워진다. 더불어 앤서블 변수에는 불리언과 문자열, 리스트, 딕셔너리가 포함될 수 있음에도 불구하고 인벤토리 파일은 불리언과 문자열만 지정할 수 있다.

앤서블에서는 호스트와 그룹 변수를 기록하기 위한 확장 가능한 방식을 제공한다. 모든 호스트와 그룹에 대해 별도의 변수 파일을 생성할 수 있다. 이러한 변수 파일은 YAML 형식으로 작성되어야 한다.

앤서블에서는 호스트 변수 파일을 host_vars 디렉터리에서 찾고 그룹 변수 파일을 group_vars 디렉터리에서 찾는다. 앤서블에서는 이러한 디렉터리가 플레이북이 포함된 디렉터리에 있거나 인벤토리 파일 근처의 디렉터리에 있을 것이라고 기대한다. 두 디렉터리가 모두 있다면 첫 번째(플레이북 디렉터리)가 우선순위를 갖는다.

예컨대 로린의 경우 /home/lorin/playbooks/ 디렉터리에 플레이북이 있고 /home/lorin/inventory/hosts에 인벤토리 디렉터리와 호스트 파일이 있다면, amsterdam.example.com 호스트에 대한 변수는 /home/lorin/inventory/host_vars/amsterdam.example.com 파일에 두고 상용 그룹에 대한 변수는 /home/lorin/inventory/group_vars/production 파일에 두어야 한다(예제 4-7 참고).

```
---
db_primary_host: frankfurt.example.com
db_primary_port: 5432
db_replica_host: london.example.com
db_name: widget_production
db_user: widgetuser
db_password: 'pFmMxcyD;Fc6)6'
rabbitmq_host: johannesburg.example.com
rabbitmq_port: 5672
...
```

예제 4-8에서 볼 수 있는 것처럼 YAML 딕셔너리를 사용해 이러한 값을 표현할 수도 있다.

예제 4-8 딕셔너리를 사용한 group_vars/production

```
---
db:
  user: widgetuser
  password: 'pFmMxcyD;Fc6)6'
  name: widget_production
  primary:
    host: frankfurt.example.com
    port: 5432
  replica:
    host: london.example.com
    port: 5432
rabbitmq:
  host: johannesburg.example.com
  port: 5672
...
```

YAML 딕셔너리를 선택한다면 다음과 같이 점(.) 표기법을 사용해 변수에 접근할 수 있다.

```
"{{ db.primary.host }}"
```

다음과 같이 딕셔너리의 변수에 접근할 수도 있다.

"{{ db['primary']['host'] }}"

다음은 이러한 변수에 접근하는 다른 방법이다.

"{{ db_primary_host }}"

더욱 세분화하고 싶다면 앤서블에서는 파일이 아닌 디렉터리로 group_vars/production을 정의할 수 있다. 변수 정의를 포함하는 디렉터리에 여러 개의 YAML 파일을 둘 수 있다. 예를 들어, 예제 4-9와 예제 4-10에서 볼 수 있는 것처럼 데이터베이스 관련 변수를 하나의 파일에 담고 RabbitMQ 관련 변수를 다른 파일에 둘 수 있다.

예제 4-9 group_vars/production/db

```
---
db:
  user: widgetuser
  password: 'pFmMxcyD;Fc6)6'
  name: widget_production
  primary:
    host: frankfurt.example.com
    port: 5432
  replica:
    host: london.example.com
    port: 5432
...
```

예제 4-10 group_vars/production/rabbitmq

```
---
rabbitmq:
  host: johannesburg.example.com
  port: 6379
...
```

경우에 따라서는 단순하게 시작하는 것이 너무 많은 파일에 변수를 나누는 방법보다 더 낫다. 하지만 대규모의 팀이나 프로젝트에서는 많은 사람이 동시에 파일을 가져와 작업을 해야 하기 때문에 개별 파일의 가치는 증가한다.

동적 인벤토리

지금까지 모든 호스트를 호스트 인벤토리 파일에 명시적으로 지정했다. 하지만 자신의 호스트를 모니터링하는 앤서블 외부의 시스템이 있을 수 있다. 예를 들어, 아마존 EC2에서 자신의 호스트가 실행된다면 EC2에서 호스트에 대한 정보를 모니터링한다. 그리고 이 정보를 EC2의 웹 인터페이스나 Query API, awscli와 같은 명령줄 도구를 통해 조회할 수 있다. 다른 클라우드 제공자도 이와 유사한 인터페이스를 제공한다.

코블러Cobbler나 우분투 MAASMetal as a Service 같은 자동화된 프로비저닝 시스템을 사용해 서버를 관리하고 있다면 해당 시스템에서 이미 자신의 서버를 모니터링하고 있다. 그렇지 않은 경우는 이러한 정보를 모두 저장할 수 있는 특별한 CMDBConfiguration Management Database를 갖고 있을 수 있다.

수동으로 이러한 정보를 자신의 호스트 파일에 복제하고 싶지는 않을 것이다. 그렇게 되면 결과적으로 해당 파일은 자신의 호스트에 관한 정보의 원래 출처인 외부 시스템과 일치하지 않게 될 것이기 때문이다. 앤서블에서는 동적 인벤토리라는 기능을 제공하며 이러한 정보의 중복을 피할 수 있게 해준다.

인벤토리 파일이 실행될 수 있다고 표시된 경우 앤서블에서는 이 파일을 동적 인벤토리 스크립트라고 가정하고 이 파일을 읽는 대신 실행하게 된다.

파일을 실행할 수 있도록 표시하려면 chmod +x 명령을 사용한다. 예를 들면 다음과 같다.

```
$ chmod +x vagrant.py
```

인벤토리 플러그인

앤서블에서는 필수 사항을 설치하고 인증을 설정한 경우에 사용할 수 있는 여러 가지 실행 파일을 함께 제공하며, 이를 통해 다양한 클라우드 시스템에 연결할 수 있다. 이러한 플러그인은 보통 인벤토리 디렉터리에 YAML 설정 파일이 있어야 하고, 몇 가지 환경 변수나 인증 파일이 있어야 한다.

사용할 수 있는 플러그인 리스트를 확인하려면 다음과 같다.

```
$ ansible-doc -t inventory -l
```

플러그인 문서와 예제를 확인하는 방법은 다음과 같다.

```
$ ansible-doc -t inventory <플러그인 이름>
```

아마존 EC2

아마존 EC2를 사용하고 있다면 필수 사항을 다음과 같이 설치한다.

```
$ pip3 install boto3 botocore
```

최소한 다음과 같은 내용이 포함된 inventory/aws_ec2.yml 파일을 만든다.

```
plugin: aws_ec2
```

애저 리소스 매니저

앤서블 2.9.xx 버전을 사용하는 파이썬 가상 환경에 다음 필수 항목을 설치한다.

```
$ pip3 install msrest msrestazure
```

최소한 다음 내용이 포함된 inventory/azure_rm.yml 파일을 만든다.

```
plugin: azure_rm
platform: azure_rm
auth_source: auto
plain_host_names: true
```

동적 인벤토리 스크립트 인터페이스

앤서블 동적 인벤토리 스크립트는 다음과 같은 2개의 명령줄 플래그를 제공해야 한다.

- `--host=<hostname>`: 호스트 세부 사항을 보여주기 위한 용도

- `--list`: 그룹을 나열하는 용도

그리고 출력 결과는 앤서블에서 해석할 수 있는 특정 구조의 JSON 형식으로 반환해야 한다.

호스트의 세부 사항 표시

앤서블에서는 개별 호스트의 세부 사항을 가져오기 위해 다음과 같이 `--host=` 인수를 사용해 인벤토리 스크립트를 호출한다.

```
$ ansible-inventory -i inventory/hosts --host=vagrant2
```

 앤서블에는 정적 인벤토리에 대해 동적 인벤토리 스크립트처럼 동작하는 다음 스크립트 가 포함되며, 명령줄에서 -i 인수와 함께 사용한다.

ansible-inventory

출력 결과는 다음과 같이 동작 파라미터를 포함해 호스트에 지정된 모든 변수를 보여준다.

```
{
    "ansible_host": "127.0.0.1",
    "ansible_port": 2200,
    "ansible_ssh_private_key_file": "~/.vagrant.d/insecure_private_key",
    "ansible_user": "vagrant"
}
```

출력 결과는 하나의 JSON 객체다. 여기에 나오는 이름은 변수명이고 값은 해당 변수의 값이다.

그룹 나열

동적 인벤토리 스크립트는 모든 그룹과 개별 호스트에 대한 세부 사항을 나열할 수 있어야 한다. 이 책에서 제공하는 깃허브 저장소(https://github.com/ansiblebook/ansiblebook)에는 vagrant.py라고 하는 베이그런트 호스트용 인벤토리 스크립트가 있다. 앤서블에서는 모든 그룹에 대한 목록을 가져오기 위해 이 스크립트를 다음과 같이 호출하게 된다.

```
$ ./vagrant.py --list
```

가장 단순한 형태의 출력 결과는 다음과 같다.

```
{"vagrant": ["vagrant1", "vagrant2", "vagrant3"]}
```

이 출력 결과는 단일 JSON 객체다. 이름은 앤서블 그룹의 이름이고 값은 호스트 이름의 배열이다.

최적화를 위해 --list 명령에 모든 호스트의 호스트 변숫값을 포함시킬 수 있다. 이는 앤서블에서 각 호스트의 변수를 조회하기 위해 개별적으로 --host를 호출하는 수고를 덜어준다.

이러한 최적화의 장점을 사용하기 위해서는 --list 명령에서 _meta라는 키를 반환해야 하며 이 키에는 다음과 같은 형태의 각 호스트에 대한 변수를 포함해야 한다.

```
"_meta": {
  "hostvars": {
    "vagrant1": {
      "ansible_user": "vagrant",
      "ansible_host": "127.0.0.1",
      "ansible_ssh_private_key_file": "~/.vagrant.d/insecure_private_key",
      "ansible_port": "2222"
    },
    "vagrant2": {
      "ansible_user": "vagrant",
      "ansible_host": "127.0.0.1",
      "ansible_ssh_private_key_file": "~/.vagrant.d/insecure_private_key",
```

```
      "ansible_port": "2200"
    },
    "vagrant3": {
      "ansible_user": "vagrant",
      "ansible_host": "127.0.0.1",
      "ansible_ssh_private_key_file": "~/.vagrant.d/insecure_private_key",
      "ansible_port": "2201"
    }
  }
```

동적 인벤토리 스크립트 작성

베이그런트의 편리한 기능 중 하나는 어떤 머신이 현재 동작하고 있는지 vagrant status 명령을 통해 확인할 수 있다는 점이다. 예제 4-3과 같은 모양의 베이그런트 파일이 있다고 가정해 보자. 만약 **vagrant status**를 실행하면 출력 결과는 예제 4-11과 같은 모양이 된다.

예제 4-11 vagrant status 실행 결과

```
$ vagrant status
Current machine states:

vagrant1                running (virtualbox)
vagrant2                running (virtualbox)
vagrant3                running (virtualbox)

This environment represents multiple VMs. The VMs are all listed
above with their current state. For more information about a specific
VM, run 'vagrant status NAME'.
```

베이그런트에서는 이미 머신을 모니터링하고 있기 때문에 앤서블 인벤토리 파일에 이러한 머신을 나열하지 않아도 된다. 그 대신 베이그런트에서 어떤 머신이 실행되고 있는지 조회하는 동적 인벤토리 스크립트를 작성할 수 있다. 베이그런트용 동적 인벤토리 스크립트를 구성하고 나면 Vagrantfile을 변경해 실행되는 베이그런트 머신의 개수가 달라지는 경우에도 앤서블 인벤토리 파일을 수정할 필요가 없다.

동적 인벤토리 스크립트를 작성하는 예제를 살펴보자. 이 스크립트에서는 베이그런트 호스트의 세부 사항을 조회한다. 이 동적 인벤토리 스크립트에서는 vagrant status 명령을 호출한다. 예제 4-11의 출력 결과는 사람이 읽을 수 있도록 설계됐다. 하지만 다음과 같이 --machine-readable 플래그를 사용해 호스트 실행에 관한 리스트를 컴퓨터에서 좀 더 쉽게 해석할 수 있는 형태로 얻어올 수 있다.

```
$ vagrant status --machine-readable
```

실행 결과는 다음과 같다.

```
1620831617,vagrant1,metadata,provider,virtualbox
1620831617,vagrant2,metadata,provider,virtualbox
1620831618,vagrant3,metadata,provider,virtualbox
1620831619,vagrant1,provider-name,virtualbox
1620831619,vagrant1,state,running
1620831619,vagrant1,state-human-short,running
1620831619,vagrant1,state-human-long,The VM is running. To stop this
VM%!(VAGRANT_COMMA) you can run `vagrant halt` to\nshut it down
forcefully%!(VAGRANT_COMMA) or you can run `vagrant suspend` to
simply\nsuspend the virtual machine. In either case%!(VAGRANT_COMMA)
to restart it again%!(VAGRANT_COMMA)\nsimply run `vagrant up`.
1620831619,vagrant2,provider-name,virtualbox
1620831619,vagrant2,state,running
1620831619,vagrant2,state-human-short,running
1620831619,vagrant2,state-human-long,The VM is running. To stop this
VM%!(VAGRANT_COMMA) you can run `vagrant halt` to\nshut it down
forcefully%!(VAGRANT_COMMA) or you can run `vagrant suspend` to
simply\nsuspend the virtual machine. In either case%!(VAGRANT_COMMA)
to restart it again%!(VAGRANT_COMMA)\nsimply run `vagrant up`.
1620831620,vagrant3,provider-name,virtualbox
1620831620,vagrant3,state,running
1620831620,vagrant3,state-human-short,running
1620831620,vagrant3,state-human-long,The VM is running. To stop this
VM%!(VAGRANT_COMMA) you can run `vagrant halt` to\nshut it down
forcefully%!(VAGRANT_COMMA) or you can run `vagrant suspend` to
simply\nsuspend the virtual machine. In either case%!(VAGRANT_COMMA)
to restart it again%!(VAGRANT_COMMA)\nsimply run `vagrant up`.
1620831620,,ui,info,Current machine states:\n\nvagrant1
```

```
running (virtualbox)\nvagrant2          running (virtualbox)\nvagrant3
running (virtualbox)\n\nThis environment represents multiple VMs. The VMs
are all listed\nabove with their current state. For more information about
a specific\nVM%!(VAGRANT_COMMA) run `vagrant status NAME`
```

vagrant2와 같은 특정 베이그런트 머신의 세부 내용을 얻어오려면 다음과 같이 실행
한다.

```
$ vagrant ssh-config vagrant2
```

실행 결과는 다음과 같다.

```
Host vagrant2
  HostName 127.0.0.1
  User vagrant
  Port 2200
  UserKnownHostsFile /dev/null
  StrictHostKeyChecking no
  PasswordAuthentication no
  IdentityFile /Users/lorin/.vagrant.d/insecure_private_key
  IdentitiesOnly yes
  LogLevel FATAL
```

이 동적 인벤토리 스크립트에서는 이와 같은 명령을 호출하고 실행 결과를 파싱해 적절
한 JSON을 출력한다. Paramiko 라이브러리를 사용해 `vagrant ssh-config`의 실행 결
과를 파싱할 수 있다. 먼저 다음과 같이 pip를 사용해 파이썬 Paramiko 라이브러리를
설치한다.

```
$ pip3 install --user paramiko
```

다음은 상호 작용할 수 있는 파이썬 세션이며, Paramiko 라이브러리를 사용해 이러한
부분을 처리하는 방법을 보여준다.

```
$ python3
>>> import io
>>> import subprocess
```

142

```
>>> import paramiko
>>> cmd = ["vagrant", "ssh-config", "vagrant2"]
>>> ssh_config = subprocess.check_output(cmd).decode("utf-8")
>>> config = paramiko.SSHConfig()
>>> config.parse(io.StringIO(ssh_config))
>>> host_config = config.lookup("vagrant2")
>>> print (host_config)
{'hostname': '127.0.0.1', 'user': 'vagrant', 'port': '2200', 'userknownhostsfile':
'/dev/null', 'stricthostkeychecking': 'no', 'passwordauthentication': 'no',
'identityfile': ['/Users/bas/.vagrant.d/insecure_private_key'], 'identitiesonly':
'yes', 'loglevel': 'FATAL'}
```

예제 4-12는 전체 vagrant.py 스크립트다.

예제 4-12 vagrant.py

```python
#!/usr/bin/env python3
""" Vagrant inventory script """
# 마크 멘델(Mark Mandel)의 구현에서 수정
# https://github.com/markmandel/vagrant_ansible_example

import argparse
import io
import json
import subprocess
import sys

import paramiko

def parse_args():
  """command-line options"""
  parser = argparse.ArgumentParser(description="Vagrant inventory script")
  group = parser.add_mutually_exclusive_group(required=True)
  group.add_argument('--list', action='store_true')
  group.add_argument('--host')
  return parser.parse_args()

def list_running_hosts():
  """vagrant.py --list function"""
  cmd = ["vagrant", "status", "--machine-readable"]
```

```python
    status = subprocess.check_output(cmd).rstrip().decode("utf-8")
    hosts = []
    for line in status.splitlines():
      (_, host, key, value) = line.split(',')[:4]
      if key == 'state' and value == 'running':
        hosts.append(host)
    return hosts

def get_host_details(host):
  """vagrant.py --host <hostname> function"""
  cmd = ["vagrant", "ssh-config", host]
  ssh_config = subprocess.check_output(cmd).decode("utf-8")
  config = paramiko.SSHConfig()
  config.parse(io.StringIO(ssh_config))
  host_config = config.lookup(host)
  return {'ansible_host': host_config['hostname'],
    'ansible_port': host_config['port'],
    'ansible_user': host_config['user'],
    'ansible_private_key_file': host_config['identityfile'][0]}

def main():
  """main"""
  args = parse_args()
  if args.list:
    hosts = list_running_hosts()
    json.dump({'vagrant': hosts}, sys.stdout)
  else:
    details = get_host_details(args.host)
    json.dump(details, sys.stdout)

if __name__ == '__main__':
  main()
```

인벤토리를 여러 파일로 분할

일반적인 인벤토리 파일과 동적 인벤토리 스크립트(또는 정적/동적 인벤토리 파일의 모든
조합)를 모두 사용하고 싶다면 모두 같은 디렉터리에 넣고 앤서블에서 인벤토리처럼 해

144

당 디렉터리를 사용하도록 설정한다. ansible.cfg의 인벤토리 파라미터를 사용하거나 명령줄에서 -i 플래그를 사용해 처리할 수 있다. 그러면 앤서블에서는 모든 파일을 처리한 후 그 결과를 하나의 인벤토리로 합치게 된다.

즉, 하나의 인벤토리 디렉터리를 만들어 명령줄에서 앤서블과 함께 베이그런트나 아마존 EC2, GCP^{Google Cloud Platform}, 마이크로소프트 애저 등의 모든 클라우드 서비스에서 동작하는 호스트를 사용할 수 있다는 뜻이다.

예를 들어, 바스의 디렉터리 구조는 다음과 같다.

inventory/aws_ec2.yml
inventory/azure_rm.yml
inventory/group_vars/vagrant
inventory/group_vars/staging
inventory/group_vars/production
inventory/hosts
inventory/vagrant.py

런타임에 add_host와 group_by를 사용해 항목 추가

앤서블에서는 플레이북이 실행되는 동안에 호스트와 그룹을 인벤토리에 추가할 수 있다. 이러한 기능은 레디스 센티넬^{Redis Sentinel}과 같은 동적 클러스터를 관리할 때 사용할 수 있다.

add_host

add_host 모듈을 사용하면 인벤토리에 호스트를 추가할 수 있다. 이 모듈은 앤서블을 통해 IaaS^{Infrastructure as a Service} 클라우드에서 새로운 가상 머신 인스턴스를 제공하려는 경우에 사용할 수 있다.

모듈을 호출하면 다음과 같다.

```
- name: Add the host
  add_host
    name: hostname
    groups: web,staging
    myvar: myval
```

추가적인 변수와 그룹 리스트 지정은 선택사항이다.

다음은 add_host 명령을 사용해 새로운 베이그런트 머신을 시작하고 설정하는 내용이다.

```
---
- name: Provision a Vagrant machine
  hosts: localhost
  vars:
    box: centos/stream8

  tasks:
    - name: Create a Vagrantfile
    command: "vagrant init {{ box }}"
    args:
      creates: Vagrantfile

    - name: Bring up the vagrant machine
```

```
        command: vagrant up
        args:
          creates: .vagrant/machines/default/virtualbox/box_meta

      - name: Add the vagrant machine to the inventory
        add_host:
          name: default
          ansible_host: 127.0.0.1
          ansible_port: 2222
          ansible_user: vagrant
          ansible_private_key_file: >
            .vagrant/machines/default/virtualbox/private_key

- name: Do something to the vagrant machine
  hosts: default
  tasks:
    # 태스크 리스트를 여기에 추가
    - name: ping
      ping:
...
```

 add_host 모듈은 플레이북의 실행 중에만 호스트를 추가한다. 그리고 인벤토리 파일
은 수정하지 않는다.

플레이북에서 프로비저닝을 수행하는 경우 2개의 플레이로 나누는 것이 좋다. 첫 번째
플레이에서는 localhost 실행과 호스트 프로비저닝을 처리하고, 두 번째 플레이에서는
호스트의 구성을 처리한다.

다음 작업에서는 creates: Vagrantfile 인수를 사용하는 부분에 주목한다.

```
- name: Create a Vagrantfile
  command: "vagrant init {{ box }}"
  args:
    creates: Vagrantfile
```

여기서는 앤서블에게 Vagrantfile 파일이 존재한다면 해당 명령을 다시 실행하지 않아

도 된다는 것을 알려준다. 명령(잠재적으로 멱등성이 없는)이 한 번만 실행되도록 하는 것은 command 모듈을 호출하는 플레이북에서 멱등성을 달성하는 한 가지 방법이다. 이는 vagrant up 명령 모듈에서도 동일하게 처리된다.

group_by

앤서블에서는 group_by 모듈을 사용해 플레이북 실행 중에 새로운 그룹을 생성할 수 있다. 생성되는 모든 그룹은 각 호스트에 설정된 변수의 값에 따라 달라진다. 앤서블에서는 이를 **팩트**fact라고 하며, 5장에서 자세히 다룬다.

앤서블 팩트 수집fact gathering이 활성화되면 앤서블에서는 변수의 집합과 호스트를 연결한다. 예를 들어 ansible_machine 변수는 32비트 x86 머신에서는 i386으로 설정되고, 64비트 x86 머신에서는 x86_64로 설정된다. 앤서블에서 이러한 호스트와 상호 작용한다면 i386과 x86_64 그룹을 생성할 수 있다.

리눅스 배포판(예: 우분투, CentOS)별 호스트 그룹을 만들려면 다음과 같이 ansible_fact.distribution 팩트를 사용할 수 있다.

```
- name: Create groups based on Linux distribution
  group_by:
    key: "{{ ansible_facts.distribution }}"
```

예제 4-13에서는 group_by를 사용해 우분투와 CentOS 호스트용으로 별도의 그룹을 생성한다. 그리고 apt 모듈을 사용해 우분투에 패키지를 설치하고 yum 모듈을 사용해 CentOS에 패키지를 설치한다.

예제 4-13 리눅스 배포판에 맞춰 그룹 생성

```
---

- name: Group hosts by distribution
  hosts: all
  gather_facts: true
  tasks:
```

```
      - name: Create groups based on distro
        group_by:
          key: "{{ ansible_facts.distribution }}"

- name: Do something to Ubuntu hosts
  hosts: Ubuntu
  become: true
  tasks:
    - name: Install jdk and jre
      apt:
        update_cache: true
        name:
          - openjdk-11-jdk-headless
          - openjdk-11-jre-headless

- name: Do something else to CentOS hosts
  hosts: CentOS
  become: true
  tasks:
    - name: Install jdk
      yum:
        name:
          - java-11-openjdk-headless
          - java-11-openjdk-devel
```

요약

여기까지 앤서블 인벤토리에 대해 살펴봤다. 앤서블 인벤토리는 인프라 구조를 기술하고 원하는 방식대로 사용할 수 있는 아주 유연한 객체다. 인벤토리는 하나의 텍스트 파일로 단순하게 구성하거나, 처리하는 범위에 따라 복잡하게 구성할 수 있다.

다음 장에서는 변수 사용법을 다룬다.

## 5장

변수와 팩트

앤서블이 완전한 프로그래밍 언어는 아니지만 프로그래밍 언어의 특징이 몇 가지 있는데, 그러한 기능 중 아주 중요한 한 가지가 **변수 치환**variable substitution 으로, 다른 변수나 문자열에서 변수의 값을 사용하는 기능을 말한다. 5장에서는 앤서블에서 지원하는 변수를 자세히 살펴보고 앤서블에서 팩트라고 하는 특정 변수의 타입을 알아본다.

플레이북에서 변수 정의

변수를 정의하는 가장 단순한 방법은 플레이북에 vars 섹션을 추가하고 변수의 이름과 값을 사용하는 것이다. 예제 3-9를 다시 떠올려 보면 여러 설정 관련 변수를 정의하기 위해 다음과 같은 방법을 사용했다.

```
vars:
  tls_dir: /etc/nginx/ssl/
  key_file: nginx.key
  cert_file: nginx.crt
  conf_file: /etc/nginx/sites-available/default
  server_name: localhost
```

별도 파일에 변수 정의

앤서블에서는 변수를 하나 이상의 파일에 두고, 그 파일을 플레이북에서 vars_files라는 섹션을 통해 참조할 수 있다. 이전 예제에서 변수를 플레이북의 오른쪽에 추가하지 않고 nginx.yml 파일에 저장한다고 가정해 보자. 다음과 같이 vars 섹션을 vars_files 로 변경한다.

```
vars_files:
  - nginx.yml
```

nginx.yml 파일은 예제 5-1과 같다.

예제 5-1 nginx.yml

```
key_file: nginx.key
cert_file: nginx.crt
conf_file: /etc/nginx/sites-available/default
server_name: localhost
```

vars_files를 사용하는 예제는 6장에서 중요 정보를 저장하는 변수를 별도로 분리하는 부분에서 확인할 수 있다.

디렉터리 배치

4장에서 살펴본 것처럼 앤서블에서는 호스트나 그룹과 관련된 변수를 인벤토리에 정의할 수도 있다. 이러한 내용은 인벤토리 호스트 파일이나 플레이북이 존재하는 별도의 디렉터리에서 처리된다. group_vars 하위의 파일과 디렉터리는 호스트 파일에 정의된 그룹과 매칭된다. 그리고 host_vars 하위의 파일과 디렉터리는 개별 호스트와 매칭된다.

```
inventory/
  production/
    hosts
    group_vars/
      webservers.yml
      all.yml
    host_vars/
      hostname.yml
```

변수의 값 확인

디버깅을 하기 위해 변수의 출력 내용을 확인할 수 있도록 하는 것이 좋다. 3장에서 debug 모듈을 사용해 임의의 메시지를 출력하는 방법을 살펴봤다. 이러한 내용을 변숫값 출력에서도 사용할 수 있다. 사용 방법은 다음과 같다.

```
- debug: var=myvarname
```

이러한 간단한 표기 방법은 이름을 사용하지 않고 순수 YAML 스타일로 작성됐으며 개발 과정에서 사용할 수 있다. 이 장에서는 이러한 형태의 debug 모듈을 자주 사용한다. 일반적으로 debug 구문은 상용으로 전환하기 전에 제거한다.

변수 보간

변수를 사용해 디버깅 메시지를 표시하려면 다음과 같이 2개의 중괄호로 감싼 변수 이름과 해당 변수가 포함된 문자열을 큰따옴표로 감싼다.

```
- name: Display the variable
  debug:
    msg: "The file used was {{ conf_file }}"
```

변수는 다음에서 볼 수 있듯이 2개의 중괄호 안에서 틸드(~) 연산자를 사용해 연결할 수 있다.

```
- name: Concatenate variables
  debug:
    msg: "The URL is https://{{ server_name ~'.'~ domain_name }}/"
```

변수 등록

태스크 결과에 따라 변수의 값을 설정해야 하는 경우가 있다. 각 앤서블 모듈은 JSON 형태로 결괏값을 반환한다는 부분을 떠올려 본다. 이러한 결괏값을 사용하기 위해서는 모듈을 호출할 때 register 절을 사용해 **등록된 변수**^{registered variable}를 생성한다. 예제 5-2

에서는 whoami 명령의 실행 결과를 login 변수에 캡처하는 방법을 보여준다.

예제 5-2 명령 실행 결과를 변수에 캡처

```
- name: Capture output of whoami command
  command: whoami
  register: login
```

나중에 login 변수를 사용하려면 예상되는 값의 유형을 알아야 한다. register 절을 사용해 설정한 변수의 값은 언제나 딕셔너리이지만 해당 딕셔너리의 특정 키는 사용하는 모듈에 따라 달라진다.

안타깝게도 공식 앤서블 모듈 문서에는 각 모듈에 대한 반환값 정보가 포함되어 있지 않다. 그리고 일부는 register 절을 사용하는 예제에 언급되어 있어 이러한 정보를 확인하는 데 사용할 수 있다. 로린은 모듈에서 어떤 값을 반환하는지 쉽게 확인하는 방법을 알아냈다. 그 방법은 변수를 등록하고 debug 모듈을 사용해 해당 변수를 출력하는 것이다.

예제 5-3에서 볼 수 있는 플레이북을 실행한다고 해보자.

예제 5-3 whoami.yml

```
---
- name: Show return value of command module
  hosts: fedora
  gather_facts: false
  tasks:
    - name: Capture output of id command
      command: id -un
      register: login

    - debug: var=login
    - debug: msg="Logged in as user {{ login.stdout }}"
...
```

debug 모듈의 실행 결과는 다음과 같다.

```
TASK [debug] ************************************************************
ok: [fedora] ==> {
    "login": {
        "changed": true,                               ❶
        "cmd": [                                        ❷
            "id",
            "-un"
        ],
        "delta": "0:00:00.002262",
        "end": "2021-05-30 09:25:41.696308",
        "failed": false,
        "rc": 0,                                        ❸
        "start": "2021-05-30 09:25:41.694046",
        "stderr": "",                                   ❹
        "stderr_lines": [],
        "stdout": "vagrant",                            ❺
        "stdout_lines": [                               ❻
            "vagrant"
        ]
    }
}
```

❶ changed 키는 앤서블 모듈 반환값에 존재하게 되고 앤서블에서는 이 값을 사용해 상태 변경이 발생했는지 여부를 확인한다. 해당 command와 shell 모듈에서 이 값은 changed_when 절을 사용해 덮어쓴 경우가 아니라면 항상 true로 설정된다. 이 내용은 8장에서 살펴본다.

❷ cmd 키에는 호출된 명령의 문자열이 리스트로 포함된다.

❸ rc 키에는 반환 코드가 포함된다. 0이 아니라면 앤서블에서는 해당 태스크가 성공적으로 실행되지 않았다고 간주한다.

❹ stderr 키에는 표준 에러에 기록된 텍스트가 포함되며, 하나의 문자열이다.

❺ stdout 키에는 표준 출력에 기록된 텍스트가 포함되며, 하나의 문자열이다.

❻ stdout_lines 키에는 여러 행으로 작성된 텍스트가 포함되며, 하나의 리스트다. 이 리스트의 각 요소는 출력 결과의 각 행과 같다.

command 모듈과 함께 register 절을 사용하면 예제 5-4에서 볼 수 있는 것처럼 stdout 키에 접근할 수 있다.

예제 5-4 태스크에서 명령 실행 결과 사용

```
- name: Capture output of id command
  command: id -un
  register: login

- debug: msg="Logged in as user {{ login.stdout }}"
```

경우에 따라서는 실패한 태스크의 실행 결과를 사용해 어떤 내용을 처리해야 한다. 예를 들면 프로그램의 실행이 실패하는 경우가 해당될 수 있다. 하지만 해당 태스크가 실패한다면 앤서블에서는 실패한 호스트에 대한 태스크의 실행을 중단하게 된다. 예제 5-5에서 볼 수 있듯이 ignore_errors 절을 사용하면 앤서블은 해당 오류에서 중단되지 않는다. 따라서 프로그램의 실행 결과를 출력할 수 있게 된다.

예제 5-5 모듈의 오류 반환 무시

```
- name: Run myprog
  command: /opt/myprog
  register: result
  ignore_errors: true

- debug: var=result
```

shell 모듈은 command 모듈과 동일한 출력 구조를 갖고 있으나 그 밖의 모듈은 다른 키를 갖는다.

예제 5-6에서는 stat 모듈의 실행 결과와 관련된 부분을 보여준다. stat은 파일의 속성을 수집하는 모듈이다.

예제 5-6 stat 모듈의 실행 결과와 관련된 부분

```
TASK [Display result.stat] ***********************************************
ok: [ubuntu] ==> {
```

"result.stat": {
    "atime": 1622724660.888851,
    "attr_flags": "e",
    "attributes": [
        "extents"
    ],
    "block_size": 4096,
    "blocks": 8,
    "charset": "us-ascii",
    "checksum": "7df51a4a26c00e5b204e547da4647b36d44dbdbf",
    "ctime": 1621374401.1193385,
    "dev": 2049,
    "device_type": 0,
    "executable": false,
    "exists": true,
    "gid": 0,
    "gr_name": "root",
    "inode": 784,
    "isblk": false,
    "ischr": false,
    "isdir": false,
    "isfifo": false,
    "isgid": false,
    "islnk": false,
    "isreg": true,
    "issock": false,
    "isuid": false,
    "mimetype": "text/plain",
    "mode": "0644",
    "mtime": 1621374219.5709288,
    "nlink": 1,
    "path": "/etc/ssh/sshd_config",
    "pw_name": "root",
    "readable": true,
    "rgrp": true,
    "roth": true,
    "rusr": true,
    "size": 3287,
    "uid": 0,
    "version": "1324051592",

```
        "wgrp": false,
        "woth": false,
        "writeable": true,
        "wusr": true,
        "xgrp": false,
        "xoth": false,
        "xusr": false
    }
}
```

stat 모듈의 실행 결과에는 파일에 관해 알아야 하는 모든 내용이 제공된다.

변수의 딕셔너리 키에 접근

변수에 딕셔너리가 포함되어 있다면 점(.)이나 대괄호([])를 사용해 딕셔너리의 키에 접근할 수 있다. 예제 5-6에서는 점 표기법을 사용해 변수를 참조한다.

{{ result.stat }}

대괄호 표기법을 사용하면 다음과 같다.

{{ result['stat'] }}

이러한 규칙은 다음과 같은 여러 참조에 적용할 수 있으며 모두 동일한 의미다.

```
result['stat']['mode']
result['stat'].mode
result.stat['mode']
result.stat.mode
```

바스는 키가 변수명으로 허용되지 않는 문자(예: 점, 공백, 하이픈 등)를 포함한 문자열이 아니라면, 점 표기법을 사용하는 것을 선호한다.

대괄호 표기법의 큰 장점은 대괄호 안에 변수를 사용할 수 있다는 점이다(이러한 변수는 따옴표로 묶이지 않는다).

```
- name: Display result.stat detail
  debug: var=result['stat'][stat_key]
```

앤서블에서는 Jinja2를 사용해 변수 참조를 구현하며, 이 주제에 관한 더 자세한 내용은 Jinja2 문서의 variables(https://jinja.palletsprojects.com/en/3.0.x/templates/#variables)를 확인한다.

플레이북에서 등록된 변수(registered variable)를 사용한다면 해당 모듈에서 호스트의 상태를 변경하는 경우와 상태를 변경하지 않는 경우 모두에 대해 해당 변수의 내용을 알고 있어야 한다. 그렇지 않으면 존재하지 않는 등록된 변수의 키에 접근하려고 할 때 플레이북이 실패할 수 있다.

팩트

이미 살펴본 것처럼 앤서블에서 플레이북을 실행할 때 첫 번째 태스크가 실행되기 전에 다음과 같은 태스크가 수행된다.

```
TASK [Gathering Facts] *********************************************************
ok: [debian]
ok: [fedora]
ok: [ubuntu]
```

앤서블에서는 팩트를 수집할 때, 호스트에 연결한 후 호스트의 모든 상세 정보를 조회한다. 상세 정보는 CPU 아키텍처, 운영체제, IP 주소, 메모리 정보, 디스크 정보 등이다. 이러한 정보는 ansible_facts 변수를 통해 접근할 수 있다. 기본적으로 ansible_prefix를 사용해 최상위 수준의 변수로 특정 앤서블 팩트에 접근할 수 있으며, 이러한 변수는 다른 변수와 마찬가지로 동작한다. 이 동작을 비활성화하려면 INJECT_FACTS_AS_VARS 설정을 사용한다.

예제 5-7은 플레이북이며 모든 서버의 운영체제 세부 사항을 출력한다.

예제 5-7 운영체제 세부 사항을 출력하는 플레이북

```
---
- name: 'Ansible facts.'
  hosts: all
  gather_facts: true
  tasks:
    - name: Print out operating system details
      debug:
        msg: >-
          os_family:
```

```
        {{ ansible_facts.os_family }},

        distro:
        {{ ansible_facts.distribution }}
        {{ ansible_facts.distribution_version }},
        kernel:
        {{ ansible_facts.kernel }}
...
```

다음은 데비안^{Debian}, 페도라^{Fedora}, 우분투^{Ubuntu}를 실행하는 가상 머신에서 실행한 결과다.

```
PLAY [Ansible facts.] ****************************************************
TASK [Gathering Facts] **************************************************
ok: [debian]
ok: [fedora]
ok: [ubuntu]
TASK [Print out operating system details] ******************************
ok: [ubuntu] ==> {
    "msg": "os_family: Debian, distro: Ubuntu 20.04, kernel: 5.4.0-73-generic"
}
ok: [fedora] ==> {
    "msg": "os_family: RedHat, distro: Fedora 34, kernel: 5.11.12-300.fc34.x86_64"
}
ok: [debian] ==> {
    "msg": "os_family: Debian, distro: Debian 10, kernel: 4.19.0-16-amd64"
}
PLAY RECAP *************************************************************
debian : ok=2 changed=0 unreachable=0 failed=0 skipped=0 rescued=0 ignored=0
fedora : ok=2 changed=0 unreachable=0 failed=0 skipped=0 rescued=0 ignored=0
ubuntu : ok=2 changed=0 unreachable=0 failed=0 skipped=0 rescued=0 ignored=0
```

서버와 관련된 모든 팩트 보기

앤서블에서는 setup 모듈이라는 특별한 모듈을 통해 팩트를 수집한다. 이 모듈을 자신의 플레이북에서 호출하지 않아도 된다. 그 이유는 앤서블에서 팩트를 수집할 때 자동으로 처리해 주기 때문이다. 또한 다음과 같이 ansible 명령줄 도구를 사용해 수동으로 호출할 수도 있다.

```
$ ansible ubuntu -m setup
```

이 명령을 실행할 경우 앤서블에서는 예제 5-8에서 볼 수 있는 모든 팩트를 출력하게 된다.

예제 5-8 setup 모듈의 실행 결과

```
ubuntu | SUCCESS => {
    "ansible_facts": {
        "ansible_all_ipv4_addresses": [
            "192.168.4.10",
            "10.0.2.15"
        ],
        "ansible_all_ipv6_addresses": [
            "fe80::a00:27ff:fef1:d47",
            "fe80::a6:4dff:fe77:e100"
        ],
(더 많은 팩트)
```

반환된 값은 딕셔너리다. 키는 ansible_facts이고 값은 딕셔너리이며 이 딕셔너리에는 실제 팩트의 이름과 값이 포함된다.

팩트의 하위 집합 보기

앤서블에서는 아주 많은 팩트를 수집하기 때문에 setup 모듈에서는 filter 파라미터를 지원하며, 이 파라미터는 팩트 이름이나 **글랍**glob을 지정해 필터링할 수 있다(글랍은 셸에서 *.txt와 같은 파일 패턴 일치에 사용하는 도구를 말한다). 이 필터 옵션에서는 ansible_facts의 첫 번째 수준의 하위 키subkey만 필터링한다.

```
$ ansible all -m setup -a 'filter=ansible_all_ipv6_addresses'
```

실행 결과는 다음과 같다.

```
debian | SUCCESS => {
    "ansible_facts": {
        "ansible_all_ipv6_addresses": [
```

```
            "fe80::a00:27ff:fe8d:c04d",
            "fe80::a00:27ff:fe55:2351"
        ]
    },
    "changed": false
}
fedora | SUCCESS => {
    "ansible_facts": {
        "ansible_all_ipv6_addresses": [
            "fe80::505d:173f:a6fc:3f91",
            "fe80::a00:27ff:fe48:995"
        ]
    },
    "changed": false
}
ubuntu | SUCCESS => {
    "ansible_facts": {
        "ansible_all_ipv6_addresses": [
            "fe80::a00:27ff:fef1:d47",
            "fe80::a6:4dff:fe77:e100"
        ]
    },
    "changed": false
}
```

필터를 사용하면 머신의 설정에서 주요 세부 사항을 찾을 수 있다. ansible_env 필터는 대상 호스트에서 환경 변수를 수집한다.

모든 모듈은 팩트나 인포를 반환한다

예제 5-8을 자세히 들여다보면 실행 결과가 키가 ansible_facts인 딕셔너리임을 알 수 있다. 반환값에 ansible_facts를 사용하는 것은 앤서블에서 관용적인 표현이다. 모듈에서 ansible_facts라는 키가 포함된 딕셔너리를 반환하면 앤서블에서는 해당 값을 사용해 환경 변수에 변수 이름을 만들고 활성화된 호스트와 연관 짓는다. 호스트에 대해 고유하지 않은 객체 정보를 반환하는 모듈은 이름이 _info로 끝난다.

팩트를 반환하는 모듈은 변수를 등록할 필요가 없다. 그 이유는 앤서블에서 이러한 변

수를 자동으로 만들어 주기 때문이다. 예제 5-9의 태스크에서는 service_facts 모듈을
사용해 서비스에 관한 팩트를 조회한다. 그리고 보안 셸 데몬에 관한 부분을 출력한다.
대괄호 표기법에 점(.)을 사용하는 부분에 주의한다.

예제 5-9 service_facts 모듈을 통한 팩트 조회

```
- name: Show a fact returned by a module
  hosts: debian
  gather_facts: false
  tasks:
    - name: Get services facts
      service_facts:

    - debug: var=ansible_facts['services']['sshd.service']
```

실행 결과는 다음과 같다.

```
TASK [debug] *************************************************************
ok: [debian] ==> {
    "ansible_facts['services']['sshd.service']": {
        "name": "sshd.service",
        "source": "systemd",
        "state": "active",
        "status": "enabled"
    }
}
```

service_facts를 호출할 때 register 키워드를 사용하지 않아도 된다. 그 이유는 반환
된 값이 팩트이기 때문이다. 앤서블에 포함된 다양한 모듈에서 팩트를 반환한다.

로컬 팩트

앤서블에서는 팩트와 호스트를 연결하는 추가적인 기법을 제공한다. 원격 호스트 머신
의 /etc/ansible/facts.d에 하나 이상의 파일을 둘 수 있다. 이 파일이 다음과 같은 형식
으로 존재한다면 앤서블에서는 인식하게 된다.

- .ini 형식

- JSON 형식

- 실행 파일: 아무런 인자를 받지 않고 표준 출력 스트림에 JSON을 출력하는 경우

이러한 팩트는 ansible_local이라는 특수한 변수의 키로 사용할 수 있다. 예제 5-10은 .ini 형식의 팩트 파일 예다.

예제 5-10 /etc/ansible/facts.d/example.fact

```
[book]
title=Ansible: Up and Running
authors=Meijer, Hochstein, Moser
publisher=O'Reilly
```

이 파일을 원격 호스트의 /etc/ansible/facts.d/example.fact에 복사하면 플레이북에서 ansible_local 변수의 내용에 접근할 수 있다.

```
- name: Print ansible_local
  debug: var=ansible_local

- name: Print book title
  debug: msg="The title of the book is {{ ansible_local.example.book.title }}"
```

이 태스크의 실행 결과는 다음과 같다.

```
TASK [Print ansible_local] ****************************************************
ok: [fedora] ==> {
    "ansible_local": {
        "example": {
            "book": {
                "authors": "Meijer, Hochstein, Moser",
                "publisher": "O'Reilly",
                "title": "Ansible: Up and Running"
            }
        }
    }
}
```

```
}
TASK [Print book title] *********************************************
ok: [fedora] ==> {
    "msg": "The title of the book is Ansible: Up and Running"
}
```

ansible_local 변수 안에 있는 값의 구조에 주목한다. 팩트 파일의 이름은 example. fact이기 때문에 ansible_local 변수는 example이라는 키를 포함하는 딕셔너리다.

set_fact로 새로운 변수 정의

앤서블에서는 set_fact 모듈을 사용해 태스크에 팩트를 설정할 수 있다. 이는 새로운 변수를 정의하는 것과 동일한 효과다. 로린은 service_facts 다음에 바로 set_fact를 사용해 변수를 간단하게 참조하는 방법을 선호한다. 예제 5-11에서는 변수를 ansible_facts.services.nginx.state가 아닌 nginx_state로 참조할 수 있는 set_fact 사용법을 설명한다.

예제 5-11 set_fact로 간단하게 변수 참조

```
- name: Set nginx_state
  when: ansible_facts.services.nginx.state is defined
  set_fact:
    nginx_state: "{{ ansible_facts.services.nginx.state }}"
```

내장 변수

앤서블에서는 몇 가지 변수를 정의하고 있으며, 이 변수는 플레이북에서 언제나 사용할 수 있다. 그중 일부를 표 5-1에서 확인할 수 있다. 특별한 매직 변수magic variable는 온라인 문서(https://docs.ansible.com/ansible/latest/reference_appendices/special_variables. html#magic-variables)를 참고하기 바란다.

표 5-1 내장 변수

파라미터	설명
hostvars	딕셔너리이며, 키는 앤서블 호스트 이름이고 값은 이름과 값이 매핑된 딕셔너리
inventory_hostname	앤서블 인벤토리에 등록된 현재 호스트의 이름으로, 도메인 이름을 포함한 형태
inventory_host name_short	앤서블에서 알고 있는 현재 호스트의 이름으로, 도메인 이름을 제외한 형태(예: myhost)
group_names	현재 호스트가 속한 모든 그룹의 리스트
groups	딕셔너리이며, 키는 그룹 이름이고, 값은 해당 그룹에 속하는 호스트 리스트. {"all":[...],"web":[...],"ungrouped":[...]}와 같은 all과 ungrouped 그룹을 포함
ansible_check_mode	불리언 값으로, 체크 모드에서 실행 중인 경우 true(8장의 '점검 모드' 절 참고)
ansible_play_batch	현재 배치(11장의 '한 번에 여러 호스트에 대해 배치 실행' 절 참고)에서 동작 중인 인벤토리 호스트 이름의 리스트
ansible_play_hosts	현재 플레이에서 동작 중인 모든 인벤토리 호스트 이름의 리스트
ansible_version	{"full":2.3.1.0","major":2,"minor":3,"revision":1,"string": "2.3.1.0"}과 같은 앤서블 버전 정보를 담은 딕셔너리

hostvars와 inventory_hostname, groups 변수는 보충 설명이 필요하다.

hostvars

앤서블에서 변수는 호스트에 따라 범위가 정해진다. 따라서 주어진 하나의 호스트와 관련된 변수의 값에 대해서만 설명한다.

앤서블에서는 여러 호스트에 대한 그룹에 변수를 정의할 수 있으므로 변수가 주어진 하나의 호스트와 관련이 있다는 말은 헷갈릴 수 있다. 예를 들어, 변수를 플레이의 vars 섹션에 정의하면 해당 플레이의 호스트 집합을 위한 변수를 정의하는 것이다. 하지만 앤서블에서는 실제로 해당 변수를 해당 그룹의 각 호스트에서 사용하기 위해 복사본을 만든다.

경우에 따라서는 특정 호스트에서 실행되는 태스크에서 다른 호스트에 정의된 변수의 값이 필요할 수도 있다. 설정 파일을 웹 서버에 만들어야 한다고 해보자. 그리고 이 파일에는 데이터베이스 서버의 eth1 인터페이스 IP 주소가 포함되며 이 IP 주소는 미리 알 수 없다고 하자. 이 IP 주소는 해당 데이터베이스 서버의 ansible_eth1.ipv4.address 팩트를 통해 얻을 수 있다.

이 문제의 해결 방법은 hostvars 변수를 사용하는 것이다. 이 변수에는 모든 호스트에 정의된 모든 변수가 포함되며 앤서블이 알고 있는 호스트 이름을 키로 갖는 딕셔너리다. 만약 앤서블에서 아직 호스트의 팩트를 수집하지 않았고 팩트 캐시가 활성화된 경우가 아니라면 hostvars 변수를 사용해 해당 호스트의 팩트에 접근할 수 없다.[1]

예제를 계속해서 살펴보면 데이터베이스 서버가 db.example.com인 경우 구성 템플릿에 다음과 같이 추가할 수 있다.

```
{{ hostvars['db.example.com'].ansible_eth1.ipv4.address }}
```

이렇게 하면 db.example.com 호스트와 ansible_eth1.ipv4.address 팩트를 연관 지어 계산하게 된다.

hostvars와 host_vars

hostvars는 앤서블의 동작 중에 계산된다. host_vars는 디렉터리이며 특정 시스템에 대한 변수를 정의하는 데 사용한다.

inventory_hostname

inventory_hostname은 앤서블이 알고 있는 현재 호스트의 호스트 이름이다. 호스트의 에일리어스를 정의했다면 inventory_hostname은 해당 에일리어스 이름이 된다. 예를 들어, 자신의 인벤토리에 다음과 같은 내용이 포함되어 있다면

```
ubuntu ansible_host=192.168.4.10
```

inventory_hostname은 ubuntu가 된다.

다음과 같이 hostvars와 inventory_hostname 변수를 사용해 현재 호스트와 관련된 모

---

1   팩트 캐시에 관한 자세한 정보는 11장을 참고한다.

든 변수를 출력할 수 있다.

```
- debug: var=hostvars[inventory_hostname]
```

groups

groups 변수는 호스트의 그룹 변수에 접근할 때 사용할 수 있다. 예를 들어 로드 밸런싱 호스트를 구성한다고 해보자. 그리고 구성 파일에는 웹 그룹의 모든 서버 IP 주소가 존재해야 한다고 해보자. 파일 템플릿에는 다음과 같은 부분이 포함된다.

```
backend web-backend
{% for host in groups.web %}
  server {{ hostvars[host].inventory_hostname }} \
  {{ hostvars[host].ansible_default_ipv4.address }}:80
{% endfor %}
```

그리고 생성된 파일은 다음과 같다.

```
backend web-backend
  server georgia.example.com 203.0.113.15:80
  server newhampshire.example.com 203.0.113.25:80
  server newjersey.example.com 203.0.113.38:80
```

groups 변수를 사용하면 간단하게 해당 그룹 이름을 통해 구성 파일 템플릿의 그룹에 있는 여러 호스트를 반복적으로 적용할 수 있다. 즉, 구성 파일 템플릿을 변경하지 않고 그룹의 호스트 변경이 가능하다.

명령줄에서 변수 설정

ansible-playbook에 -e var=value를 전달해 설정한 변수는 높은 우선순위를 갖는다. 따라서 이 방법을 사용해 이미 정의된 변수를 재정의할 수 있다. 예제 5-12는 greeting 변수의 값을 hiya라는 값으로 설정하는 방법이다.

예제 5-12 명령줄에서 변수 설정

```
$ ansible-playbook 5-13-greet.yml -e greeting=hiya
```

명령줄 인수를 갖는 셸 스크립트로 플레이북을 사용하는 경우 ansible-playbook -e variable=value를 사용한다. -e 플래그는 효과적으로 변수에 값을 전달할 수 있게 해준다. -e를 여러 번 사용해 필요한 만큼 변숫값을 전달할 수 있다.

예제 5-13에서는 변수에 지정한 메시지를 출력하는 플레이북을 보여준다.

예제 5-13 변수에 지정한 메시지 출력

```
---
- name: Pass a message on the command line
  hosts: localhost
  gather_facts: false

  vars:
    greeting: "you didn't specify a message"

  tasks:
    - name: Output a message

  debug:
    msg: "{{ greeting }}"
...
```

다음과 같이 호출한다.

```
$ ansible-playbook 5-13-greet.yml -e greeting=hiya
```

실행 결과는 다음과 같다.

```
PLAY [Pass a message on the command line] ************************************
TASK [Gathering Facts] *******************************************************
ok: [localhost]
TASK [Output a message] ******************************************************
ok: [localhost] ==> {
    "msg": "hiya"
```

```
}
PLAY RECAP ********************************************************************
localhost : ok=2  changed=0  unreachable=0  failed=0  skipped=0  rescued=0  ignored=0
```

변수에 공백을 포함시키려면 다음과 같이 따옴표를 사용한다.

```
$ ansible-playbook 5-13-greet.yml -e 'greeting="hi there"'
```

'greeting="hi there"'와 같이 작은따옴표로 전체를 감싸야 해당 셸에서 이를 앤서블
에 전달하기 위한 하나의 인수로 해석한다. 그리고 "hi there"와 같이 큰따옴표를 사용
해야 앤서블에서 해당 메시지를 하나의 문자열로 취급한다.

앤서블에서는 명령줄에서 직접 변수를 전달하지 않고 -e의 인수로 @filename.yml을 사
용해 변수가 포함된 파일을 전달할 수 있다. 예를 들어 예제 5-14와 같은 파일이 있다
고 해보자.

예제 5-14 greetvars.yml

```
greeting: hiya
```

이 파일을 다음과 같이 명령줄에서 전달할 수 있다.

```
$ ansible-playbook 5-13-greet.yml -e @5-14-greetvars.yml
```

예제 5-15에서는 명령줄에서 -e 플래그와 함께 전달된 모든 변수를 표시하는 방법을
보여준다.

예제 5-15 -e 플래그와 함께 전달된 변수 표시

```
---
- name: Show any variable during debugging.
  hosts: all
  gather_facts: true
  tasks:
    - debug: var="{{ variable }}"
...
```

이 방법을 통해 다음과 같이 효과적으로 변수에 변수를 할당해 디버깅에 사용할 수 있다.

```
$ ansible-playbook 5-15-variable-variable.yml -e variable=ansible_python
```

우선순위

변수를 정의하는 몇 가지 방법을 살펴봤다. 동일한 변수를 하나의 호스트에 여러 번 정의하고 다른 값을 사용할 수 있다. 가능하다면 그렇게 사용하지 않는 편이 좋지만 그럴 수 없다면 앤서블의 우선순위를 알아야 한다. 동일한 변수가 여러 가지 방식으로 정의될 때 어떤 값이 우선순위가 높은지(또는 대체되는지)는 우선순위 규칙에 따라 결정된다.

앤서블에서는 변수 우선순위[2]를 적용하며 이를 사용할 수 있다. 여기에는 단순한 규칙이 존재한다. 호스트에 더 가까우면 더 높은 우선순위를 갖는다. 따라서 group_vars는 기본 롤보다 우선순위가 높고, host_vars는 group_vars보다 높다. 다음은 가장 낮은 것부터 가장 높은 것까지의 우선순위다. 나중에 나열된 변수일수록 다른 모든 변수보다 우선순위가 높다.

1. 명령줄 값(예: -u my_user. 변수가 아님)

2. 롤 기본값(role/defaults/main.yml에 정의됨)

3. 인벤토리 파일 또는 스크립트 그룹 변수

4. 인벤토리 group_vars/all

5. 플레이북 group_vars/all

6. 인벤토리 group_vars/*

7. 플레이북 group_vars/*

8. 인벤토리 파일 또는 스크립트 호스트 변수

---

2 변수 우선순위는 앤서블 문서의 'Understanding variable precedence'를 참고한다.

9. 인벤토리 host_vars/*

10. 플레이북 host_vars/*

11. 호스트 팩트 / 캐시된 set_facts

12. 플레이 변수

13. 플레이 vars_prompt

14. 플레이 vars_files

15. 롤 변수(role/vars/main.yml에 정의됨)

16. 블록 변수(블록 내 태스크에만 해당)

17. 태스크 변수(태스크에만 해당)

18. include_vars

19. set_facts / 등록된 변수

20. 롤(및 include_role) 파라미터

21. include 파라미터

22. 추가 변수(예: -e "user=my_user")

요약

5장에서는 변수와 팩트를 정의하고 접근하는 다양한 방법을 살펴봤다. 태스크에서 변수를 분리하고 해당 변수에 적절한 값을 갖는 인벤토리를 생성하면 소프트웨어의 스테이징 환경을 만들 수 있다. 앤서블은 적절한 수준의 데이터를 정의하는 유연성 측면에서 아주 강력하다. 다음 장에서는 애플리케이션을 배포하는 실제 예제를 중심으로 살펴본다.

## 6장

메자닌 소개: 테스트 애플리케이션

3장에서는 기본적인 플레이북 작성 방법을 살펴봤다. 실제로는 프로그래밍 도서들에서 소개하는 내용보다 더 복잡하지만, 이번 장에서는 간단한 애플리케이션을 배포하는 미리 준비된 예제를 살펴보겠다. 다음 장에서는 구현을 살펴본다.

이 예제 애플리케이션은 메자닌^{Mezzanine}이라고 하는 오픈소스 CMS^{Content Management System}이다. 워드프레스^{WordPress}와 비슷하다. 메자닌은 웹 애플리케이션을 개발할 수 있는 파이썬 기반의 무료 프레임워크인 장고^{Django}로 만들어졌다.

상용 환경 배포가 복잡한 이유

자신의 노트북에서 개발 모드로 동작 중인 소프트웨어와 상용 환경에서 동작 중인 소프트웨어의 차이점에 관해 조금 이야기해 보자. 메자닌은 배포보다는 개발 모드에서 실행하기가 훨씬 쉬운 애플리케이션의 좋은 예시다. 예제 6-1에서는 우분투 Focal/64에서 메자닌을 실행하기 위한 프로비저닝 스크립트를 보여준다.[1]

예제 6-1 개발 모드에서 메자닌 실행

```
$ sudo apt-get install -y python3-venv
$ python3 -m venv venv
$ source venv/bin/activate
```

---

1   이 스크립트는 파이썬 패키지를 가상 환경에 설치하고 자동으로 베이그런트 VM을 프로비저닝한다.

```
$ pip3 install wheel
$ pip3 install mezzanine
$ mezzanine-project myproject
$ cd myproject
$ sed -i 's/ALLOWED_HOSTS = \[\]/ALLOWED_HOSTS = ["*"]/' myproject/settings.py
$ python manage.py migrate
$ python manage.py runserver 0.0.0.0:8000
```

터미널에서 다음과 같은 실행 결과를 확인할 수 있다.

```
                   .....
             _d^^^^^^^^^b_
          .d''           ``b.
        .p'                 `q.
       .d'                   `b.
      .d'                     `b.       * Mezzanine 6.0.0
      ::                       ::       * Django 5.0.4
      ::    M E Z Z A N I N E  ::       * Python 3.10.12
      ::                       ::       * SQLite 3.37.2
      `p.                     .q'       * Linux 6.5.0-28-generic
       `p.                   .q'
        `b.                 .d'
         `q..             ..p'
           ^q........p^
              ''''

Performing system checks...

System check identified no issues (0 silenced).
May 01, 2024 - 09:18:56
Django version 5.0.4, using settings 'myproject.settings'
Starting development server at http://0.0.0.0:8000/
Quit the server with CONTROL-C.
```

브라우저에서 http://127.0.0.1:8000/을 입력하면 그림 6-1과 같은 웹 페이지를 확인할 수 있다. 이 서버에서는 모든 IP 주소(0.0.0.0이 의미하는 내용)에서 들어오는 연결을 받아들인다.

이 애플리케이션을 상용 환경에 배포하는 것은 또 다른 문제다. mezzanine-project 명령을 실행하면 메자닌에서는 myproject/fabfile.py에 패브릭^{Fabric} 배포 스크립트를 생성하며, 이 파일을 통해 프로젝트를 상용 서버에 배포할 수 있다. 패브릭은 파이썬 기반의 도구이며 SSH를 통해 태스크를 자동으로 실행할 수 있다. 이 스크립트는 거의 700행에 달하며, 여기에 배포에 관한 구성 파일 부분은 포함하지 않았다.

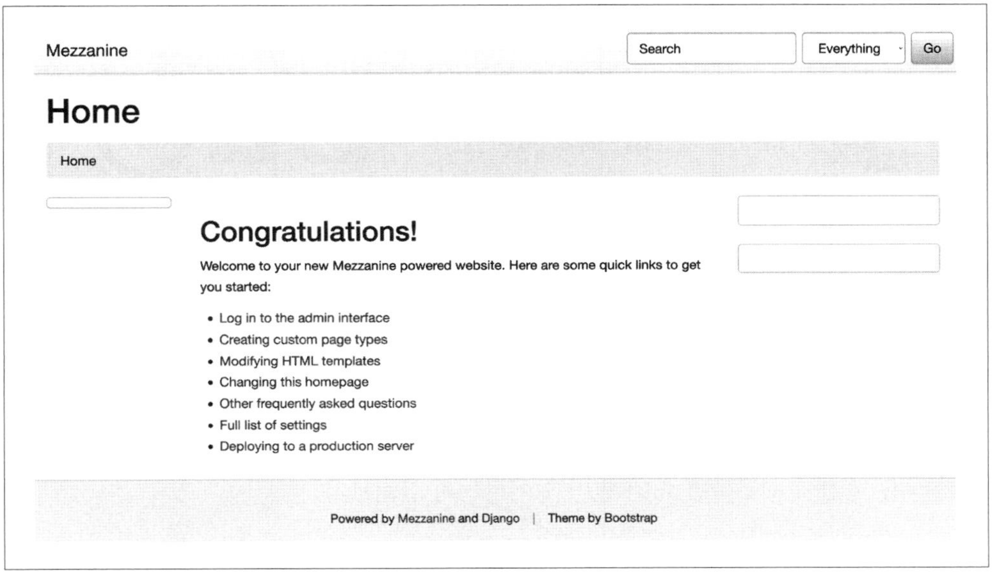

그림 6-1 메자닌 초기 화면

상용 환경 배포가 개발 환경 배포보다 훨씬 더 복잡한 이유는 무엇일까? 개발 환경의 경우, 메자닌에서는 다음과 같은 단순함을 제공한다(그림 6-2 참고).

- 이 시스템에서는 백엔드 데이터베이스로 SQLite를 사용하며, 데이터베이스 파일이 존재하지 않으면 생성하게 된다.

- 이 개발 환경의 HTTP 서버에서는 정적 콘텐츠(이미지, .css 파일, 자바스크립트)와 동적으로 생성된 HTML을 모두 제공한다.

- 이 개발 환경의 HTTP 서버에서는 안전한 HTTPS가 아닌 안전하지 않은 HTTP를 사용한다.

- 이 개발 환경의 HTTP 서버 프로세스는 터미널 윈도에서 포그라운드foreground로 실행된다.

- 이 HTTP 서버의 호스트 이름은 항상 127.0.0.1(localhost)이다.

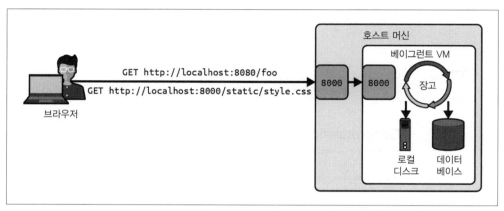

그림 6-2 개발 모드에서 장고 앱

이제 상용 환경에 배포하면 어떤 일이 일어나는지 살펴보자.

Postgres 데이터베이스

개발 환경에서 사용한 SQLite는 서버리스serverless 데이터베이스다. 하지만 상용 환경에서는 동시에 여러 요청을 처리하고 다양한 HTTP 서버를 통한 부하 분산 처리가 지원되는 서버 기반의 데이터베이스가 필요하다. 따라서 MySQL이나 Postgres 같은 DBMSDatabase Management System를 배포해야 한다. 이러한 데이터베이스 서버를 구성하려면 많은 작업이 필요하다. 해당 작업은 다음과 같다.

1. 데이터베이스 소프트웨어를 설치한다.

2. 데이터베이스 서비스가 실행되는지 확인한다.

3. DBMS에 데이터베이스를 생성한다.

176

4. 데이터베이스 사용자를 만들고, 데이터베이스 시스템의 권한을 적절하게 부여한다.

5. 해당 데이터베이스 사용자 권한과 연결 정보를 사용해 메자닌 애플리케이션을 구성한다.

거니콘 애플리케이션 서버

메자닌이 장고 기반의 애플리케이션이기 때문에, 장고 문서에서 **개발 서버**^{development server}로 언급한 장고 HTTP 서버를 사용해 이 애플리케이션을 실행한다. 다음은 장고 1.11 문서(https://docs.djangoproject.com/en/1.11/intro/tutorial01/#the-development-server)에서 개발 서버에 관해 설명하는 부분이다.

> 이 서버를 상용 환경과 유사한 어떤 환경에서도 사용하지 마십시오. 이 서버는 개발하는 동안에만 사용하기 위한 것입니다(우리는 웹 서버가 아닌 웹 프레임워크를 만드는 사업을 하고 있습니다).

장고에서는 표준 웹 서버 게이트웨이 인터페이스^{WSGI, Web Server Gateway Interface}를 구현하므로[2] WSGI를 지원하는 모든 파이썬 HTTP 서버는 메자닌과 같은 장고 애플리케이션을 실행하기에 적합하다. 여기서는 거니콘^{Gunicorn}을 사용한다. 이는 많이 알려진 HTTP WSGI 서버 중 하나로, 메자닌 배포 스크립트에서 사용한다. 메자닌에서는 보안에 취약한 지원 종료된 장고 버전을 사용한다는 점에 주의한다.

엔진엑스 웹 서버

거니콘은 개발 환경의 서버에서 처리하는 것처럼 장고 애플리케이션을 실행한다. 하지만 거니콘에서는 해당 애플리케이션과 관련된 정적인 콘텐츠는 제공하지 않는다. **정적인 콘텐츠**는 이미지나 .css 파일, 자바스크립트 파일 등을 말한다. 이러한 파일은 변경되지

---

2   WSGI 프로토콜은 PEP(Python Enhancement Proposal) 3333(https://peps.python.org/pep-3333/) 문서에서 설명하고 있다.

않기 때문에 정적이라고 부르며, 거니콘에서 제공하는 동적으로 생성된 웹 페이지와는 대조적이다.

거니콘에서 TLS 암호화를 처리할 수 있지만 엔진엑스에서 암호화를 처리하도록 구성하는 것이 일반적이다.[3]

여기서는 그림 6-3에서 볼 수 있는 것처럼 엔진엑스를 웹 서버로 사용해 정적 콘텐츠를 제공하고 TLS 암호화를 처리한다.

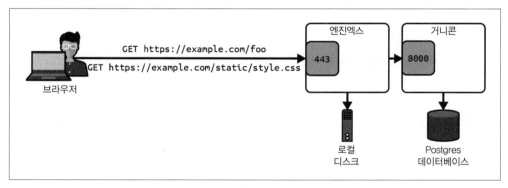

그림 6-3 엔진엑스 리버스 프록시

거니콘용 **리버스 프록시**reverse proxy인 엔진엑스를 구성해야 한다. 요청이 .css 파일과 같은 정적인 콘텐츠에 대한 요청이라면 엔진엑스에서는 해당 파일을 로컬 파일시스템에서 직접 제공한다. 그렇지 않은 경우는 엔진엑스에서 해당 요청을 HTTP 요청으로 만들어 해당 로컬 머신에서 실행 중인 거니콘 서비스로 전달한다. 엔진엑스에서는 URL을 사용해 로컬 파일을 제공할지 아니면 해당 요청을 거니콘으로 전달할지 여부를 결정한다.

엔진엑스에 대한 요청은 안전한 HTTPS이고 엔진엑스에서 거니콘으로 전달되는 요청은 모두 안전하지 않은 HTTP 요청이라는 점에 유의한다.

---

3   거니콘 0.17에서는 TLS 암호화를 지원한다. 그 이전 버전에서는 암호화를 처리하기 위해 엔진엑스 같은 별도의 애플리케이션을 사용해야 한다.

Supervisor 프로세스 관리자

개발 환경에서 실행하는 경우 애플리케이션 서버가 터미널의 포그라운드^{foreground}에서 실행된다. 따라서 터미널을 종료하면 해당 프로그램도 중단된다. 서버 애플리케이션에서 이러한 부분을 백그라운드 프로세스로 동작하도록 해야 해당 프로세스를 실행할 때 사용했던 터미널의 세션을 종료하더라도 애플리케이션은 중단되지 않는다.

프로세스와 동일한 용어는 **데몬**^{daemon} 또는 **서비스**^{service}다. 거니콘을 데몬으로 실행해 쉽게 중지하고 시작되도록 한다. 다양한 서비스 관리자를 통해 이 작업을 처리할 수 있다. 메자닌 배포 스크립트에서 Supervisor를 사용하므로, 여기서도 Supervisor를 사용한다.

요약

지금까지 상용 환경에 웹 애플리케이션을 배포하는 작업 절차를 살펴봤다. 다음 장에서는 앤서블을 통해 배포를 구현하는 방법을 살펴본다.

## 7장

앤서블로 메자닌 배포

이제 서버에 메자닌을 배포하기 위해 앤서블 플레이북을 작성할 시간이다. 단계별로 이 장을 살펴보겠지만 책의 결론이 궁금해 마지막 페이지를 먼저 보는 타입이라면 이 장의 끝에 있는 예제 7-27에서 전체 플레이북을 확인할 수 있다. 또한 깃허브(https://github.com/ansiblebook/ansiblebook/blob/master/chapter07/playbooks/mezzanine.yml)에서도 해당 내용을 확인할 수 있다. 플레이북을 직접 실행해 보기 전에 README 파일을 먼저 확인하기 바란다.

메자닌 개발자 스티븐 맥도널드^{Stephen McDonald}가 작성한 원본 스크립트를 가능한 한 충실히 따르려고 노력했다.[1]

플레이북 태스크 리스트

플레이북의 내부를 자세히 들여다보기 전에 대략적으로 살펴보자. ansible-playbook 명령줄 도구에서는 --list-tasks 플래그를 지원한다. 이 플래그를 사용하면 플레이북의 모든 태스크 이름이 출력된다. 사용 방법은 다음과 같다.

```
$ ansible-playbook --list-tasks mezzanine.yml
```

예제 7-1에서는 예제 7-27 mezzanine.yml 플레이북의 출력 결과를 보여준다.

---

1   메자닌에서는 자동 배포용 fabfile을 더 이상 제공하지 않는다.

메자닌 플레이북의 태스크 리스트

```
playbook: mezzanine.yml
  play #1 (web): Deploy mezzanine        TAGS: []
    tasks:
      Install apt packages       TAGS: []
      Create project path        TAGS: []
      Create a logs directory    TAGS: []
      Check out the repository on the host    TAGS: []
      Create python3 virtualenv TAGS: []
      Copy requirements.txt to home directory   TAGS: []
      Install packages listed in requirements.txt        TAGS: []
      Create project locale      TAGS: []
      Create a DB user   TAGS: []
      Create the database        TAGS: []
      Ensure config path exists TAGS: []
      Create tls certificates    TAGS: []
      Remove the default nginx config file       TAGS: []
      Set the nginx config file TAGS: []
      Enable the nginx config file       TAGS: []
      Set the supervisor config file     TAGS: []
      Install poll twitter cron job      TAGS: []
      Set the gunicorn config file       TAGS: []
      Generate the settings file         TAGS: []
      Apply migrations to create the database, collect static content    TAGS: []
      Set the site id   TAGS: []
      Set the admin password     TAGS: []
```

이와 같은 방법으로 플레이북에서 처리되는 내용을 간략하게 살펴볼 수 있다.

배포된 파일

앞서 설명한 것처럼 메자닌은 장고를 기반으로 만들어졌다. 장고에서는 웹 앱을 **프로젝트**project라고 한다. 프로젝트의 이름을 선택할 수 있으며 여기서는 mezzanine_example 이라는 이름을 지정했다.

이 플레이북에서는 베이그런트 머신에 배포하며 베이그런트 사용자 계정의 홈 디렉터리에 해당 파일이 배포된다.

예제 7-2 /home/vagrant 하위 디렉터리 구조

```
.
|---- logs
|---- mezzanine
|       |___ mezzanine_example
|___ .virtualenvs
        |___ mezzanine_example
```

예제 7-2의 /home/vagrant 하위 디렉터리에 대한 설명은 다음과 같다.

- /home/vagrant/mezzanine/mezzanine-example에는 소스 코드가 포함되며, 깃허브의 소스 코드 저장소에서 복제된다.

- /home/vagrant/.virtualenvs/mezzanine_example은 가상 환경 디렉터리이며, 모든 파이썬 패키지가 설치된다.

- /home/vagrant/logs에는 메자닌에서 생성한 로그 파일이 포함된다.

변수와 비밀 변수

예제 7-3에서 볼 수 있는 것처럼 이 플레이북에서는 상당히 많은 변수를 정의한다.

예제 7-3 변수 정의

```
vars:
  user: "{{ ansible_user }}"
  proj_app: mezzanine_example
  proj_name: "{{ proj_app }}"
  venv_home: "{{ ansible_env.HOME }}/.virtualenvs"
  venv_path: "{{ venv_home }}/{{ proj_name }}"
  proj_path: "{{ ansible_env.HOME }}/mezzanine/{{ proj_name }}"
  settings_path: "{{ proj_path }}/{{ proj_name }}"
  reqs_path: requirements.txt
  manage: "{{ python }} {{ proj_path }}/manage.py"
```

```
live_hostname: 192.168.33.10.nip.io
domains:
  - 192.168.33.10.nip.io
  - www.192.168.33.10.nip.io
repo_url: git@github.com:ansiblebook/mezzanine_example.git
locale: 'en_US.UTF-8'
# 아래 변수는 Mezzanine의 fabfile.py에는 나타나지 않지만
# 편의를 위해 추가함
conf_path: /etc/nginx/conf
tls_enabled: true
python: "{{ venv_path }}/bin/python"
database_name: "{{ proj_name }}"
database_user: "{{ proj_name }}"
database_host: localhost
database_port: 5432
gunicorn_procname: gunicorn_mezzanine
```

```
vars_files:
  - secrets.yml
```

여기서 나오는 대부분의 변수는 메자닌 패브릭 스크립트에서 사용하는 변수와 동일한 변수를 사용하려고 했으며, 내용을 좀 더 명확히 하기 위해 변수를 일부 추가했다. 예를 들어, 패브릭 스크립트에서는 데이터베이스 이름과 데이터베이스 사용자 이름으로 proj_name을 사용한다. 하지만 로린은 명확하게 표현하기 위해 database_name과 database_user라는 중간 변수 이름을 정의하고 여기에 proj_name을 정의하는 방법을 사용한다.

여기서 몇 가지 주목할 부분이 있다. 첫 번째는 다른 변수를 정의하는 변수를 정의할 수 있다는 점이다. 예컨대 venv_home과 proj_name을 venv_path에 정의할 수 있다.

이러한 변수에서 앤서블 팩트를 참조할 수도 있다. 예를 들어, venv_home에서는 각 호스트에서 수집된 ansible_env 팩트를 정의한다.

끝으로 다음과 같이 secrets.yml이라고 하는 별도의 파일에 일부 변수를 지정했다.

```
vars_files:
  - secrets.yml
```

이 파일에는 비밀번호나 토큰처럼 비밀로 해야 하는 자격증명을 포함한다. 깃허브 저장소에서는 실제로 이러한 파일을 포함하지 않는다. 대신 다음과 같은 secrets.yml.example 파일이 포함된다.

```
db_pass: e79c9761d0b54698a83ff3f93769e309
admin_pass: 46041386be534591ad24902bf72071B
secret_key: b495a05c396843b6b47ac944a72c92ed
nevercache_key: b5d87bb4e17c483093296fa321056bdc

# Twitter 통합을 위한 자격증명을 얻으려면 https://dev.twitter.com에서
# Twitter 애플리케이션을 생성해야 한다.
## Twitter 통합에 대한 자세한 내용은
# https://mezzanine.readthedocs.io/en/latest/twitter-integration.html을 참고한다.
twitter_access_token_key: 80b557a3a8d14cb7a2b91d60398fb8ce
twitter_access_token_secret: 1974cf8419114bdd9d4ea3db7a210d90
twitter_consumer_key: 1f1c627530b34bb58701ac81ac3fad51
twitter_consumer_secret: 36515c2b60ee4ffb9d33d972a7ec350a
```

이 저장소를 사용하려면 secrets.yml.example을 secrets.yml로 복사하고 수정해 자신의 사이트에 해당되는 자격증명을 포함시킨다.

 secrets.yml 파일은 자격증명이 실수로 커밋되는 것을 방지하기 위해 깃 저장소의 .gitignore 파일에 포함된다. 보안상의 위험이 있기 때문에 암호화되지 않은 자격증명을 버전 관리 저장소에 커밋하는 것은 좋지 않다. 이러한 내용은 암호화된 자격증명을 유지하는 전략 중 하나다. 자격증명을 환경 변수로 전달할 수도 있다. 8장에서 살펴볼 또 다른 방법에는 ansible-vault 기능을 사용해 secrets.yml 파일을 암호화하여 커밋하는 내용도 있다.

여러 패키지 설치

메자닌을 배포하기 위해 두 가지 종류의 패키지를 설치해야 한다. 일부는 시스템 수준 패키지이고 일부는 파이썬 패키지다. 우분투에 배포할 것이기 때문에 시스템 패키지용 패키지 관리자로 apt를 사용한다. 파이썬 패키지는 pip를 사용해 설치한다.

시스템 수준 패키지는 일반적으로 파이썬 패키지보다 다루기 쉽다. 그 이유는 운영체제와 함께 동작하도록 설계됐기 때문이다. 하지만 시스템 패키지 저장소에는 보통 필요한 최신 버전의 파이썬 라이브러리가 포함되지 않으며, 최신 버전의 파이썬 라이브러리를 설치하려면 파이썬 패키지를 설치해야 한다. 최신 기능과 안정성 사이에는 트레이드 오프가 존재한다.

예제 7-4에서는 시스템 패키지를 설치하기 위해 사용할 태스크를 보여준다.

예제 7-4 시스템 패키지 설치

```
- name: Install apt packages
  become: true
  apt:
    update_cache: true
    cache_valid_time: 3600
    pkg:
      - acl
      - git
      - libjpeg-dev
      - libpq-dev
      - memcached
      - nginx
      - postgresql
      - python3-dev
      - python3-pip
      - python3-venv
      - python3-psycopg2
      - supervisor
```

여러 패키지를 설치하고 있으므로 앤서블에서는 전체 리스트를 apt 모듈에 전달하고 해당 모듈에서는 apt 프로그램을 단 한 번만 호출해 설치될 전체 패키지 리스트를 전달한다. apt 모듈은 이 리스트를 모두 처리할 수 있게 설계됐다.

태스크에 Become 절 추가

3장에서 살펴본 플레이북 예제에서는 전체 플레이북을 루트 권한으로 실행하려고 했기 때문에 become: true 절을 플레이에 추가했다. 메자닌을 배포할 경우 대부분의 태스크는 루트보다는 해당 호스트에 SSH를 접속하는 사용자 권한으로 실행된다. 따라서 전체 플레이가 아닌 선택한 태스크만 루트 권한으로 동작하도록 한다.

예제 7-4처럼 루트 권한으로 실행해야 하는 태스크에 become: true를 추가해 이러한 내용을 처리할 수 있다. 감사[audit]를 위한 목적으로 바스는 become: true를 - name: 바로 아래에 추가하는 방법을 사용한다.

apt 캐시 갱신

우분투에서는 우분투 패키지 아카이브에 있는 모든 apt 패키지에 대해 해당 패키지 이름을 사용해 캐시를 유지한다. libssldev라는 이름의 패키지를 설치한다고 가정해 보자. apt-cache 프로그램을 사용해 다음과 같이 로컬 캐시에서 어떤 버전을 알고 있는지 조회할 수 있다.

```
$ apt-cache policy libssl-dev
```

 이후 절에서 나오는 모든 예제의 명령은 제어 머신이 아닌 우분투 원격 호스트에서 실행된다.

출력 결과는 예제 7-5와 유사하다.

예제 7-5 apt-cache 출력 결과

```
libssl-dev:
  Installed: (none)
  Candidate: 1.1.1f-1ubuntu2.4
  Version table:
```

```
1.1.1f-1ubuntu2.4 500
   500 http://archive.ubuntu.com/ubuntu focal-updates/main amd64 Packages
1.1.1f-1ubuntu2.3 500
   500 http://security.ubuntu.com/ubuntu focal-security/main amd64 Packages
1.1.1f-1ubuntu2 500
   500 http://archive.ubuntu.com/ubuntu focal/main amd64 Packages
```

보다시피 이 패키지는 로컬에 설치되어 있지 않다. 그리고 로컬 캐시에서 알고 있는 최신 버전은 1.1.1f-1ubuntu2.4이다. 여기서 패키지 저장소의 위치도 알 수 있다.

경우에 따라, 우분투 프로젝트의 새로운 패키지 버전이 릴리스될 때 패키지 저장소의 오래된 버전을 제거한다. 우분투 서버의 로컬 apt 캐시가 갱신되지 않게 되면 패키지 저장소에 존재하지 않는 패키지를 설치하려고 시도하게 된다.

계속해서 예제를 진행하기 위해 다음과 같이 libssl-dev 패키지를 설치하려 한다고 해보자.

```
$ sudo apt-get install libssl-dev
```

만약 패키지 저장소에서 1.1.1f-1ubuntu2.4 버전을 더 이상 사용할 수 없다면 오류가 발생하게 된다.

명령줄에서 최신 로컬 apt 캐시를 가져오는 방법은 apt-get update를 실행하는 것이다. 하지만 apt 앤서블 모듈을 사용하는 경우, 예제 7-4에서 볼 수 있는 것처럼 모듈을 호출할 때 update_cache: true 인수를 전달해야 이 캐시가 갱신된다.

캐시 업데이트에는 추가적인 시간이 들고 디버깅을 위해 플레이북을 연속 여러 번 실행하게 되므로, 해당 모듈에 cache_valid_time 인수를 사용해 캐시 업데이트로 인해 발생하는 문제를 피할 수 있다. 이 방법으로 특정 기간이 지난 캐시를 갱신할 수 있다. 예제 7-4에서는 cache_valid_time: 3600을 사용해 3,600초(1시간)가 지난 캐시를 갱신한다.

깃으로 프로젝트 체크아웃

메자닌은 아무런 사용자 정의 코드를 작성하지 않아도 사용할 수 있지만, 파이썬이 가능한 경우 아주 좋은 선택이 될 수 있는 장고 웹 애플리케이션 플랫폼을 기반으로 작성할 수 있다는 강점이 있다. CMS만 필요하다면 워드프레스 같은 도구를 사용할 수 있다. 하지만 CMS 기능이 통합된 맞춤형 애플리케이션을 만든다면 메자닌을 선택할 수 있다.

배포 과정의 일환으로 자신의 장고 애플리케이션이 포함된 깃 저장소를 체크아웃해야 한다. 장고에서 사용하는 용어로 말하면 이 저장소에 하나의 프로젝트가 포함되어야 한다. 이미 적절한 파일이 포함된 장고 프로젝트를 깃허브 저장소(https://github.com/ansiblebook/mezzanine_example)에 생성해 두었다. 이 프로젝트를 플레이북을 통해 배포한다.

포함된 파일은 다음과 같이 메자닌과 함께 제공되는 `mezzanine-project` 프로그램을 사용해 생성했다.

```
$ mezzanine-project mezzanine_example
$ chmod +x mezzanine_example/manage.py
```

해당 저장소에는 아무런 맞춤형 애플리케이션이 없고 프로젝트에 필요한 파일만 존재한다. 하지만 실제로 장고를 배포할 때는 이 저장소에 부가적으로 장고 애플리케이션이 있는 하위 디렉터리가 포함된다.

예제 7-6은 `git` 모듈을 사용해 원격 호스트에 깃 저장소를 체크아웃하는 방법을 보여준다.

`예제 7-6` 깃 저장소 체크아웃

```
- name: Check out the repository on the host
  git:
    repo: "{{ repo_url }}"
    dest: "{{ proj_path }}"
    version: master
    accept_hostkey: true
```

이 프로젝트 저장소는 공개용^{public}으로 만들었으므로 지금은 여기에 접근할 수 있지만, 보통은 SSH를 통해 비공개용 깃 저장소를 체크아웃하게 된다. 이러한 이유로 SSH를 통해 저장소를 복제하는 방식을 사용하기 위해 다음과 같이 repo_url 변수를 설정했다.

repo_url: git@github.com:ansiblebook/mezzanine_example.git

집에서 이 플레이북을 실행하기 위해 따라 하는 중이라면 깃허브 계정에 로그인한다. 그리고 다음과 같은 순서로 진행한다.

1. 자신의 SSH 공개 키를 자신의 계정에 추가한다.

2. 다음과 같이 SSH 에이전트를 시작한다.

   $ eval $(ssh-agent)

3. SSH 에이전트가 실행되면 다음과 같이 자신의 키를 추가한다.

   $ ssh-add <개인 키의 경로>

잘 진행됐다면 다음 명령을 통해 자신이 추가한 SSH 공개 키를 확인할 수 있다.

$ ssh-add -L

실행 결과는 다음과 비슷한 모양이 될 것이다.

ssh-ed25519 AAAAC3NzaC1lZDI1NTE5AAAAIN1/YRlI7Oc+KyM6NFZt7fb7pY+btItKHMLbZhdbwhj2

에이전트 포워딩을 활성화하려면 자신의 ansible.cfg에 다음 내용을 추가한다.

[ssh_connection]
ssh_args = -o ForwardAgent=yes

다음과 같이 앤서블을 사용해 알려진 키 리스트를 확인해 보면 에이전트 포워딩이 동작하는지 확인할 수 있다.

$ ansible web -a "ssh-add -L"

자신의 로컬 머신에서 ssh-add -L을 실행한 것과 동일한 실행 결과를 확인할 수 있다. 또 다른 확인 방법으로는 다음과 같이 깃허브의 SSH 서버에 접근해서 확인하는 방법이 있다.

```
$ ansible web -a "ssh -T git@github.com"
```

잘 실행됐다면 실행 결과는 다음과 비슷하게 출력된다.

```
web | FAILED | rc=1 >>
Hi bbaassssiiee! You've successfully authenticated, but GitHub does not provide
shell access.
```

깃허브의 배시 셸에 로그인할 수 없으므로 출력 결과에서 FAILED라는 단어가 보이긴 하지만 깃허브에서 이 메시지를 보게 되면 성공적으로 확인된 것이다.

repo 파라미터와 dest 파라미터를 통해 저장소 URL과 저장소의 목적지 경로를 지정하려면 accept_hostkey 파라미터를 추가로 전달한다. 이 파라미터는 호스트 키 확인[host-key checking]과 관련이 있다(호스트 키 확인은 20장에서 자세히 다룬다).

가상 환경에 메자닌과 나머지 패키지 설치

루트 사용자를 통해 파이썬 패키지를 전역 범위로 설치할 수 있지만 이러한 패키지를 격리된 환경에 설치해 시스템 수준의 파이썬 패키지와 섞이지 않도록 하는 것이 좋다. 파이썬에서 이러한 유형의 격리된 패키지 환경을 가상 환경 또는 virtualenv라고 부른다. 사용자는 여러 virtualenv를 만들 수 있고 루트를 사용하지 않고 하나의 virtualenv에 여러 파이썬 패키지를 설치할 수 있다(예제에서는 최신 버전을 얻기 위해 몇 가지 파이썬 패키지를 설치하고 있다는 점을 기억한다).

앤서블의 pip 모듈에서는 virtualenv의 내부에 패키지를 설치할 수 있으며 설치할 수 없는 경우에는 virtualenv를 생성할 수 있도록 지원한다.

예제 7-7에서는 pip를 사용해 파이썬 3 virtualenv와 최신 패키지 도구를 설치하는 방법을 보여준다.

예제 7-7 파이썬 virtualenv 설치

```
- name: Create python3 virtualenv
  pip:
    name:
      - pip
      - wheel
      - setuptools
    state: latest
    virtualenv: "{{ venv_path }}"
    virtualenv_command: /usr/bin/python3 -m venv
```

예제 7-8에서는 virtualenv 내부에 파이썬 패키지를 설치하기 위해 사용되는 2개의 태스크를 보여준다. 파이썬 프로젝트에서 일반적으로 사용하는 방법은 requirements.txt 파일에 패키지 의존성을 지정하는 것이다.

예제 7-8 파이썬 패키지 설치

```
- name: Copy requirements.txt to home directory
  copy:
    src: requirements.txt
    dest: "{{ reqs_path }}"
    mode: '0644'

- name: install packages listed in requirements.txt
  pip:
    virtualenv: "{{ venv_path }}"
    requirements: "{{ reqs_path }}"
```

결국, 메자닌 예제의 저장소에는 requirements.txt 파일이 포함되며 예제 7-9와 같은 모양이 된다.

예제 7-9 requirements.txt

```
Mezzanine==4.3.1
```

192

requirements.txt의 메자닌 파이썬 패키지는 특정 버전(4.3.1)으로 고정된다는 점에 주의한다. 이 requirements.txt 파일에는 배포에 필요한 여러 파이썬 패키지가 누락되어 있으며, 플레이북 디렉터리의 requirements.txt 파일에 이러한 패키지를 명시적으로 지정한 후 호스트로 복사한다.

 앤서블에서는 file, copy, template을 포함해 여러 모듈에서 사용되는 파일의 권한을 지정할 수 있으며, 심볼릭 모드로 모드를 지정할 수 있다(예: 'u+rwx', 'u=rw, g=r,o=r'). 이러한 /usr/bin/chmod에 익숙하다면 여기서 사용하는 부분은 실제로 8진수임을 기억해야 한다. 앞에 0을 추가해 앤서블 YAML 파서에서 8진수를 인식하게 하거나(예: 0644, 01777) 또는 따옴표를 사용해 앤서블에서 문자열을 받아서 숫자로 변환할 수 있도록 해야 한다(예: '644', '1777'). 이러한 규칙 중 하나를 따르지 않고 숫자를 앤서블에 전달하면 10진수가 되어 기대치 않은 결과를 만나게 된다. 모든 파일의 모드에서 '0755'와 같이 작은따옴표를 사용해 특수 비트(suid, sgid)가 없음을 명시적으로 지정하는 것은 모호성을 없앨 수 있는 좋은 방법이다.

나머지 의존성에 대해 사용 가능한 최신 버전을 받는다.

그렇지 않고 모든 패키지를 고정하려면 여러 가지 선택지가 있다. 예컨대 requirements.txt 파일에 반복적으로 모든 패키지를 지정한다. 이 파일에는 패키지와 의존성에 관한 정보가 포함된다. 예를 들면 예제 7-10과 같다.

예제 7-10 requirements.txt 예시

```
beautifulsoup4==4.9.3
bleach==3.3.0
certifi==2021.5.30
chardet==4.0.0
Django==1.11.29
django-appconf==1.0.4
django-compressor==2.4.1
django-contrib-comments==2.0.0
filebrowser-safe==0.5.0
future==0.18.2
grappelli-safe==0.5.2
gunicorn==20.1.0
```

```
idna==2.10
Mezzanine==4.3.1
oauthlib==3.1.1
packaging==21.0
Pillow==8.3.1
pkg-resources==0.0.0
psycopg2==2.9.1
pyparsing==2.4.7
python-memcached==1.59
pytz==2021.1
rcssmin==1.0.6
requests==2.25.1
requests-oauthlib==1.3.0
rjsmin==1.1.0
setproctitle==1.2.2
six==1.16.0
soupsieve==2.2.1
tzlocal==2.1
urllib3==1.26.6
webencodings==0.5.1
```

기존 virtualenv에 패키지가 설치되어 있다면 `pip freeze` 명령을 사용해 설치된 패키지 리스트를 확인할 수 있다. 예를 들어, 자신의 virtualenv가 ~/.virtualenvs/mezzanine_example에 있다면 다음과 같이 자신의 virtualenv를 활성화하고 virtualenv의 패키지를 requirements.txt 파일에 저장할 수 있다.

```
$ source .virtualenvs/mezzanine_example/bin/activate
$ pip freeze > requirements.txt
```

예제 7-11에서는 리스트에 패키지의 이름과 버전을 지정하는 방법을 보여준다. `with_items`에서는 딕셔너리 형식의 리스트를 전달한다. 이 딕셔너리 리스트는 pip 모듈이 반복적으로 실행될 때 `item.name`과 `item.version`으로 요소를 참조하기 위해 사용한다.

예제 7-11 패키지 이름과 버전 지정

```
- name: Install python packages with pip
  pip:
```

```
    virtualenv: "{{ venv_path }}"
    name: "{{ item.name }}"
    version: "{{ item.version }}"
  with_items:
    - {name: mezzanine, version: '4.3.1' }
    - {name: gunicorn, version: '20.1.0' }
    - {name: setproctitle, version: '1.2.2' }
    - {name: psycopg2, version: '2.9.1' }
    - {name: django-compressor, version: '2.4.1' }
    - {name: python-memcached, version: '1.59' }
```

버전 번호 주위의 작은따옴표에 주의한다. 이 따옴표를 사용하면 문자로 취급되므로 특정한 경우에 반올림되지 않게 해준다.

태스크에서 복잡한 인수에 관한 짧은 이야기

모듈을 호출할 때 인수를 문자열로 전달한다. 이 방법은 임시로 사용하기 좋다. 예제 7-11에서 pip 예시를 보면 **pip** 모듈에 인수를 다음과 같이 하나의 문자열로 전달할 수 있었다.

```
- name: Install package with pip
  pip: virtualenv={{ venv_path }} name={{ item.name }} version={{ item.version }}
```

파일에서 긴 줄이 보기 싫다면 YAML의 라인 폴딩line folding을 사용해 다음과 같이 문자열을 여러 줄로 나눌 수 있다.

```
- name: Install package with pip
  pip: >
    virtualenv={{ venv_path }}
    name={{ item.name }}
    version={{ item.version }}
```

앤서블에서는 여러 줄로 모듈 호출을 나눌 수 있는 더 좋은 방법을 제공한다. 문자열을 전달하는 대신 키가 변수 이름인 딕셔너리를 전달할 수 있다. 즉, 예제 7-11처럼 다음과 같이 호출할 수 있다.

```
- name: Install package with pip
  pip:
    virtualenv: "{{ venv_path }}"
    name: "{{ item.name }}"
    version: "{{ item.version }}"
```

인수 전달에 딕셔너리를 사용하는 방식은 **복잡한 인수**를 전달하는 모듈을 호출하는 경우나, 모듈에 전달하는 인수가 리스트 또는 딕셔너리인 경우에도 사용할 수 있다. 웹 요청을 전송하는 uri 모듈이 그 예가 될 수 있다. 예제 7-12에서는 body 파라미터에서 사용하기 위해 리스트를 전달받는 모듈 호출 방법을 보여준다.

예제 7-12 복잡한 인수를 사용하는 모듈 호출

```
- name: Login to a form based webpage
  uri:
    url: 'https://your.form.based.auth.example.com/login.php'
    method: POST
    body_format: form-urlencoded
    body:
      name: your_username
      password: 'your_password'
      enter: Sign in
    status_code: 302
  register: login
```

모듈 인수를 문자열 대신 딕셔너리로 전달하는 방법은 선택사항인 인수를 사용할 때 발생할 수 있는 공백 버그를 회피할 수 있는 방법이며, 버전 관리 시스템에서 그 효과가 정말 좋다. 이러한 유형의 표기법을 사용할 때 얻을 수 있는 아주 큰 장점은 순수 YAML이기 때문에 처리하려는 내용을 다양한 YAML 파서와 린터^{linter}에서 해석할 수 있다는 점이다. 등호(=)를 사용한 표기법은 구식 표현이며 선호하지 않는 방법이다.

여러 줄로 인수를 나누고 복잡한 인수를 전달하지 않는 경우, 어떤 형태를 선택할지는 개인의 취향이다. 바스는 딕셔너리를 여러 줄로 나누어 사용하는 방법을 선호하지만, 이

책에서는 두 가지 형태를 모두 사용한다.

데이터베이스 구성

개발 모드에서 장고를 실행하면 SQLite 백엔드를 사용한다. 이 백엔드는 데이터베이스 파일이 존재하지 않는 경우 해당 파일을 생성한다.

Postgres와 같은 DBMS[Database Management System]를 사용하는 경우, 먼저 Postgres 내부에 데이터베이스를 소유하는 사용자 계정을 만든 후 데이터베이스를 생성한다. 나중에 해당 사용자의 자격증명을 사용해 메자닌을 구성한다.

앤서블에는 `postgresql_user` 모듈과 `postgresql_db` 모듈이 포함되어 있다. 이 모듈을 사용해 Postgres에 사용자와 데이터베이스를 만들 수 있다. 예제 7-13에서는 플레이북에서 이러한 모듈을 호출하는 방법을 보여준다.

데이터베이스를 생성하는 경우 `lc_ctype`과 `lc_collate` 파라미터를 통해 로캘[locale] 정보를 저장한다. `locale_gen` 모듈을 통해 사용하는 로캘이 운영체제에 설치되어 있는지 확인할 수 있다.

예제 7-13 데이터베이스와 데이터베이스 사용자 생성

```
- name: Create project locale
  become: true
  locale_gen:
    name: "{{ locale }}"

- name: Create a DB user
  become: true
  become_user: postgres
  postgresql_user:
    name: "{{ database_user }}"
    password: "{{ db_pass }}"

- name: Create the database
  become: true
```

```
become_user: postgres
postgresql_db:
  name: "{{ database_name }}"
  owner: "{{ database_user }}"
  encoding: UTF8
  lc_ctype: "{{ locale }}"
  lc_collate: "{{ locale }}"
  template: template0
```

마지막 두 태스크에서 become: true와 become_user: postgres를 사용하는 부분에 주의한다. 우분투에 Postgres를 설치하는 경우, 설치 과정에 postgres라는 이름의 사용자가 생성되며 이 사용자는 Postgres를 설치하기 위한 관리 권한을 갖는다. 루트 계정은 기본적으로 Postgres 관리 권한을 갖지 않으므로 사용자나 데이터베이스를 생성하는 등의 관리 작업을 수행하기 위해서는 플레이북에서 Postgres 사용자로 변경(become)해야 한다.

데이터베이스를 생성할 때 해당 데이터베이스와 관련된 인코딩(UTF8)과 로캘 카테고리(LC_CTYPE, LC_COLLATE)를 설정한다. 여기서는 로캘 정보를 설정하고 있으므로 템플릿에 template0을 사용한다.[2]

템플릿에서 local_settings.py 파일 생성

장고에서는 프로젝트에 해당하는 설정을 settings.py 파일에서 찾는다. 메자닌에서는 장고의 일반적인 관행에 따라 이러한 설정을 다음과 같이 2개의 그룹으로 나눈다.

- 모든 배포에 대해 동일한 설정(settings.py)

- 배포에 따라 다른 설정(local_settings.py)

여기서는 프로젝트 저장소의 settings.py 파일(https://github.com/ansiblebook/

---

2   템플릿 데이터베이스에 관한 더 자세한 내용은 Postgres 공식 문서(https://www.postgresql.org/docs/12/manage-ag-templatedbs.html)를 참고한다.

mezzanine_example)에 모든 배포에서 사용하기 위한 동일한 설정을 정의한다.

settings.py 파일에는 파이썬 코드 조각이 포함된다. 이 코드에서는 배포에 따라 다른 설정이 포함된 local_settings.py 파일을 불러온다. 일반적으로 로컬에서 개발하기 위해 개발자가 local_settings.py 파일을 생성하고 구성하기 때문에 .gitignore 파일에서는 local_settings.py 파일을 무시하도록 구성된다.

배포의 일환으로 local_settings.py 파일을 생성하고 원격 호스트에 업로드해야 한다. 예제 7-14에서는 Jinja2 템플릿을 보여준다.

예제 7-14 local_settings.py.j2

```
# 이 값을 고유하게 설정하고, 누구와도 공유하지 말아야 함
SECRET_KEY = "{{ secret_key }}"
NEVERCACHE_KEY = "{{ nevercache_key }}"
ALLOWED_HOSTS = [{% for domain in domains %}"{{ domain }}",{% endfor %}]

DATABASES = {
    "default": {
        # "postgresql_psycopg2", "mysql", "sqlite3" 또는 "oracle"로 끝나야 함
        "ENGINE": "django.db.backends.postgresql_psycopg2",
        # 데이터베이스 이름, sqlite3를 사용할 경우 데이터베이스 파일 경로
        "NAME": "{{ proj_name }}",
        # sqlite3에서는 사용되지 않음
        "USER": "{{ proj_name }}",
        # sqlite3에서는 사용되지 않음
        "PASSWORD": "{{ db_pass }}",
        # 로컬 호스트의 경우 빈 문자열로 설정. sqlite3에서는 사용되지 않음
        "HOST": "127.0.0.1",
        # 기본값은 빈 문자열로 설정. sqlite3에서는 사용되지 않음
        "PORT": "",
    }
}

CACHE_MIDDLEWARE_KEY_PREFIX = "{{ proj_name }}"
CACHES = {
    "default": {
        "BACKEND": "django.core.cache.backends.memcached.MemcachedCache",
```

```
        "LOCATION": "127.0.0.1:11211",
    }
}
SESSION_ENGINE = "django.contrib.sessions.backends.cache"
```

이 템플릿의 대부분은 직관적이다. secret_key와 nevercache_key, proj_name, db_pass 같은 변숫값을 입력하기 위해 {{ variable }} 문법을 사용한다. 로직에서 일반적이지 않은 부분은 예제 7-15에서 보여주는 행이다.

예제 7-15 Jinja2 템플릿에서 for 루프 사용

```
ALLOWED_HOSTS = [{% for domain in domains %}"{{ domain }}",{% endfor %}]
```

변수를 정의한 부분을 다시 살펴보면 다음과 같이 정의된 domains라는 변수를 확인할 수 있다.

```
domains:
  - 192.168.33.10.nip.io
  - www.192.168.33.10.nip.io
```

메자닌 앱에서는 domains 변수에 나열된 호스트 이름에 대한 요청에만 응답하게 된다. 여기서는 http://192.168.33.10.nip.io나 http://www.192.168.33.10.nip.io가 해당된다. 요청이 메자닌에 전달됐으나 호스트 헤더가 이러한 두 도메인과 다르다면 사이트에서는 "Bad Request (400)"을 반환한다.

생성된 파일에서 이 부분은 다음과 같다.

```
ALLOWED_HOSTS = ["192.168.33.10.nip.io", "www.192.168.33.10.nip.io"]
```

예제 7-15에서 볼 수 있는 것처럼 for 루프를 사용해 이 내용을 처리할 수 있다. 하지만 이 방법으로는 원하는 내용이 정확히 처리되지 않는다. 따라서 다음과 같이 마지막에 콤마를 추가한다.

```
ALLOWED_HOSTS = ["192.168.33.10.nip.io", "www.192.168.33.10.nip.io",]
```

파이썬에서는 리스트에서 마지막에 오는 콤마를 처리할 수 있으므로 이와 같이 사용한다.

---

nip.io란?

여기서 사용하고 있는 192.168.33.10.nip.io나 www.192.168.33.10.nip.io처럼 조금 이상해 보이는 도메인을 볼 수 있다. 도메인 이름이지만 그 안에 IP 주소가 포함되어 있다.

보통 웹사이트에 접근하는 경우 거의 대부분은 자신의 브라우저에서 http://151.101.192.133이 아닌 http://www.ansiblebook.com과 같은 도메인 이름을 지정한다. 메자닌을 베이그런트에 배포하기 위해 플레이북을 작성하는 경우 접근 가능한 특정 도메인 이름 또는 여러 도메인 이름을 사용해 애플리케이션을 구성한다.

여기서 문제점은 베이그런트 박스의 IP 주소에 매핑되는 DNS 레코드가 없다는 점이다. 예시의 경우에는 192.168.33.10이 IP 주소다. 이 부분을 처리하기 위해 DNS 엔트리를 설정할 수 있다. 예를 들어, 192.168.33.10과 매핑되는 mezzanine-internal.ansiblebook.com의 DNS 엔트리를 만들 수 있다.

하지만 특정 IP 주소로 연결되는 DNS 이름을 만들기 위해서는 Exentrique Solutions에서 무료로 제공하는 nip.io라는 편리한 서비스가 존재하며 DNS 레코드를 직접 만들지 않아도 된다. AAA.BBB.CCC.DDD가 IP 주소라면 DNS 엔트리 AAA.BBB.CCC.DDD.nip.io는 AAA.BBB.CCC.DDD로 연결된다. 즉, 192.168.33.10.nip.io는 192.168.33.10으로 연결된다. 추가로 www.192.168.33.10.nip.io도 마찬가지로 192.168.33.10으로 연결된다.

nip.io는 웹 애플리케이션을 테스트 용도의 사설 IP 주소에 배포하는 경우에 사용할 수 있는 아주 좋은 도구다. 대안으로는 자신의 로컬 머신에서 /etc/hosts 파일에 항목을 간단히 추가해 오프라인인 경우에도 동작하도록 할 수 있다.

Jinja2 for 루프 문법을 살펴보자. 좀 더 읽기 쉽게 다음과 같이 여러 줄로 만들었다.

```
ALLOWED_HOSTS = [
{% for domain in domains %}
                "{{ domain }}",
{% endfor %}
                ]
```

생성된 설정 파일은 다음과 같으며 유효한 파이썬 코드다.

```
ALLOWED_HOSTS = [
            "192.168.33.10.nip.io",
            "www.192.168.33.10.nip.io",
            ]
```

for 루프는 {% endfor %} 구문으로 종료돼야 한다. for 구문과 endfor 구문은 {% %} 구분자로 둘러싸여 있으며, 변수 치환에 사용한 {{ }} 구분자와는 다르다.

플레이북에 정의된 모든 변수와 팩트는 Jinja2 템플릿 내부에서 사용할 수 있으므로 명시적으로 변수를 템플릿에 전달할 필요가 없다.

django-manage 명령 실행

장고 애플리케이션에서는 manage.py(https://docs.djangoproject.com/en/1.11/ref/django-admin/)라는 특별한 스크립트를 사용해 다음과 같은 장고 애플리케이션의 관리를 수행한다.

- 데이터베이스 테이블 생성

- 데이터베이스 마이그레이션

- 데이터베이스로 파일의 픽스처 로딩

- 데이터베이스의 픽스처를 파일로 변환

- 정적 애셋을 적절한 디렉터리로 복사

manage.py에서 제공되는 내장 명령과 더불어 장고 애플리케이션에서는 사용자 정의 명령을 추가할 수 있다. 메자닌에서는 createdb라는 사용자 정의 명령을 추가한다. 이 명령은 데이터베이스를 초기화하고 정적 애셋을 적절한 위치로 복사하는 데 사용된다. 공식 패브릭^{Fabric} 스크립트에서는 다음과 같은 내용을 수행한다.

```
$ manage.py createdb --noinput --nodata
```

앤서블에서는 manage.py 명령을 호출하는 django_manage 모듈을 제공한다. 이 명령을 다음과 같이 호출할 수 있다.

```
- name: Initialize the database
  django_manage:
    command: createdb --noinput --nodata
    app_path: "{{ proj_path }}"
    virtualenv: "{{ venv_path }}"
```

메자닌에서 추가한 사용자 정의 createdb 명령은 아쉽게도 멱등이 아니다. 두 번째 호출을 하면 다음과 같이 오류가 발생한다.

```
TASK [initialize the database] *******************************************
fatal: [web]: FAILED! => {"changed": false, "cmd": "./manage.py createdb --
noinput --nodata", "msg": "\n:stderr: CommandError: Database already create
d, you probably want the migrate command\n", "path": "/home/vagrant/.virtua
lenvs/mezzanine_example/bin:/usr/local/sbin:/usr/local/bin:/usr/sbin:/usr/b
in:/sbin:/bin:/usr/games:/usr/local/games:/snap/bin", "syspath": ["/tmp/ans
ible_django_manage_payload_4xfy5e7i/ansible_django_manage_payload.zip", "/u
sr/lib/python38.zip", "/usr/lib/python3.8", "/usr/lib/python3.8/lib-dynload
", "/usr/local/lib/python3.8/dist-packages", "/usr/lib/python3/dist-package
s"]}
```

다행히 사용자 정의 createdb 명령은 다음 2개의 내장된 멱등 manage.py 명령과 완전히 동일하다.

migrate

장고 모델용 데이터베이스 테이블을 생성하고 업데이트하는 명령

collectstatic

정적 애셋을 적절한 디렉터리로 복사하는 명령

다음과 같이 이 명령을 호출해 멱등 태스크를 가질 수 있다.

```
- name: Apply migrations to create the database, collect static content
  django_manage:
    command: "{{ item }}"
```

```
    app_path: "{{ proj_path }}"
    virtualenv: "{{ venv_path }}"
loop:
  - syncdb
  - collectstatic
```

애플리케이션 컨텍스트에서 사용자 정의 파이썬 스크립트 실행

애플리케이션을 초기화하기 위해 다음 두 가지 변경사항을 데이터베이스에 적용해야 한다.

- 사이트 모델 객체^{Site model object}(https://docs.djangoproject.com/en/1.11/ref/contrib/sites/)를 만들어야 한다. 이 오브젝트에는 사이트의 도메인 이름이 포함된다. 예제에서는 192.168.33.10.nip.io가 해당된다.
- 관리자 권한의 사용자 이름과 비밀번호를 설정해야 한다.

SQL 명령이나 장고 데이터 마이그레이션을 사용해 이러한 변경사항을 적용할 수 있지만, 메자닌 패브릭 스크립트에서는 파이썬 스크립트를 사용하므로 여기서도 그 방법을 사용한다.

여기에는 두 가지 까다로운 부분이 존재한다. 파이썬 스크립트는 이미 생성한 virtualenv의 컨텍스트에서 실행되어야 한다. 그리고 파이썬 환경을 적절하게 설정해 스크립트에서 ~/mezzanine/mezzanine_example/mezzanine_example의 settings.py 파일을 불러올 수 있어야 한다.

대부분의 경우 사용자 정의 파이썬 코드가 필요할 때는 사용자 정의 앤서블 모듈을 작성한다. 하지만 알다시피 앤서블에서는 virtualenv의 컨텍스트에서 모듈을 실행하도록 허용하지 않으므로 이 방법은 제외한다.

대신에 script 모듈을 사용했다. 이 모듈에서는 사용자 정의 스크립트를 복사하고 실행한다. 로린은 2개의 스크립트를 작성했다. 하나는 사이트 레코드를 설정하는 스크립트이고, 다른 하나는 관리자 권한의 사용자 이름과 비밀번호를 설정하는 스크립트다.

204

명령줄 인자를 script 모듈에 전달하고 파싱할 수 있지만 그렇게 하지 않고 환경 변수로 인자를 전달하는 방법을 사용했다. 명령줄 인수를 통해 비밀번호를 전달하는 방법을 사용하지 않으며(이 방법은 ps 명령을 실행할 때 프로세스 리스트에 표시됨), 스크립트에서 환경 변수를 파싱하는 방법이 명령줄 인수를 파싱하는 것보다 더 쉽다.

 환경 변수 이름과 값이 포함된 딕셔너리를 전달하는 environment 절을 사용해 모든 태스크에 환경 변수를 설정할 수 있다. script가 아니어도 된다.

virtualenv의 컨텍스트에서 이러한 스크립트를 실행하기 위해 path 변수를 설정해 해당 path의 첫 번째 파이썬 실행 파일이 virtualenv 내부의 파일이 되도록 했다. 예제 7-16에서는 두 스크립트를 호출하는 방법을 보여준다.

예제 7-16 script 모듈을 통해 사용자 정의 파이썬 코드를 호출

```
- name: Set the site id
  script: scripts/setsite.py
  environment:
    PATH: "{{ venv_path }}/bin"
    PROJECT_DIR: "{{ proj_path }}"
    PROJECT_APP: "{{ proj_app }}"
    WEBSITE_DOMAIN: "{{ Uve_hostname }}"

- name: Set the admin password
  script: scripts/setadmin.py
  environment:
    PATH: "{{ venv_path }}/bin"
    PROJECT_DIR: "{{ proj_path }}"
    PROJECT_APP: "{{ proj_app }}"
    ADMIN_PASSWORD: "{{ admin_pass }}"
```

이 스크립트는 예제 7-17과 예제 7-18에서 볼 수 있으며, scripts 하위 디렉터리에서 확인 가능하다.

scripts/setsite.py

```python
#!/usr/bin/env python3
""" A script to set the site domain """
# 세 가지 환경 변수를 가정함
#
# PROJECT_DIR: 프로젝트의 루트 디렉토리
# PROJECT_APP: 프로젝트 앱의 이름
# WEBSITE_DOMAIN: 사이트의 도메인(예: www.example.com)
import os
import sys

# 프로젝트 디렉토리를 시스템 경로에 추가
proj_dir = os.path.expanduser(os.environ['PROJECT_DIR'])
sys.path.append(proj_dir)

proj_app = os.environ['PROJECT_APP']
os.environ['DJANGO_SETTINGS_MODULE'] = proj_app + '.settings'
import django
django.setup()
from django.conf import settings
from django.contrib.sites.models import Site
domain = os.environ['WEBSITE_DOMAIN']
Site.objects.filter(id=settings.SITE_ID).update(domain=domain)
Site.objects.get_or_create(domain=domain)
```

scripts/setadmin.py

```python
#!/usr/bin/env python3
""" A script to set the admin credentials """
# 세 가지 환경 변수를 가정함
#
# PROJECT_DIR: 프로젝트의 루트 디렉토리
# PROJECT_APP: 프로젝트 앱의 이름
# ADMIN_PASSWORD: 관리자 비밀번호

import os
import sys

# 프로젝트 디렉토리를 시스템 경로에 추가
```

```
proj_dir = os.path.expanduser(os.environ['PROJECT_DIR'])
sys.path.append(proj_dir)

proj_app = os.environ['PROJECT_APP']
os.environ['DJANGO_SETTINGS_MODULE'] = proj_app + '.settings'
import django
django.setup()
from django.contrib.auth import get_user_model
User = get_user_model()
u, _ = User.objects.get_or_create(username='admin')
u.is_staff = u.is_superuser = True
u.set_password(os.environ['ADMIN_PASSWORD'])
u.save()
```

 환경 변수 DJANGO_SETTINGS_MODULE은 django를 불러오는 부분보다 앞에 두어야
한다.

서비스 구성 파일 설정

다음으로 예제 7-19에서 볼 수 있는 거니콘(애플리케이션 서버)과 엔진엑스(웹 서버),
Supervisor(프로세스 관리자)에서 사용하기 위한 구성 파일을 설정한다. 거니콘 구성 파
일의 템플릿은 예제 7-21에서 볼 수 있으며 Supervisor 구성 파일 템플릿은 예제 7-22
에서 볼 수 있다.

예제 7-19 구성 파일 설정

```
- name: Set the gunicorn config file
  template:
    src: templates/gunicorn.conf.py.j2
    dest: "{{ proj_path }}/gunicorn.conf.py"
    mode: '0750'

- name: Set the supervisor config file
  become: true
  template:
```

```
    src: templates/supervisor.conf.j2
    dest: /etc/supervisor/conf.d/mezzanine.conf
    mode: '0640'
  notify: Restart supervisor

- name: Set the nginx config file
  become: true
  template:
    src: templates/nginx.conf.j2
    dest: /etc/nginx/sites-available/mezzanine.conf
    mode: '0640'
  notify: Restart nginx
```

세 가지 경우 모두 템플릿을 사용해 구성 파일을 생성한다. Supervisor와 엔진엑스 프
로세스는 루트 권한으로 시작되므로 become을 사용해 해당 구성 파일을 작성할 수 있
는 적절한 권한을 부여해야 한다(실제로 실행 시점에는 루트 권한이 아닌 사용자 권한으로 변
경됨).

예제 7-20에서 볼 수 있는 것처럼 Supervisor 구성 파일을 변경하면 앤서블에서
restart supervisor 핸들러를 호출하고, 엔진엑스 구성 파일을 변경하면 앤서블에서
restart nginx 핸들러를 호출한다. 알림을 받은 핸들러는 태스크가 완료된 이후에 실
행된다.

예제 7-20 핸들러

```
handlers:

  - name: Restart supervisor
    become: true
    supervisorctl:
      name: "{{ gunicorn_procname }}"
      state: restarted

  - name: Restart nginx
    become: true
    service:
      name: nginx
      state: restarted
```

208

거니콘에서는 파이썬 기반의 구성 파일을 사용한다. 여기서는 몇 가지 변수의 값을 전달한다.

예제 7-21 templates/gunicorn.conf.py.j2

```
from multiprocessing import cpu_count

bind = "unix:{{ proj_path }}/gunicorn.sock"
workers = cpu_count() * 2 + 1
errorlog = "/home/{{ user }}/logs/{{ proj_name }}_error.log"
loglevel = "error"
proc_name = "{{ proj_name }}"
```

Supervisor 구성 파일의 변수 삽입 방법도 아주 직관적이다.

예제 7-22 templates/supervisor.conf.j2

```
[program:{{ gunicorn_procname }}]
command={{ venv_path }}/bin/gunicorn -c gunicorn.conf.py -p gunicorn.pid \
    {{ proj_app }}.wsgi:application
directory={{ proj_path }}
user={{ user }}
autostart=true
stdout_logfile = /home/{{ user }}/logs/{{ proj_name }}_supervisor
autorestart=true
redirect_stderr=true
environment=LANG="{{ locale }}",LC_ALL="{{ locale }}",LC_LANG="{{ locale }}"
```

예제 7-23은 변수 치환보다는 템플릿 로직이 포함된 템플릿에 관한 설명이다. 이 예제에서는 `tls_enabled` 값이 `true`로 설정되어 있는 경우 해당 상태에 따라 TLS를 활성화하는 로직이 포함된다. 다음과 같은 템플릿에 관한 `if` 구문이 여러 곳에 존재하는 것을 보게 될 것이다.

```
{% if tls_enabled %}
...
{% endif %}
```

그리고 다음과 같이 Jinja2의 **join** 필터도 사용한다.

```
server_name {{ domains|join(", ") }};
```

이 코드에는 **domains** 변수에 리스트가 들어와야 한다. 그리고 **domains**의 요소가 콤마로 구분된 문자열을 생성한다. 앞서 진행했던 내용 떠올려 보면 **domains** 리스트는 다음과 같이 정의할 수 있다.

```
domains:
  - 192.168.33.10.nip.io
  - www.192.168.33.10.nip.io
```

이 템플릿은 다음과 같은 내용으로 렌더링된다.

```
server_name 192.168.33.10.nip.io, www.192.168.33.10.nip.io;
```

예제 7-23 templates/nginx.conf.j2

```
upstream {{ proj_name }} {
    server unix:{{ proj_path }}/gunicorn.sock fail_timeout=0;
}
server {
    listen 80;
    {% if tls_enabled %}
    listen 443 ssl;
    {% endif %}
    server_name {{ domains|join(", ") }};
    server_tokens off;
    client_max_body_size 10M;
    keepalive_timeout    15;
    {% if tls_enabled %}
    ssl_certificate      conf/{{ proj_name }}.crt;
    ssl_certificate_key  conf/{{ proj_name }}.key;
    ssl_session_tickets off;
    ssl_session_cache s   hared:SSL:10m;
    ssl_session_timeout 10m;
    ssl_protocols TLSv1.3;
    ssl_ciphers EECDH+AESGCM:EDH+AESGCM;
```

```
    ssl_prefer_server_ciphers on;
    {% endif %}
    location / {
        proxy_redirect        off;
        proxy_set_header      Host                      $host;
        proxy_set_header      X-Real-IP                 $remote_addr;
        proxy_set_header      X-Forwarded-For           $proxy_add_x_forwarded_for;
        proxy_set_header      X-Forwarded-Protocol      $scheme;
        proxy_pass            http://{{ proj_name }};
    }
    location /static/ {
        root              {{ proj_path }};
        access_log        off;
        log_not_found     off;
    }
    location /robots.txt {
        root              {{ proj_path }}/static;
        access_log        off;
        log_not_found     off;
    }
    location /favicon.ico {
        root              {{ proj_path }}/static/img;
        access_log        off;
        log_not_found     off;
    }
}
```

if/else나 for 루프와 같은 제어문을 사용해 템플릿을 만들 수 있으며, 여러 Jinja2 템플릿에는 변수와 팩트, 인벤토리의 데이터를 구성 파일로 변환할 수 있는 다양한 기능이 포함되어 있다.

엔진엑스 구성 활성화

우분투에서 엔진엑스 구성 파일의 규칙은 /etc/nginx/sites-available에 두고 /etc/nginx/sites-enabled(레드햇 리눅스: /etc/nginx/conf.d)에 심볼릭 링크를 만들어 활성화하는 것이다.

메자닌 패브릭 스크립트에서는 구성 파일을 직접 sites-enabled로 복사하지만, 예제 7-24에서는 메자닌에서 처리하는 방식과 달리 심볼릭 링크를 생성하는 `file` 모듈을 사용한다. 그리고 엔진엑스 패키지에서 /etc/nginx/sites-enabled/default에 설정한 기본 구성 파일을 제거한다.

예제 7-24 엔진엑스 구성 활성화

```
- name: Remove the default nginx config file
  become: true
  file:
    path: /etc/nginx/sites-enabled/default
    state: absent
  notify: Restart nginx

- name: Set the nginx config file
  become: true
  template:
    src: templates/nginx.conf.j2
    dest: /etc/nginx/sites-available/mezzanine.conf
    mode: '0640'
  notify: Restart nginx

- name: Enable the nginx config file
  become: true
  file:
    src: /etc/nginx/sites-available/mezzanine.conf
    dest: /etc/nginx/sites-enabled/mezzanine.conf
    state: link
    mode: '0777'
  notify: Restart nginx
```

예제 7-24에서 볼 수 있는 것처럼 `file` 모듈을 사용해 심볼릭 링크를 만들고 기본 구성 파일을 제거한다. 이 모듈은 디렉토리와 심볼릭 링크, 빈empty 파일을 생성할 때 사용할 수 있다. 그리고 파일과 디렉터리, 심볼릭 링크를 삭제하고 권한이나 소유자 같은 속성을 설정할 수 있다.

TLS 인증서 설치

플레이북에서 `tls_enabled`라는 이름의 변수를 정의한다. 이 변수가 `true`로 설정되면 플레이북에서 TLS 인증서를 설치하게 된다. 예제에서는 직접 서명한 인증서를 사용하며, 인증서가 존재하지 않으면 플레이북에서 인증서를 생성하게 된다. 상용에 배포하는 경우에는 인증 기관에서 발급받은 기존의 TLS 인증서를 복사하게 될 것이다.

예제 7-25에서는 TLS 인증서 구성과 관련된 2개의 태스크를 보여준다. `file` 모듈을 사용해 TLS 인증서를 보관할 디렉토리가 존재하는지 확인한다.

예제 7-25 TLS 인증서 설치

```
- name: Ensure config path exists
  become: true
  file:
    path: "{{ conf_path }}"
    state: directory
    mode: '0755'

- name: Create tls certificates
  become: true
  command: >
    openssl req -new -x509 -nodes -out {{ proj_name }}.crt
    -keyout {{ proj_name }}.key -subj '/CN={{ domains[0] }}' -days 365
  args:
    chdir: "{{ conf_path }}"
    creates: "{{ conf_path }}/{{ proj_name }}.crt"
  when: tls_enabled
  notify: Restart nginx
```

하나의 태스크에 다음 내용이 포함되어 있다.

```
when: tls_enabled
```

`tls_enabled`가 `false`라면 앤서블에서는 이 태스크를 건너뛴다.

앤서블에는 TLS 인증서를 만드는 모듈이 포함되지 않으므로 직접 서명한 인증서를 생성하기 위해 command 모듈을 사용해 openssl 명령을 호출한다. 해당 명령이 아주 길기 때문에 '>' 문자를 사용한 YAML 라인 폴딩 문법을 사용해 여러 줄에 걸쳐 작성할 수 있다.

chdir 파라미터에서는 명령을 실행하기 전에 디렉터리를 변경한다. creates 파라미터는 멱등을 구현한다. 앤서블에서는 먼저 해당 호스트에 {{ conf_path }}/{{ proj_name }}.crt 파일이 존재하는지 여부를 확인한다. 만약 이미 해당 파일이 존재한다면 이 작업을 건너뛰게 된다.

트위터 크론 잡 설치

manage.py poll_twitter를 실행하면 메자닌에서는 설정한 계정과 관련이 있는 트윗을 조회해 홈페이지에서 해당 트윗을 표시한다. 메자닌에 포함된 패브릭 스크립트에서는 5분마다 동작하는 크론 잡^{cron job}을 설치하여 이러한 트윗을 최신으로 유지한다.

패브릭 스크립트를 정확하게 따라 했다면 크론 스크립트가 크론 잡이 포함된 /etc/cron.d 디렉터리에 복사됐을 것이다. 이러한 내용을 처리하기 위해 template 모듈을 사용할 수 있다. 하지만 앤서블에는 크론 잡을 생성하거나 삭제할 수 있는 cron 모듈이 포함되며 다른 방법보다 낫다. 예제 7-26에서는 크론 잡을 설치하는 태스크를 보여준다.

예제 7-26 트위터를 가져오는 크론 잡 설치

```
- name: Install poll twitter cron job
  cron:
    name: "poll twitter"
    minute: "*/5"
    user: "{{ user }}"
    job: "{{ manage }} poll_twitter"
```

박스에 SSH를 통해 수동으로 접속하고 잡 리스트를 보여주는 crontab -l 명령을 통해 설치된 크론 잡을 확인할 수 있다. 다음은 베이그런트 사용자로 배포하는 경우 어떤 모습인지 보여준다.

```
#Ansible: poll twitter
*/5 * * * * /home/vagrant/.virtualenvs/mezzanine_example/bin/python3 \
/home/vagrant/mezzanine/mezzanine_example/manage.py poll_twitter
```

첫 번째 줄의 주석에 주목한다. 앤서블 모듈에서 이름을 통해 크론 잡을 삭제하는 방법이다. 다음은 그 예시다.

```
- name: Remove cron job
  cron:
    name: "poll twitter"
    state: absent
```

이 내용을 실행하면 cron 모듈에서는 해당 이름과 일치하는 주석을 찾아서 해당 주석과 관련이 있는 잡을 삭제하게 된다.

전체 플레이북

예제 7-27에서는 멋지게 완성된 플레이북을 보여준다.

예제 7-27 mezzanine.yml(완성된 플레이북)

```
---
- name: Deploy mezzanine
  hosts: web

  vars:
    user: "{{ ansible_user }}"
    proj_app: 'mezzanine_example'
    proj_name: "{{ proj_app }}"
    venv_home: "{{ ansible_env.HOME }}/.virtualenvs"
    venv_path: "{{ venv_home }}/{{ proj_name }}"
    proj_path: "{{ ansible_env.HOME }}/mezzanine/{{ proj_name }}"
    settings_path: "{{ proj_path }}/{{ proj_name }}"
    reqs_path: '~/requirements.txt'
    manage: "{{ python }} {{ proj_path }}/manage.py"
    live_hostname: 192.168.33.10.nip.io
```

```yaml
  domains:
    - 192.168.33.10.nip.io
    - www.192.168.33.10.nip.io
  repo_url: 'git@github.com:ansiblebook/mezzanine_example.git'
  locale: 'en_US.UTF-8'
  # 아래 변수는 Mezzanine의 fabfile.py에는 나타나지 않지만,
  # 편의를 위해 추가함
  conf_path: /etc/nginx/conf
  tls_enabled: true
  python: "{{ venv_path }}/bin/python3"
  database_name: "{{ proj_name }}"
  database_user: "{{ proj_name }}"
  database_host: localhost
  database_port: 5432
  gunicorn_procname: gunicorn_mezzanine

vars_files:
  - secrets.yml

tasks:
  - name: Install apt packages
    become: true
    apt:
      update_cache: true
      cache_valid_time: 3600
      pkg:
        - acl
        - git
        - libjpeg-dev
        - libpq-dev
        - memcached
        - nginx
        - postgresql
        - python3-dev
        - python3-pip
        - python3-venv
        - python3-psycopg2
        - supervisor

  - name: Create project path
```

```yaml
    file:
      path: "{{ proj_path }}"
      state: directory
      mode: '0755'

  - name: Create a logs directory
    file:
      path: "{{ ansible_env.HOME }}/logs"
      state: directory
      mode: '0755'

  - name: Check out the repository on the host
    git:
      repo: "{{ repo_url }}"
      dest: "{{ proj_path }}"
      version: master
      accept_hostkey: true

   - name: Create python3 virtualenv
     pip:
       name:
          - pip
          - wheel
          - setuptools
       state: latest
       virtualenv: "{{ venv_path }}"
       virtualenv_command: /usr/bin/python3 -m venv

  - name: Copy requirements.txt to home directory
    copy:
      src: requirements.txt
      dest: "{{ reqs_path }}"
      mode: '0644'

  - name: Install packages listed in requirements.txt
    pip:
      virtualenv: "{{ venv_path }}"
      requirements: "{{ reqs_path }}"

  - name: Create project locale
```

```yaml
    become: true
    locale_gen:
      name: "{{ locale }}"

- name: Create a DB user
    become: true
    become_user: postgres
    postgresql_user:
      name: "{{ database_user }}"
      password: "{{ db_pass }}"

- name: Create the database
    become: true
    become_user: postgres
    postgresql_db:
      name: "{{ database_name }}"
      owner: "{{ database_user }}"
      encoding: UTF8
      lc_ctype: "{{ locale }}"
      lc_collate: "{{ locale }}"
      template: template0

- name: Ensure config path exists
    become: true
    file:
      path: "{{ conf_path }}"
      state: directory
      mode: '0755'

- name: Create tls certificates
    become: true
    command: >
      openssl req -new -x509 -nodes -out {{ proj_name }}.crt
      -keyout {{ proj_name }}.key -subj '/CN={{ domains[0] }}' -days 365
    args:
      chdir: "{{ conf_path }}"
      creates: "{{ conf_path }}/{{ proj_name }}.crt"
    when: tls_enabled
    notify: Restart nginx
```

```yaml
- name: Remove the default nginx config file
  become: true
  file:
    path: /etc/nginx/sites-enabled/default
    state: absent
  notify: Restart nginx

- name: Set the nginx config file
  become: true
  template:
    src: templates/nginx.conf.j2
    dest: /etc/nginx/sites-available/mezzanine.conf
    mode: '0640'
  notify: Restart nginx

- name: Enable the nginx config file
  become: true
  file:
    src: /etc/nginx/sites-available/mezzanine.conf
    dest: /etc/nginx/sites-enabled/mezzanine.conf
    state: link
    mode: '0777'
  notify: Restart nginx

- name: Set the supervisor config file
  become: true
  template:
    src: templates/supervisor.conf.j2
    dest: /etc/supervisor/conf.d/mezzanine.conf
    mode: '0640'
  notify: Restart supervisor

- name: Install poll twitter cron job
  cron:
    name: "poll twitter"
    minute: "*/5"
    user: "{{ user }}"
    job: "{{ manage }} poll_twitter"

- name: Set the gunicorn config file
```

```yaml
    template:
      src: templates/gunicorn.conf.py.j2
      dest: "{{ proj_path }}/gunicorn.conf.py"
      mode: '0750'

  - name: Generate the settings file
    template:
      src: templates/local_settings.py.j2
      dest: "{{ settings_path }}/local_settings.py"
      mode: '0750'

  - name: Apply migrations to create the database, collect static content
    django_manage:
      command: "{{ item }}"
      app_path: "{{ proj_path }}"
      virtualenv: "{{ venv_path }}"
    with_items:
      - migrate
      - collectstatic

  - name: Set the site id
    script: scripts/setsite.py
    environment:
      PATH: "{{ venv_path }}/bin"
      PROJECT_DIR: "{{ proj_path }}"
      PROJECT_APP: "{{ proj_app }}"
      DJANGO_SETTINGS_MODULE: "{{ proj_app }}.settings"
      WEBSITE_DOMAIN: "{{ live_hostname }}"

  - name: Set the admin password
    script: scripts/setadmin.py
    environment:
      PATH: "{{ venv_path }}/bin"
      PROJECT_DIR: "{{ proj_path }}"
      PROJECT_APP: "{{ proj_app }}"
      ADMIN_PASSWORD: "{{ admin_pass }}"

handlers:

  - name: Restart supervisor
```

```
      become: true
      supervisorctl:
        name: "{{ gunicorn_procname }}"
        state: restarted

    - name: Restart nginx
      become: true
      service:
        name: nginx
        state: restarted
...
```

모든 액션^{action}과 변수를 하나의 파일에 나열하면 필요 이상으로 플레이북이 길어져 유지 관리하기 어려워질 수 있다. 따라서 자신의 앤서블 학습 단계에 따라 이 플레이북을 어떻게 할지 생각해야 한다. 다음 장에서 이러한 내용을 구조화하는 좀 더 나은 방법을 살펴본다.

베이그런트 머신에 플레이북 실행

플레이북에 있는 `live_hostname`과 `domains` 변수는 배포할 호스트에서 192.168.33.10에 접근할 수 있다고 가정한다. 예제 7-28의 Vagrantfile에서는 해당 IP 주소의 베이그런트 머신을 구성한다.

예제 7-28 Vagrantfile

```
Vagrant.configure("2") do |this|
  # GitHub.com에서 클론하기 위해 ssh-agent를 전달
  this.ssh.forward_agent = true
  this.vm.define "web" do |web|
    web.vm.box = "ubuntu/focal64"
    web.vm.hostname = "web"
    # 이 IP는 플레이북에서 사용됨
    web.vm.network "private_network", ip: "192.168.33.10"
    web.vm.network "forwarded_port", guest: 80, host: 8000
    web.vm.network "forwarded_port", guest: 443, host: 8443
```

```
    web.vm.provider "virtualbox" do |virtualbox|
      virtualbox.name = "web"
    end
  end
  this.vm.provision "ansible" do |ansible|
    ansible.playbook = "mezzanine.yml"
    ansible.verbose = "v"
    ansible.compatibility_mode = "2.0"
    ansible.host_key_checking = false
  end
end
```

새로운 베이그런트 머신에 메자닌을 배포하는 방법은 다음과 같은 provision을 통해 완전히 자동화된다.

```
$ vagrant up
```

그리고 다음 URL 중 하나를 사용해 새롭게 배포된 메자닌 사이트에 접근할 수 있다.

- http://192.168.33.10.nip.io

- https://192.168.33.10.nip.io

- http://www.192.168.33.10.nip.io

- https://www.192.168.33.10.nip.io

트러블슈팅

자신의 로컬 머신에서 이 플레이북을 실행하려고 할 때 몇 가지 문제가 발생할 수 있다. 이 절에서는 일반적으로 발생하는 장애를 해결하기 위한 방법을 설명한다.

깃 저장소를 체크아웃할 수 없는 문제

다음과 같은 오류 메시지와 함께 'check out the repository on the host' 태스크가 실

패할 수 있다.

```
fatal: Could not read from remote repository.
```

해결 방법은 자신의 ~/.ssh/known_hosts 파일에 192.168.33.10에서 사용하기 위한 기존 항목을 제거하는 것이다.

192.168.33.10.nip.io에 접속할 수 없는 오류

일부 WiFi 라우터에는 192.168.33.10.nip.io 호스트 이름을 변환하지 못하는 DNS 서버가 포함될 수 있다. 자신의 라우터에서 변환을 처리할 수 있는지 여부를 확인한다. 명령줄에서 다음 내용을 입력한다.

```
dig +short 192.168.33.10.nip.io
```

실행 결과는 다음과 같아야 한다.

```
192.168.33.10
```

이러한 실행 결과가 나오지 않는다면 해당 DNS 서버에서 nip.io 호스트 이름의 변환을 거부하는 것이다. 이러한 상황이라면 우회 방법으로 자신의 /etc/hosts 파일에 다음 내용을 추가한다.

```
192.168.33.10 192.168.33.10.nip.io
```

잘못된 요청(400) 발생

브라우저에서 'Bad Request (400)' 오류를 반환한다면 메자닌 구성 파일의 ALLOWED_HOSTS 리스트에 존재하지 않는 호스트 이름이나 IP 주소를 사용해 메자닌 사이트에 접근하고 있을 가능성이 높다. 이 리스트는 플레이북의 domains이라는 앤서블 변수를 통해 추가한다.

```
domains:
  - 192.168.33.10.nip.io
  - www.192.168.33.10.nip.io
```

요약

시나리오를 통해 단일 머신에 메자닌을 완전하게 배포했다. 지금까지 메자닌을 통해 실제 애플리케이션을 어떻게 배포하는지 살펴봤다.

다음 장에서는 앤서블 플레이북을 디버깅하는 방법에 대해 살펴본다.

## 8장

앤서블 플레이북 디버깅

현실적으로 실수는 발생한다. 잘못된 설정값을 사용한 제어 머신의 설정 파일 때문이든 플레이북의 버그 때문이든 결국 문제는 발생하게 된다. 8장에서는 이러한 오류를 추적하는 데 도움이 되는 방법을 살펴본다.

친화적인 오류 메시지

앤서블 태스크가 실패할 때 그 결과를 보여주는 형식은 해당 문제를 디버깅하려는 사람이 읽고 이해하기 어렵다. 다음은 이 책을 진행하는 동안 발생한 오류 메시지다.

```
TASK [mezzanine : check out the repository on the host]
        ***********************
fatal: [web]: FAILED! => {"changed": false, "cmd": "/usr/bin/git ls-remote
'' -h refs/heads/master", "msg": "Warning:*******@github.com: Permission
denied (publickey).\r\nfatal: Could not read from remote
repository.\n\nPlease make sure you have the correct access rights\nand the
repository exists.", "rc": 128, "stderr": "Warning: Permanently added
'github.com,140.82.121.4' (RSA) to the list of known
hosts.\r\ngit@github.com: Permission denied (publickey).\r\nfatal: Could not
read from remote repository.\n\nPlease make sure you have the correct access
rights\nand the repository exists.\n", "stderr_lines": ["Warning:
Permanently added 'github.com,140.82.121.4' (RSA) to the list of known
hosts.", "git@github.com: Permission denied (publickey).", "fatal: Could not
read from remote repository.", "", "Please make sure you have the correct
access rights", "and the repository exists."], "stdout": "", "stdout_lines":
[]}
```

18장에서 언급한 디버그 콜백 플러그인에서는 이러한 실행 결과를 다음과 같이 사람이 읽고 이해하기 쉽게 만들어 준다.

```
TASK [mezzanine : check out the repository on the host] ************************
fatal: [web]: FAILED! => {
    "changed": false,
    "cmd": "/usr/bin/git ls-remote '' -h refs/heads/master",
    "rc": 128
}
STDERR:
git@github.com: Permission denied (publickey).
fatal: Could not read from remote repository.
Please make sure you have the correct access rights
and the repository exists.
```

이 플러그인은 다음 내용을 ansible.cfg의 **defaults** 절에 추가하여 활성화할 수 있다.

```
[defaults]
stdout_callback = debug
```

하지만 이 디버그 콜백 플러그인에서는 모든 정보를 출력하지는 않는다는 점을 알아 두자. YAML 콜백 플러그인에서는 생각보다 더 자세한 내용을 제공한다.

SSH 문제 디버깅

경우에 따라 호스트와 SSH 연결이 실패한다. SSH 서버에서 전혀 응답이 없는 경우에 어떻게 보이는지 살펴보자.

```
$ ansible web -m ping
web | UNREACHABLE! => {
    "changed": false,
    "msg": "Failed to connect to the host via ssh:
kex_exchange_identification: Connection closed by remote host",
    "unreachable": true
}
```

이러한 상황이 발생하는 경우, 다음과 같은 몇 가지 원인이 존재한다.

- SSH 서버가 전혀 동작하지 않는 경우

- SSH 서버가 표준 포트에서 실행되지 않은 경우

- 어떤 서비스 등이 예상한 포트에서 실행 중인 경우

- 해당 포트가 호스트 방화벽에서 필터링된 경우

- 해당 포트가 또 다른 방화벽에서 필터링될 경우

- TCPwrappers가 설정된 경우 /etc/hosts.allow, /etc/hosts.deny 확인

- 해당 호스트가 마이크로 세그먼테이션micro-segmentation을 사용한 하이퍼바이저hypervisor에서 실행되는 경우

해당 머신의 콘솔에서 SSH 서버가 호스트에서 실행 중인지 확인한 후 다음과 같이 nc를 통해 원격에서 접속하거나, 또는 텔넷telnet 클라이언트로 배너를 확인할 수 있다.

```
$ nc hostname 2222
SSH-2.0-OpenSSH_8.2p1 Ubuntu-4ubuntu0.4
```

다음으로 SSH 클라이언트를 사용해 원격에서 접속할 수 있다. 이때 디버깅을 위해 다음과 같이 verbose 플래그를 사용한다.

```
$ ssh -v user@hostname
```

다음은 앤서블에서 SSH 클라이언트를 통해 전달하는 인수를 정확히 확인할 수 있으며, 따라서 명령줄을 통해 문제를 직접 재현할 수 있다. 앤서블에서 호출하는 SSH 명령을 정확하게 확인할 수 있으므로 디버깅할 때 유용하다.

```
$ ansible web -vvv -m ping
```

예제 8-1에서는 실행 결과의 일부를 보여준다.

3개의 verbose 플래그를 활성화할 경우 출력 결과 예시

```
<127.0.0.1> SSH: EXEC ssh -vvv -4 -o PreferredAuthentications=publickey -o
    ForwardAgent=yes -o StrictHostKeyChecking=no -o Port=2200 -o
    'IdentityFile="/Users/bas/.vagrant.d/insecure_private_key"' -o
    KbdInteractiveAuthentication=no -o
    PreferredAuthentications=gssapi-with-mic,gssapi-keyex,hostbased,publickey -o
    PasswordAuthentication=no -o 'User="vagrant"' -o ConnectTimeout=10 127.0.0.1
    '/bin/sh -c '"'"'rm -f -r
    /home/vagrant/.ansible/tmp/ansible-tmp-1633182008.6825979-95820-
    137028099318259/ > /dev/null 2>&1 && sleep 0'"'"''
    <127.0.0.1> (0, b'', b'OpenSSH_8.1p1, LibreSSL 2.7.3\r\ndebug1: Reading
    configuration data /Users/bas/.ssh/config\r\ndebug3: kex names ok:
    [curve25519-sha256,diffie-hellman-group-exchange-sha256]\r\ndebug1: Reading
    configuration data /etc/ssh/ssh_config\r\ndebug1: /etc/ssh/ssh_config line
    20: Applying options for *\r\ndebug1: /etc/ssh/ssh_config line 47: Applying
    options for *\r\ndebug2: resolve_canonicalize: hostname 127.0.0.1 is
    address\r\ndebug1: auto-mux: Trying existing master\r\ndebug2: fd 3 setting
    O_NONBLOCK\r\ndebug2: mux_client_hello_exchange: master version 4\r\ndebug3:
    mux_client_forwards: request forwardings: 0 local, 0 remote\r\ndebug3:
    mux_client_request_session: entering\r\ndebug3: mux_client_request_alive:
    entering\r\ndebug3: mux_client_request_alive: done pid = 95516\r\ndebug3:
    mux_client_request_session: session request sent\r\ndebug3:
    mux_client_read_packet: read header failed: Broken pipe\r\ndebug2: Received
    exit status from master 0\r\n')
    web | SUCCESS => {
            "changed": false,
            "invocation": {
                    "module_args": {
                            "data": "pong"
                    }
            },
            "ping": "pong"
    }
```

경우에 따라서는 접속 문제를 확인하기 위해 SSH 클라이언트에서 보여주는 오류 메시지를 디버깅할 때 -vvvv를 사용할 수 있다. 이 방법은 앤서블에서 사용하는 ssh 명령에 -v 플래그를 추가하는 것과 같은 효과가 있다.

```
$ ansible all -vvvv -m ping
```

예제 8-2에서는 다량의 디버그 수행 결과를 보여준다.

예제 8-2 4개의 verbose 플래그를 활성화할 경우 출력 결과 예시

```
<192.168.56.10> ESTABLISH SSH CONNECTION FOR USER: vagrant
<192.168.56.10> SSH: EXEC ssh -vvv -4 -o PreferredAuthentications=publickey
-o ForwardAgent=yes -o StrictHostKeyChecking=no -o
'IdentityFile="/Users/bas/.vagrant.d/insecure_private_key"' -o
KbdInteractiveAuthentication=no -o
PreferredAuthentications=gssapi-with-mic,gssapi-keyex,hostbased,publickey -o
PasswordAuthentication=no -o 'User="vagrant"' -o ConnectTimeout=10
192.168.56.10 '/bin/sh -c '"'"'/usr/bin/python3 && sleep 0'"'"'''
debug1: Reading configuration data /Users/bas/.ssh/config
debug1: Reading configuration data /etc/ssh/ssh_config
debug1: /etc/ssh/ssh_config line 21: include /etc/ssh/ssh_config.d/* matched
no files
debug1: /etc/ssh/ssh_config line 54: Applying options for *
debug1: Authenticator provider $SSH_SK_PROVIDER did not resolve; disabling
debug1: Connecting to 192.168.56.10 [192.168.56.10] port 22.
debug1: fd 3 clearing O_NONBLOCK
debug1: Connection established.
debug1: identity file /Users/bas/.vagrant.d/insecure_private_key type -1
debug1: Local version string SSH-2.0-OpenSSH_8.6
debug1: Remote protocol version 2.0, remote software version OpenSSH_8.2p1
Ubuntu-4ubuntu0.5
debug1: compat_banner: match: OpenSSH_8.2p1 Ubuntu-4ubuntu0.5 pat OpenSSH*
compat 0x04000000
debug1: Authenticating to 192.168.56.10:22 as \'vagrant\'
debug1: SSH2_MSG_KEXINIT sent
debug1: SSH2_MSG_KEXINIT received
debug1: kex: algorithm: curve25519-sha256
debug1: kex: host key algorithm: ssh-ed25519
debug1: kex: server->client cipher: chacha20-poly1305@openssh.com MAC:
<implicit> compression: none
debug1: kex: client->server cipher: chacha20-poly1305@openssh.com MAC:
<implicit> compression: none
debug1: expecting SSH2_MSG_KEX_ECDH_REPLY
debug1: SSH2_MSG_KEX_ECDH_REPLY received
```

debug1: Server host key: ssh-ed25519
SHA256:BnlxL1InYlrSLQU10HFYzg6ZZkj1boxRSloEsK3bpxA
debug1: Host \'192.168.56.10\' is known and matches the ED25519 host key.
debug1: Found key in /Users/bas/.ssh/known_hosts:57
debug1: rekey out after 134217728 blocks
debug1: SSH2_MSG_NEWKEYS sent
debug1: expecting SSH2_MSG_NEWKEYS
debug1: SSH2_MSG_NEWKEYS received
debug1: rekey in after 134217728 blocks
debug1: Will attempt key: /Users/bas/.vagrant.d/insecure_private_key
explicit
debug1: SSH2_MSG_EXT_INFO received
debug1: kex_input_ext_info:
server-sig-algs=<ssh-ed25519,sk-ssh-ed25519@openssh.com,ssh-rsa,rsa-sha2-256
,rsa-sha2-512,ssh-dss,ecdsa-sha2-nistp256,ecdsa-sha2-nistp384,ecdsa-sha2-
nistp521,sk-ecdsa-sha2-nistp256@openssh.com>
debug1: SSH2_MSG_SERVICE_ACCEPT received
debug1: Authentications that can continue: publickey
debug1: Next authentication method: publickey
debug1: Trying private key: /Users/bas/.vagrant.d/insecure_private_key
debug1: Authentication succeeded (publickey).
Authenticated to 192.168.56.10 ([192.168.56.10]:22).
debug1: channel 0: new [client-session]
debug1: Requesting no-more-sessions@openssh.com
debug1: Entering interactive session.
debug1: pledge: filesystem full
debug1: client_input_global_request: rtype hostkeys-00@openssh.com
want_reply 0
debug1: client_input_hostkeys: searching /Users/bas/.ssh/known_hosts for
192.168.56.10 / (none)
debug1: client_input_hostkeys: no new or deprecated keys from server
debug1: Remote: /home/vagrant/.ssh/authorized_keys:1: key options:
agent-forwarding port-forwarding pty user-rc x11-forwarding
debug1: Requesting authentication agent forwarding.
debug1: Sending environment.
debug1: channel 0: setting env LC_TERMINAL_VERSION = "3.4.16"
debug1: channel 0: setting env LC_CTYPE = "UTF-8"
debug1: channel 0: setting env LC_TERMINAL = "iTerm2"
debug1: Sending command: /bin/sh -c \'/usr/bin/python3 && sleep 0\'
debug1: client_input_channel_req: channel 0 rtype exit-status reply 0

```
debug1: channel 0: free: client-session, nchannels 1
Transferred: sent 117208, received 1664 bytes, in 0.4 seconds
Bytes per second: sent 284246.0, received 4035.4
debug1: Exit status 0
')
web | SUCCESS => {
  "changed": false,
  "invocation": {
    "module_args": {
      "data": "pong"
    }
  },
  "ping": "pong"
}
META: ran handlers
META: ran handlers
```

"ping": "pong"이라는 부분은 디버그 메시지가 앞부분에 있더라도 성공적으로 연결이 이루어졌음을 의미한다.

SSH에서 알아야 할 일반적인 사항

앤서블에서는 SSH를 사용해 호스트에 접속하고 관리하며 관리자 권한을 사용하기도 한다. 처음 접하는 사용자에게 혼란을 줄 수 있는 보안에 관한 사항을 알아두는 것이 좋다.

PasswordAuthentication no

PasswordAuthentication no는 서버의 보안을 대폭 향상한다. 기본적으로 앤서블에서는 SSH 키를 사용해 원격 머신에 접속한다고 가정한다. 한 쌍의 SSH 키가 있어야 하고, 관리하려는 머신에 공개 키를 배포해야 한다. 이는 일반적으로 ssh-copy-id를 사용해 처리하지만 PasswordAuthentication이 비활성화된 경우, 관리자는 다음과 같이 공개 키가 설정된 계정을 사용해 해당 서버에 공개 키를 복사해야 하며, authorized_key 모듈을 사용해 처리하는 것이 좋다.

```
- name: Install authorized_keys taken from file
  authorized_key:
    user: "{{ the_user }}"
    state: present
    key: "{{ lookup('file',the_pub_key) }}"
    key_options: 'no-port-forwarding,from="93.184.216.34"'
    exclusive: true
```

그리고 ed25519 공개 키는 필요한 경우 콘솔에서 입력할 수 있을 만큼 단순하다.

다른 사용자로 SSH 접속

서로 다른 사용자로 여러 호스트에 접속할 수 있다. 가급적 사용자가 루트로 로그인할 수 없게 제한한다. 머신마다 특정 사용자가 필요한 경우 다음과 같이 인벤토리에 ansible_user를 설정할 수 있다.

```
[mezzanine]
web ansible_host=192.168.33.10 ansible_user=webmaster
db  ansible_host=192.168.33.11 ansible_user=dba
```

명령줄에서 해당 사용자를 다시 지정하는 것은 안 되지만, 다음과 같이 다른 사용자를 지정할 수는 있다.

```
$ ansible-playbook --user vagrant -i inventory/hosts mezzanine.yml
```

SSH 구성 파일을 사용해 각 호스트별 사용자를 정의할 수도 있다. 마지막으로, 플레이의 헤더나 태스크별로 remote_user를 설정할 수 있다.

호스트 키 확인 실패

머신에 접속하려고 할 때 다음과 같은 오류가 발생할 수 있다.

```
$ ansible -m ping web
```

```
web | UNREACHABLE! => {
    "changed": false,
    "msg": "Failed to connect to the host via ssh:
@@@@@@@@@@@@@@@@@@@@@@@@@@@@@@@@@@@@@@@@@@@@@@@@@@@@@@@@@@@@@@\r\n@    WARNING:
REMOTE HOST IDENTIFICATION HAS CHANGED!
@\r\n@@@@@@@@@@@@@@@@@@@@@@@@@@@@@@@@@@@@@@@@@@@@@@@@@@@@@@@@@@@@@@\r\nIT IS
POSSIBLE THAT SOMEONE IS DOING SOMETHING NASTY!\r\nSomeone could be
eavesdropping on you right now (man-in-the-middle attack)!\r\nIt is also
possible that a host key has just been changed.\r\nThe fingerprint for the
ED25519 key sent by the remote host
is\nSHA256:+dX3jRW5eoZ+FzQP9jc6cIALXugh9bftvYvaQig+33c.\r\nPlease contact
your system administrator.\r\nAdd correct host key in
/Users/bas/.ssh/known_hosts to get rid of this message.\r\nOffending ED25519
key in /Users/bas/.ssh/known_hosts:2\r\nED25519 host key for 192.168.56.10
has changed and you have requested strict checking.\r\nHost key verification
failed.",
    "unreachable": true
}
```

이러한 오류가 발생한다면 SSH 구성에서 **StrictHostKeyChecking**을 비활성화하는 대신 다음과 같이 오래된 호스트 키를 제거한 후 새로운 키를 추가한다.

```
ssh-keygen -R 192.168.33.10
ssh-keyscan 192.168.33.10 >> ~/.ssh/known_hosts
```

내부 네트워크

기본적으로 앤서블에서는 OpenSSH 클라이언트를 사용하므로 **배스천 호스트**bastion host를 간단하게 사용할 수 있다. 배스천 호스트는 DMZ에서 내부 네트워크의 다른 호스트에 접근할 수 있는 지점을 말한다. 다음 예시에서는 ~/.ssh/config 파일에 설정된 **ProxyJump bastion** 호스트를 통해 private.cloud 도메인의 모든 호스트에 접근할 수 있다.

```
Host bastion
  Hostname 100.123.123.123
  User bas
  PasswordAuthentication no
```

```
Host *.private.cloud
  User bas
  CheckHostIP no
  StrictHostKeyChecking no
  ProxyJump bastion
```

 VPN을 통해 배스천을 설정하면 인터넷에서 SSH로 접속하지 않아도 된다. Tailscale (https://tailscale.com)은 WireGuard(https://www.wireguard.com) 기반의 쉽게 사용할 수 있는 VPN으로, 호스트에서 추가적인 구성을 하지 않아도 배스천을 통해 클라이언트에서 서브넷의 다른 내부 호스트로 트래픽을 허용한다.

debug 모듈

이 책에서 debug 모듈을 여러 번 사용했다. 이 모듈은 print 문의 앤서블 버전이다. 예제 8-3에서 볼 수 있는 것처럼 변수의 값이나 불특정 문자열을 출력하는 데 사용할 수 있다.

예제 8-3 debug 모듈의 동작

```
- debug: var=myvariable
- debug: msg="The value of myvariable is {{ var }}"
```

5장에서 살펴본 것처럼 다음과 같이 호출해 현재 호스트와 관련된 모든 변수의 값을 출력할 수 있다.

```
- debug: var=hostvars[inventory_hostname]
```

플레이북 디버거

앤서블 2.5에서 상호 작용이 가능한 디버거가 추가됐다. debugger 키워드를 사용해 특정 플레이play나 롤role, 태스크task에서 사용하기 위한 디버거를 활성화 또는 비활성화할 수 있다.

```
- name: deploy mezzanine on web
  hosts: web
  debugger: always
    ...
```

다음과 같이 디버깅이 항상 활성화된 경우 앤서블은 디버거 모드로 들어가고 c(continue)를 입력하면 플레이북의 다음 단계로 진행할 수 있다.

```
PLAY [deploy mezzanine on web] ***********************************************
TASK [mezzanine : install apt packages] *************************************
changed: [web]
[web] TASK: mezzanine : install apt packages (debug)> c
TASK [mezzanine : create a logs directory] **********************************
changed: [web]
[web] TASK: mezzanine : create a logs directory (debug)> c
```

표 8-1에서는 디버거에서 지원되는 7개의 명령을 보여준다.

표 8-1 디버거 명령

명령	단축키	동작
print	p	태스크의 정보 출력
task.args[key] = value	없음	모듈의 인수 업데이트
task_vars[key] = value	없음	태스크의 변수 업데이트(다음으로 update_task를 사용해야 함)
update_task	u	업데이트된 태스크 변수를 사용해 태스크를 다시 생성
redo	r	태스크를 다시 실행
continue	c	다음 태스크를 실행
quit	q	디버거 종료

표 8-2에서는 디버거에서 지원되는 변수를 보여준다.

표 8-2 디버거에서 지원되는 변수

변수	설명
p task	실패한 태스크의 이름
p task.args	모듈의 인수
p result	실패한 태스크에서 반환된 결과
p vars	알려진 모든 변수의 값
p vars[key]	특정 변수의 값

다음은 디버거와 상호 작용한 예다.

```
 TASK [mezzanine : install apt packages ***************************************
ok: [web]
[web] TASK: mezzanine : install apt packages (debug)> p task.args
{'_ansible_check_mode': False,
 '_ansible_debug': False,
 '_ansible_diff': False,
 '_ansible_keep_remote_files': False,
 '_ansible_module_name': 'apt',
 '_ansible_no_log': False,
 '_ansible_remote_tmp': '~/.ansible/tmp',
 '_ansible_selinux_special_fs': ['fuse',
                                 'nfs',
                                 'vboxsf',
                                 'ramfs',
                                 '9p',
                                 'vfat'],
 '_ansible_shell_executable': '/bin/sh',
 '_ansible_socket': None,
 '_ansible_string_conversion_action': 'warn',
 '_ansible_syslog_facility': 'LOG_USER',
 '_ansible_tmpdir': '/home/vagrant/.ansible/tmp/ansible-tmp-1633193380-7157/',
 '_ansible_verbosity': 0,
 '_ansible_version': '2.11.0',
 'cache_valid_time': 3600,
 'pkg': ['git',
         'libjpeg-dev',
         'memcached',
```

```
            'python3-dev',
            'python3-pip',
            'python3-venv',
            'supervisor'],
 'update_cache': True}
```

변수를 출력하는 것이 가장 유용한 기능이라고 생각할 수도 있겠지만, 실패한 태스크의 변수와 인수를 수정하는 기능도 있다. 더 자세한 내용은 앤서블 플레이북 디거버 문서 (https://docs.ansible.com/ansible/latest/playbook_guide/playbooks_debugger.html)를 확인하기 바란다.

 기존의 플레이북이나 롤을 실행한다면 전략에 따라 활성화된 디버거를 보게 될 것이다. 이러한 내용은 최신 버전의 앤서블에서는 제거됐을 수도 있다. 기본 선형(linear) 전략이 활성화됐으면 앤서블에서는 디버거가 활성화되는 동안 실행이 중단되고 redo 명령을 입력받으면 디버깅 태스크가 즉시 실행된다. 자유(free) 전략이 활성화되어 있다면 앤서블에서는 모든 호스트의 태스크가 끝날 때까지 기다리는 것이 아니라 특정 호스트의 태스크가 실패하기 전에 한 호스트의 다음 태스크를 큐에 넣는다. 디버거가 활성화되어 있으면 어떤 태스크도 큐에 넣거나 실행하지 않는다. 하지만 큐에 남아 있는 모든 태스크는 디버거가 종료되면 곧바로 실행된다. 이러한 전략은 공식 문서(https://docs.ansible.com/ansible/latest/playbook_guide/playbooks_strategies.html#playbooks-strategies)에서 더 자세한 내용을 확인할 수 있다.

assert 모듈

assert 모듈은 지정된 상태가 충족되지 않으면 오류와 함께 실패하게 된다. 예를 들어, 다음은 enp0s3 인터페이스가 없는 경우 플레이북이 실패한다.

```
- name: Assert that the enp0s3 ethernet interface exists
  assert:
    that: ansible_enp0s3 is defined
```

플레이북을 디버깅할 때, 설정한 가정에 위반되는 즉시 실패가 발생하도록 어설션 assertion을 추가하면 도움이 된다.

assert 구문의 코드는 파이썬이 아니라 Jinja2라는 점을 기억한다. 예를 들어, 리스트의 길이를 조사한다면 다음과 같이 처리하려는 생각을 할 수 있다.

```
# 유효하지 않은 Jinja2 코드. 작동하지 않음!
assert:
  that: "len(ports) == 2"
```

하지만 아쉽게도 Jinja2에서는 파이썬의 내장 len 함수를 지원하지 않는다. 대신 다음과 같이 length라는 Jinja2 필터를 사용해야 한다.

```
assert:
  that: "ports|length == 2"
```

호스트의 파일시스템에 있는 어떤 파일의 상태를 확인하고 싶다면 먼저 stat 모듈을 호출하고 해당 모듈의 반환값을 기반으로 하는 어설션을 만드는 것이 좋다.

```
- name: Stat /boot/grub
  stat:
    path: /boot/grub
  register: st

- name: Assert that /boot/grub is a directory
  assert:
    that: st.stat.isdir
```

stat 모듈에서는 파일 경로의 상태에 관한 정보를 수집한다. 이 모듈에서는 표 8-3의 값을 가진 stat 필드가 포함된 딕셔너리를 반환한다.

표 8-3 stat 모듈 반환값(일부 플랫폼에서는 추가적인 필드가 포함될 수 있음)

필드	설명
atime	경로를 최근에 접근한 시간(유닉스 타임스탬프 형식)
attributes	파일 속성 리스트
charset	파일의 문자(character) 세트 또는 인코딩
checksum	파일의 해시 값
ctime	최근에 메타데이터를 생성하거나 업데이트한 시간(유닉스 타임스탬프 형식)

(계속)

필드	설명
dev	inode가 속한 디바이스의 숫자 ID
executable	호출한 사용자가 해당 경로의 실행 권한을 갖고 있는지 여부
exists	대상 경로가 존재하는지 여부
gid	소유자 그룹을 나타내는 숫자 ID
gr_name	소유자의 그룹 이름
inode	경로의 inode 번호
isblk	경로가 블록 디바이스인지 여부
ischr	경로가 문자 디바이스인지 여부
isdir	경로가 디렉터리인지 여부
isfifo	경로가 명명된 파이프(named pipe)인지 여부
isgid	호출한 사용자의 그룹 ID가 소유자의 그룹 ID와 일치하는지 여부
islnk	경로가 심볼릭 링크인지 여부
isreg	경로가 일반적인 파일인지 여부
issock	경로가 유닉스 도메인 소켓인지 여부
isuid	호출한 사용자의 ID가 소유자 ID와 일치하는지 여부
lnk_source	원격 파일시스템에 대해 정규화된 심볼링 링크의 대상
lnk_target	심볼릭 링크의 대상
mimetype	파일 매직 데이터 또는 mime-type
mode	8진수 문자열 형식의 유닉스 권한(예: "1777")
mtime	최근에 경로를 수정한 시간(유닉스 타임스탬프 형식)
nlink	파일의 하드 링크 수
pw_name	파일 소유자의 사용자 이름
readable	호출한 사용자가 해당 경로의 읽기 권한을 갖고 있는지 여부
rgrp	소유자의 그룹이 읽기 권한을 갖고 있는지 여부
roth	다른 사용자가 읽기 권한을 갖고 있는지 여부
rusr	소유자가 읽기 권한을 갖고 있는지 여부
size	바이트 단위의 일반 파일 크기와 일부 특수 파일의 데이터양
uid	파일 소유자를 나타내는 숫자 ID

(계속)

필드	설명
wgrp	소유자의 그룹이 쓰기 권한을 갖고 있는지 여부
woth	다른 사용자가 쓰기 권한을 갖고 있는지 여부
writeable	호출한 사용자가 해당 경로에 대해 쓰기 권한을 갖고 있는지 여부
wusr	소유자가 쓰기 권한을 갖고 있는지 여부
xgrp	소유자의 그룹이 실행 권한을 갖고 있는지 여부
xoth	다른 사용자가 실행 권한을 갖고 있는지 여부
xusr	소유자가 실행 권한을 갖고 있는지 여부

플레이북 실행 전 점검

ansible-playbook 명령은 다양한 플래그를 지원하며 플레이북을 실행하기 전에 완전성을 확인할 수 있다. 이러한 플래그를 사용하는 경우 플레이북은 실행되지 않는다.

문법 검사

예제 8-4에서 볼 수 있는 --syntax-check 플래그는 플레이북의 유효성을 확인한다.

예제 8-4 문법 검사

```
$ ansible-playbook --syntax-check playbook.yml
```

호스트 리스트

예제 8-5에서 볼 수 있는 --list-hosts 플래그는 플레이북에서 실행할 호스트를 출력한다.

예제 8-5 호스트 리스트

```
$ ansible-playbook --list-hosts playbook.yml
```

상황에 따라 다음과 같은 경고를 볼 수 있다.

```
[WARNING]: provided hosts list is empty, only localhost
is available. Note that the implicit localhost does not
match 'all'
[WARNING]: Could not match supplied host pattern,
ignoring: db
[WARNING]: Could not match supplied host pattern,
ignoring: web
```

하나의 호스트가 명시적으로 인벤토리에 지정되어야 하며, 그렇지 않은 경우 이러한 경고를 만나게 될 수 있다. 자신의 플레이북이 localhost에서만 동작하더라도 마찬가지다. 자신의 인벤토리가 처음에 비어 있었다면 다음과 같이 자신의 인벤토리에 그룹을 추가해 명시적으로 이러한 내용을 우회할 수 있다. 인벤토리가 비어 있는 이유는 아마도 동적 인벤토리 스크립트를 사용하고 아직 아무런 호스트에 접근하지 않았기 때문일 것이다.

```
ansible-playbook --list-hosts -i web,db playbook.yml
```

태스크 리스트

예제 8-6에서 볼 수 있는 --list-tasks 플래그는 플레이북에서 실행할 태스크를 출력한다.

예제 8-6 태스크 리스트

```
$ ansible-playbook --list-tasks playbook.yml
```

7장의 예제 7-1에서 첫 번째 플레이북의 태스크를 나열하기 위해 이 플래그를 사용했던 내용을 떠올려 보자. 다시 강조하지만, 이러한 플래그를 사용하면 플레이북이 실행되지 않는다.

점검 모드

-C와 --check 플래그는 앤서블을 **점검 모드**check mode로 실행한다(드라이 런dry run이라고도 함). 플레이북의 모든 태스크에서 호스트를 변경할 것인지 여부를 알려주지만 해당 서버

에 아무런 변경을 가하지 않는다.

```
$ ansible-playbook -C playbook.yml
$ ansible-playbook --check playbook.yml
```

점검 모드에서 주의사항은 플레이북의 후반부는 플레이북의 전반부가 실행되어야만 실행된다는 점이다. 예제 7-28의 점검 모드를 실행하면 예제 8-7에서 볼 수 있는 오류가 발생한다. 그 이유는 해당 태스크가 전반부 태스크(해당 호스트에 엔진엑스 프로그램을 설치하는 태스크)에 의존성을 갖고 있기 때문이다. 또 다른 주의사항은 플레이북에서 사용되는 모듈에서 점검 모드를 지원해야 하며 그렇지 않은 경우 실패하게 된다는 점이다.

예제 8-7 올바른 플레이북에서 점검 모드 실패

```
TASK [nginx : create ssl certificates] *****************************************
fatal: [web]: FAILED! => {
    "changed": false
}
MSG:
Unable to change directory before execution: [Errno 2] No such file or directory:
b'/etc/nginx/conf'
```

여러 모듈에서 점검 모드를 구현하는 방법에 관한 더 자세한 내용은 19장을 참고한다.

Diff(파일 변경사항 표시)

-D와 -diff 플래그에서는 원격 머신에서 변경된 모든 파일의 차이점을 출력해 준다. 이 플래그는 다음과 같이 --check와 함께 사용하면 좋다. 정상적으로 실행된 경우 앤서블에서 해당 파일을 어떻게 변경하는지 보여준다.

```
$ ansible-playbook -D --check playbook.yml
$ ansible-playbook --diff --check playbook.yml
```

앤서블에서 copy, file, template, lineinfile 등의 모듈을 사용해 파일을 수정하면 다음과 같은 .diff 형식으로 변경사항을 보여준다.

242

```
TASK [mezzanine : create a logs directory] ************************************
--- before
+++ after
@@ -1,4 +1,4 @@
 {
     "path": "/home/vagrant/logs",
-    "state": "absent"
+    "state": "directory"
 }

 changed: [web]
```

일부 모듈에서는 변경사항 표시 여부를 불리언으로 지정할 수 있는 diff 기능이 지원
된다.

태그

앤서블에서는 태스크나 롤, 플레이에 하나 이상의 태그를 추가할 수 있다. 예를 들어, 다
음은 mezzanine과 nginx라는 태그가 추가된 플레이다(바스는 태스크 수준에서 태그의 관
리가 어려워질 수 있기 때문에 롤 수준에서 태그를 추가하는 방법을 선호한다).

```
- name: deploy postgres on db
  hosts: db
  debugger: on_failed
  vars_files:
    - secrets.yml
  roles:
    - role: database
      tags: database
      database_name: "{{ mezzanine_proj_name }}"
      database_user: "{{ mezzanine_proj_name }}"

- name: deploy mezzanine on web
  hosts: web
  debugger: always
  vars_files:
    - secrets.yml
```

```
roles:
  - role: mezzanine
    tags: mezzanine
    database_host: "{{ hostvars.db.ansible_enp0s8.ipv4.address }}"
  - role: nginx
    tags: nginx
```

-t 〈태그 이름〉이나 --tags 〈태그 이름〉 플래그를 사용해 앤서블에서 특정 태그가 지정된 플레이와 태스크만 실행되도록 한다. --skip-tags 〈태그 이름〉 플래그를 사용해 앤서블에서 특정 태그가 지정된 플레이와 태스크를 건너뛰도록 한다(예제 8-8 참고).

예제 8-8 특정 태그를 실행하거나 건너뜀

```
$ ansible-playbook -tnxinx playbook.yml
$ ansible-playbook --tags=xinx,database playbook.yml
$ ansible-playbook --skip-tags=mezzanine playbook.yml
```

limit

앤서블에서는 ansible-playbook에서 --limit 플래그를 사용해 플레이북에서 사용하는 대상 호스트 세트를 제한할 수 있다. 이러한 방법으로 카나리 배포^{canary release}를 수행할 수 있으나, 반드시 감사 추적^{audit trail}과 함께 설정해야 한다. limit 플래그에서는 플레이북의 실행 범위를 표현식에서 정의한 호스트 세트로 제한한다. 가장 단순한 예는 다음과 같이 하나의 호스트 이름을 사용하는 것이다.

```
$ ansible-playbook -vv --limit db playbook.yml
```

limit와 tags는 개발 과정에서 정말 쓸모가 많다. tags는 대규모로 관리하기가 어렵다는 점에 주의한다. limit는 인프라를 테스트하고 확장하는 데 사용하면 좋다.

요약

앤서블에는 디버깅에 도움이 되는 여러 가지 기능이 포함되어 있다. 이러한 기능을 잘 사용하면 변경이 발생할 때마다 테스트에 소요되는 시간을 줄일 수 있다. 이후의 장에서 플레이북을 확장할 때 이러한 기능은 도움이 된다.

다음 장에서는 아직 다루지 않은 앤서블의 고급 기능을 다룬다. 실제 배포에서 일반적으로 사용되는 개별 호스트의 데이터베이스와 웹 서비스에 배포되는 플레이북을 살펴본다.

9장
롤: 플레이북 확장

앤서블에서 **롤**^{role}은 플레이북을 여러 개의 파일로 나눌 수 있는 주요 메커니즘이다. 이를 통해 복잡한 플레이북을 단순하게 작성하고 재사용이 쉽도록 만들 수 있다. 롤을 하나 이상의 호스트에 할당하는 개념으로 생각하면 좋다. 예를 들어, 데이터베이스 롤을 데이터베이스 서버 역할을 하게 될 호스트에 할당할 수 있다. 앤서블의 장점 중 하나는 확장하고 축소하는 방식이다. 앤서블은 단순 태스크를 간단하게 구현할 수 있기 때문에 축소가 쉽다. 그리고 복잡한 작업을 더 작은 조각으로 분해할 수 있는 메커니즘을 제공하므로 확장도 용이하다. 롤은 매우 구조적이며 특정 사이트에 종속적인 데이터를 포함하지 않으므로 플레이북과 롤을 조합해서 사이트를 구성하려는 다른 사용자와 공유할 수 있다.

여기서는 말하고자 하는 내용은 관리하는 호스트의 수가 아니라 자동화하려는 작업의 복잡성이다. 9장에서는 앤서블 롤을 통해 이러한 내용을 처리하는 방법을 안내한다.

롤의 기본 구조

앤서블 롤은 database와 같은 하나의 이름을 갖는다. 데이터베이스 롤과 관련된 파일은 roles/database 디렉터리에 들어간다. 이 디렉터리에는 다음과 같은 디렉터리와 파일이 포함된다.

```
defaults/
  main.yml
files/
  pg_hba.conf
handlers/
  main.yml
meta/
  main.yml
tasks/
  main.yml
templates/
  postgres.conf.j2
vars/
  main.yml
```

tasks

tasks 디렉터리에는 main.yml 파일이 포함되며 롤에서 수행하는 액션의 진입점[entry point] 역할을 한다.

files

이 디렉터리에는 호스트에 업로드될 파일과 스크립트가 포함된다.

templates

여기에는 호스트에 업로드될 Jinja2 템플릿 파일이 포함된다.

handlers

handlers 디렉터리에는 변경 알람에 대응되는 액션이 포함된 main.yml 파일이 들어있다.

vars

일반적으로 재정의하면 안 되는 변수가 포함된 디렉터리다.

defaults

재정의할 수 있는 기본 변수가 포함된 디렉터리다.

meta

롤에 대한 정보가 포함된 디렉터리다.

각 개별 파일은 선택사항이다. 예를 들어, 자신의 롤에 아무런 핸들러가 없다면 빈 handlers/main.yml 파일을 만들 필요가 없으며 해당 파일을 커밋할 이유도 없다.

앤서블에서 롤을 찾는 위치

앤서블에서는 플레이북과 같은 위치의 roles 디렉터리에서 롤을 찾는다. 그리고 /etc/ansible/roles 에서 시스템 전역에서 사용하기 위한 롤을 찾는다. 예제 9-1에서 볼 수 있는 것처럼 ansible.cfg 파일 의 기본 섹션에 있는 roles_path 설정을 통해 시스템 전역에서 사용하기 위한 롤의 위치를 변경할 수 있다. 이 설정은 프로젝트에서 정의한 롤과 프로젝트에 설치된 롤을 분리하며, 시스템 전역 위치를 사용 하지 않는다.

예제 9-1 ansible.cfg에서 기본 롤 경로 재정의

```
[defaults]
roles_path = galaxy_roles:roles
```

ANSIBLE_ROLES_PATH 환경 변수 설정을 통해 롤 경로를 재정의할 수도 있다.

롤을 사용한 메자닌 배포 예

메자닌 플레이북을 가지고 앤서블 롤을 사용해 구현해 보자. mezzanine이라는 단일 롤 을 만들 수 있지만, 그렇게 하지 않고 Postgres 데이터베이스에 대한 배포를 database 라는 별도의 롤에 분리한다. 그리고 엔진엑스 배포도 마찬가지로 별도의 롤에 분리한다. 이렇게 하면 결과적으로 메자닌 애플리케이션과 별도의 호스트에 데이터베이스를 쉽게 배포할 수 있게 된다. 그리고 웹 서버와 관련된 문제를 분리할 수 있게 된다.

플레이북에서 롤 사용

롤을 정의하는 방법을 자세하게 살펴보기 전에 플레이북에서 롤을 호스트에 할당하는 방법을 살펴보자. 예제 9-2에서는 database와 nginx, mezzanine 롤이 정의됐고 하나의 호스트에 메자닌을 배포하는 플레이북을 보여준다.

예제 9-2 mezzanine-single-host.yml

```
---
- name: Deploy mezzanine on vagrant
  hosts: web

  vars_files:
    - secrets.yml

  roles:
    - role: database
      database_name: "{{ mezzanine_proj_name }}"
      database_user: "{{ mezzanine_proj_name }}"
    - role: mezzanine
      database_host: '127.0.0.1'
    - role: nginx
...
```

롤을 사용하는 경우 보통 플레이북에 롤 섹션이 포함된다. 그리고 이 섹션에는 롤의 리스트가 있어야 한다. 예제에서는 이 리스트에 3개의 롤이 포함되며 database와 nginx, mezzanine 롤이 그 항목이다.

롤을 호출할 때 변수를 전달할 수 있다. 예를 들면, 예제에서는 database 롤에서 사용할 database_name과 database_user 변수를 전달했다. 이러한 변수가 이미 vars/main.yml 이나 defaults/main.yml의 롤에 정의되어 있다면 해당 값은 전달된 변수로 재정의된다.

변수를 롤에 전달하지 않으면 예제의 nginx에서 한 것처럼 단순히 롤의 이름을 지정할 수 있다.

정의된 database와 nginx, mezzanine 롤을 사용하면 웹 애플리케이션과 데이터베이스 서비스를 여러 호스트에 배포하는 플레이북을 작성하는 일이 아주 간단해진다. 예제 9-3에서 볼 수 있는 플레이북에서는 데이터베이스를 db 호스트에 배포하고 web 서비스를 웹 호스트에 배포한다.

예제 9-3 mezzanine-across-hosts.yml

```
---
- name: Deploy postgres on db
  hosts: db

  vars_files:
    - secrets.yml

  roles:
    - role: database
      database_name: "{{ mezzanine_proj_name }}"
      database_user: "{{ mezzanine_proj_name }}"

- name: Deploy mezzanine on web
  hosts: web

  vars_files:
    - secrets.yml

  roles:
    - role: mezzanine
      database_host: "{{ hostvars.db.ansible_enp0s8.ipv4.address }}"
    - role: nginx
...
```

이 플레이북에는 2개의 플레이가 포함된다. 기본적으로 이 'Deploy postgres on db'와 'Deploy mezzanine on web' 플레이는 다양한 호스트 그룹에 영향을 주지만, 여기서는 각 그룹당 하나의 머신(db 서버, web 서버)만 포함한다.

pre-tasks와 post-tasks

때에 따라서는 롤을 호출하기 전후로 태스크를 실행해야 할 수도 있다. 예컨대, apt 캐시를 메자닌을 배포하기 전에 업데이트하고 배포한 이후에 슬랙 채널에 알람을 보내야 할 수 있다.

앤서블에서는 플레이북에 다음과 같이 순서를 정의할 수 있다.

- pre_tasks 섹션을 사용해 해당 롤에 앞서 수행되는 태스크 리스트

- 수행할 롤 리스트

- post_tasks 섹션을 사용해 해당 롤 이후에 수행되는 태스크 리스트

예제 9-4에서는 메자닌을 배포하기 위해 **pre_tasks**와 **roles**, **post_tasks**를 사용하는 예시를 보여준다.

예제 9-4 pre-tasks와 post-tasks 사용

```
- name: Deploy mezzanine on web
  hosts: web
  vars_files:
    - secrets.yml

  pre_tasks:
    - name: Update the apt cache
      apt:
        update_cache: yes

  roles:
    - role: mezzanine
      database_host: "{{ hostvars.db.ansible_enp0s8.ipv4.address }}"
    - role: nginx

  post_tasks:
    - name: Notify Slack that the servers have been updated
      delegate_to: localhost
      slack:
        domain: acme.slack.com
        token: "{{ slack_token }}"
        msg: "web server {{ inventory_hostname }} configured."
...
```

롤의 사용 방법을 알아봤다. 이제 롤을 작성하는 방법을 살펴보자.

데이터베이스를 배포하기 위한 database 롤

database 롤에서 할 일은 Postgres를 설치하고 필요한 데이터베이스와 데이터베이스 사용자를 만드는 것이다.

database 롤은 다음 파일로 구성된다.

- roles/database/defaults/main.yml

- roles/database/files/pg_hba.conf

- roles/database/handlers/main.yml

- roles/database/meta/main.yml

- roles/database/tasks/main.yml

- roles/database/templates/postgresql.conf.j2

- roles/database/vars/main.yml

이 롤에는 다음과 같은 2개의 사용자 정의된 Postgres 구성 파일이 포함된다.

postgresql.conf.j2

이 파일에서는 기본 `listen_addresses` 구성 옵션을 수정해 Postgres에서 모든 네트 워크 인터페이스의 연결을 허용하도록 한다. Postgres의 기본값은 `localhost` 연결 만 허용하는 것이다. 하지만 이렇게 되면 웹 애플리케이션이 별도의 호스트에서 동 작하는 데이터베이스에 접속해야 하는 경우에 동작하지 않게 된다.

pg_hba.conf

이 파일에서는 Postgres에서 사용자 이름과 비밀번호를 사용해 네트워크로 연결을 인증하도록 구성한다.

이러한 파일은 그 내용이 너무 많기 때문에 여기서는 보여주지 않는다. 깃허브(https://github.com/ansiblebook/ansiblebook)의 코드 예제에서 ch08과 ch09 디렉터리를 확인한다.

예제 9-5에서는 Postgres 배포에 포함된 태스크를 보여준다.

예제 9-5 roles/database/tasks/main.yml

```
---
- name: Install apt packages
  become: true
  apt:
    update_cache: true
    cache_valid_time: 3600
    pkg: "{{ postgres_packages }}"

- name: Copy configuration file
  become: true
  template:
    src: postgresql.conf.j2
    dest: /etc/postgresql/12/main/postgresql.conf
    owner: postgres
    group: postgres
    mode: '0644'
  notify: Restart postgres

- name: Copy client authentication configuration file
  become: true
  copy:
    src: pg_hba.conf
    dest: /etc/postgresql/12/main/pg_hba.conf
    owner: postgres
    group: postgres
    mode: '0640'
  notify: Restart postgres

- name: Create project locale
  become: true
  locale_gen:
```

```
    name: "{{ locale }}"

- name: Create a DB user
  become: true
  become_user: postgres
  postgresql_user:
    name: "{{ database_user }}"
    password: "{{ db_pass }}"

- name: Create the database
  become: true
  become_user: postgres
  postgresql_db:
    name: "{{ database_name }}"
    owner: "{{ database_user }}"
    encoding: UTF8
    lc_ctype: "{{ locale }}"
    lc_collate: "{{ locale }}"
    template: template0
...
```

예제 9-6에서는 handlers 파일을 보여준다. 이 파일은 액션에서 변경을 일으키는 것을 알려주는 시점에 사용된다.

예제 9-6 roles/database/handlers/main.yml

```
---
- name: Restart postgres
  become: true
  service:
    name: postgresql
    state: restarted
...
```

vars에 지정해야 하는 한 가지는 데이터베이스 포트다. 이 포트는 postgresql.conf.j2 템플릿에서 사용한다.

예제 9-7에서는 설치된 패키지의 리스트를 확인한다. 정확하게는 데이터베이스와 C,

파이썬 클라이언트 라이브러리, acl이 포함된다.

 acl 패키지는 연결 사용자(원격 호스트 연결에 사용되는 사용자)와 become_user가
모두 권한이 없을 때 사용한다. 모듈 파일은 연결 사용자가 작성하지만 해당 파일은
become_user가 읽을 수 있어야 한다. 앤서블에서는 setfacl 명령을 사용해 해당 파일
을 become_user와 공유한다.

예제 9-7 roles/database/defaults/main.yml

```
---
postgres_packages:
  - acl # for become_user: postgres
  - libpq-dev
  - postgresql
  - python3-psycopg2
...
```

태스크 리스트에서는 룰의 아무 곳에도 정의되지 않은 다음 변수를 참조한다.

- `database_name`

- `database_user`

- `db_pass`

- `locale`

예제 9-2, 9-3에서는 데이터베이스 롤을 호출할 때 `database_name`과 `database_user`를
전달했다. db_pass는 secrets.yml 파일에 정의됐다고 가정하며, 이 파일은 `vars_files`
섹션에 포함된다. `locale` 변수는 모든 호스트에 동일하게 적용되고 여러 롤이나 플레이
북에서 사용될 수 있으므로 이 책에서 제공되는 코드 샘플의 group_vars/all 파일에 정
의했다.

메자닌 배포용 mezzanine 롤

mezzanine 롤에서 수행하는 일은 메자닌 설치가 될 수 있다. 이 작업에는 프로세스 모니터인 Supervisor와 리버스 프록시인 엔진엑스 설치가 포함된다.

롤은 다음과 같은 파일로 구성된다.

- roles/mezzanine/files/setadmin.py

- roles/mezzanine/files/setsite.py

- roles/mezzanine/handlers/main.yml

- roles/mezzanine/tasks/django.yml

- roles/mezzanine/tasks/main.yml

- roles/mezzanine/templates/gunicorn.conf.pyj2

- roles/mezzanine/templates/local_settings.py.filters.j2

- roles/mezzanine/templates/local_settings.py.j2

- roles/mezzanine/templates/supervisor.conf.j2

- roles/mezzanine/vars/main.yml

예제 9-8에서는 이 롤에서 사용하기 위한 변수를 보여준다. 변수 이름은 모두 mezzanine으로 시작한다. 롤 변수를 이렇게 처리하는 것은 좋은 방법인데, 그 이유는 앤서블에서는 롤에 대한 네임스페이스 개념이 없기 때문이다. 즉, 다른 롤이나 플레이북에 정의된 변수를 아무데서나 접근할 수 있다. 따라서 다른 2개의 롤에서 동일한 변수 이름을 실수로 사용할 경우 의도하지 않은 동작이 발생할 수도 있다.

예제 9-8 roles/mezzanine/vars/main.yml

```
---
# 메자닌에서 사용하는 변수
mezzanine_user: "{{ ansible_user }}"
mezzanine_venv_home: "{{ ansible_env.HOME }}/.virtualenvs"
mezzanine_venv_path: "{{ mezzanine_venv_home }}/{{ mezzanine_proj_name }}"
mezzanine_repo_url: git@github.com:ansiblebook/mezzanine_example.git
mezzanine_settings_path: "{{ mezzanine_proj_path }}/{{ mezzanine_proj_name }}"
mezzanine_reqs_path: '~/requirements.txt'
mezzanine_python: "{{ mezzanine_venv_path }}/bin/python"
mezzanine_manage: "{{ mezzanine_python }} {{ mezzanine_proj_path }}/manage.py"
mezzanine_gunicorn_procname: gunicorn_mezzanine
...
```

태스크 리스트가 아주 길기 때문에 여러 파일로 나눈다. 예제 9-9에서는 mezzanine 롤에서 사용하는 최상위 태스크 파일을 보여준다. 예제 9-10과 예제 9-11의 해당 롤에서는 apt 패키지를 설치한 후, include 구문을 사용해 동일한 디렉터리에 존재하는 2개의 태스크 파일(예제 9-10, 9-11 참고)을 호출한다.

예제 9-9 roles/mezzanine/tasks/main.yml

```
---

- name: Install apt packages
  become: true
  apt:
    update_cache: true
    cache_valid_time: 3600
    pkg:
```

```
      - git
      - libjpeg-dev
      - memcached
      - python3-dev
      - python3-pip
      - python3-venv
      - supervisor

- include_tasks: setup.yml
- include_tasks: django.yml
...
```

예제 9-10 roles/mezzanine/tasks/setup.yml

```
---
- name: Create a logs directory
  file:
    path: "{{ ansible_env.HOME }}/logs"
    state: directory
    mode: '0755'

- name: Check out the repository on the host
  git:
    repo: "{{ mezzanine_repo_url }}"
    dest: "{{ mezzanine_proj_path }}"
    version: master
    accept_hostkey: true
    update: false
  tags:
    - repo

- name: Create python3 virtualenv
  pip:
    name:
      - pip
      - wheel
      - setuptools
    state: latest
    virtualenv: "{{ mezzanine_venv_path }}"
    virtualenv_command: /usr/bin/python3 -m venv
```

```
    tags:
      - skip_ansible_lint

- name: Copy requirements.txt to home directory
  copy:
    src: requirements.txt
    dest: "{{ mezzanine_reqs_path }}"
    mode: '0644'

- name: Install packages listed in requirements.txt
  pip:
    virtualenv: "{{ mezzanine_venv_path }}"
    requirements: "{{ mezzanine_reqs_path }}"
```

예제 9-11 roles/mezzanine/tasks/django.yml

```
---
- name: Generate the settings file
  template:
    src: templates/local_settings.py.j2
    dest: "{{ mezzanine_settings_path }}/local_settings.py"
    mode: '0750'

- name: Apply migrations to database, collect static content
  django_manage:
    command: "{{ item }}"
    app_path: "{{ mezzanine_proj_path }}"
    virtualenv: "{{ mezzanine_venv_path }}"
  with_items:
    - migrate
    - collectstatic

- name: Set the site id
  script: setsite.py
  environment:
    PATH: "{{ mezzanine_venv_path }}/bin"
    PROJECT_DIR: "{{ mezzanine_proj_path }}"
    PROJECT_APP: "{{ mezzanine_proj_app }}"
    DJANGO_SETTINGS_MODULE: "{{ mezzanine_proj_app }}.settings"
    WEBSITE_DOMAIN: "{{ live_hostname }}"
```

```
- name: Set the admin password
  script: setadmin.py
  environment:
    PATH: "{{ mezzanine_venv_path }}/bin"
    PROJECT_DIR: "{{ mezzanine_proj_path }}"
    PROJECT_APP: "{{ mezzanine_proj_app }}"
    ADMIN_PASSWORD: "{{ admin_pass }}"

- name: Set the gunicorn config file
  template:
    src: templates/gunicorn.conf.py.j2
    dest: "{{ mezzanine_proj_path }}/gunicorn.conf.py"
    mode: '0750'

- name: Set the supervisor config file
  become: true
  template:
    src: templates/supervisor.conf.j2
    dest: /etc/supervisor/conf.d/mezzanine.conf
    mode: '0640'
  notify: Restart supervisor

- name: Install poll twitter cron job
  cron:
    name: "poll twitter"
    minute: "*/5"
    user: "{{ mezzanine_user }}"
    job: "{{ mezzanine_manage }} poll_twitter"
...
```

copy나 script, template 모듈을 사용할 때 한 가지 주의사항이 있다. 롤에 정의한 태스크와 일반적인 플레이북에 정의한 태스크 사이에는 차이점이 있다. 롤에 정의된 태스크에서 copy나 script를 호출하는 경우 앤서블에서는 다음 디렉터리 순서로 실행하거나 복사할 파일의 위치를 찾고 첫 번째로 발견된 파일을 사용한다. 이러한 경로는 최상위 플레이북이 시작되는 디렉터리의 상대 경로다.

- ./roles/role_name/files/

- ./roles/role_name/

- ./roles/role_name/tasks/files/

- ./roles/role_name/tasks/

- ./files/

- ./

유사하게 롤에 정의된 태스크에서 `template`을 호출하는 경우 앤서블에서는 role_name/templates 디렉터리를 먼저 확인한 후 playbooks/templates 디렉터리(그리고 그 밖의 여러 디렉터리)에서 사용할 템플릿의 위치를 확인한다. 이와 같은 방법으로 롤에서는 기본 파일을 files/와 templates/ 디렉터리에 정의할 수 있지만, 프로젝트의 files/와 templates/ 하위 디렉터리에 있는 파일로 쉽게 재정의하기는 어렵다.

즉, 기존의 플레이북에서 사용한 내용은 다음과 같으며

```
- name: Copy requirements.txt to home directory
  copy:
    src: files/requirements.txt
    dest: "{{ mezzanine_reqs_path }}"
    mode: '0644'
```

이제 롤 내부에서 다음과 같이 호출된다(src 파라미터가 바뀐 부분에 주의한다).

```
- name: Copy requirements.txt to home directory
  copy:
    src: "{{ files_src_path | default() }}requirements.txt"
    dest: "{{ mezzanine_reqs_path }}"
    mode: '0644'
```

`files_src_path`는 변수 경로이며 재정의할 수 있지만 비워두는 것도 가능하고 그렇게 하면 기본 동작을 하게 된다. 라몬 데 라 푸엔테[Ramon de la Fuente]는 롤의 파일과 템플릿에서 변수 경로의 사용을 제안했다(https://future500.nl/articles/2015/04/12/being-a-star-in-galaxy/).

예제 9-12에서는 handlers 파일을 보여준다. handlers는 태스크의 변경사항이 발생할 때 실행된다.

예제 9-12 roles/mezzanine/handlers/main.yml

```
---
- name: Restart supervisor
  become: true
  supervisorctl:
    name: gunicorn_mezzanine
    state: restarted
...
```

템플릿 파일을 여기서 보여주지는 않는다. 이러한 파일은 일부 변수 이름이 변경되기는 했지만 기본적으로 이전 장에서 살펴본 내용과 동일하기 때문이다. 더 자세한 내용은 제공된 코드 예제(https://github.com/ansiblebook/ansiblebook)를 확인한다.

ansible-galaxy를 사용해 롤 파일과 디렉터리 생성

앤서블에는 지금까지 다루지 않은 ansible-galaxy라고 하는 또 다른 명령줄 도구가 포함되어 있다. 이 도구의 주요 목적은 커뮤니티(https://galaxy.ansible.com/ui/)에서 공유한 롤을 다운로드하는 것이다. 커뮤니티에 관한 더 자세한 내용은 나중에 다룬다. 그리고 이 도구를 통해 다음과 같이 특정 롤에 포함되는 파일과 디렉터리의 초기 설정인 스캐폴딩을 생성할 수 있다.

```
$ ansible-galaxy role init --init-path playbooks/roles web
```

--init-path 플래그를 통해 ansible-galaxy에 롤 디렉터리의 위치를 지정한다. 이 위치를 지정하지 않으면 롤 파일이 현재 디렉터리에 생성된다. 명령을 실행하면 다음과 같은 파일과 디렉터리가 생성된다.

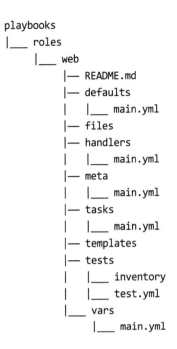

```
playbooks
|___ roles
     |___ web
          |— README.md
          |— defaults
          |    |___ main.yml
          |— files
          |— handlers
          |    |___ main.yml
          |— meta
          |    |___ main.yml
          |— tasks
          |    |___ main.yml
          |— templates
          |— tests
          |    |___ inventory
          |    |___ test.yml
          |___ vars
                |___ main.yml
```

의존 롤

web과 database 2개의 롤이 있으며 이 두 롤에서는 호스트에 NTP[1] 서버가 설치되어야 한다고 가정해 보자. web과 database 롤 모두에 NTP 서버 설치를 지정할 수 있지만 결과적으로는 중복이 될 것이다. 별도의 ntp 롤을 만들 수도 있지만 그렇게 되면 web과 database 롤을 호스트에 적용할 때마다 ntp 롤도 적용해야 한다는 것을 기억해야 한다. 이 방법은 중복을 피할 수 있지만 ntp 롤을 적용해야 한다는 것을 잊을 수 있기 때문에 오류가 발생하기 쉽다. 정말로 필요한 것은 web이나 database 롤을 적용할 때마다 호스트에 적용되는 ntp 롤을 갖는 것이다.

앤서블에서는 **의존 롤**dependent role이라는 기능을 제공해 이러한 시나리오를 처리할 수 있게 해준다. 하나의 롤을 지정할 때 하나 이상의 다른 롤에 대한 의존성을 지정할 수

---

1   NTP(Network Time Protocol): 시간 동기화에 사용됨

있다. 그러면 앤서블에서는 의존성이 지정된 롤을 먼저 실행하게 된다.

예제를 통해 이어서 설명해 보면, ntp 롤을 만들고 이 롤에서 호스트의 시간을 NTP 서 버와 동기화한다고 해보자. 앤서블에서 파라미터를 의존 롤에 전달할 수 있으므로, 해당 롤의 파라미터로 NTP 서버를 전달한다고 가정해 보자.

예제 9-13에서 볼 수 있는 것처럼 roles/web/meta/main.yml 파일을 만들고 롤에 ntp 를 나열해, 파라미터로 web 롤이 ntp 롤에 의존성을 갖도록 지정한다.

예제 9-13 roles/web/meta/main.yml

```
dependencies:
  - { role: ntp, ntp_server=ntp.ubuntu.com }
```

여러 의존 롤을 지정할 수도 있다. 예를 들면 장고 웹 서버 설정을 위한 django 롤이 있 고, nginx와 memcached를 의존 롤로 지정한다면 메타데이터 파일은 예제 9-14와 같은 모양이 될 수 있다.

예제 9-14 roles/django/meta/main.yml

```
dependencies:
    - { role: web }
    - { role: memcached }
```

앤서블에서 롤 의존을 평가하는 방법에 관한 더 자세한 내용은 롤 의존성에 관한 앤서블 공식 문서(https://docs.ansible.com/ansible/latest/galaxy/user_guide.html# dependencies)를 확인한다.

앤서블 갤럭시

오픈소스 소프트웨어 시스템을 호스트에 배포해야 한다면 이미 누군가가 이를 처리하 기 위한 앤서블 롤을 작성했을 가능성이 있다. 앤서블을 사용해 소프트웨어 배포 스크 립트를 쉽게 작성할 수 있지만 일부 시스템은 배포가 까다로울 수 있다.

누군가가 이미 작성해 둔 롤을 재사용하거나 또는 다른 사람이 자신과 같은 문제를 해결했던 방법을 확인하고 싶은 경우, **앤서블 갤럭시**^{Ansible Galaxy}를 통해 도움을 받을 수 있다. 앤서블 갤럭시는 앤서블 커뮤니티에서 제공하는 앤서블 롤 오픈소스 저장소다. 이러한 롤은 깃허브에 저장된다. https://galaxy.ansible.com은 앤서블의 주요 웹사이트이고, ansible-galaxy는 명령줄 인터페이스^{CLI, Command-Line Interface} 도구다.

웹 인터페이스

앤서블 갤럭시 웹사이트에서 활용 가능한 롤을 찾아볼 수 있다. 갤럭시에서는 카테고리나 기여자별로 텍스트 검색과 필터링, 검색을 무료로 제공한다.

명령줄 인터페이스

ansible-galaxy 명령줄 도구를 통해 앤서블 갤럭시에서 롤을 다운로드하거나 ansible-role에서 사용할 표준 디렉터리 구조를 생성할 수 있다.

롤 설치

ntp라는 롤을 설치해야 한다고 해보자. 이 롤은 깃허브 사용자인 oefenweb이 작성했다. 이 사용자는 미스체이터 스미튼^{Mischater Smitten}이고 앤서블 갤럭시에서 가장 활발하게 활동하는 사람 중 한 명이다. 해당 롤에서는 NTP 서버와 호스트의 시간이 동기화되도록 구성해 준다.

다음과 같이 ansible-galaxy install 명령을 사용해 이 롤을 설치할 수 있다.

```
$ ansible-galaxy install oefenweb.ntp
```

ansible-galaxy 프로그램에서는 기본적으로 롤을 roles_path의 첫 번째 디렉터리에 설치하게 되지만 필요한 경우 -p 플래그를 사용해 이 경로를 재정의할 수 있다(249페이지의 '앤서블에서 롤을 찾는 위치' 박스 참고).

실행 결과는 다음과 같다.

```
Starting galaxy role install process
- downloading role 'ntp', owned by oefenweb
- downloading role from https://github.com/Oefenweb/ansible-ntp/archive/v1.1.33.
tar.gz
- extracting oefenweb.ntp to ./galaxy_roles/oefenweb.ntp
- oefenweb.ntp (v1.1.33) was installed successfully
```

ansible-galaxy 도구에서는 롤 파일을 galaxy_roles/oefenweb.ntp에 설치한다.

앤서블에서는 설치에 관한 일부 메타데이터가 ./galaxy_roles/oefenweb.ntp/meta/.
galaxy_install_info 파일에 설치된다. 바스의 머신에는 해당 파일에 다음과 같은 내용이
포함되어 있다.

```
install_date: Tue Jul 20 12:13:44 2021
version: v1.1.33
```

 oefenweb.ntp 롤은 특정 버전 번호를 가지므로 해당 버전이 나열된다. 일부 롤은 특정
버전 번호가 포함되지 않으며 main과 같은 깃의 기본 브랜치가 나열된다.

설치된 롤 리스트

다음과 같이 설치된 롤의 리스트를 확인할 수 있다.

$ ansible-galaxy list

실행 결과는 meta/main.yml의 **galaxy_info**에 따라 달라지며 다음과 비슷한 모양이 될
수 있다.

```
# /Users/bas/ansiblebook/ch07/playbooks/galaxy_roles
- oefenweb.ntp, v1.1.33
# /Users/bas/ansiblebook/ch07/playbooks/roles
- database, (unknown version)
- web, (unknown version)
```

롤 제거

다음과 같이 remove 명령으로 롤을 제거할 수 있다.

```
$ ansible-galaxy remove oefenweb.ntp
```

실무에서 롤 요구사항

〈프로젝트 최상위 디렉터리〉/roles/requirements.yml에 있는 roles 디렉터리의 requirements.yml 파일에 의존성을 작성하는 것이 일반적인 방법이다. AWX나 앤서블 타워를 사용할 때 이 파일이 발견되면 ansible-galaxy에서는 자동으로 이 파일에 작성된 롤을 설치한다. 이 파일에서는 갤럭시 롤이나 다른 저장소에 있는 롤을 참조할 수 있으며, 자신의 프로젝트에서 사용할 수 있다. 이러한 앤서블 갤럭시의 추가적인 기능 지원으로 같은 결과를 만들어 내기 위해 깃허브 서브 모듈을 생성해야 하는 수고가 줄어들었다.

다음 코드에서 첫 번째 예제 소스는 oefenweb.ntp 롤의 의존성이다. 이러한 방식으로 src를 지정하면 갤럭시에서 다운로드 수가 집계된다. 두 번째 예제에서는 제프 기어링 Jeff Geerling이 작성한 docker 롤을 깃허브에서 직접 다운로드한다. 제프 기어링은 자신의 저서(『Ansible for DevOps』 2판, LeanPub)로 앤서블 커뮤니티에서 잘 알려져 있으며 갤럭시의 많은 롤에 기여했다. 세 번째 예제에서는 온프레미스 깃허브 저장소에서 다운로드한다. requirements.yml의 name 파라미터는 롤을 다운로드한 후 이름을 변경할 때 사용한다.

```
---

- src: oefenweb.ntp

- src: https://github.com/geerlingguy/ansible-role-docker.git
  scm: git
  version: '4.0.0'
  name: geerlingguy.docker

- src: https://tools.example.intra/bitbucket/scm/ansible/install-nginx.git
```

```
  scm: git
  version: master
  name: web
...
```

직접 작성한 롤 제공

커뮤니티에 롤을 제공하는 방법에 관한 더 자세한 내용은 앤서블 갤럭시 웹사이트 (https://galaxy.ansible.com/ui/)에서 'Contributing Content'를 참고한다. 롤은 깃허브로 제공되므로 깃허브 계정이 있어야 한다.

요약

지금까지 롤을 사용하는 방법과 롤을 직접 작성하는 방법, 다른 사람이 작성한 롤을 다운로드하는 방법을 배웠다. 롤은 플레이북을 구성하는 좋은 방법이다. 이러한 롤은 많이 사용되기 때문에 사용해 보는 것을 강력하게 추천한다. 작업 중인 어떤 리소스가 갤럭시의 롤에 없다면 업로드해 보길 바란다.

## 10장

복잡한 플레이북

이전 장에서는 메자닌 CMS 배포 목적의 완전하게 동작하는 앤서블 플레이북을 살펴봤다. 그 예제에서는 일반적인 앤서블 기능을 몇 가지 사용했지만 모든 기능을 다루지는 않았다. 10장에서는 앞에서 설명하지 않았던 부가적인 기능을 다룬다.

오동작한 명령 처리

7장에서는 예제 10-1에서 볼 수 있는 사용자 정의된 createdb manage.py 명령을 멱등이 아니라는 이유로 호출하지 않았다.

예제 10-1 django에서 manage.py createdb 호출

```
- name: Initialize the database
  django_manage:
    command: createdb --noinput --nodata
    app_path: "{{ proj_path }}"
    virtualenv: "{{ venv_path }}"
```

이 문제를 우회하기 위해 createdb와 동일하게 수행되고 멱등인 몇 가지 django manage.py 명령을 호출했었다. 하지만 createdb와 동일하게 호출할 수 있는 모듈이 없다면 어떻게 해야 할까? 답은 changed_when과 failed_when 절을 사용해 앤서블에서 태스크의 상태 변경 또는 실패를 감지하는 방법을 변경하는 것이다.

이 명령의 첫 번째 실행 결과와 두 번째 실행 결과를 이해해야 한다.

5장을 떠올려 보자. 실패한 태스크의 실행 결과를 캡처하기 위해 **register** 절을 추가해 변수에 실행 결과를 저장했다. 그리고 **failed_when: false** 절을 통해 해당 모듈에서 실패를 반환하더라도 실행이 중단되지 않도록 한다. 다음으로 **debug** 태스크를 추가해 해당 변수를 출력하고 마지막으로 **fail** 절을 통해 플레이북에서 실행을 중지시킨다. 예제 10-2를 살펴보자.

예제 10-2 태스크의 실행 결과 확인

```
- name: Initialize the database
  django_manage:
    command: createdb --noinput --nodata
    app_path: "{{ proj_path }}"
    virtualenv: "{{ venv_path }}"
  failed_when: false
  register: result

- debug: var=result

- fail:
```

두 번째 호출된 플레이북의 실행 결과는 예제 10-3과 같다.

예제 10-3 데이터베이스가 이미 생성된 시점의 반환값

```
TASK [debug] ***********************************************************
ok: [web] ==> {
    "result": {
        "changed": false,
        "cmd": "./manage.py createdb --noinput --nodata",
        "failed": false,
        "failed_when_result": false,
        "msg": "\n:stderr: CommandError: Database already created, you probably want
the migrate command\n",
        "path": "/home/vagrant/.virtualenvs/mezzanine_example/bin:/usr/local/sbin:/
usr/local/bin:/usr/sbin:/usr/bin:/sbin:/bin:/usr/games:/usr/local/
games:/snap/bin",
```

```
        "syspath": [
            "/tmp/ansible_django_manage_payload_hb62e1ie/ansible_django_manage_pay
load.zip",
            "/usr/lib/python38.zip",
            "/usr/lib/python3.8",
            "/usr/lib/python3.8/lib-dynload",
            "/usr/local/lib/python3.8/dist-packages",
            "/usr/lib/python3/dist-packages"
        ]
    }
}
```

이 결과는 태스크가 여러 번 실행된 경우에 발생한다. 첫 번째로 일어나는 내용을 확인하려면 데이터베이스를 삭제하고 플레이북에서 해당 데이터베이스를 다시 만들도록 해야 한다. 이를 처리하기 위한 가장 간단한 방법은 다음과 같이 데이터베이스를 삭제하는 앤서블 임시 태스크를 실행하는 것이다.

```
$ ansible web -b --become-user postgres -m postgresql_db \
    -a "name=mezzanine_example state=absent"
```

이제 플레이북을 다시 실행하면 예제 10-4의 실행 결과를 확인할 수 있다.

예제 10-4 최초 호출 시점의 반환값

```
TASK [debug] ***********************************************************
ok: [web] ==> {
    "result": {
        "app_path": "/home/vagrant/mezzanine/mezzanine_example",
        "changed": false,
        "cmd": "./manage.py createdb --noinput --nodata",
        "failed": false,
        "failed_when_result": false,
        "out": "Operations to perform:\n Apply all migrations: admin, auth, blog,
        conf, contenttypes, core, django_comments, forms, galleries, generic, pages,
        redirects, sessions, sites, twitter\nRunning migrations:\n Applying
        contenttypes.0001_initial... OK\n Applying auth.0001_initial... OK\n
        Applying admin.0001_initial... OK\n Applying
        admin.0002_logentry_remove_auto_add... OK\n Applying
```

```
                contenttypes.0002_remove_content_type_name... OK\n Applying
                auth.0002_alter_permission_name_max_length... OK\n Applying
                auth.0003_alter_user_email_max_length... OK\n Applying
                auth.0004_alter_user_username_opts... OK\n Applying
                auth.0005_alter_user_last_login_null... OK\n Applying
                auth.0006_require_contenttypes_0002... OK\n Applying
                auth.0007_alter_validators_add_error_messages... OK\n Applying
                auth.0008_alter_user_username_max_length... OK\n Applying
                sites.0001_initial... OK\n Applying blog.0001_initial... OK\n Applying
                blog.0002_auto_20150527_1555... OK\n Applying blog.0003_auto_20170411_0504...
                OK\n Applying conf.0001_initial... OK\n Applying core.0001_initial... OK\n
                Applying core.0002_auto_20150414_2140... OK\n Applying
                django_comments.0001_initial... OK\n Applying
                django_comments.0002_update_user_email_field_length... OK\n Applying
                django_comments.0003_add_submit_date_index... OK\n
                Applying pages.0001_initial... OK\n Applying forms.0001_initial... OK\n
                Applying forms.0002_auto_20141227_0224... OK\n Applying forms.0003_emailfield...
                OK\n Applying forms.0004_auto_20150517_0510... OK\n Applying
                forms.0005_auto_20151026_1600... OK\n Applying forms.0006_auto_20170425_2225...
                OK\n Applying galleries.0001_initial... OK\n Applying
                galleries.0002_auto_20141227_0224... OK\n Applying generic.0001_initial... OK\n
                Applying generic.0002_auto_20141227_0224... OK\n Applying
                generic.0003_auto_20170411_0504... OK\n Applying pages.0002_auto_20141227_0224...
                OK\n Applying pages.0003_auto_20150527_1555... OK\n Applying
                pages.0004_auto_20170411_0504... OK\n Applying redirects.0001_initial... OK\n
                Applying sessions.0001_initial... OK\n Applying sites.0002_alter_domain_unique...
                OK\n Applying twitter.0001_initial... OK\n\nCreating default site record: web
                ...\n\nInstalled 2 object(s) from 1 fixture(s)\n",
                "pythonpath": null,
                "settings": null,
                "virtualenv": "/home/vagrant/.virtualenvs/mezzanine_example"
        }
}
```

실제로 데이터베이스의 상태가 변경됐지만 changed는 false로 설정된다. 그 이유는
django_manage 모듈에서는 해당 모듈이 알고 있지 않은 명령을 실행하는 경우 항상
"changed": false가 반환되기 때문이다.

예제 10-5와 같이 out 반환값에서 "Creating tables"를 찾는 changed_when 절을 추가할 수 있다.

예제 10-5 첫 번째 changed_when 추가 시도

```
- name: Initialize the database
  django_manage:
    command: createdb --noinput --nodata
    app_path: "{{ proj_path }}"
    virtualenv: "{{ venv_path }}"
  register: result
  changed_when: '"Creating tables" in result.out'
```

이 방법의 문제점은 예제 10-3을 다시 살펴보면 out 변수가 없다는 것이다. 대신 msg 변수가 존재한다. 이 플레이북을 실행하면 두 번째에 다음과 같은 그다지 도움이 되지 않는 오류가 발생한다.

```
TASK: [Initialize the database] ********************************************
fatal: [default] => error while evaluating conditional: "Creating tables" in
result.out
```

앤서블에서 out 변수가 정의된 경우에만 result.out 변수를 처리하도록 해야 한다. 한 가지 방법은 다음과 같이 명시적으로 해당 변수가 정의되어 있는지 여부를 확인하는 것이다.

```
changed_when: result.out is defined and "Creating tables" in result.out
```

다른 방법으로는 다음과 같이 Jinja2의 default 필터를 사용해 result.out이 존재하지 않는 경우 사용할 기본값을 제공할 수 있다.

```
changed_when: '"Creating tables" in result.out|default("")'
```

최종 먹등 태스크는 예제 10-6의 내용과 같다.

멱등 manage.py

```
- name: Initialize the database
  django_manage:
    command: createdb --noinput --nodata
    app_path: "{{ proj_path }}"
    virtualenv: "{{ venv_path }}"
  register: result
  changed_when: '"Creating tables" in result.out|default("")'
```

필터

필터는 Jinja2 템플릿 엔진의 기능이다. 앤서블에서 템플릿과 변수 계산을 위해 Jinja2를 사용하므로 플레이북과 템플릿 파일의 이중 중괄호({{ }}) 내부에 필터를 사용할 수 있다. 필터의 사용은 유닉스의 파이프라인을 사용하는 것과 유사하다. 여기서 변수는 필터를 통해 파이프라인으로 전달된다. Jinja2에는 내장 필터 세트(https://jinja.palletsprojects.com/en/latest/templates/#filters)가 포함되어 있다. 추가적으로 앤서블에는 Jinja2 필터를 보완할 수 있는 필터(https://docs.ansible.com/ansible/latest/playbook_guide/playbooks_filters.html)가 제공된다.

여기서는 몇 가지 필터를 간단하게 살펴보겠다. 활용 가능한 전체 필터 리스트는 공식 Jinja2 문서와 앤서블 문서에서 확인하기 바란다.

default 필터

default 필터는 아주 유용한 필터 중 하나다. 다음은 이 필터의 실제 예다.

```
host: "{{ database_host | default('localhost') }}"
```

database_host 변수가 정의됐으면 중괄호에서는 해당 값을 계산한다. 그렇지 않고 database_host 변수가 정의되지 않았으면 중괄호에서는 localhost 문자열로 계산한다. 일부 필터는 인수가 필요하며 그렇지 않은 경우도 있다.

등록된 변수용 필터

태스크를 실행하고 해당 태스크가 실패하더라도 그 실행 결과를 출력해야 한다고 가정해 보자. 하지만 해당 태스크가 실패하면 실행 결과를 출력한 후 앤서블에서 해당 호스트는 실패 처리가 되어야 한다. 예제 10-7에서는 failed_when 절의 인수로 failed 필터를 사용하는 방법을 보여준다.

예제 10-7 failed 필터

```
- name: Run myprog
  command: /opt/myprog
  register: result
  ignore_errors: true

- debug: var=result

- debug:
    msg: "Stop running the playbook if myprog failed"
  failed_when: result|failed
```

이하 생략

표 10-1에서는 상태를 확인하기 위해 등록된 변수에서 사용 가능한 필터 리스트를 보여준다.

표 10-1 태스크 반환값 필터

필터 이름	설명
failed	실패한 작업에서 등록한 값이면 true
changed	변경된 작업에서 등록한 값이면 true
success	성공한 작업에서 등록한 값이면 true
skipped	건너뛴 작업에서 등록한 값이면 true

파일 경로에 적용하는 필터

표 10-2에서는 변수가 제어 머신의 파일 시스템에 있는 파일 경로를 포함하는 경우 사용할 수 있는 필터를 보여준다.

표 10-2 파일 경로 필터

필터 이름	설명
basename	파일 경로의 기본 이름
dirname	파일 경로의 디렉터리
expanduser	~가 홈 디렉터리로 대체된 파일 경로
realpath	심볼릭 링크가 연결된 실제 파일 경로

다음 플레이북을 살펴보자.

```
vars:
  homepage: /usr/share/nginx/html/index.html

tasks:
  - name: Copy home page
    copy:
      src: files/index.html
      dest: "{{ homepage }}"
```

여기서는 index.html을 두 번 참조한다. 한 번은 homepage 변수의 정의에서 사용하고 또 한 번은 제어 머신의 파일 경로를 지정하기 위해 사용한다.

basename 필터에서는 전체 경로의 index.html 파일 이름을 추출해 준다. 그러면 파일 이름을 반복적으로 사용하지 않고 플레이북을 작성할 수 있다.[1]

```
vars:
  homepage: /usr/share/nginx/html/index.html

tasks:
```

---

1   이 팁을 제공해 준 존 자비스(John Jarvis)에게 감사한다.

```
- name: Copy home page
  copy:
    src: "files/{{ homepage | basename }}"
    dest: "{{ homepage }}"
```

사용자 정의 필터 작성

메자닌 예제를 다시 떠올려 보자. 템플릿에서 local_settings.py 파일을 생성했고 생성된 파일에서 해당 내용은 예제 10-8과 같다.

예제 10-8 템플릿에서 생성한 local_settings.py의 내용

```
ALLOWED_HOSTS = ["www.example.com", "example.com"]
```

domains라는 변수를 사용했으며 이 변수에는 호스트 이름 리스트가 포함된다. 원래는 이 내용을 생성하기 위해 템플릿에서 for 루프를 사용했지만 필터가 더 우아한 방식이다.

join이라는 내장된 Jinja2 필터가 존재하며 콤마와 같은 구분자를 사용해 문자열의 리스트를 연결한다. 아쉽게도 아직 완전히 만족할 만한 수준으로 제공되지는 않는다. 템플릿에서 이 필터를 사용하면 다음과 같다.

```
ALLOWED_HOSTS = [{{ domains|join(", ") }}]
```

예제 10-9에서 볼 수 있는 것처럼 파일에 인용부호가 없는 문자열이 있을 수 있다.

예제 10-9 인용부호 없는 잘못된 문자열

```
ALLOWED_HOSTS = [www.example.com, example.com]
```

예제 10-10에서 볼 수 있는 것처럼 리스트의 문자열에 인용부호를 추가하는 Jinja2 필터를 적용하면 템플릿에서 예제 10-8과 같은 결과를 만들어 준다.

리스트의 문자열에 인용부호를 추가하는 필터 사용

```
ALLOWED_HOSTS = [{{ domains|surround_by_quotes|join(", ") }}]
```

아쉽게도 따옴표로 감싸는 surround_by_quotes와 같은 기능을 갖는 필터는 존재하지 않는다. 하지만 이러한 필터를 직접 작성할 수 있다. 실제로 한페이 순^{Hanfei Sun}은 스택 오버플로^{Stack Overflow}에 이와 같은 주제의 글(https://stackoverflow.com/questions/15514365/add-quotes-around-each-string-in-a-list-in-jinja2)을 올렸다.

앤서블에서는 사용자 정의 필터를 플레이북이 포함된 디렉터리를 기준으로 filter_plugins 디렉터리에서 찾는다.

예제 10-11에서는 필터를 구현한 내용을 보여준다.

예제 10-11 filter_plugins/surround_by_quotes.py

```
''' https://stackoverflow.com/a/68610557/571517 '''
class FilterModule():
    ''' FilterModule class must have a method named filters '''
    @staticmethod
    def surround_by_quotes(a_list):
        ''' implements surround_by_quotes for each list element '''
        return ['"%s"' % an_element for an_element in a_list]
    def filters(self):
        ''' returns a dictionary that maps filter names to
        callables implementing the filter '''
        return {'surround_by_quotes': self.surround_by_quotes}
```

surround_by_quotes 함수에서는 Jinja2 필터를 정의한다. FilterModule 클래스에서는 filters 메서드를 정의한다. 이 메서드에서는 필터 함수의 이름과 함수 자체를 포함하는 딕셔너리를 반환한다. FilterModule 클래스는 앤서블 코드이며 앤서블에서 Jinja2 필터를 사용할 수 있게 만들어 준다.

필터 플러그인을 ~/.ansible/plugins/filter 디렉터리나 /usr/share/ansible/plugins/filter 디렉터리에 둘 수도 있다. 또는 ANSIBLE_FILTER_PLUGINS 환경 변수를 플러그인이

있는 디렉터리로 설정하여 필터 플러그인을 지정할 수 있다.

필터 플러그인에 관한 더 자세한 예제와 문서는 깃허브(https://github.com/ansiblebook/ansible-filter-plugins)에서 확인할 수 있다.

룩업

이상적인 환경에서 모든 구성 정보는 앤서블에서 변수를 지정할 수 있도록 허용하는 여러 다양한 위치에 앤서블 변수로 저장된다. 여기서 말하는 위치는 4장에서 살펴본 group_vars나 host_vars 디렉터리의 파일, 플레이북의 vars 섹션, vars_files의 파일이 될 수 있다.

하지만 이상과 다르게 이 환경은 복잡하며, 필요한 구성 데이터의 일부가 때에 따라서는 다른 어떤 곳에 존재하기도 한다. 데이터가 텍스트 파일이나 .csv 파일에 있어, 해당 데이터를 앤서블 변수 파일에 복사하는 것을 원치 않을 수도 있다. 그 이유는 동일한 데이터를 양쪽에 복사하는 것이 DRY[2] 원칙에 위배되기 때문일 것이다. 그렇지 않은 경우 이러한 데이터는 파일이 아닌 레디스^{Redis}와 같은 키-값$^{key-value}$ 저장소 서비스에 저장된다. 앤서블에서는 **룩업**^{lookup} 기능을 제공한다. 이 기능을 통해 구성 데이터를 다양한 위치에서 읽어와 플레이북과 템플릿에서 사용할 수 있다.

앤서블에서는 다양한 곳에서 데이터를 조회하는 데 사용할 수 있는 다양한 룩업 기능을 제공한다. 설치된 앤서블에서 제공되는 룩업 기능 리스트를 확인하려면 다음 명령을 사용한다.

```
$ ansible-doc -t lookup -l
```

ansible.builtin 룩업 기능은 표 10-3을 확인하자.

---

2   "Don't Repeat Yourself"라는 용어는 『실용주의 프로그래머』(2022, 인사이트)에서 유명해졌으며 아주 멋진 책이다.

표 10-3 ansible.builtin 룩업 기능

이름	설명
config	현재 앤서블 구성값
csvfile	.csv 파일의 항목
dict	딕셔너리의 키/값 쌍으로 구성된 항목
dnstxt	DNS TXT 레코드
env	환경 변수
file	파일 내용
fileglob	패턴과 일치하는 파일 리스트
first_found	리스트에서 첫 번째로 발견된 파일
indexed_items	리스트를 '인덱스가 추가된 아이템'으로 변경
ini	INI 파일에서 데이터 조회
inventory_hostnames	호스트 패턴과 일치하는 인벤토리 호스트 리스트
items	아이템 리스트
lines	명령 실행 결과의 행
list	단순히 주어진 값을 리스트로 반환
nested	다른 리스트의 요소와 중첩된 리스트
password	무작위 비밀번호를 생성하여 파일에 저장하거나 조회
pipe	로컬에서 실행한 명령의 결과
random_choice	리스트에서 무작위 요소 반환
redis	레디스(Redis) 서버에서 키 조회
sequence	숫자 순서로 리스트 생성
subelements	딕셔너리 리스트에서 중첩된 키 순회
template	평가한 Jinja2 템플릿
together	여러 리스트를 동기화된 리스트로 병합
unvault	암호화된 파일 내용
url	URL 내용 반환
varnames	일치하는 변수 이름
vars	변수의 템플릿 값

모든 룩업의 사용 방법을 확인하려면 다음을 실행한다.

```
$ ansible-doc -t lookup <플러그인 이름>
```

모든 앤서블 룩업 플러그인은 원격 호스트가 아닌 제어 머신에서 실행된다.

lookup 함수에 2개의 인수를 사용해 호출하면 룩업이 실행된다. 첫 번째 인수는 룩업의 이름으로 문자열이다. 두 번째 인수는 룩업에 전달하기 위한 하나 이상의 인수가 포함된 문자열이다. 예를 들면 file 룩업은 다음과 같이 호출한다.

```
lookup('file', '/path/to/file.txt')
```

룩업은 플레이북의 중괄호({{ }}) 사이나 템플릿에 추가해 호출할 수 있다.

다음 절에서는 사용할 수 있는 여러 룩업 중 몇 가지만 살펴본다. 더 자세한 내용은 앤서블 문서(https://docs.ansible.com/ansible/latest/plugins/lookup.html)를 확인한다.

file

제어 머신에 텍스트 파일이 있다고 해보자. 해당 파일에는 SSH 공개 키가 포함되어 있으며 이 파일을 원격 서버에 복사하려고 한다. 예제 10-12는 file 룩업의 사용법이다. 이 기능을 사용해 파일의 내용을 읽어 authorized_key 모듈의 파라미터로 전달할 수 있다.[3]

예제 10-12 file 룩업 사용

```
- name: Add my public key for SSH
  authorized_key:
      user: vagrant
      key: "{{ lookup('file', item) }}"
  with_first_found:
      - ~/.ssh/id_ed25519.pub
      - ~/.ssh/id_rsa.pub
      - ~/.ssh/id_ecdsa.pub
```

---

3   ansible-doc authorized_key를 실행해 이 모듈을 통해 SSH 구성을 보호하는 방법을 확인할 수 있다.

템플릿에서도 룩업을 호출할 수 있다. 동일한 룩업을 사용해 공개 키 파일과 선택적인 값이 포함된 authorized_keys 파일을 만들려면 예제 10-14에서 볼 수 있는 것처럼 해당 룩업을 호출하는 Jinja2 템플릿을 생성(예제 10-13 참고)한 후 플레이북의 `template` 모듈을 호출한다.

예제 10-13 authorized_keys.j2

```
from="10.0.2.2" {{ lookup('file', '~/.ssh/id_ed25519.pub') }}
```

예제 10-14 authorized_keys를 생성하는 태스크

```
- name: Copy authorized_keys template
  template:
    src: authorized_keys.j2
    dest: /home/vagrant/.ssh/authorized_keys
    owner: vagrant
    group: vagrant
    mode: '0600'
```

pipe

pipe 룩업은 제어 머신에서 외부 프로그램을 호출하고 표준 출력에서 해당 프로그램의 실행 결과를 사용한다. 예를 들어 베이그런트 사용자용 기본 공개 키를 설치하려면 이 pipe 룩업을 사용할 수 있다. 모든 베이그런트에서는 동일한 insecure_private_key 파일이 함께 설치되며, 따라서 모든 개발자가 베이그런트 박스를 사용할 수 있게 된다. 공개 키는 다음과 같이 변수(pubkey_cmd)에 정의한 명령을 사용해 도출할 수 있다. 이 변수를 사용하는 이유는 행의 길이 때문에 발생하는 경고 메시지를 피하기 위해서다.

```
- name: Add default public key for vagrant user
  authorized_key:
    user: vagrant
    key: "{{ lookup('pipe', pubkey_cmd ) }}"
  vars:
    pubkey_cmd: 'ssh-keygen -y -f ~/.vagrant.d/insecure_private_key'
```

env

env 룩업에서는 제어 머신에 설정된 환경 변수의 값을 조회한다. 예컨대 이 룩업은 다음과 같이 사용할 수 있다.

```
- name: Get the current shell
  debug: msg="{{ lookup('env', 'SHELL') }}"
```

바스는 배시 셸을 사용하므로 해당 실행 결과는 다음과 같은 형태다.

```
TASK: [Get the current shell] ***********************************************
ok: [web] ==> {
  "msg": "/bin/bash"
}
```

password

password 룩업에서는 무작위 비밀번호를 생성하고 해당 비밀번호를 인수로 저정한 파일에 저장한다. 예를 들어, 제어 머신에 deploy라는 사용자를 만들고 pw.txt에 무작위 비밀번호를 저장하려면 다음과 같이 할 수 있다.

```
- name: Create deploy user, save random password in pw.txt
  become: true
  user:
    name: deploy
    password: "{{ lookup('password', 'pw.txt encrypt=sha512_crypt') }}"
```

template

template 룩업에서는 Jinja2 템플릿 파일을 지정한 후 해당 템플릿의 평가 결과를 반환한다. 예제 10-15와 같은 템플릿이 있다고 해보자.

예제 10-15 message.j2

```
This host runs {{ ansible_facts.distribution }}
```

다음과 같은 태스크를 정의하면

```
- name: Output message from template
  debug:
    msg: "{{ lookup('template', 'message.j2') }}"
```

실행 결과는 다음과 같다.

```
TASK: [Output message from template] *****************************************
ok: [web] ==> {
    "msg": "This host runs Ubuntu\n"
}
```

csvfile

csvfile 룩업에서는 .csv 파일의 내용을 읽는다. 로린이 예제 10-16과 같은 .csv 파일을 갖고 있다고 가정해 보자.

예제 10-16 users.csv

```
username,email
lorin,lorin@ansiblebook.com
john,john@example.com
sue,sue@example.org
```

로린이 수[sue]의 이메일 주소를 csvfile 룩업 플러그인을 사용해 추출하려고 한다면 다음과 같이 룩업 플러그인을 호출할 수 있다.

```
lookup('csvfile', 'sue file=users.csv delimiter=, col=1')
```

이 csvfile 룩업은 여러 개의 인수를 갖는 룩업 사용 방법의 예로 적절하다. 여기서는 다음과 같이 4개의 인수를 전달한다.

- sue

- file=users.csv

- delimiter=,

- col=1

룩업 플러그인의 첫 번째 인수는 변수 이름을 지정하지 않고, 추가적인 인수는 변수 이름을 지정한다. csvfile의 경우 첫 번째 인수는 표의 첫 번째 컬럼(인덱스는 0부터 시작하므로 컬럼 0)에서 정확히 한 번 나타나야 하는 항목이다.

나머지 인수에서는 .csv 파일의 이름과 구분자, 어떤 컬럼이 반환되어야 하는지 정의한다. 이 예제에서는 다음 세 가지가 처리된다.

- users.csv 파일을 살펴보고 필드가 콤마로 구분된 위치를 찾는다.

- 첫 번째 컬럼의 값이 sue인 위치의 행을 찾는다.

- 두 번째 컬럼의 값을 반환한다(인덱스는 0부터 시작하므로 컬럼 1). 이 컬럼의 값은 sue@example.org로 조회된다.

찾으려는 사용자 이름이 username이라는 변수에 저장되어 있다면, 다음과 같이 + 기호를 사용해 username 문자열과 나머지 인수 문자열을 합쳐 인수 문자열을 구성할 수 있다.

```
lookup('csvfile', username + ' file=users.csv delimiter=, col=1')
```

dig

이 책을 읽고 있다면 DNS[Domain Name System]가 무엇을 하는지 알고 있을 것이다. 하지만 여기서 DNS는 ansiblebook.com과 같은 호스트 이름을 64.98.145.30과 같은 IP 주소로 변환해 주는 서비스다.

dig 모듈을 사용하려면 dnspython 파이썬 패키지가 앤서블 제어 머신에 설치되어야 한다.

DNS는 하나 이상의 레코드와 호스트 이름을 연결해 동작한다. 가장 일반적인 유형의 DNS는 A 레코드와 CNAME 레코드다. A 레코드는 호스트 이름과 IP 주소를 연결하고, CNAME 레코드는 호스트 이름이 다른 호스트 이름의 에일리어스라는 것을 지정한다.

DNS 프로토콜에서는 TXT 레코드라는 또 다른 유형을 지원한다. TXT 레코드는 호스트 이름에 임의의 문자열을 추가해 누구나 DNS 클라이언트를 사용해 조회할 수 있다.

예를 들어 로린은 ansiblebook.com 도메인을 소유하고 있으므로 해당 도메인에 있는 모든 호스트 이름과 연관된 TXT 레코드를 만들 수 있다.[4] 로린은 TXT 레코드를 이 책의 ISBN 번호가 포함된 ansiblebook.com 호스트 이름과 연결했다. 예제 10-17에서 볼 수 있듯이 dig 명령줄 도구를 사용해 TXT 레코드를 찾을 수 있다.

예제 10-17 TXT 레코드를 찾는 dig 활용

```
$ dig +short ansiblebook.com TXT
"isbn=978-1098109158"
```

이 dig 룩업에서는 호스트와 연관된 레코드를 DNS 서버에서 조회한다. TXT 레코드를 조회하기 위해 다음과 같이 플레이북에 태스크를 생성한다.

```
- name: Look up TXT record
  debug:
    msg: "{{ lookup('dnstxt', 'ansiblebook.com', 'qtype=TXT') }}"
```

출력 결과는 다음과 같은 형태다.

```
TASK: [Look up TXT record] ****************************************************
ok: [myserver] ==> {
    "msg": "isbn=978-1098109158"
}
```

dig 룩업 플러그인에 관한 더 자세한 정보는 다음에서 확인할 수 있다.

```
$ ansible-doc -t lookup dig
```

---

4   DNS 서비스 공급자는 일반적으로 웹 인터페이스를 제공해 TXT 레코드 생성과 같은 DNS 관련 작업을 수행할 수 있게 해준다.

redis

레디스[Redis]는 아주 잘 알려진 키-값 저장소이며 일반적으로 캐시를 위해 사용하고 사이드킥[Sidekiq]과 같은 잡 큐 서비스를 위한 데이터 저장소로 사용되기도 한다. redis 룩업을 사용해 키 리스트에서 값을 조회할 수 있다. 이 리스트는 문자열로 표현되어야 하며, 레디스 GET 명령을 호출하는 것과 동일한 작업을 수행한다. 이 룩업은 다른 룩업보다 더 다양하게 구성된다. 그 이유는 가변 길이의 리스트를 찾을 수 있는 기능을 지원하기 때문이다.

 redis 모듈을 사용하려면 redis 파이썬 패키지가 앤서블 제어 머신에 설치되어야 한다.

예컨대, 제어 머신에 레디스 서버가 동작하고 있다고 가정해 보자. 다음과 같이 weather 키를 sunny라는 값으로 설정하고 temp 키를 25라는 값으로 설정한다.

```
$ redis-cli SET weather sunny
$ redis-cli SET temp 25
```

다음과 같이 redis 룩업을 호출하는 플레이북의 태스크를 정의한다.

```
- name: Look up values in Redis
  debug:
    msg: "{{ lookup('redis', 'weather','temp') }}"
```

실행 결과는 다음과 같은 형태가 된다.

```
TASK: [Look up values in Redis] ***********************************************
ok: [localhost] ==> {
    "msg": "sunny,25"
}
```

이 모듈에서는 호스트와 포트가 지정되지 않은 경우, redis://localhost:6379가 기본값이 된다. 태스크를 수행하기 위한 또 다른 서버가 필요한 경우 다음과 같이 환경 변수를 사용해 해당 모듈을 호출한다.

```
- name: Look up values in Redis
  environment:
    ANSIBLE_REDIS_HOST: redis1.example.com
    ANSIBLE_REDIS_PORT: 6379
  debug:
    msg: "{{ lookup('redis', 'weather','temp' ) }}"
```

다음과 같이 ansible.cfg에 레디스를 구성할 수도 있다.

```
[lookup_redis]
host: redis2.example.com
port: 6666
```

레디스는 클러스터로 구성할 수 있다.

룩업 플러그인 작성

기존 플러그인에서 제공되지 않는 기능이 필요한 경우 룩업 플러그인을 직접 작성할 수 도 있다. 사용자 정의 룩업 플러그인을 작성하는 방법은 이 책의 범위를 벗어나지만 정 말 이 부분에 관심이 있다면 다음 경로에서 앤서블과 함께 제공되는 룩업 플러그인 소 스 코드(https://github.com/ansible/ansible/tree/devel/lib/ansible/plugins/lookup)를 살 펴보기를 바란다.

사용자 정의 룩업 플러그인을 작성하고 나면 다음 디렉터리 중 하나에 둔다.

- 자신의 플레이북과 같은 위치의 lookup_plugins 디렉터리

- ~/.ansible/plugins/lookup

- /usr/share/ansible/plugins/lookup

- ANSIBLE_LOOKUP_PLUGINS 환경 변수에 지정된 디렉터리

더 복잡한 루프

지금까지는 아이템 리스트를 순회하는 태스크를 작성할 때 `with_items` 절을 사용해 해당 리스트를 지정했다. 이 방법이 가장 일반적인 루프 처리 방법이지만, 앤서블에서는 또 다른 순회 방법을 제공한다. 예컨대, 다음과 같이 `until` 키워드를 사용해 태스크가 완료될 때까지 반복할 수 있다.

```
- name: Unarchive maven
  unarchive:
    src: "{{ maven_url }}"
    dest: "{{ maven_location }}"
    copy: false
    mode: '0755'
  register: maven_download
  until: maven_download is success
  retries: 5
  delay: 3
```

`loop` 키워드는 `with_items`와 동일하게 동작하며, 리스트는 다양한 데이터로 이뤄진 리스트가 아닌(즉, 스칼라와 배열, 딕셔너리 등이 혼합되지 않은 리스트) 한 가지 형식의 리스트여야 한다. `loop`를 사용해 다양한 작업을 처리할 수 있다. 공식 문서(https://docs.ansible.com/ansible/latest/playbook_guide/playbooks_loops.html)에서는 이러한 내용을 모두 다루고 있으므로, 어떻게 동작하고 언제 사용하는지 이해하기 위해 그중 몇 가지 예제를 살펴본다. 다음은 더 복잡한 루프의 한 예다.

```
- name: Iterate with loop
  debug:
    msg: "KPI: {{ item.kpi }} prio: {{ i + 1 }} goto: {{ item.dept }}"
  loop:
    - kpi: availability
      dept: operations
    - kpi: performance
      dept: development
    - kpi: security
      dept: security
  loop_control:
    index_var: i
    pause: 3
```

apt, yum, package 같은 대부분의 패키지 모듈에 직접 리스트를 전달할 수 있다. 오래된 플레이북에서는 with_items가 존재할 수 있지만 이제 더 이상 불필요하다. 이제는 다음과 같이 사용한다.

```
- name: Install packages
  become: true
  package:
    name: "{{ list_of_packages }}"
    state: present
```

룩업 플러그인 사용

with_items는 룩업 플러그인에 의존성이 있다는 내용을 알아야 한다. items는 룩업 중 하나다. 표 10-4에서는 룩업 플러그인을 사용해 루프를 구성할 수 있는 내용에 관한 요약 설명을 제공한다. 자신이 작성한 룩업 플러그인을 연결해 반복 처리할 수도 있다.

표 10-4 루프 구성

이름	입력	루프 방법
with_items	리스트	리스트 요소에 대한 루프
with_lines	실행할 명령	명령을 실행한 결과의 행에 대한 루프
with_fileglob	글랍(glob)	파일 이름에 대한 루프
with_first_found	경로 리스트	입력 중에서 첫 번째로 존재하는 파일에 대해 반복
with_dict	딕셔너리	딕셔너리 요소에 대한 루프
with_flattened	리스트의 리스트	병합된 리스트에 대한 루프
with_indexed_items	리스트	단일 루프
with_nested	리스트	중첩된 루프
with_random_choice	리스트	단일 루프
with_sequence	정수 시퀀스	시퀀스에 대한 루프
with_subelements	딕셔너리 리스트	중첩된 루프
with_together	리스트의 리스트	압축 리스트에 대해 루프
with_inventory_hostnames	호스트 패턴	일치하는 호스트에 대한 루프

가장 중요한 구성 중 몇 가지를 살펴보자.

with_lines

with_lines 루프 구조에서는 제어 머신에서 임의의 명령을 실행하고 실행 결과를 한 줄씩 반복해 처리할 수 있다.

이름 리스트가 포함된 어떤 파일이 있다고 해보자. 컴퓨터에서 그 이름을 발음하도록 해야 한다. 이 파일은 다음과 같다.

```
Ronald Linn Rivest
Adi Shamir
Leonard Max Adleman
Whitfield Diffie
Martin Hellman
```

예제 10-18에서는 with_lines를 사용해 해당 파일을 읽어 한 줄씩 내용을 반복해서 처리하는 방법을 보여준다.

예제 10-18 루프에서 with_lines 사용

```
- name: Iterate over lines in a file
  say:
    msg: "{{ item }}"
  with_lines:
    - cat files/turing.txt
```

with_fileglob

with_fileglob 구조는 제어 머신의 여러 파일 세트에 대해 반복하며 처리할 때 유용하다.

예제 10-19에서는 /var/keys 디렉터리와 플레이북과 같은 위치의 keys 디렉터리에서 .pub으로 끝나는 파일을 반복 처리하는 방법을 보여준다. 그리고 file 룩업 플러그인을 사용해 authorized_key 모듈로 전달되는 파일의 내용을 추출한다.

with_fileglob를 사용해 키 추가

```
- name: Add public keys to account
  become: true
  authorized_key:
    user: deploy
    key: "{{ lookup('file', item) }}"
  with_fileglob:
    - /var/keys/*.pub
    - keys/*.pub
```

with_dict

with_dict 구조를 사용하면 리스트가 아닌 딕셔너리를 반복 처리할 수 있다. 이 루프 구조를 사용할 경우 각 item 루프 변수는 다음 2개의 속성을 가진 딕셔너리다.

key

딕셔너리의 키

value

딕셔너리의 키에 해당하는 값

예를 들어, 호스트에 enp0s8 인터페이스가 있다면 앤서블 팩트의 이름은 ansible_enp0s8이 된다. 그리고 이 팩트에는 다음과 같은 딕셔너리를 포함하는 ipv4 키가 포함된다.

```
{
  "address": "192.168.33.10",
  "broadcast": "192.168.33.255",
  "netmask": "255.255.255.0",
  "network": "192.168.33.0"
}
```

다음과 같이 이 딕셔너리를 반복 처리해 한 번에 하나씩 항목을 출력할 수 있다.

```
- name: Iterate over ansible_enp0s8
  debug:
    msg: "{{ item.key }}={{ item.value }}"
  with_dict: "{{ ansible_enp0s8.ipv4 }}"
```

출력 결과는 다음과 같다.

```
TASK [Iterate over ansible_enp0s8] ******************************************
ok: [web] => (item={'key': 'address', 'value': '192.168.33.10'}) => {
    "msg": "address=192.168.33.10"
}
ok: [web] => (item={'key': 'broadcast', 'value': '192.168.33.255'}) => {
    "msg": "broadcast=192.168.33.255"
}
ok: [web] => (item={'key': 'netmask', 'value': '255.255.255.0'}) => {
    "msg": "netmask=255.255.255.0"
}
ok: [web] => (item={'key': 'network', 'value': '192.168.33.0'}) => {
    "msg": "network=192.168.33.0"
}
```

일반적으로 딕셔너리를 반복 처리하면 코드양을 줄이는 데 도움이 된다.

룩업 플러그인으로 구조 반복

앤서블에서는 룩업 플러그인으로 구조를 반복하는 기능을 제공한다. 룩업 플러그인의 시작에 with를 붙여 루프 형식으로 사용할 수 있다. 예를 들어, 예제 10-20의 with_file 형식을 사용해 예제 10-12를 다시 작성할 수 있다.

예제 10-20 file 룩업을 루프로 사용

```
- name: Add my public key for SSH
  authorized_key:
    user: vagrant
    key: "{{ item }}"
    key_options: 'from="10.0.2.2"'
    exclusive: true
  with_file: '~/.ssh/id_ed25519.pub'
```

일반적으로 리스트가 반환되는 경우에만 룩업 플러그인을 루프 구조로 사용한다. 이것으로 플러그인을 표 10-3(문자열 반환)과 표 10-4(리스트 반환)로 구분하는 데 사용했다.

루프 제어문

앤서블에서는 대부분의 프로그래밍 언어보다도 더 많은 루프 제어 기능을 사용자에게 제공한다. 하지만 제공되는 모든 것을 처리해야 한다는 의미는 아니다. 가능한 한 단순하게 처리하는 것이 좋다.

변수 이름 설정

loop_var 제어문에서는 기본적으로 제공되는 item과 다른 이름의 루프 변수를 사용할수 있다(예제 10-21 참고).

예제 10-21 user 루프 변수 사용

```
- name: Add users
  become: true
  user:
    name: "{{ user.name }}"
  with_items:
    - { name: gil }
    - { name: sarina }
    - { name: leanne }
  loop_control:
    loop_var: user
```

예제 10-21의 loop_var에서는 외형만 개선됐지만, 이러한 방법은 좀 더 복잡한 루프에서는 필수적일 수 있다.

예제 10-22에서는 한 번에 여러 태스크를 루프로 처리한다. 그렇게 처리하는 한 가지방법은 with_items를 사용하는 것이다.

하지만 인클루드할 vhosts.yml 파일의 일부 태스크에 with_items가 포함될 수도 있다.

그렇게 되면 기본 loop_var item이 동시에 두 루프에서 사용되기 때문에 충돌이 발생한다. 이름의 충돌을 방지하기 위해 외부 루프의 loop_var에서 사용할 다른 이름을 지정한다.

예제 10-22 vhost 루프 변수 사용

```
- name: Run a set of tasks in one loop
  include: vhosts.yml
  with_items:
    - { domain: www1.example.com }
    - { domain: www2.example.com }
    - { domain: www3.example.com }
  loop_control:
    loop_var: vhost
```

인클루드된 vhosts.yml 태스크 파일(예제 10-23)에서는 이제 이전처럼 기본 loop_var 이름으로 item을 사용할 수 있다.

예제 10-23 인클루드된 파일에서 루프 사용

```
- name: Create nginx directories
  file:
    path: "/var/www/html/{{ vhost.domain }}/{{ item }}"
  state: directory
  with_items:
    - logs
    - public_http
    - public_https
    - includes

- name: Create nginx vhost config
  template:
    src: "{{ vhost.domain }}.j2"
    dest: /etc/nginx/conf.d/{{ vhost.domain }}.conf
```

내부 루프에서 기본 루프 변수를 사용할 수 있다.

출력에 레이블 지정

label 제어문은 앤서블 2.2에서 추가됐으며 실행 중에 사용자에게 표시되는 루프 출력 방식에 대한 몇 가지 제어를 제공한다.

다음 예제는 일반 딕셔너리 리스트를 포함한다.

```
- name: Create nginx vhost configs
  become: true
  template:
    src: "{{ item.domain }}.conf.j2"
    dest: "/etc/nginx/conf.d/{{ item.domain }}.conf"
    mode: '0640'
  with_items:
    - { domain: www1.example.com, tls_enabled: true }
    - { domain: www2.example.com, tls_enabled: false }
    - { domain: www3.example.com, tls_enabled: false,
        aliases: [ edge2.www.example.com, eu.www.example.com ] }
```

기본적으로 앤서블에서는 전체 딕셔너리를 출력한다. 아주 큰 딕셔너리를 출력하는 경우 레이블 지정에 사용하는 loop_control 절을 사용하지 않으면 보기 어려울 수 있다.

```
TASK [Create nginx vhost configs] **********************************************
changed: [web] => (item={'domain': 'www1.example.com', 'tls_enabled': True})
changed: [web] => (item={'domain': 'www2.example.com', 'tls_enabled': False})
changed: [web] => (item={'domain': 'www3.example.com', 'tls_enabled': False,
'aliases': ['edge2.www.example.com', 'eu.www.example.com']})
```

여기서는 도메인 이름에만 관심이 있으므로, 단순히 아이템을 반복 처리할 때 출력할 내용이 기술된 label을 loop_control 절에 추가한다.

```
- name: Create nginx vhost configs
  become: true
  template:
    src: "{{ item.domain }}.conf.j2"
    dest: "/etc/nginx/conf.d/{{ item.domain }}.conf"
    mode: '0640'
  with_items:
```

```
      - { domain: www1.example.com, tls_enabled: true }
      - { domain: www2.example.com, tls_enabled: false }
      - { domain: www3.example.com, tls_enabled: false,
        aliases: [ edge2.www.example.com, eu.www.example.com ] }
    loop_control:
      label: "for domain {{ item.domain }}"
```

이렇게 하면 다음과 같이 좀 더 가독성이 좋은 출력 결과를 만들어 준다.

```
TASK [Create nginx vhost configs] *******************************************
ok: [web] => (item=for domain www1.example.com)
ok: [web] => (item=for domain www2.example.com)
ok: [web] => (item=for domain www3.example.com)
```

 -v를 사용해 자세한 정보를 출력하는 모드로 실행하면 모든 딕셔너리를 보여주게 된다는 점을 기억하자. 로그 출력 결과에서 자신의 비밀번호를 숨기기 위해 label을 사용하지 않도록 한다. 대신 태스크에 no_log: true를 설정한다.

임포트와 인클루드

import_* 기능을 사용하면 import_tasks와 import_role 키워드를 통해 플레이의 태스크 절에 태스크나 전체 롤을 인클루드할 수 있다. 다른 플레이북의 파일을 정적으로 **임포트**^{import}하는 경우 앤서블에서는 메인 플레이북에서 직접 정의한 것처럼 플레이와 태스크를 임포트된 각 플레이북에 나열된 순서대로 실행한다.

include_* 기능에서는 include_tasks, include_vars, include_role 키워드를 통해 태스크나 변수, 전체 롤을 동적으로 인클루드할 수 있다. 일반적으로 롤에서 태스크와 태스크 인수를 인클루드한 파일의 각 태스크로 분리하거나 그룹화하기 위해 사용한다. 인클루드된 롤과 태스크는 플레이북에 있는 다른 태스크의 결과에 따라 실행되거나 또는 실행되지 않을 수 있다. 루프에서 include_tasks나 include_role을 사용하면 인클루드된 태스크나 롤은 각 아이템에 대해 한 번씩 실행된다.

아무것도 붙지 않는 include 키워드는 include_tasks, include_vars, include_role 키워드를 선호함에 따라 더 이상 사용되지 않는다.

예제를 살펴보자. 예제 10-24에는 두 가지 플레이 태스크가 있으며 이 태스크에서는 동일한 become 인수와 when 조건문, tag를 공유한다.

예제 10-24 동일한 인수

```
- name: Install nginx
  become: true
  when: ansible_os_family == 'RedHat'
  package:
    name: nginx
  tags:
    - nginx

- name: Ensure nginx is running
  become: yes
  when: ansible_os_family == 'RedHat'
  service:
    name: nginx
    state: started
    enabled: yes
  tags:
    -nginx
```

이러한 2개의 태스크를 예제 10-25와 같이 하나의 파일에서 분리하는 경우 include_tasks를 사용하며, 예제 10-26처럼 include_tasks에 태스크 인수만 추가해 플레이를 단순화할 수 있다.

예제 10-25 태스크를 개별 파일로 분리

```
- name: Install nginx
  package:
    name: nginx
```

```
- name: Ensure nginx is running
  service:
    name: nginx
    state: started
    enabled: yes
```

예제 10-26 공통 인수가 적용된 태스크 파일 인클루드

```
- include_tasks: nginx_include.yml
  become: yes
  when: ansible_os_family == 'RedHat'
  tags: nginx
```

동적 인클루드

롤의 일반적인 사용 방법은 특정 운영체제를 지정한 태스크를 개별 태스크 파일에 정의하는 것이다. 이러한 방법은 롤에서 지원하는 여러 운영체제에 따라 다음과 같이 include_tasks에서 사용할 수많은 보일러플레이트를 만들게 된다.

```
- include_tasks: Redhat.yml
  when: ansible_os_family == 'Redhat'

- include_tasks: Debian.yml
  when: ansible_os_family == 'Debian'
```

앤서블 버전 2.0에서부터는 변수 치환을 통해 사용자가 파일을 동적으로 인클루드할 수 있다. 이러한 방법을 **동적 인클루드**^{dynamic include}라고 한다.

```
- name: Play platform specific actions
  include_tasks: "{{ ansible_os_family }}.yml"
```

하지만 동적 인클루드를 사용할 때 주의할 점이 있다. 앤서블에서는 어떤 파일을 포함할지 결정하는 변수의 정보가 부족한 경우 ansible-playbook --list-tasks에서 해당 태스크를 나열하지 못할 수 있다. 예를 들어, **--list-tasks** 인수를 사용하면 팩트 변수(5장 참고)가 채워지지 않는다.

롤 인클루드

include_role 절은 import_role 절과는 다르다. import_role은 롤의 모든 부분을 정적으로 불러온다. 이와는 대조적으로 include_role은 다음과 같이 롤과 플레이에서 인클루드할 부분을 선택해 사용할 수 있다.

```
- name: Install nginx
  yum:
    pkg: nginx

- name: Install php
  include_role:
    name: php

- name: Configure nginx
  template:
    src: nginx.conf.j2
    dest: /etc/nginx/nginx.conf
```

 include_role 절에서는 핸들러를 사용할 수 있기 때문에 재시작을 알려주는 데 사용할 수 있다.

롤 흐름 제어

앤서블 롤의 태스크 디렉터리에 있는 각 태스크 파일을 용도에 맞게 사용할 수 있다. main.yml 태스크 파일에서 용도에 따라 include_tasks를 사용하게 된다. 하지만 include_role 절에서는 tasks_from을 사용해 롤의 일부분을 실행할 수 있다. 메인 롤보다 더 앞서 실행되는 롤 의존성에서 파일 태스크가 파일의 소유자를 변경하는 경우를 생각해 보자. 이때 이 소유자에 해당하는 사용자는 아직 시스템에 없으며, 나중에 메인 롤에서 패키지가 설치되는 동안에 생성되는 경우라면, 이 상황에서 흐름 제어를 사용할수 있다.

```
- name: Install nginx
  yum:
```

```
    pkg: nginx

- name: Install php
  include_role:
    name: php
    tasks_from: install

- name: Configure nginx
  template:
    src: nginx.conf.j2
    dest: /etc/nginx/nginx.conf

- name: Configure php
  include_role:
    name: php
    tasks_from: configure
```

1. php 롤의 install.yml을 인클루드하고 실행한다.

2. php 롤의 configure.yml을 인클루드하고 실행한다.

블록

include_*와 유사하게 block 절에서는 여러 태스크를 그룹화하는 기능을 제공한다. 다음과 같이 블록 안의 모든 태스크에 대해 조건이나 인수를 한 번에 설정할 수 있다.

```
- block:
  - name: Install nginx
    package:
      name: nginx

  - name: Ensure nginx is running
    service:
      name: nginx
      state: started
      enabled: yes
```

```
  become: yes
  when: "ansible_os_family == 'RedHat'"
```

 include 절과는 다르게, 현재 block 절에 대한 반복문은 지원되지 않는다.

다음으로 block 절을 사용해 오류를 처리하는 좀 더 흥미로운 애플리케이션을 살펴보자.

블록으로 오류 처리

오류 시나리오를 다루는 작업은 언제나 도전적이다. 역사적으로 앤서블은 호스트에서 발생하는 오류와 실패의 영향을 받지 않는다. 앤서블의 기본적인 오류 처리 동작은 태스크가 실패하면 해당 플레이에서 호스트를 제외한다. 하지만 오류가 발생하지 않은 호스트가 남아 있다면 플레이를 계속 진행한다.

serial과 max_fail_percentage 절을 함께 사용하면 앤서블에서 사용자가 언제 플레이를 실패로 판단할지 제어할 수 있다. 예제 10-27에서 볼 수 있는 것처럼 block 절을 사용하면 오류 처리에서 더 나아가 실패에 대한 자동 복구와 롤백 작업을 처리할 수 있다.

예제 10-27 app-upgrade.yml

```
- block:        ❶
    - debug: msg="You will see a failed tasks right after this"

    - name: Returns 1
      command: /usr/bin/false

    - debug: msg="You never see this message"

  rescue:       ❷
    - debug: msg="You see this message in case of failure in the block"
```

304

```
always:        ❸
    - debug: msg="This will be always executed"
```

❶ block 절의 시작

❷ rescue 절에서는 block 절에서 실패가 발생할 경우 수행될 태스크 리스트 나열

❸ always 절에서는 어떤 경우에도 수행될 태스크 리스트 나열

프로그래밍 경험이 있다면 오류 처리 방식이 **try-except-finally**와 같다는 사실을 떠올릴 수 있을 것이다. 그리고 그 동작은 다음 파이썬의 나눗셈 함수와 비슷하다.

```python
def division(x, y):
    try:
        result = x / y
    except ZeroDivisionError:
        print("division by zero!")
    else:
        print("result is", result)
    finally:
        print("executing finally clause")
```

다음은 언제나 동작하는 애플리케이션 업그레이드 방법을 설명하기 위해 르네[René]가 반복적으로 수행하는 작업을 예로 든다. 해당 애플리케이션은 가상 머신의 클러스터에 분산되어 있고 아파치 클라우드스택[Apache CloudStack]과 같은 IaaS 클라우드에 배포된다. 클라우드스택에서는 VM 스냅샷을 생성하는 기능을 제공한다. 이 플레이북을 요약하면 다음과 같다.

1. VM을 로드 밸런서에서 제외한다.

2. 애플리케이션을 업그레이드하기 전에 VM 스냅샷을 만든다.

3. 애플리케이션을 업그레이드한다.

4. 스모그[smoke] 테스트를 실행한다.

5. 문제가 발생하면 롤백한다.

6. VM을 로드 밸런서에 다시 추가한다.

7. VM 스냅샷을 정리하고 제거한다.

이 태스크를 예제 10-28과 같이 플레이북에 추가해 보자. 이 내용은 간단하게 요약되어 있으므로 아직은 실행할 수 없다.

예제 10-28 app-upgrade.yml

```
---

- hosts: app-servers
  serial: 1
  tasks:
    - name: Take VM out of the load balancer
    - name: Create a VM snapshot before the app upgrade
    - block:
        - name: Upgrade the application
        - name: Run smoke tests
      rescue:
        - name: Revert a VM to the snapshot after a failed upgrade
      always:
        - name: Re-add webserver to the loadbalancer
        - name: Remove a VM snapshot
...
```

이 플레이북에서는 업그레이드가 실패하더라도 로드 밸런서 클러스터의 멤버로 동작하는 VM이 유지되므로 실패에 따른 다운타임이 없다.

 always 절 하위의 태스크는 rescue 절에서 오류가 발생하더라도 실행된다. 따라서 always 절에 내용을 추가할 때는 주의하자.

로드 밸런서 클러스트에 업그레이드된 VM을 다시 추가하는 작업을 할 경우 예제 10-29와 같이 해당 플레이가 조금 다른 모양이다.

app-upgrade.yml

```
---
- hosts: app-servers
  serial: 1

  tasks:

    - name: Take VM out of the load balancer

    - name: Create a VM snapshot before the app upgrade

    - block:
        - name: Upgrade the application
        - name: Run smoke tests

      rescue:
        - name: Revert a VM to the snapshot after a failed upgrade

        - name: Re-add webserver to the loadbalancer
        - name: Remove a VM snapshot
...
```

이 예제에서는 **always** 절이 제거됐다. 이렇게 하면 **rescue**가 처리되는 경우에만 2개의 태스크가 실행되도록 할 수 있다. 결과적으로, 업그레이드된 VM만 로드 밸런서에 다시 추가된다.

최종 플레이북은 예제 10-30과 같다.

예제 10-30 오류의 영향을 받지 않는 애플리케이션 업그레이드 플레이북

```
---

- hosts: app-servers
  serial: 1
  tasks:

    - name: Take app server out of the load balancer
      delegate_to: localhost
```

```
    cs_loadbalancer_rule_member:
      name: balance_http
      vm: "{{ inventory_hostname_short }}"
      state: absent

- name: Create a VM snapshot before an upgrade
  delegate_to: localhost
  cs_vmsnapshot:
    name: Snapshot before upgrade
    vm: "{{ inventory_hostname_short }}"
    snapshot_memory: true

- block:
    - name: Upgrade the application
      script: upgrade-app.sh
    - name: Run smoke tests
      script: smoke-tests.sh
  rescue:
    - name: Revert the VM to a snapshot after a failed upgrade
      delegate_to: localhost
      cs_vmsnapshot:
        name: Snapshot before upgrade
        vm: "{{ inventory_hostname_short }}"
        state: revert

- name: Re-add app server to the loadbalancer
  delegate_to: localhost
  cs_loadbalancer_rule_member:
    name: balance_http
    vm: "{{ inventory_hostname_short }}"
    state: present

- name: Remove a VM snapshot after successful upgrade or successful rollback
  delegate_to: localhost
  cs_vmsnapshot:
    name: Snapshot before upgrade
    vm: "{{ inventory_hostname_short }}"
    state: absent
...
```

다음 날 해야 할 작업은 오류가 발생한 VM을 살펴보고 원인을 찾는 것이다.

ansible-vault를 활용한 중요 정보 암호화

메자닌 플레이북에서는 데이터베이스나 관리자 비밀번호 같은 중요 정보에 접근해야한다. 6장에서 이러한 부분을 다뤘다. 모든 중요 정보를 secrets.yml 파일에 별도로 두고 버전 관리 저장소에 체크인하지 않도록 했다.

앤서블에서는 다음과 같은 대안을 제공한다. 버전 관리 시스템의 외부에 secrets.yml 파일을 두는 대신 암호화된 파일을 커밋할 수 있다. 이 방법을 사용하면 버전 관리 저장소에 문제가 생기더라도 공격자가 암호화에 사용된 비밀번호를 알지 못하면 해당 파일의 내용에 접근할 수 없다.

ansible-vault 명령줄 도구에서는 암호화된 파일을 생성하고 수정할 수 있다. 이 파일은 ansible-playbook에서 비밀번호를 전달하면 자동으로 인식하고 복호화하게 된다.

저장된 상태의 암호화

ansible-vault는 정지 상태(예: 디스크에 저장)의 데이터 암호화를 보장한다. 이 데이터를 사용하는 작업에서 no_log: true로 설정하는 것은 자신의 책임이다.

기존 파일을 다음과 같이 암호화할 수 있다.

```
$ ansible-vault encrypt secrets.yml
```

또는 새로운 암호화된 파일을 플레이북이 있는 위치의 group_vars/all/이라는 특별한 디렉터리 안에 생성할 수 있다. 바스는 group_vars/all/vars.yml에 전역 변수를 저장하고 group_vars/all/vault에 비밀번호를 저장한다. 린터와 편집기에서 혼선이 발생하지 않도록 확장자는 없이 저장한다.

```
$ mkdir -p group_vars/all/
$ ansible-vault create group_vars/all/vault
```

ansible-vault에서는 비밀번호를 입력받은 후 해당 파일을 작업할 수 있도록 텍스트 편집기를 실행한다. $EDITOR 환경 변수에 지정된 편집기가 실행된다. 해당 변수가 자신의 셸 프로파일(export EDITOR=code)에 지정되지 않았다면 기본값은 vim이다.

예제 10-31에서는 ansible-vault를 사용해 암호화한 파일의 내용을 예시로 보여준다.

예제 10-31 ansible-vault를 사용해 암호화한 파일의 일부 내용

```
$ANSIBLE_VAULT;1.1;AES256
386266356663383937303539663033316435666465613638383338326231386139313363835363963
3638396538626433393763386136636235326139633666640a343437613564616635316532373635
...
353735643131323566636363633346136376332633665373634363234666363356530386562616463
35343436313638613837386661336366663382333938666532303931346434386433
```

플레이의 vars_files 절을 사용해 일반적인 파일에 접근하는 방법과 동일하게 ansible-vault로 암호화한 파일을 참조한다. secrets.yml 파일을 암호화하는 경우 예제 7-28을 수정할 필요가 없다.

ansible-playbook에서는 암호화된 파일의 비밀번호를 입력받아야 하고, 입력하지 않으면 단순하게 오류를 출력해야 한다. 그렇게 하기 위해 다음과 같이 --ask-vault-pass 인수를 사용한다.

```
$ ansible-playbook --ask-vault-pass playbook.yml
```

또는 비밀번호를 텍스트 파일에 저장하고 ansible-playbook에게 해당 파일의 위치를 다음과 같이 ANSIBLE_VAULT_PASSWORD_FILE 환경 변수나 --vault-password-file 인수를 통해 알려줄 수도 있다.

```
$ ansible-playbook playbook.yml --vault-password-file ~/password.txt
```

--vault-password-file의 인수로 전달되는 파일에 실행 권한이 설정되어 있다면 앤서블에서는 해당 인수를 실행하여 표준 출력의 내용을 비밀번호로 사용한다. 이러한 방식으로 스크립트를 통해 앤서블에서 비밀번호를 사용할 수 있다.

표 10-5는 사용 가능한 ansible-vault 명령을 보여준다.

표 10-5 ansible-vault 명령

명령	설명
ansible-vault encrypt *file.yml*	평문인 file.yml 파일을 암호화
ansible-vault decrypt *file.yml*	암호화된 file.yml 파일을 복호화
ansible-vault view *file.yml*	암호화된 file.yml 파일의 내용을 출력
ansible-vault create *file.yml*	암호화된 file.yml 파일을 생성
ansible-vault edit *file.ym*	암호화된 file.yml 파일 수정
ansible-vault rekey *file.yml*	암호화된 file.yml 파일의 비밀번호 변경

다중 비밀번호용 vault

하나의 비밀번호를 사용하면 소규모 팀에서는 효과적이나 상용 환경에서는 다양한 비밀번호를 사용하는 것이 좋다. 2.4 버전에서는 각각의 암호화된 파일에 대해 개별 vault-ID를 사용할 수 있는 기능을 지원한다. 이러한 vault 식별자는 특정 비밀번호에 대한 이름이라고 할 수 있다. 예를 들면, dev라는 vault-ID는 개발 환경에서 사용하고 prod라는 vault-ID는 상용 환경에서 사용하는 방식이 될 수 있다.

ansible.fcg 파일의 [defaults]에 vault-ID와 해당 vault 비밀번호 파일의 참조를 다음과 같이 생성한다. 이러한 파일은 이미 존재한다고 가정한다.

```
[defaults]
vault_identity_list = dev@~/.vault_dev, prod@~/.vault_prod
```

vault-ID인 prod를 사용해 상용 변수를 암호화하려면 다음과 같이 사용한다.

```
ansible-vault encrypt --encrypt-vault-id=prod group_vars/prod/vault
```

그러면 다음과 같이 암호화된 파일의 헤더에서 vault-ID를 확인할 수 있다.

```
$ANSIBLE_VAULT;1.2;AES256;prod
```

요약

앤서블에서는 오류 처리와 데이터 입력 및 변환, 반복, 예외 처리, 중요 데이터 등 용도에 따라 유연하게 대응할 수 있는 다양한 기능을 제공한다. 10장에서는 앤서블의 복잡한 기능 중 일부를 소개했다. 실제로 필요한 상황에서 이 장을 다시 참고할 수 있다. 다음 장에서는 초보자에게 유용한 내용을 다룬다.

## 11장

호스트, 실행, 핸들러 사용자 정의

때로는 앤서블의 기본 동작이 자신이 원하는 동작과 정확히 일치하지 않는 경우가 있다. 11장에서는 어떤 호스트에서 실행할지 그리고 어떻게 태스크와 핸들러를 실행할지 제어함으로써 사용자 정의할 수 있는 앤서블의 기능을 다룬다.

호스트 지정 패턴

지금까지 플레이에서 host 파라미터는 다음과 같이 하나의 호스트나 그룹을 지정했다.

hosts: web

하나의 호스트나 그룹을 지정하지 않고 **패턴**을 지정할 수도 있다. 이미 all 패턴은 살펴봤다. 이 패턴은 알려진 모든 호스트에 대해 플레이를 실행하게 된다.

hosts: all

콜론을 사용하면 두 그룹을 묶어 지정할 수 있다. 다음 예제는 모든 개발[dev]과 스테이징[staging] 머신을 지정한다.

hosts: dev:staging

콜론과 앰퍼샌드를 사용해 교집합을 지정할 수도 있다. 예를 들어, 자신의 스테이징 환경에 있는 모든 데이터베이스 서버를 지정하려면 다음과 같이 할 수 있다.

```
hosts: staging:&database
```

표 11-1에서는 앤서블에서 지원되는 패턴을 보여준다. 정규 표현식은 틸드(~)로 시작한다는 부분에 유의한다.

표 11-1 지원 패턴

동작	사용 예시
모든 호스트	all
모든 호스트	*
합집합	dev:staging
교집합	staging:&database
배제	dev:!queue
와일드카드	*.example.com
번호로 지정된 서버의 범위	web[5:10]
정규 표현식	~web\d+.example.(com|org)

앤서블에서는 다음과 같이 여러 패턴을 조합해 사용할 수 있다.

```
hosts: dev:staging:&database:!queue
```

호스트 실행 제한

제한limit은 플레이북이 모든 가능한 호스트 중 일부 호스트 집합에만 적용되도록 하는 것을 말한다. -l이나 --limit 플래그를 사용하며, 예제 11-1에서는 선택한 패턴을 사용하는 방법을 보여준다.

예제 11-1 호스트 실행 제한

```
$ ansible-playbook -l <pattern> playbook.yml
$ ansible-playbook --limit <pattern> playbook.yml
```

다음과 같이 패턴 구문을 사용해 임의의 호스트 조합을 지정할 수 있다.

```
$ ansible-playbook -l 'staging:&database' playbook.yml
```

제어 머신에서 태스크 실행

경우에 따라 특정 태스크를 원격 호스트가 아닌 제어 머신에서 실행할 경우가 있다. 이러한 부분을 지원하기 위해 앤서블에서는 태스크에서 사용할 수 있는 delegate_to: localhost 절을 제공한다.

대부분의 조직에서는 서버에서 인터넷에 직접 접속할 수 없지만, 자신의 노트북에서 프록시를 사용해 다운로드는 가능할 수 있다. 만약 그렇다면 다운로드는 자신의 노트북에서 진행되도록 다음과 같이 위임할 수 있다.

```
- name: Download goss binary
  delegate_to: localhost
  connection: local
  become: false
  get_url:
    url: "https://oreil.ly/RuRsL"
    dest: "~/Downloads/goss"
    mode: '0755'
  ignore_errors: true
```

바스가 ignore_errors: true를 사용하는 이유는 이 동작이 실패하는 경우, 파일을 Downloads 디렉터리로 가져오기 위해 그림자 IT[shadow IT][1]를 활용해야 하기 때문이다. 고스[Goss]는 YAML 명세를 기반으로 매우 광범위하게 사용할 수 있는 서버 유효성 검사 도구다.

---

1   **그림자 IT**는 중앙의 IT 부서가 인터넷에서 코드 접근을 제한하거나 통제할 때 이를 우회하기 위해 사용하는 관행을 나타낸다. 예를 들어, 이진 파일을 마이크로소프트 워드 문서로 디코딩하여 본인에게 이메일을 보내는 것과 같은 방식이 있다.

수동 팩트 수집

플레이북을 시작했을 때 SSH 서버가 아직 동작하기 전이라면 명시적인 팩트 수집을 멈춰야 한다. 그렇지 않으면 앤서블에서 첫 번째 태스크가 실행되기 전에 SSH를 통해 호스트에서 팩트를 수집하게 된다. 하지만 팩트에 계속해서 접근해야 하므로(ansible_env 팩트를 플레이북에서 사용한 내용을 떠올려 보자) 명시적으로 **setup** 모듈을 호출해 앤서블에서 팩트를 수집하도록 할 수 있다(예제 11-2 참고).

```
예제 11-2   SSH 서버의 시작 대기
```

```
---
- name: Chapter 9 playbook
  hosts: web
  gather_facts: false
  become: false
  tasks:
    - name: Wait for web ssh daemon to be running
      wait_for:
        port: 22
        host: "{{ inventory_hostname }}"
        search_regex: OpenSSH

    - name: Gather facts
      setup:
...
```

호스트 IP 주소 조회

플레이북에서 사용한 여러 호스트 이름은 다음과 같이 웹 서버의 IP 주소에서 파생됐다.

```
live_hostname: 192.168.33.10.xip.io
domains:
  - 192.168.33.10.xip.io
  - www.192.168.33.10.xip.io
```

변수에 IP 주소를 하드 코딩하지 않고 동일한 구조를 사용할 수 있으면 어떤가? 그렇게

316

하면 웹 서버의 IP 주소가 변경될 때 플레이북을 변경할 필요가 없다.

앤서블에서는 각 호스트의 IP 주소를 조회해 해당 정보를 `ansible_facts`에 저장한다. 각 네트워크 인터페이스는 관련된 앤서블 팩트를 갖는다. 예를 들어, `eth0` 네트워크 인터페이스의 상세 정보는 `ansible_eth0` 팩트에 저장된다(예제 11-3 참고).

예제 11-3 ansible_eth0 팩트

```
"ansible_eth0": {
    "active": true,
    "device": "eth0",
    "ipv4": {
        "address": "10.0.2.15",
        "broadcast": "10.0.2.255",
        "netmask": "255.255.255.0",
        "network": "10.0.2.0"
    },
    "ipv6": [
        {
            "address": "fe80::5054:ff:fe4d:77d3",
            "prefix": "64",
            "scope": "link"
        }
    ],
    "macaddress": "52:54:00:4d:77:d3",
    "module": "e1000",
    "mtu": 1500,
    "promisc": false,
    "speed": 1000,
    "type": "ether"
}
```

예제 베이그런트 박스에는 2개의 인터페이스(eth0, eth1)가 있다. eth0 인터페이스는 외부에서 접근할 수 없는 IP 주소(10.0.2.15)를 갖는 사설망 인터페이스다. eth1 인터페이스는 Vagrantfile에 할당한 IP 주소(192.168.33.10)를 갖는다.

변수를 다음과 같이 정의할 수 있다.

```
live_hostname: "{{ ansible_facts.eth1.ipv4.address }}.xip.io"
domains:
  - "{{ ansible_facts.eth1.ipv4.address }}.xip.io"
  - "www.{{ ansible_facts.eth1.ipv4.address }}.xip.io"
```

특정 호스트가 아닌 다른 호스트에서 태스크 실행

태스크를 관련이 있는 호스트에서 실행해야 하지만, 경우에 따라서는 해당 태스크를 다른 서버에서 실행해야 할 수도 있다. delegate_to 절을 사용하면 해당 태스크를 다른 호스트에서 실행할 수 있다.

다음은 일반적인 두 가지 사용 사례다.

- 나기오스^{Nagios}와 같은 경고 서비스를 사용해 호스트 기반 경고를 활성화하기 위해 사용

- HAProxy와 같은 로드 밸런서에 호스트를 추가하기 위해 사용

예를 들어, web 그룹의 모든 호스트에 대해 나기오스 경고를 활성화해야 하는 상황을 생각해 보자. 인벤토리에 나기오스가 실행 중인 nagios.example.com 호스트가 있다고 가정한다. 예제 11-4는 delegate_to 절을 사용한 예시다.

예제 11-4 나기오스와 delegate_to 사용

```
- name: Enable alerts for web servers
  hosts: web
  tasks:
    - name: enable alerts
      delegate_to: nagios.example.com
      nagios:
        action: enable_alerts
        service: web
        host: "{{ inventory_hostname }}"
```

이 예제에서 앤서블은 nagios.example.com에서 nagios 태스크를 실행하며 해당 플레

이에서 참조하는 inventory_hostname 변수는 웹 호스트로 평가된다.

delegate_to 사용에 관한 더 자세한 예제는 앤서블 프로젝트의 예제가 있는 깃허브 저장소(https://github.com/ansible/ansible-examples)에서 lamp_haproxy/rolling_update.yml 예제를 참고한다.

한 번에 하나의 호스트에서 실행

기본적으로 앤서블은 모든 호스트에서 각 태스크를 병렬로 실행한다. 경우에 따라 태스크를 한 번에 하나의 호스트에서 실행해야 할 수도 있다. 기본적인 상황은 로드 밸런서 하위에 있는 애플리케이션 서버를 업그레이드하는 경우다. 일반적으로 애플리케이션 서버를 로드 밸런서에서 분리한 후 업그레이드를 한 다음 다시 원래대로 연결한다. 하지만 모든 애플리케이션 서버를 로드 밸런서에서 분리하면 서비스를 사용할 수 없게 된다.

플레이에서 serial 절을 사용해 앤서블에서 플레이를 실행할 호스트 수를 제한할 수 있다. 예제 11-5에서는 아마존 EC2 ELB^{Elastic Load Balancer}에서 한 번에 하나의 호스트를 제거하고 시스템 패키지를 업그레이드한 후 다시 호스트를 원래대로 연결한다(아마존 EC2에 대해서는 16장에서 더 자세히 다룬다).

예제 11-5 로드 밸런서에서 호스트를 제거한 후 패키지 업그레이드

```
---
- name: Upgrade packages on servers behind load balancer
  hosts: myhosts
  serial: 1
  tasks:
    - name: Get the ec2 instance id and elastic load balancer id
      ec2_facts:

    - name: Take the host out of the elastic load balancer
      delegate_to: localhost
      ec2_elb:
        instance_id: "{{ ansible_ec2_instance_id }}"
```

```
    state: absent

  - name: Upgrade packages
    apt:
      update_cache: true
      upgrade: true

  - name: Put the host back in the elastic load balancer
    delegate_to: localhost
    ec2_elb:
      instance_id: "{{ ansible_ec2_instance_id }}"
      state: present
      ec2_elbs: "{{ item }}"
    with_items: ec2_elbs
...
```

이 예제에서는 serial 절의 인수로 1을 전달해 앤서블에서 한 번에 하나의 호스트만 실행하도록 알려준다. 2를 전달하면 앤서블에서 한 번에 2개의 호스트를 실행하게 된다.

일반적으로 태스크가 실패할 경우 앤서블은 실패한 호스트의 태스크를 중단하지만 나머지 호스트에 대한 태스크는 계속해서 실행한다. 로드 밸런서 시나리오에서는 모든 호스트에서 태스크가 실패하기 전에, 앤서블에서 전체 플레이를 실패로 처리해야 한다. 그렇지 않으면 로드 밸런서에 아무런 호스트도 남지 않게 될 수 있다(모든 호스트가 로드 밸런서에서 분리되고 태스크가 모두 실패한 경우).

serial 절과 함께 max_fail_percentage 절을 사용해 앤서블에서 전체 플레이를 실패로 처리하기까지 허용 가능한 호스트의 최대 실패 비율을 퍼센트로 지정할 수 있다. 다음은 25%의 최대 실패 비율을 보여준다.

```
- name: Upgrade packages on servers behind load balancer
  hosts: myhosts
  serial: 1
  max_fail_percentage: 25
  tasks:
    # 태스크 생략
```

4개의 호스트가 로드 밸런서 하위에 있고 하나의 호스트에서 특정 태스크가 실패하면 25% 제한을 초과하지 않았으므로 앤서블에서는 해당 플레이를 계속해서 실행하게 된다. 하지만 두 번째 호스트에서 태스크가 실패하면 앤서블에서는 전체 플레이를 실패로 처리한다. 호스트의 태스크가 하나라도 실패하는 경우 앤서블에서 실패로 처리하도록 하려면 max_fail_percentage를 0으로 설정한다.

한 번에 여러 호스트에 대해 배치 실행

고정 값이 아닌 퍼센트 값을 serial에 전달할 수도 있다. 앤서블에서는 이 퍼센트를 전체 호스트 숫자에 적용해 배치가 수행될 호스트의 숫자를 결정하다. 예제 11-6에서는 관련 내용을 보여준다.

예제 11-6 serial에 퍼센트 값 지정

```
- name: Upgrade 50% of web servers
  hosts: myhosts
  serial: 50%
  tasks:
    # 태스크 생략
```

더 정교하게 실행할 수도 있다. 예를 들어, 플레이를 하나의 호스트에서 먼저 실행하고 이 플레이가 예상대로 동작하는지 확인한 이후에 더 많은 호스트에서 실행되도록 해야 할 수 있다. 적용 가능한 경우는, 30대의 CDN^Content Delivery Network 호스트와 같이 독립적인 호스트가 있는 대규모의 논리적 클러스터 관리를 예로 들 수 있다.

앤서블 2.2 버전부터는 예제 11-7에서 볼 수 있는 것처럼 사용자가 serial의 리스트를 숫자나 퍼센트로 지정해 이와 같은 동작을 수행할 수 있다.

예제 11-7 serial 리스트 사용

```
- name: Configure CDN servers
  hosts: cdn
  serial:
    - 1
    - 30%
```

```
tasks:
   # 태스크 생략
```

앤서블에서는 각 실행에서 사용 가능한 다음 serial 항목으로 호스트 수를 제한한다. 리스트의 끝에 도달하거나 플레이에 남아 있는 호스트가 없을 때까지 배치가 진행된다. 이는 플레이에 호스트가 남아 있는 한 마지막 serial이 유지되어 각 배치 실행에 적용됨을 의미한다.

30대의 CDN 호스트가 있는 이전 플레이에 적용해 보면 앤서블은 첫 번째 순서에서 하나의 호스트에 대해 실행하게 되고 다음 모든 순서에서는 호스트의 30%(예: 1, 9, 9, 9, 2)에 대해 실행하게 된다.

한 번만 실행

경우에 따라서는 여러 호스트가 있음에도 불구하고 태스크가 한 번만 실행되어야 할 수도 있다. 예컨대 여러 애플리케이션 서버가 로드 밸런서 하위에서 실행 중이며, 데이터베이스 마이그레이션을 수행해야 하지만 이 마이그레이션은 하나의 애플리케이션 서버에만 적용되어야 할 경우가 있다.

다음과 같이 run_once 절을 사용해 앤서블에서 해당 명령을 한 번만 실행하도록 할 수 있다.

```
- name: Run the database migrations
  command: /opt/run_migrations
  run_once: true
```

이 기능은 특히 다음과 같이 플레이북에 여러 호스트가 포함되고 로컬 태스크를 한 번만 실행하려고 할 때 delegate_to: localhost를 사용하면 특히 유용하다.

```
- name: Run the task locally, only once
  delegate_to: localhost
  command /opt/my-custom-command
  run_once: true
```

태스크 실행 제한

때에 따라서는 앤서블에서 플레이북의 모든 태스크를 실행하기를 원하지 않을 수 있다. 특히 처음 태스크를 작성하고 디버깅하는 경우에 그럴 수 있다. 앤서블에서는 여러 가지 명령줄 옵션을 제공해 태스크의 실행을 제어할 수 있다.

step

--step 플래그를 사용하면 다음과 같이 각 태스크를 실행하기 전에 앤서블 프롬프트가 표시된다.

```
$ ansible-playbook --step playbook.yml
Perform task: Install packages (y/n/c):
```

태스크를 실행하려면 y를 선택하고 건너뛰려면 n, 계속해서 나머지 플레이북을 앤서블 프롬프트 없이 실행하려면 c를 선택한다.

start-at-task

--start-at-task 〈태스크 이름〉 플래그를 사용하면 앤서블에서 플레이북을 처음부터 시작하지 않고 특정 태스크에서 시작하도록 할 수 있다. 이 방법은 버그로 인해 태스크 중하나가 실패한 경우 해당 태스크를 수정하고 그 태스크에서부터 플레이북을 다시 시작해야 하는 경우에 유용하다.

태그 실행

앤서블에서는 하나 이상의 태그를 태스크나 롤, 플레이에 추가할 수 있다. -t 〈태그 이름〉 또는 --tags 태그 1, 태그 2 플래그를 사용해 앤서블에서 특정 태그를 가진 플레이와 롤, 태스크만 실행되도록 한다(예제 11-8 참고).

예제 11-8 태스크에 태그 사용

```
---
- name: Strategies
  hosts: strategies
  connection: local
  gather_facts: false

  tasks:

    - name: First task
      command: sleep "{{ sleep_seconds }}"
      changed_when: false
      tags:
        - first

    - name: Second task
      command: sleep "{{ sleep_seconds }}"
      changed_when: false
      tags:
        - second

    - name: Third task
      command: sleep "{{ sleep_seconds }}"
      changed_when: false
      tags:
        - third
...
```

이 플레이북을 **--tags first** 인수를 사용해 실행하면 결과는 예제 11-9와 같다.

예제 11-9 first 태그만 실행

```
$ ./playbook.yml --tags first
PLAY [Strategies] *************************************************************
PLAY [Strategies] *************************************************************
TASK [First task] *************************************************************
ok: [one]
ok: [two]
ok: [three]
```

```
PLAY RECAP ****************************************************************
one    : ok=1  changed=0  unreachable=0  failed=0  skipped=0  rescued=0  ignored=0
three  : ok=1  changed=0  unreachable=0  failed=0  skipped=0  rescued=0  ignored=0
two    : ok=1  changed=0  unreachable=0  failed=0  skipped=0  rescued=0  ignored=0
```

태그를 모두 붙이면 플레이북을 좀 더 세밀하게 제어할 수 있다.

태그 건너뛰기

--skip-tags 〈태그 이름〉 플래그를 사용하면 앤서블에서 특정 플레이와 롤, 태스크를 건너뛸 수 있다.

실행 전략

플레이 수준에서 strategy 절을 사용하면 앤서블에서 모든 호스트의 태스크 동작 방식을 추가적으로 제어할 수 있다.

이미 익숙하게 알고 있는 기본 동작은 linear 전략이다. 즉, 앤서블에서는 모든 호스트에 대해 하나의 태스크를 수행하고 모든 호스트에서 수행이 완료되거나 실패할 때까지 기다린 후 다음 태스크를 실행한다. 결과적으로 태스크는 가장 느린 호스트의 태스크가 완료되는 데 걸리는 만큼의 시간이 더 들게 된다.

strategy 기능을 보여주는 플레이를 작성해 보자(예제 11-8 참고). 아주 단순한 hosts 파일(예제 11-10 참고)을 만든다. 여기에는 3개의 호스트가 포함되며 각 호스트의 sleep_seconds 변수는 서로 다른 초 단위의 시간을 갖는다.

예제 11-10 3대의 호스트에 대해 서로 다른 sleep_seconds 값을 갖는 인벤토리 그룹

```
[strategies]
one    sleep_seconds=1
two    sleep_seconds=6
three  sleep_seconds=10
```

linear

예제 11-11의 플레이북은 connection: local을 사용해 로컬에서 실행되며 3개의 동일한 태스크가 플레이에 포함되어 있다. 각 태스크에서는 sleep_seconds에 지정된 시간을 사용해 sleep이 수행된다.

예제 11-11 플레이북에서 linear 전략 사용

```
---
- name: Strategies
  hosts: strategies
  connection: local
  gather_facts: false

  tasks:

    - name: First task
      command: sleep "{{ sleep_seconds }}"
      changed_when: false

    - name: Second task
      command: sleep "{{ sleep_seconds }}"
      changed_when: false

    - name: Third task
      command: sleep "{{ sleep_seconds }}"
      changed_when: false
...
```

이 플레이북의 기본 전략을 linear로 실행하면 예제 11-12와 같은 결과를 볼 수 있다.

예제 11-12 linear 전략 실행 결과

```
$ ./playbook.yml -l strategies
PLAY [Strategies] ************************************************************
TASK [First task] ***********************************************************
Sunday 08 August 2021  16:35:43 +0200 (0:00:00.016)       0:00:00.016 *********
ok: [one]
ok: [two]
```

```
ok: [three]
TASK [Second task] **********************************************************
Sunday 08 August 2021  16:35:54 +0200 (0:00:10.357)       0:00:10.373 *********
ok: [one]
ok: [two]
ok: [three]
TASK [Third task] ***********************************************************
Sunday 08 August 2021  16:36:04 +0200 (0:00:10.254)       0:00:20.628 *********
ok: [one]
ok: [two]
ok: [three]
PLAY RECAP ******************************************************************
one    : ok=3  changed=0  unreachable=0  failed=0  skipped=0  rescued=0  ignored=0
three  : ok=3  changed=0  unreachable=0  failed=0  skipped=0  rescued=0  ignored=0
two    : ok=3  changed=0  unreachable=0  failed=0  skipped=0  rescued=0  ignored=0
Sunday 08 August 2021  16:36:14 +0200 (0:00:10.256)       0:00:30.884 *********
===============================================================================
First task ------------------------------------------------------ 10.36s
Third task ------------------------------------------------------ 10.26s
Second task ----------------------------------------------------- 10.25s
```

익숙한 순서로 정렬된 결과를 확인할 수 있다. 태스크 실행 결과의 동일한 순서에 주목한다. one 호스트는 언제나 가장 빠르고(가장 적은 대기 시간) three 호스트는 가장 느리다(가장 많은 대기 시간).

free

앤서블에서 사용할 수 있는 또 다른 전략으로는 free 전략이 있다. linear와는 대조적으로 앤서블에서 모든 호스트에 대해 특정 태스크의 실행 결과를 기다리지 않는다. 그대신 특정 호스트에서 하나의 태스크가 완료되면 앤서블에서는 해당 호스트의 다음 태스크를 수행한다.

하드웨어 자원과 네트워크 지연 상황에 따라 어떤 호스트는 먼 곳에 있는 다른 호스트보다 더 빠르게 실행될 수 있다. 결과적으로 일부 호스트는 이미 구성이 완료됐지만, 나머지 호스트는 플레이가 여전히 진행 중일 수 있다.

free 전략으로 플레이북을 수정해 보면 실행 결과가 바뀐다(예제 11-13 참고).

예제 11-13 플레이북에서 free 전략 사용

```
---
- name: Strategies
  hosts: strategies
  connection: local
  strategy: free
  gather_facts: false

  tasks:

    - name: First task
      command: sleep "{{ sleep_seconds }}"
      changed_when: false

    - name: Second task
      command: sleep "{{ sleep_seconds }}"
      changed_when: false

    - name: Third task
      command: sleep "{{ sleep_seconds }}"
      changed_when: false
...
```

이 플레이북의 네 번째 행에서 전략을 free로 변경한 부분에 주목한다. 예제 11-14의
실행 결과에서 볼 수 있는 것처럼 one 호스트는 three 호스트가 첫 번째 태스크를 끝내
기 전에 이미 완료됐다.

예제 11-14 free 전략을 사용한 플레이북 실행 결과

```
$ ./playbook.yml -l strategies
PLAY [Strategies] ************************************************************
Sunday 08 August 2021  16:40:35 +0200 (0:00:00.020)      0:00:00.020 *********
Sunday 08 August 2021  16:40:35 +0200 (0:00:00.008)      0:00:00.028 *********
Sunday 08 August 2021  16:40:35 +0200 (0:00:00.006)      0:00:00.035 *********
TASK [First task] ***********************************************************
ok: [one]
```

```
Sunday 08 August 2021  16:40:37 +0200 (0:00:01.342)     0:00:01.377 *********
TASK [Second task] *************************************************************
ok: [one]
Sunday 08 August 2021  16:40:38 +0200 (0:00:01.225)     0:00:02.603 *********
TASK [Third task] **************************************************************
ok: [one]
TASK [First task] **************************************************************
ok: [two]
Sunday 08 August 2021  16:40:42 +0200 (0:00:03.769)     0:00:06.372 *********
ok: [three]
Sunday 08 August 2021  16:40:46 +0200 (0:00:04.004)     0:00:10.377 *********
TASK [Second task] *************************************************************
ok: [two]
Sunday 08 August 2021  16:40:48 +0200 (0:00:02.229)     0:00:12.606 *********
TASK [Third task] **************************************************************
ok: [two]
TASK [Second task] *************************************************************
ok: [three]
Sunday 08 August 2021  16:40:56 +0200 (0:00:07.998)     0:00:20.604 *********
TASK [Third task] **************************************************************
ok: [three]
PLAY RECAP ********************************************************************
one    : ok=3   changed=0   unreachable=0   failed=0   skipped=0   rescued=0   ignored=0
three  : ok=3   changed=0   unreachable=0   failed=0   skipped=0   rescued=0   ignored=0
two    : ok=3   changed=0   unreachable=0   failed=0   skipped=0   rescued=0   ignored=0
Sunday 08 August 2021  16:41:06 +0200 (0:00:10.236)     0:00:30.841 *********
===============================================================================
Third task ----------------------------------------------------------- 10.24s
Second task ---------------------------------------------------------- 2.23s
First task ----------------------------------------------------------- 1.34s
```

로그에 시간 정보를 추가하기 위해 ansible.cfg 파일에 다음 한 줄을 추가했다(콜백에 관해서는 다음 장에서 다룬다).

callback_whitelist = profile_tasks ;

callback_whitelist는 callback_enabled로 표준화됐다.

대부분의 핵심적인 앤서블 기능과 마찬가지로 strategy도 새로운 플러그인 형식으로 구현됐다.

고급 핸들러

핸들러에서 사용할 수 있는 앤서블의 기본 동작이 자신에게 필요한 특정 용도에 부합하지 않는다면 핸들러의 실행 시점을 좀 더 세밀하게 제어할 수 있다. 이 절에서는 그 방법을 설명한다.

태스크 전/후 핸들러

핸들러에 대해 살펴봤을 때 핸들러는 일반적으로 모든 태스크가 한 번씩 실행된 후 알림을 받았을 때만 실행된다고 배웠다. 하지만 tasks뿐만 아니라 pre_tasks와 post_tasks도 사용할 수 있다.

플레이북에서 모든 tasks 절은 개별적으로 처리된다. pre_tasks나 tasks, post_tasks에서 알림을 받은 경우 모든 핸들러는 각 절의 마지막에서 실행된다. 결과적으로 하나의 플레이에서 동일한 핸들러가 여러 번 실행될 수 있다(예제 11-15 참고).

예제 11-15 handlers.yml

```
---
- name: Chapter 9 advanced handlers
  hosts: localhost

  handlers:
    - name: Print message
      command: echo handler executed

  pre_tasks:
    - name: Echo pre tasks
      command: echo pre tasks
      notify: Print message

  tasks:
```

```
    - name: Echo tasks
      command: echo tasks
      notify: Print message

  post_tasks:
    - name: Post tasks
      command: echo post tasks
      notify: Print message
```

이 플레이북을 실행하면 예제 11-16의 실행 결과를 볼 수 있다.

예제 11-16 handlers.yml 실행 결과

```
$ ./handlers.yml
PLAY [Chapter 9 advanced handlers] ****************************************
TASK [Gathering Facts] ****************************************************
ok: [localhost]
TASK [Echo pre tasks] *****************************************************
changed: [localhost]
RUNNING HANDLER [Print message] *******************************************
changed: [localhost]
TASK [Echo tasks] *********************************************************
changed: [localhost]
RUNNING HANDLER [Print message] *******************************************
changed: [localhost]
TASK [Post tasks] *********************************************************
changed: [localhost]
RUNNING HANDLER [Print message] *******************************************
changed: [localhost]
PLAY RECAP ****************************************************************
localhost : ok=7  changed=6  unreachable=0  failed=0  skipped=0  rescued=0  ignored=0
```

플레이에는 핸들러에 알람을 줄 수 있는 다양한 절이 존재한다.

핸들러 강제 실행

일반적으로 핸들러를 모든 태스크의 종료 이후에 실행되도록 하는 이유가 궁금할 수
있다. 이는 기본 동작이기 때문에 일반적이라고 말할 수 있다. 하지만 앤서블에서는

meta라는 모듈의 도움을 받으면 핸들러의 수행 지점을 제어할 수 있다.

예제 11-17에서는 태스크의 중간에 flush_handlers와 meta를 사용한 플레이의 일부분을 확인할 수 있다. 여기서는 **스모크 테스트**smoke test를 수행해 URL이 정상적으로 동작하는지 검증하고 애플리케이션이 정상 동작한다면 OK를 반환하기 위해 이 방법을 사용한다. 하지만 서비스를 재시작하기 전에 정상 동작인지 검증하는 것은 의미가 없을 것이다.

예제 11-17 홈페이지용 스모크 테스트

```
- name: Install home page
  template:
    src: index.html.j2
    dest: /usr/share/nginx/html/index.html
    mode: '0644'
  notify: Restart nginx

- name: Restart nginx
  meta: flush_handlers

- name: "Test it! https://localhost:8443/index.html"
  delegate_to: localhost
  become: false
  uri:
    url: 'https://localhost:8443/index.html'
    validate_certs: false
    return_content: true
  register: this
  failed_when: "'Running on ' not in this.content"
  tags:
    - test
```

flush_handlers를 사용하면 플레이 중간에 알림을 받은 핸들러가 강제로 실행되도록 할 수 있다.

메타 명령

메타 명령을 사용해 앤서블의 내부적인 실행이나 상태에 영향을 줄 수 있다. 이러한 명령은 플레이북의 아무 곳에서나 사용할 수 있다. 한 가지 예를 들면 이미 살펴본 flush_handlers 명령이 있으며, 또 다른 예로는 인벤토리를 다시 불러오기 위한 refresh_inventory(캐시되지 않도록 보장됨)가 있다. clear_facts와 clear_host_errors는 자주 사용하지 않는 옵션이다. meta에서 제공되는 추가적인 흐름 제어는 다음과 같다.

- end_batch는 serial을 사용하는 경우 현재 배치(호스트 그룹)의 실행을 완료하고 다음 그룹으로 넘어간다.

- end_host는 실패하지 않더라도 현재 호스트에 대한 모든 작업을 종료한다.

- end_play는 실패하지 않더라도 전체 플레이북 실행을 중단한다.

핸들러 간 알림

roles/nginx/tasks/main.yml 롤 핸들러 파일에서는 엔진엑스 재시작에 대한 설정을 다시 불러오기 전에 해당 설정에 대한 점검을 실행한다(예제 11-18 참고). 이러한 방식으로 새로운 설정이 잘못됐을 경우에 발생할 수 있는 다운타임을 방지할 수 있다.

예제 11-18 서비스 재시작 전 설정 점검

```
---
- name: Restart nginx
  debug:
    msg: "checking config first"
  changed_when: true
  notify:
    - Check nginx configuration
    - Restart nginx - after config check

- name: Reload nginx
  debug:
    msg: "checking config first"
  changed_when: true
```

```
    notify:
      - Check nginx configuration
      - Reload nginx - after config check

- name: Check nginx configuration
  command: "nginx -t"
  register: result
  changed_when: "result.rc != 0"
  check_mode: false

- name: Restart nginx - after config check
  service:
    name: nginx
    state: restarted

- name: Reload nginx - after config check
  service:
    name: nginx
    state: reloaded
```

핸들러를 알려주는(notify) 핸들러 리스트를 만들 수 있으며, 핸들러는 리스트의 순서대로 실행된다.

listen 핸들러

앤서블 2.2 이전에는 핸들러의 이름에서 notify를 호출해 핸들러를 알려주는 한 가지 방법만 존재했다. 이 방식은 단순하며 대부분의 경우에 잘 동작한다.

핸들러의 listen 기능으로 플레이북과 롤을 단순하게 만들 수 있는 방법을 더 자세히 알아보기 전에 예제 11-19를 살펴보자.

예제 11-19 핸들러에서 사용하는 listen 기능

```
---
- hosts: mailservers
  tasks:

    - name: Copy postfix config file
```

```
          copy:
            src: main.conf
            dest: /etc/postfix/main.cnf
            mode: '0640'
          notify: Postfix config changed

  handlers:
    - name: Restart postfix
      service:
        name: postfix
        state: restarted
      listen: Postfix config changed
...
```

listen 절에서는 어떤 이벤트를 호출할 것인지 정의하고 하나 이상의 핸들러에서 수신할 수 있도록 한다. 그렇게 하면 태스크 알람 키와 핸들러의 이름을 분리할 수 있다. 하나의 이벤트를 여러 핸들러에게 알려주려면 핸들러를 추가해 이벤트를 수신하도록 하면 된다. 그러면 해당 핸들러에서도 알림을 받을 수 있다.

 모든 핸들러의 범위는 플레이 단위로 한정된다. 즉, 핸들러에서 이벤트 수신 여부와 관계없이, 플레이를 넘어 알림을 보낼 수 없다.

SSL에서 listen 핸들러 사용 예

핸들러에서 사용할 수 있는 listen 기능의 실제적인 이점은 롤과 롤 의존성에 따라 다르다. 쉽게 접할 수 있는 가장 확실한 사용 방법은 여러 서비스에서 사용하는 SSL 인증서 관리다.

개발자가 호스트와 프로젝트 전반에서 SSL을 많이 사용하기 때문에 ssl 롤을 만드는 것이 좋다. 이 롤은 SSL 인증서와 키를 원격 호스트에 복사하는 단순한 롤이다. 예제 11-20의 roles/ssl/tasks/main.yml에서처럼 몇 가지 태스크를 통해 이를 수행한다. 이 롤은 예제 11-21에서 확인할 수 있는 roles/ssl/vars/RedHat.yml 변수 파일에 적절한 경로가 설정되어 있으며 리눅스 기반의 레드햇 운영체제에서 실행된다.

ssl 롤의 롤 태스크

```
---

- name: Include OS specific variables
  include_vars: "{{ ansible_os_family }}.yml"

- name: Copy SSL certs
  copy:
    src: "{{ item }}"
    dest: {{ ssl_certs_path }}/
    owner: root
    group: root
    mode: '0644'
  loop: "{{ ssl_certs }}"

- name: Copy SSL keys
  copy:
    src: "{{ item }}"
    dest: "{{ ssl_keys_path }}/"
    owner: root
    group: root
    mode: '0640'
  with_items: "{{ ssl_keys }}"
  no_log: true
...
```

예제 11-21 레드햇 운영체제의 변수

```
---
ssl_certs_path: /etc/pki/tls/certs
ssl_keys_path: /etc/pki/tls/private
...
```

예제 11-22에서 볼 수 있는 롤의 기본값 정의에서는 SSL 인증서와 키 리스트가 비어 있으므로 어떤 인증서나 키도 처리되지 않는다. 필요한 경우 롤에서 파일을 복사하도록 해 이 기본값을 재정의할 수 있다.

ssl 롤의 기본값

```
---
ssl_certs: []
ssl_keys: []
...
```

이제 다른 롤에서 **의존성**으로 ssl 롤을 사용할 수 있다. 예제 11-23과 같이 roles/ nginx/meta/main.yml 파일을 변경해 nginx 롤에서 사용한다. 모든 롤 의존성은 상위 롤보다 먼저 실행된다. 즉, nginx 롤 태스크보다 ssl 롤 태스크가 먼저 실행된다. 결과적으로 SSL 인증서와 키가 존재하게 되어 nginx 롤(vhost 설정)에서 사용할 수 있다.

예제 11-23 ssl 롤에 의존성이 있는 nginx 롤

```
---
dependencies:
  - role: ssl
...
```

논리적으로 의존성은 단방향이다. 그림 11-1과 같이 nginx 롤은 ssl 롤에 의존성을 갖는다.

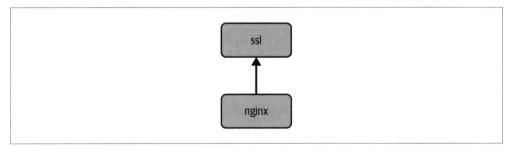

그림 11-1 단방향 의존성

물론 예제 nginx 롤에서는 엔진엑스 웹 서버의 모든 부분을 처리한다. 이 롤은 roles/ nginx/tasks/main.yml에 엔진엑스 설정을 위한 템플릿과 이름을 통해 적절한 핸들러에 알려 엔진엑스 서비스를 재시작하는 태스크를 포함하고 있다(예제 11-24 참고).

예제 11-24 nginx 롤의 태스크

```
- name: Configure nginx
  template:
    src: nginx.conf.j2
    dest: /etc/nginx/nginx.conf
  notify: Restart nginx
```

마지막 행에서는 엔진엑스 웹 서버를 재시작하도록 핸들러에게 알려준다.

예상한 것처럼 roles/nginx/handlers/main.yml에 있는 **nginx** 롤의 핸들러는 예제 11-25와 같은 형태다.

예제 11-25 nginx 롤의 핸들러

```
- name: Restart nginx
  service:
    name: nginx
    state: restarted
```

여기까지 마무리된 것일까? 정확하게는 아니다. SSL 인증서는 경우에 따라 변경해야 한다. 해당 작업이 발생할 때 새로운 인증서를 사용하게끔 해당 SSL 인증서를 사용하는 모든 서비스를 재시작해야 한다.

그러면 어떤 작업을 해야 할까? **ssl** 롤에서 **nginx**를 재시작하도록 알려줘야 한다고 생각하는가? 자, 그럼 시작해 보자.

ssl 롤의 roles/ssl/tasks/main.yml 파일을 수정해 예제 11-26과 같이 인증서와 키를 복사하는 태스크에 엔진엑스를 재시작하기 위한 **notify** 절을 추가한다.

예제 11-26 태스크에 엔진엑스를 재시작하기 위한 notify 추가

```
---

- name: Include OS specific variables
  include_vars: "{{ ansible_os_family }}.yml"
```

```
- name: Copy SSL certs
  copy:
    src: "{{ item }}"
    dest: {{ ssl_certs_path }}/
    owner: root
    group: root
    mode: '0644'
  with_items: "{{ ssl_certs }}"
  notify: Restart nginx

- name: Copy SSL keys
  copy:
    src: "{{ item }}"
    dest: "{{ ssl_keys_path }}/"
    owner: root
    group: root
    mode: '0644'
  with_items: "{{ ssl_keys }}"
  no_log: true
  notify: Restart nginx
...
```

잘 동작한다. 하지만 여기서 ssl 롤에 새로운 의존성을 추가했다. 추가한 의존성은 nginx 롤이다(그림 11-2 참고).

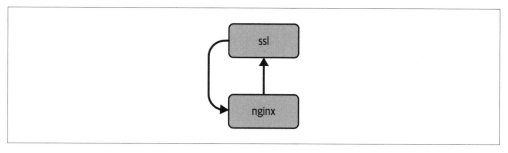

그림 11-2 nginx 롤은 ssl 롤에 의존성을 가지며 ssl 롤은 nginx 롤에 의존성을 갖는다.

결과는 어떻게 될까? 이 예제에서 ssl 롤을 nginx용으로 사용한 방식처럼, ssl 롤을 다른 롤(예: postfix, dovecot, ldap 등)에서 의존성으로 사용한다면 앤서블에서는 다른 롤에서 restart nginx가 정의되지 않았을 것이므로 정의되지 않은 핸들러로 알림을 주는 것에 대한 오류가 발생하게 된다.

 앤서블 1.9 버전에서는 정의되지 않은 핸들러로 알림을 줄 때 오류가 발생한다. 이러한 동작은 역행 버그(regression bug)로 2.2 버전에서 다시 구현됐다. 하지만 error_on_missing_handler를 사용해 ansible.cfg를 설정할 수 있다. 기본값은 error_on_missing_handler = True이다.

더불어 ssl 롤을 의존성으로 사용하는 추가되는 모든 롤마다 알림을 받을 핸들러 이름을 추가해야 한다. 이는 확장성에 좋지 않다.

여기서 listen이 중요한 역할을 하게 된다. 예제 11-27과 같이 ssl 롤에서 핸들러 이름을 알려주는 대신 ssl_certs_changed와 같은 이벤트를 알려준다.

예제 11-27 핸들러의 listen에 이벤트 알림

```
---
- name: Include OS specific variables
  include_vars: "{{ ansible_os_family }}.yml"

- name: Copy SSL certs
  copy:
    src: "{{ item }}"
    dest: "{{ ssl_certs_path }}/"
    owner: root
    group: root
    mode: '0644'
  with_items: "{{ ssl_certs }}"
  notify: ssl_certs_changed

- name: Copy SSL keys
  copy:
    src: "{{ item }}"
    dest: "{{ ssl_keys_path }}/"
    owner: root
    group: root
    mode: '0644'
```

```
  with_items: "{{ ssl_keys }}"
  no_log: true
  notify: ssl_certs_changed
...
```

앤서블에서는 정의되지 않은 핸들러로 알려주는 동작에 대한 오류가 여전히 발생하지만, ssl 롤에 아무런 동작도 하지 않는 무작업$^{no-op}$ 핸들러를 간단히 추가함으로써 이 문제를 해결할 수 있다(예제 11-28 참고).

예제 11-28 ssl 롤에 무작업 핸들러를 추가해 이벤트를 listen하는 방법

```
---
- name: SSL certs changed
  debug:
    msg: SSL changed event triggered
  listen: ssl_certs_changed
...
```

다시 nginx 롤로 돌아가서 인증서가 교체됐을 때 ssl_certs_changed 이벤트를 다시 실행하고 엔진엑스 서비스를 재시작하는 부분을 살펴보자. 해당 작업을 수행하는 적절한 핸들러를 이미 갖고 있기 때문에 단순히 해당 핸들러에 listen 절만 추가한다(예제 11-29 참고).

예제 11-29 nginx 롤의 기존 핸들러에 listen 절 추가

```
---
- name: restart nginx
  debug:
    msg: "checking config first"
  changed_when: true
  notify:
    - check nginx configuration
    - restart nginx - after config check
  listen: Ssl_certs_changed
...
```

다시 의존성 그래프(그림 11-3)를 살펴보자. 내용이 조금 달라졌다. nginx 롤에서 사용한 것처럼, 단방향 의존성을 복원했고 ssl 롤을 다른 롤에서 재사용할 수 있게 됐다.

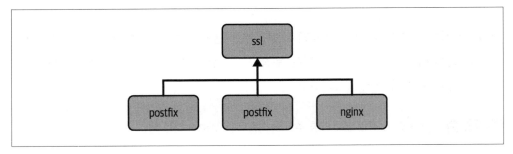

그림 11-3 다른 롤에서 ssl 롤 사용

앤서블 갤럭시^{Ansible Galaxy2}에서 롤을 만드는 사람들은 앤서블 롤에서 listen 기능과 이벤트 알림을 적절하게 사용할 수 있도록 고민해야 한다.

요약

잘 따라왔다. 지금까지 앤서블의 기본적인 동작 방식을 살펴봤다. 책의 나머지 부분에서는 앤서블의 구체적인 사용 사례와 IT 자동화의 확대 및 보호 방법을 살펴볼 것이다.

---

2   앤서블 사용자들이 앤서블 롤과 컬렉션을 공유하고 검색할 수 있는 온라인 플랫폼이다. 앤서블 갤럭시를 사용하면 커뮤니티에서 만든 앤서블 롤 및 컬렉션을 쉽게 찾고 다운로드하여 자신의 앤서블 프로젝트에 통합할 수 있다. – 옮긴이

## 12장

윈도우 호스트 관리

앤서블은 강력한 SSH 구성 관리 도구라고 부르기도 한다. 유닉스 및 리눅스와 긴밀한 관계를 갖고 있으며 변수의 이름(예: ansible_ssh_host, ansible_ssh_connection, sudo)과 같은 부분에서 그러한 흔적을 확인할 수 있다. 하지만 앤서블에는 초창기부터 다양한 연결 방식을 지원하기 위한 내장 기능이 포함됐다.

윈도우처럼 리눅스에 비해 익숙하지 않은 운영체제를 지원하는 기능은 윈도우와 연결하는 방식을 찾아내야 하는 것뿐만 아니라 내부적으로 더 많은 운영체제에 일반적으로 사용할 수 있는 이름을 짓는 부분까지 여러 가지 문제가 있었다(예: ansible_ssh_host를 ansible_host로 바꾸고, sudo를 become으로 변수 이름을 변경하는 작업).

윈도우 모듈 기여자들은 리눅스 커뮤니티의 기여자들에 비해 작업 속도가 느렸다. 앤서블을 통해 윈도우 시스템을 관리하는 내용에 관심이 있다면 앤서블 코어 팀의 윈도우 전문가인 조던 보리안Jordan Borean의 블로그 게시글(https://oreil.ly/s3zeS)을 확인하기 바란다. 조던 보리안은 이 장에서 사용할 버추얼박스 이미지를 만들었다.

윈도우에 연결

윈도우를 지원하기 위해 앤서블에서는 윈도우에 에이전트를 추가하지 않고 기존 방식을 유지했다. 이는 아주 훌륭한 결정이다. 네트워크를 모니터링하는 새로운 에이전트를 도입하는 방법은 새로운 공격 표면attack surface을 만들게 된다. 대신 앤서블은 마이크로

소프트에서 만든 HTTPS를 사용한 SOAP 기반의 프로토콜인 WinRM(통합된 윈도우 원격 관리) 기능을 사용한다. WinRM이 첫 번째 의존성이고, WinRM 파이썬 라이브러리를 제어 호스트의 가상 환경에 설치해야 한다(AD^{Active Directory} 인증에는 커버로스^{Kerberos}가 필요함).

```
$ python3 -mvenv py3
source py3/bin/activate
pip3 install --upgrade pip
pip3 install wheel
pip3 install pywinrm[kerberos]
```

기본적으로 앤서블에서는 원격 머신에 SSH로 접속을 시도하며 이 연결 방식을 변경하기 위해서는 미리 알려줘야 한다. 일반적인 방법은 모든 윈도우 호스트를 인벤토리 그룹에 포함시키는 것이다. 원하는 그룹 이름을 사용해도 되지만 여기서는 별도의 인벤토리 파일에서 개발과 상용에 동일한 그룹 이름을 사용하며, 개발 환경은 이 장에서 설명할 베이그런트와 버추얼박스 개발 환경이 정의된 vagrant.ini 파일을 사용한다.

```
[windows]
windows2022 ansible_host=127.0.0.1
```

다음으로 연결 변수를 인벤토리 파일(hosts)에 추가한다. 좀 더 다양한 환경이 있는 경우라면 인증서 유효성 검사와 같은 보안 요구사항이 다를 수 있기 때문에 특정 인벤토리에 연결 변수를 추가하는 것이 합리적이다.

```
[windows:vars]
ansible_user=vagrant
ansible_password=vagrant
ansible_connection=winrm
ansible_port=45986
ansible_winrm_server_cert_validation=ignore
ansible_winrm_scheme=https
ansible_become_method=runas
ansible_become_user=SYSTEM
```

이 경우 SOAP 기반 프로토콜은 HTTP에 의존성을 갖는다. 기본적으로 앤서블에서는 ansible_port가 5985로 설정되지 않았다면 5986 포트에서 보안 HTTP(HTTPS) 연결을 설정하려고 한다.

파워셸

마이크로소프트의 파워셸PowerShell은 강력한 명령줄 인터페이스이며 닷넷.NET 프레임워크 기반의 스크립트 언어다. 그리고 로컬 환경부터 원격 접근까지 완벽한 관리용 접근 기능을 제공한다. 윈도우용 앤서블 모듈은 파워셸 스크립트로 파워셸에서 작성됐다.

 2016년에 마이크로소프트에서는 MIT 라이선스 기반의 파워셸 오픈소스를 만들었다. 맥OS와 우분투, CentOS 최신 버전에서 사용할 수 있는 소스 코드와 실행 파일은 https://github.com/PowerShell/PowerShell에서 확인할 수 있다. 2022년 초 기준으로 파워셸 안정 버전은 7.1.30이다.[1]

앤서블에서는 적어도 파워셸 버전 3 이상이 원격 머신에 존재해야 한다. 파워셸 3은 마이크로소프트 윈도우 7 서비스팩 1과 마이크로소프트 윈도우 서버 2008 서비스팩 1, 그 밖의 최신 버전에서 제공된다. 설치된 파워셸 버전을 확인하려면 다음 명령을 파워셸 콘솔에서 실행한다.

```
$PSVersionTable
```

그림 12-1과 같은 실행 결과를 확인할 수 있다.

---

1   2024년 6월초 기준 파워셸 안정 버전은 7.4.2이다. – 옮긴이

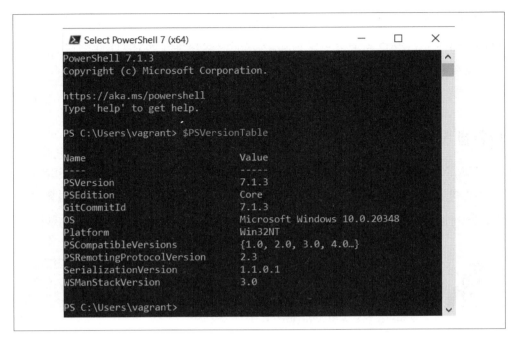

그림 12-1 파워셸 버전 확인

 앤서블을 실행하는 제어 머신에는 파워셸을 설치할 필요가 없다.

하지만 버전 3에는 버그가 존재하므로 버전 3를 어떤 이유로든 계속 사용해야 한다면 마이크로소프트에서 제공하는 최신 패치를 적용한다. 앤서블에서는 윈도우용 파워셸의 설치와 업그레이드, 설정 및 구성 과정을 단순하게 만들어 주는 스크립트(https://github.com/ansible/ansible-documentation/tree/devel/examples/scripts)를 제공한다. 이 스크립트는 개발 용도로는 문제가 없으나 상용에서는 스크립트의 보안성을 개선해야 한다.

자신의 윈도우 머신의 파워셸에서 예제 12-1의 코드를 실행하면 바로 시작해 볼 수 있다. 이 스크립트는 여러 번 실행하더라도 모두 문제없이 동작한다. 이 장에서 제공되는 예제 소스 코드를 사용하는 경우는 이 스크립트를 실행할 필요가 없다.

앤서블에서 사용할 윈도우 설정

```
[Net.ServicePointManager]::SecurityProtocol = [Net.SecurityProtocolType]::Tls12
$url = "https://gist.github.com/bbaassssiiee/9b4b4156cba717548650b0e115344337"
$file = "$env:temp\ConfigureRemotingForAnsible.ps1"
(New-Object -TypeName System.Net.WebClient).DownloadFile($url, $file)
powershell.exe -ExecutionPolicy ByPass -File $file
```

연결 구성을 테스트하려면 윈도우 호스트에서 win_ping을 통해 간단하게 핑 테스트를 한다. 리눅스에서 앤서블 ping과 마찬가지로 윈도우 핑 테스트도 ICMP 핑이 아니고 앤서블 연결을 확인하는 테스트다.

```
$ ansible windows -i inventory -m win_ping
```

예제 12-2와 같은 오류가 발생한다면 유효한 TLS/SSL 공인 인증서를 사용하거나 또는 기존에 사용한 내부 인증 기관의 신뢰 체인을 추가한다.

예제 12-2 유효하지 않은 인증서의 오류 출력 결과

```
$ ansible windows -i inventory -m win_ping
windows2022 | UNREACHABLE! => {
  "changed": false,
  "msg": "ssl: HTTPSConnectionPool(host='127.0.0.1', port=45986): Max
retries exceeded with url: /wsman (Caused by
SSLError(SSLCertVerificationError(1, '[SSL: CERTIFICATE_VERIFY_FAILED]
certificate verify failed: self signed certificate (_ssl.c:1131)')))",
  "unreachable": true
}
```

위험을 감수하고 TLS/SSL 인증서 유효성 검사를 비활성화하려면 다음 명령을 사용한다.

```
ansible_winrm_server_cert_validation: ignore
```

예제 12-3과 같은 실행 결과를 확인하게 된다면 연결 테스트가 성공한 것이다.

정상적인 연결 결과

```
$ ansible -m win_ping -i hosts windows
windows2022 | SUCCESS => {
    "changed": false,
    "ping": "pong"
}
```

WinRM을 사용한 연결에 대한 더 많은 정보는 온라인 문서(https://docs.ansible.com/ansible/latest/os_guide/windows_winrm.html)에서 확인할 수 있다.

윈도우 모듈

앤서블의 기본 윈도우 지원 기능을 활용하면 다음과 같은 작업을 수행할 수 있다.

- 윈도우 호스트에서 정보 수집

- 다양한 설치 프로그램(MSI) 설치 및 제거

- 윈도우 기능 활성화 및 비활성화

- 윈도우 서비스 시작, 중지 및 관리

- 로컬 사용자 및 그룹의 생성 및 관리

- Chocolatey 패키지 관리자를 통한 윈도우 패키지 관리

- 윈도우 업데이트 관리 및 설치

- 원격 사이트에서 파일 가져오기

- 작성한 파워셸 스크립트를 보내고 실행하기

윈도우용 모듈은 일반적으로 `win_` 접두사를 가지며, `setup` 모듈은 리눅스와 윈도우에서 모두 동작한다. 다음은 디렉터리를 만드는 간단한 예제다.

```
- name: Manage tools directory
```

```
win_file:
  path: 'C:/Tools'
  state: directory
```

앤서블을 사용해 윈도우를 관리하는 일반적인 사용 사례는 온라인 문서(https://docs.
ansible.com/ansible/latest/os_guide/windows_usage.html)에서 확인할 수 있다.

자바 개발 머신

지금까지 윈도우 머신을 살펴봤으니, 이제 윈도우 모듈 사용을 확인할 수 있는 플레이
북을 만들어 보자. 이 윈도우 머신에는 자바java 프로그래밍을 하기 위한 소프트웨어
를 설정하게 될 것이다. 최신 버전은 아니지만 관련 개념을 이해하는 데는 충분할 것
이다. Chocolatey는 윈도우용 오픈소스 패키지 관리자다. 이 관리자의 choco 명령을 사
용해 다양한 패키지를 설치하고 업데이트할 수 있으며 온라인(https://chocolatey.org/)
에서 확인할 수 있다. win_chocolatey 앤서블 모듈은 리눅스의 package 모듈과 유사
한 방식으로 사용할 수 있다. 윈도우 머신에 Chocolatey가 없는 경우에 다음과 같이
Chocolatey를 설치할 수도 있다.

```
- name: Use Chocolatey
  win_chocolatey:
    name: "chocolatey"
    state: present
```

예제 12-4에서 볼 수 있는 것처럼 소프트웨어를 설치하고 몇 가지 구성을 수행하는 단
순한 플레이북을 만들어 보자.

예제 12-4 윈도우용 플레이북

```
---
- name: Setup machine for Java development
  hosts: windows
  gather_facts: false
  vars:
```

```
    pre_tasks:
      - name: Verifying connectivity
        win_ping:
    roles:
      - role: win_config
        tags: config
      - role: win_choco
        tags: choco
      - role: win_vscode
        tags: vscode
      - role: java_developer
        tags: java
      - role: win_updates
        tags: updates
    ...
```

예제 12-4의 플레이북은 리눅스용으로 만들었던 내용과 많이 다르지 않다.

여러 운영체제용으로 롤을 만드는 것이 일반적이다. 그러한 롤의 tasks/main.yml 파일
은 다음과 같다.

```
---
# 다중 플랫폼 태스크 파일
- name: install software on Linux
  include_tasks: linux.yml
  when:
    - ansible_facts.os_family != 'Windows'
    - ansible_facts.os_family != 'Darwin'
  tags:
    - linux

- name: install software on MacOS
  include_tasks: macos.yml
  when:
    - ansible_facts.os_family == 'Darwin'
  tags:
    - mac

- name: install software on Windows
  include_tasks: windows.yml
```

```
        when: ansible_facts.os_family == 'Windows'
        tags:
          - windows
    ...
```

로컬 사용자 추가

여기서는 윈도우 사용자와 그룹을 만든다. 마이크로소프트 액티브 디렉터리^{Microsoft Active} ^{Directory}를 사용하면 이 작업을 쉽게 완료할 수 있을 것이라고 생각할 수 있다. 하지만 디렉터리 서비스에 의존하지 않고 클라우드의 어디서나 윈도우를 실행할 수 있는 기능은 일부 사용 사례에서 유용할 수 있다.

예제 12-5에서는 해당 모듈을 설명하기 위해 developers라는 그룹과 사용자를 생성한다. 좀 더 상용 환경에 가까운 앤서블 프로젝트라면 사용자와 그룹을 딕셔너리와 반복문을 통해 group_vars에 정의하고 비밀번호는 암호화된 변수에 정의하겠지만, 여기서는 읽기 편하게 간략하게 보여준다.

예제 12-5 윈도우에서 로컬 그룹과 사용자 관리

```
- name: Ensure group developers
  win_group:
    name: developers

- name: Ensure ansible user exists
  win_user:
    name: ansible
    password: '%4UJ[nLbQz*:BJ%9gV|x'
    groups: developers
    password_expired: true
    groups_action: add
```

password_expired 파라미터는 true로 설정한다. 이렇게 하면 사용자가 다음에 로그인할 때 새로운 비밀번호를 설정하도록 할 수 있다.

그룹에 대한 win_user의 기본 동작은 replace이다. 즉, 사용자가 이미 소속된 다른 모든

그룹에서 제거된다. 이 기본값을 add로 변경해 모두 제거되지 않도록 변경한다. 하지만 사용자별로 이 동작을 재설정할 수 있다.

윈도우 기능

윈도우에서는 활성화하거나 비활성화할 수 있는 다양한 기능이 제공된다. 다음과 같이 Get-WindowsFeature를 파워셸에서 실행해 전체 리스트를 가져온 후 windows_features_remove라는 이름으로 제거할 리스트를 만든다.

```
- name: Manage Features
  win_feature:
    name: "{{ item }}"
    state: absent
  loop: "{{ windows_features_remove }}"

- name: Manage IIS Web-Server with sub features and management tools
  win_feature:
    name: Web-Server
    state: present
    include_sub_features: true
    include_management_tools: true
  register: win_iis_feature

- name: Reboot if installing Web-Server feature requires it
  win_reboot:
  when: win_iis_feature.reboot_required
```

win_feature에서 반환되는 값에 따라 윈도우 재부팅이 필요할 수 있다.

Chocolatey를 사용해 소프트웨어 설치

설치된 소프트웨어를 유지 관리할 수 있게 2개의 리스트를 만든다. 이를 완료하고 나면 롤에서 다음과 같은 tasks/main.yml 파일을 사용할 수 있다.

```yaml
- name: Use Chocolatey
  win_chocolatey:
    name: "chocolatey"
    state: present

- name: Ensure absense of some packages
  win_chocolatey:
    name: "{{ uninstall_choco_packages }}"
    state: absent
    force: true

- name: Ensure other packages are present
  win_chocolatey:
    name: "{{ install_choco_packages }}"
    state: present
```

작은 패키지의 경우에는 잘 동작하지만 일부 경우에는 인터넷 연결이 원활하지 않을 수 있다. 비주얼 스튜디오 코드를 좀 더 확실하게 설치하기 위해 win_stat을 추가해 확인 후 재시도하도록 한다.

```yaml
- name: Check for vscode
  win_stat:
    path: 'C:\Program Files\Microsoft VS Code\Code.exe'
  register: vscode

- name: Install VSCode
  when: not vscode.stat.exists|bool
  win_chocolatey:
    name: "{{ vscode_distribution }}"
    state: present
  register: download_vscode
  until: download_vscode is succeeded
  retries: 10
  delay: 2

- name: Install vscode extensions
  win_chocolatey:
    name: "{{ item }}"
    state: present
```

```
with_items: "{{ vscode_extensions }}"
retries: 10
delay: 2
```

자바 설정

지금까지 Chocolatey를 사용해 소프트웨어를 설치할 수 있다는 내용은 명확해졌다. 하지만 자바 8의 경우에는 다음과 같이 좀 더 설정해야 한다.

```
- name: Install Java8
  win_chocolatey:
    name: "{{ jdk_package }}"
    state: present

- name: Set Java_home
  win_environment:
    state: present
    name: JAVA_HOME
    value: "{{ win_java_home }}"
    level: machine

- name: Add Java to path
  win_path:
    elements:
      - "{{ win_java_path }}"
```

여기서 중요한 내용은 윈도우의 환경 변수와 PATH를 설정할 수 있다는 것이다.

윈도우 업데이트

관리자가 매일 해야 하는 번거로운 작업 중 하나는 소프트웨어 보안 업데이트를 설치하는 일이다. 이러한 태스크는 어떤 관리자라도 정말 좋아하지 않는다. 이 태스크는 중요하고 필요하지만 귀찮은 작업이다. 그리고 업데이트에 문제가 생긴다면 여러 가지 문제의 원인이 되기도 한다. 따라서 운영체제 설정에서 보안 업데이트의 자동 설치를 비

```
```

활성화하고, 상용 환경에서 업데이트하기에 앞서 해당 업데이트를 확인하는 것을 권장한다.

앤서블에서는 예제 12-6에서 볼 수 있는 것처럼 간단한 태스크를 통해 소프트웨어 설치 자동화를 지원한다. 해당 머신은 필요한 경우 재부팅될 수도 있다. 따라서 모든 사용자에게 해당 시스템이 종료되기 전에 로그아웃하도록 알려준다.

예제 12-6 윈도우 업데이트

```
- name: Install critical and security updates
  win_updates:
    category_names:
      - CriticalUpdates
      - SecurityUpdates
    state: installed
  register: update_result

- name: Reboot if required
  win_reboot:
  when: update_result.reboot_required
```

앤서블을 사용하면 마이크로소프트 윈도우 호스트에 대한 관리를 리눅스와 유닉스를 관리하는 것만큼 단순하게 만들 수 있다.

요약

마이크로소프트의 WinRM은 SSH를 사용한 것처럼 빠르지는 않지만 잘 동작한다. 윈도우용 앤서블 모듈은 아주 유용하며 다른 운영체제의 모듈과 다르지 않다. 관련 커뮤니티는 아직 활성화되지 않았다. 그럼에도 불구하고 앤서블은 여러 운영체제를 관리할 수 있는 아주 단순한 IT 관리 도구다.

## 13장

앤서블과 컨테이너

도커^{Docker} 프로젝트는 2013년에 소개됐을 때부터 IT 업계를 뒤흔들었다. 커뮤니티에서 이 정도로 빠르게 수용한 기술은 없었다. 13장에서는 앤서블과 컨테이너 이미지 사이에 어떤 관련이 있는지 다룬다.

컨테이너란 무엇인가?

하드웨어 가상화에서 **하이퍼바이저**(hypervisor)라는 프로그램은 전체 물리 머신(예: 가상 CPU, 메모리, 디스크, 네트워크 인터페이스 등)를 가상화한다. 전체 물리 머신이 가상화되기 때문에 하드웨어 가상화는 유연성이 좋다. 다양한 모든 운영체제를 호스트(host)가 아닌 게스트(guest) 컴퓨터에서 실행할 수 있다. 예컨대, 윈도우 서버 2016 게스트를 레드햇 리눅스 호스트 내부에서 실행할 수 있다. 그리고 가상 머신을 물리 머신과 마찬가지로 중지하고 재시작할 수 있다. 하지만 이러한 유연성은 하드웨어의 가상화에 따른 추가적인 오버헤드를 가져온다.

컨테이너는 **OS**(운영체제) **가상화**라고 불리기도 하며, 이는 **하드웨어 가상화** 기술과 구별된다. OS 가상화(컨테이너)를 사용하면 게스트 프로세스는 운영체제에 의해 호스트와 격리된다. 게스트 프로세스는 호스트와 동일한 커널에서 실행된다. 하지만 호스트 운영체제는 게스트 프로세스가 해당 호스트와 완벽하게 격리되는 것을 보장하게 된다.

컨테이너화(containerization)는 가상화의 한 가지 형태다. 가상화를 사용해 게스트 OS에서 프로세스를 실행하면 이러한 게스트 프로세스는 물리 머신에서 실행되는 호스트 OS에서 확인할 수 없다. 게스트 프로세스에서는 최상위 접근 권한을 갖고 있는 것처럼 보이지만 해당 물리 머신의 자원에 직접 접근할 수 없다.

도커와 같은 리눅스 기반의 컨테이너 프로그램을 실행할 경우 게스트 프로세스도 리눅스 프로그램이어야 한다. 하지만 하나의 OS에서 실행되기 때문에 오버헤드는 하드웨어 가상화에 비해 아주 적다. 그리고 프로세스는 가상 머신보다 컨테이너에서 훨씬 더 빠르게 시작된다.

도커 주식회사(도커 제작사, 여기서는 회사 이름과 도커 제품 이름을 구분할 목적으로 '주식회사'를 사용함)에서는 단순히 컨테이너만 만든 것이 아니다. 도커는 컨테이너를 담는 플랫폼으로 알려져 있다. 비유를 들자면 도커의 컨테이너는 VMWare나 버추얼박스와 같은 하이퍼바이저의 가상 머신의 역할과 같다. 그 밖에 도커 주식회사에서 만든 주요 구성 요소로는 도커 이미지 형식과 도커 API가 있다.

예를 들어, 컨테이너 이미지와 가상 머신 이미지를 비교해 보자. **컨테이너 이미지**는 파일 시스템과 메타데이터가 포함된 OS를 갖는다. 가상 머신 이미지와 다른 한 가지 주요한 차이점은 컨테이너 이미지는 계층적이라는 것이다. 새로운 컨테이너 이미지를 만들기 위해 기존 컨테이너에서 자신이 원하는 파일을 추가하고 변경, 제거한다. 새로운 컨테이너 이미지에는 두 이미지 사이의 파일 시스템 차이점을 포함한, 원본 컨테이너 이미지의 참조를 포함한다. 이러한 계층적인 방식은 컨테이너 이미지가 전통적인 방식의 가상 머신 이미지보다 크기가 더 작아 인터넷을 통해 전송하는 속도가 더 빠르다. 도커 프로젝트에서는 사용 가능한 공개 이미지 레지스트리 저장소(https://hub.docker.com/)를 제공한다.

도커에서는 원격 API를 제공하며 도커와 상호 작용 가능한 서드파티 도구를 사용할 수 있다. 앤서블의 docker_* 모듈에서는 도커 원격 API를 사용한다. 이러한 앤서블 모듈을 사용해 도커 플랫폼에서 컨테이너를 관리할 수 있다. 앤서블을 사용하면 이 모든 소프트웨어의 생명주기를 관리할 수 있다(예: OS, 컨테이너 런타임, 도구, 레지스트리, 컨테이너 등).

쿠버네티스

쿠버네티스에서 동작하는 컨테이너는 일반적으로 제어 호스트에서 앤서블을 사용해 오케스트레이션하지 않고, k8s 모듈(https://docs.ansible.com/ansible/latest/collections/kubernetes/core/k8s_module.html)을 사용해 오케이스트레이션한다. 쿠버네티스 운영 SDK에서는 쿠버네티스 자원을 관리하는 세 가지 방식(Go Operators, Helm Charts, Ansible Operators)을 제공한다. 이 중에서 Helm Charts가 커뮤니티에서 가장 잘 알려져 있다. 여기서는 쿠버네티스와 앤서블에 관해 더 자세히 다루지 않는다. 쿠버네티스와 앤서블에 관심이 있다면 제프 기어링^{Jeff Geerling}이 집필한 『Ansible for Kubernetes』를 참고하기 바란다. 그리고 『Kubernetes Operators』(제이슨 도비스^{Jason Dobies}, 조슈아 우드 ^{Joshua Wood} 저, 오라일리)에서도 쿠버네티스 운영에 관해 자세히 다루고 있으니 참고한다.

컨테이너를 사용해 볼 수 있는 퍼블릭 클라우드를 찾는다면 레드햇에서 제공하는 오픈 시프트^{OpenShift} 기반 클라우드 플랫폼인 오픈시프트 온라인(https://console.redhat.com/openshift)이나 구글에서 제공하는 구글 쿠버네티스 엔진(https://console.cloud.google.com/freetrial)의 평가판을 사용할 수 있다. 이 두 플랫폼은 모두 오픈소스이므로 자신의 하드웨어에서 사용하려면 해당 하드웨어에 오픈시프트나 쿠버네티스를 배포한다. 또 다른 플랫폼에 배포하려면 베이그런트 설정에 관한 블로그 게시글(https://kubernetes.io/blog/2019/03/15/kubernetes-setup-using-ansible-and-vagrant/)을 확인한다. 그 밖의 설정은 Kubespray(https://kubernetes.io/docs/setup/production-environment/tools/kubespray/)를 사용할 수 있다.

일반적으로 중요한 상용 시스템에서는 특정 소프트웨어나 저장소의 용도로 베어 메탈이나 가상 머신을 조합한 쿠버네티스를 사용한다. 예를 들면 wire-server 설치를 위한 문서(https://docs.wire.com/how-to/install/index.html)를 참고하기 바란다. 앤서블은 하나의 공통 언어를 사용해 이러한 여러 인프라를 하나로 만드는 데 사용할 수 있는 좋은 도구다.

도커 애플리케이션 생명주기

다음은 일반적인 컨테이너 기반의 애플리케이션 생명주기에 관한 내용이다.

1. 레지스트리에서 컨테이너 베이스 이미지를 받는다(pull).

2. 자신의 로컬 머신에서 컨테이너 이미지를 자신에게 맞게 변경한다.

3. 컨테이너 이미지를 로컬 머신에서 레지스트리로 올린다(push).

4. 자신의 원격 호스트에서 레지스트리의 컨테이너 이미지를 받는다.

5. 원격 호스트에서 컨테이너를 실행한다(시작할 때 컨테이너로 구성 정보를 전달).

보통 자신의 로컬 머신이나 깃랩^{GitLab} 또는 젠킨스^{Jenkins}와 같은 컨테이너 이미지 생성을 지원하는 CI^{Continuous Integration} 시스템에서 컨테이너 이미지를 만든다. 자신의 이미지를 생성하고 나면 해당 이미지를 원격 호스트에서 쉽게 다운로드할 수 있는 어딘가에 보관한다.

레지스트리

컨테이너 이미지는 보통 **레지스트리**^{registry}에 보관된다. 도커 프로젝트에서는 공개나 비공개 컨테이너 이미지를 모두 게시할 수 있는 **도커 허브**^{Docker Hub}라는 레지스트리를 운영한다. 도커 명령줄 도구에는 레지스트리로 이미지를 올리거나 내려받는 기능이 내장되어 있다. 레드햇에서는 퀘이^{Quay}(https://quay.io/)라는 레지스트리를 운영한다. 소나타입 넥서스^{Sonatype Nexus}(https://www.sonatype.com/products/sonatype-nexus-oss)를 사용하면 온프레미스에서 레지스트리를 게시할 수 있다. 퍼블릭 클라우드 공급업체에서도 조직에서 사용할 수 있는 비공개 레지스트리를 제공할 수 있다.

자신의 컨테이너 이미지가 레지스트리에 있다면 원격 호스트로 접속해 해당 컨테이너 이미지를 내려받은 후 컨테이너를 실행한다. 이미지가 호스트에 존재하지 않는 상태에서 컨테이너를 실행하면 도커에서는 자동으로 해당 이미지를 레지스트리에서 내려받게 되므로 별도로 명령을 실행하지 않아도 된다.

앤서블과 도커

앤서블에서 컨테이너 이미지를 생성하고 해당 컨테이너를 원격 호스트에서 실행하는 경우의 애플리케이션 생명주기는 다음과 같다.

1. 컨테이너 이미지를 생성하는 앤서블 플레이북을 작성한다.
2. 자신의 로컬 머신에서 해당 플레이북을 실행한다.

3. 컨테이너 이미지를 자신의 로컬 머신에서 레지스트리로 올린다.

4. 컨테이너 이미지를 원격 호스트로 내려받고 구성 정보를 전달해 실행하는 앤서블 플레이북을 작성한다.

5. 컨테이너를 시작하는 앤서블 플레이북을 실행한다.

도커 데몬 연결

앤서블 도커 모듈은 모두 도커 데몬^{Docker daemon}과 통신한다. 리눅스나 맥OS에서 도커 데스크톱을 사용하고 있다면 모든 모듈은 다른 인자를 전달하지 않아도 동작해야 한다.

맥OS에서 Boot2Docker나 도커 머신^{Docker Machine}을 사용하거나 그 밖에 모듈을 실행하는 머신이 도커 데몬이 실행 중인 머신과 다른 경우라면 추가적인 정보를 모듈에 전달해야 도커 데몬이 실행될 수도 있다. 표 13-1에서는 모듈에 전달해야 할 인자나 환경 변수 옵션 리스트를 보여준다. 더 자세한 내용은 docker_container 모듈 문서를 참고한다.

표 13-1 도커 연결 옵션

모듈 인수	환경 변수	기본값
docker_host	DOCKER_HOST	unix://var/run/docker.sock
tls_hostname	DOCKER_TLS_HOSTNAME	localhost
api_version	DOCKER_API_VERSION	auto
cert_path	DOCKER_CERT_PATH	(없음)
ssl_version	DOCKER_SSL_VERSION	(없음)
tls	DOCKER_TLS	no
tls_verify	DOCKER_TLS_VERIFY	no
timeout	DOCKER_TIMEOUT	60(초)

Ghost 애플리케이션

이 장에서는 예제 애플리케이션을 메자닌^{Mezzanine}에서 고스트^{Ghost}로 변경한다. 고스트는 워드프레스^{WordPress}와 같은 오픈소스 블로그 플랫폼이다. 고스트 프로젝트에는 이 장에서 사용할 공식 도커 컨테이너가 포함되어 있다.

이 장에서 다루는 내용은 다음과 같다.

- 고스트 컨테이너를 로컬 머신에서 실행

- SSL이 설정된 엔진엑스 컨테이너가 앞에 배치된 고스트 컨테이너 실행

- 레지스트리에 수정한 엔진엑스 이미지 올리기^{push}

- 원격 머신에 고스트와 엔진엑스 컨테이너 배포

로컬 머신에서 도커 컨테이너 실행

docker_container 모듈에서는 도커 컨테이너를 실행하고 중단할 수 있으며, run, kill, rm 명령과 같은 도커 명령줄 도구의 일부 기능이 구현되어 있다.

도커가 로컬에 설치되어 있다고 가정하면 다음 명령에서는 고스트 이미지를 도커 레지스트리에서 내려받고 로컬에서 실행할 수 있다. 이 명령에서는 컨테이너 내부의 2368번 포트를 자신의 로컬 머신 8000번 포트와 연결해 http://localhost:8000에서 고스트에 접속할 수 있다.

```
$ ansible localhost -m docker_container -a "name=test-ghost image=ghost \
  ports=8000:2368"
```

이 명령을 처음 실행하면 도커에서 이미지를 내려받는 데 수 분의 시간이 걸린다. 내려받기가 완료되면 다음과 같이 docker ps 명령으로 실행 중인 컨테이너의 세부적인 내용을 확인할 수 있다.

```
$ docker ps --format "table {{.ID }} {{.Image}} {{.Ports}}"
```

```
CONTAINER ID IMAGE PORTS
ff728315015e ghost 0.0.0.0:8000->2368/tcp
```

해당 컨테이너를 중단하고 제거하려면 다음 명령을 실행한다.

```
$ ansible localhost -m docker_container -a "name=test-ghost state=absent"
```

docker_container 모듈에서는 여러 가지 옵션을 제공한다. 도커 명령줄 도구를 사용해 인수를 전달하는 방법을 알고 있다면 해당 모듈에서도 그와 유사한 방식을 사용할 수 있다.

Dockerfile로 이미지 생성

자신에 맞는 컨테이너 이미지를 만들 수 있는 공식적인 방법은 Dockerfile이라는 특수한 텍스트 파일을 작성하는 것이다. 이 파일은 셸 스크립트와 유사하다. 기본 고스트 이미지는 그 자체로 잘 동작하지만 접속이 안전하다는 것을 보장하려면 TLS가 구성된 웹 서버를 앞에 배치해야 한다.

엔진엑스 프로젝트에서는 기본 엔진엑스 이미지를 제공하지만 7장에서 메자닌을 구성했던 것처럼 고스트의 앞에 배치하고 TLS를 활성화하는 기능은 구성해야 한다. 예제 13-1에서는 이러한 작업에 사용하는 Dockerfile을 보여준다.

예제 13-1 Dockerfile

```
FROM nginx
RUN rm /etc/nginx/conf.d/default.conf
COPY ghost.conf /etc/nginx/conf.d/ghost.conf
```

예제 13-2에서는 고스트의 프론트엔드로 사용되는 엔진엑스 설정을 보여준다. 메자닌에서 설정한 내용과 여기서 설정한 내용의 주요한 차이점은 엔진엑스에서는 TCP 소켓(포트 2368)을 사용해 고스트와 통신하며, 메자닌의 통신은 유닉스 도메인 소켓을 사용한다는 점이다.

그 밖의 차이점은 TLS 파일이 저장된 경로가 /certs라는 점이다.

예제 13-2 ghost.conf

```
server {
    listen 80 default_server;
    listen [::]:80 default_server;
    server_name _;
    return 301 https://$host$request_uri;
}
server {
    listen 443 ssl;
    client_max_body_size 10M;
    keepalive_timeout      15;
    ssl_certificate        /certs/nginx.crt;
    ssl_certificate_key    /certs/nginx.key;
    ssl_session_cache      shared:SSL:10m;
    ssl_session_timeout    10m;
    ssl_protocols TLSv1.3;
    ssl_ciphers EECDH+AESGCM:EDH+AESGCM;
    ssl_prefer_server_ciphers on;
    location / {
        proxy_pass           http://ghost:2368;
        proxy_set_header     X-Real-IP $remote_addr;
        proxy_set_header     Host      $http_host;
        proxy_set_header X-Forwarded-Proto https;
        proxy_set_header X-Forwarded-For $proxy_add_x_forwarded_for;
    }
}
```

이 구성에서는 엔진엑스가 ghost라는 호스트 이름을 통해 고스트 서버에 연결한다고 가정한다. 이러한 컨테이너를 배포할 때, 엔진엑스 컨테이너가 고스트 컨테이너에 접근할 수 있도록 설정됐는지 반드시 확인한다. 그렇지 않으면 엔진엑스 컨테이너가 고스트 컨테이너에 접근할 수 없다.

Dockerfile과 nginx.conf 파일을 nginx 디렉터리에 두었다고 가정하면 이 태스크에서는 ansiblebook/nginx-ghost라는 이미지를 생성하게 된다. 여기서는 ansiblebook/nginx-ghost 도커 허브 저장소에 올렸기 때문에 ansiblebook/로 시작하는 경로를 사용했으나 도커 사이트(https://hub.docker.com/)에서 자신의 사용자 이름에 해당하는 경로로 시작하도록 해야 한다.

```
- name: Create Nginx image
  docker_image:
    build:
      path: ./nginx
    source: build
    name: ansiblebook/nginx-ghost
    state: present
    force_source: "{{ force_source | default(false) }}"
    tag: "{{ tag | default('latest') }}"
```

이 내용은 다음과 같이 docker images 명령을 사용해 확인할 수 있다.

```
$ docker images
REPOSITORY                 TAG       IMAGE ID       CREATED         SIZE
ansiblebook/nginx-ghost    latest    e8d39f3e9e57   6 minutes ago   133MB
ghost                      latest    e8bc5f42fe28   3 days ago      450MB
nginx                      latest    87a94228f133   3 weeks ago     133MB
```

docker_image 모듈을 호출해 이미지를 만드는 것은 해당 Dockerfile을 업데이트했다 하더라도 이미 해당 이미지 이름이 존재하는 경우라면 아무 효과가 없다. Dockerfile을 업데이트하고 다시 이미지를 만들고 싶다면 다음과 같이 force_source: true 옵션을 추가적인 변수로 설정한다.

```
$ ansible-playbook build.yml -e force_source=true
```

하지만 일반적으로 추가적인 변수로 버전 번호와 함께 tag 옵션을 추가하고 새로 빌드할 때마다 이 번호를 증가시키는 방법을 사용하는 것이 좋다. 그러면 docker_image 모듈에서 새로운 이미지를 강제로 만들도록 설정하지 않아도 된다. latest가 기본 태그 값이지만 다음과 같이 특정 버전 규칙을 사용하는 경우에는 사용할 수 없다.

```
$ ansible-playbook build.yml -e tag=v2
```

도커 레지스트리에 이미지 푸시

개별 플레이북을 사용해 이미지를 도커 허브에 올리게 된다(예제 13-3 참고). 이미지를 올리기에 전에 먼저 docker_login 모듈을 호출해 해당 레지스트리에 로그인해야 한다는 부분에 주의한다. docker_login과 docker_image 모듈은 모두 도커 허브가 기본 레지스트리다.

예제 13-3 publish.yml

```yaml
---
- name: Publish image to docker hub
  hosts: localhost
  gather_facts: false

  vars_prompt:
    - name: username
      prompt: Enter Docker Registry username
    - name: password
      prompt: Enter Docker Registry password
      private: true

  tasks:
    - name: Authenticate with repository
      docker_login:
        username: "{{ username }}"
        password: "{{ password }}"
      tags:
        - login

    - name: Push image up
      docker_image:
        name: "ansiblebook/nginx-ghost"
        push: true
        source: local
        state: present
      tags:
        - push
```

다른 레지스트리를 사용하고 싶다면 docker_login에 registry_url 옵션을 지정하고
이미지 이름 앞에 레지스트리의 호스트 이름과 포트(HTTP/HTTS 기본 포트를 사용하지
않는 경우)를 붙인다. 예제 13-4에서는 http://reg.example.com 레지스트리를 사용하
는 경우 태스크에서 변경하는 방법을 보여준다.

예제 13-4 publish.yml에서 레지스트리 변경

```
tasks:
  - name: Authenticate with repository
    docker_login:
      registry_url: https://reg.example.com
      username: "{{ username }}"
      password: "{{ password }}"
    tags:
      - login

  - name: Push image up
    docker_image:
      name: reg.example.com/ansiblebook/nginx-ghost
      push: true
      source: local
      state: present
    tags:
      - push
```

이미지를 생성하기 위한 플레이북에서는 해당 이미지의 새로운 이름(reg.example.com/
ansiblebook/nginx-ghost)을 반영하기 위해 변경할 부분이 있다는 점을 주의한다.

로컬 머신에서 여러 컨테이너 관리하기

일반적으로 여러 도커 컨테이너를 실행하고 연결하는 방식을 사용한다. 개발 과정에서
는 보통 이러한 컨테이너를 모두 로컬 머신에서 운영하며, 상용에서는 다양한 머신에서
호스팅하는 것이 일반적이다. 애플리케이션은 경우에 따라 쿠버네티스 클러스터에 배
포되기도 하지만 데이터베이스는 전용 머신에서 실행하는 경우가 많다. 동일한 머신에

서 모든 컨테이너가 운영되는 로컬 개발에서 사용할 수 있도록 도커 프로젝트에서는 **도커 컴포즈**^{Docker Compose}라는 도구를 제공하며, 이 도구를 사용하면 간편하게 컨테이너를 실행하고 연결할 수 있다. docker_compose 앤서블 모듈을 사용해 도커 컴포즈를 관리한다. 즉, 이 방법으로 서비스를 시작하고 종료한다.

예제 13-5에서는 엔진엑스와 고스트를 실행할 수 있는 docker-compose.yml 파일을 보여준다. 해당 파일에서는 TLS 인증서 파일이 포함된 디렉터리가 존재한다고 가정한다.

`예제 13-5` docker-compose.yml

```
version: '2'
services:
  nginx:
    image: ansiblebook/nginx-ghost
    ports:
      - "8000:80"
      - "8443:443"
    volumes:
      - ${PWD}/certs:/certs
    links:
      - ghost
  ghost:
    image: ghost
```

예제 13-6에서는 맞춤형 엔진엑스 이미지 파일을 만들고 자체 서명한 인증서를 생성한 후 예제 13-5에서 지정한 서비스를 시작시키는 플레이북을 보여준다.

`예제 13-6` ghost.yml

```
---
- name: Run Ghost locally
  hosts: localhost
  gather_facts: false
  tasks:
```

```
    - name: Create Nginx image
      docker_image:
        build:
          path: ./nginx
        source: build
        name: bbaassssiiee/nginx-ghost
        state: present
        force_source: "{{ force_source | default(false) }}"
        tag: "{{ tag | default('v1') }}"

    - name: Create certs
      command: >
        openssl req -new -x509 -nodes
        -out certs/nginx.crt -keyout certs/nginx.key
        -subj '/CN=localhost' -days 365
      args:
        creates: certs/nginx.crt

    - name: Bring up services
      docker_compose:
        project_src: .
        state: present
...
```

docker_compose는 애플리케이션 개발자에게 흥미로운 모듈이다. 애플리케이션을 상용
에 배포할 수 있을 정도가 되면 런타임 요구사항에 따라 쿠버네티스를 사용하게 되는
경우가 있다.

로컬 이미지 조회

docker_image_info 모듈을 사용하면 로컬에 저장된 이미지의 메타 데이터를 조회할 수
있다. 예제 13-7에서는 이 모듈을 사용해 고스트 이미지에서 노출된 포트와 볼륨을 조
회하는 플레이북 예제를 보여준다.

```
---
- name: Get exposed ports and volumes
  hosts: localhost
  gather_facts: false
  vars:
    image: ghost
  tasks:

    - name: Get image info
      docker_image_info:
        name: ghost
      register: ghost

    - name: Extract ports
      set_fact:
        ports: "{{ ghost.images[0].Config.ExposedPorts.keys() }}"

    - name: We expect only one port to be exposed
      assert:
        that: "ports|length == 1"

    - name: Output exposed port
      debug:
        msg: "Exposed port: {{ ports[0] }}"

    - name: Extract volumes
      set_fact:
        volumes: "{{ ghost.images[0].Config.Volumes.keys() }}"

    - name: Output volumes
      debug:
        msg: "Volume: {{ item }}"
      with_items: "{{ volumes }}"
...
```

실행 결과는 다음과 같다.

```
$ ansible-playbook image-info.yml
PLAY [Get exposed ports and volumes] ****************************************
TASK [Get image info] ******************************************************
ok: [localhost]
TASK [Extract ports] *******************************************************
ok: [localhost]
TASK [We expect only one port to be exposed] *******************************
ok: [localhost] ==> {
    "changed": false,
    "msg": "All assertions passed"
}
TASK [Output exposed port] *************************************************
ok: [localhost] ==> {
    "msg": "Exposed port: 2368/tcp"
}
TASK [Extract volumes] ****************************************************
ok: [localhost]
TASK [Output volumes] *****************************************************
ok: [localhost] => (item=/var/lib/ghost/content) => {
    "msg": "Volume: /var/lib/ghost/content"
}
```

docker_image_info 모듈을 사용해 이미지에 관한 중요 세부 사항을 기록한다.

도커화된 애플리케이션 배포

기본적으로 고스트에서는 SQLite를 데이터베이스로 사용한다. 하지만 이 장의 배포에서는 MySQL을 사용할 것이다.

2개의 별도 머신을 베이그런트를 사용해 구성한다. 한 머신(ghost)에서는 도커를 실행해 고스트와 엔진엑스 컨테이너를 운영하고, 다른 머신(mysql)에서는 고스트 데이터를 저장하기 위한 MySQL 서버를 실행한다.

이 예제에서는 다음 변수가 group_vars/all 파일과 같이 프론트엔드와 백엔드 머신의 범위 안에 정의되어 있다고 가정한다.

- database_name=ghost

- database_user=ghost

- database_password=mysupersecretpassword

MySQL 구성

MySQL 머신을 구성하기 위해 몇 가지 패키지를 설치한다(예제 13-8 참고).

예제 13-8 MySQL 구성

```
- name: Provision database machine
  hosts: mysql
  become: true
  gather_facts: false
  tasks:

    - name: Install packages for mysql
      apt:
        update_cache: true
        cache_valid_time: 3600
        name:
          - mysql-server
          - python3-pip
        state: present

    - name: Install requirements
      pip:
        name: PyMySQL
        state: present
        executable: /usr/bin/pip3
```

고스트 데이터베이스 배포

고스트 데이터베이스를 배포하기 위해 데이터베이스와 다른 머신에서 접속할 수 있도록 데이터베이스 사용자를 만들어야 한다. 즉, MySQL의 **bind-address**를 재설정해 네트워크를 수신할 수 있도록 하고, 핸들러를 사용해 MySQL을 재시작해 해당 설정이 변경되는 경우에만 재시작되도록 한다(예제 13-9 참고).

예제 13-9 데이터베이스 배포

```
- name: Deploy database
  hosts: database
  become: true
  gather_facts: false

  handlers:
    - name: Restart Mysql
      systemd:
        name: mysql
        state: restarted
  tasks:

    - name: Listen
      lineinfile:
        path: /etc/mysql/mysql.conf.d/mysqld.cnf
        regexp: '^bind-address'
        line: 'bind-address        = 0.0.0.0'
        state: present
      notify: Restart Mysql

    - name: Create database
      mysql_db:
        name: "{{ database_name }}"
        state: present
        login_unix_socket: /var/run/mysqld/mysqld.sock

    - name: Create database user
      mysql_user:
        name: "{{ database_user }}"
        password: "{{ database_password }}"
        priv: '{{ database_name }}.*:ALL'
        host: '%'
        state: present
        login_unix_socket: /var/run/mysqld/mysqld.sock
```

이 예제에서는 0.0.0.0을 수신하므로 사용자는 모든 머신에서 접속할 수 있다(가장 안전한 설정은 아님).

프론트엔드

프론트엔드 배포는 2개의 컨테이너(고스트와 엔진엑스)를 배포해야 하므로 더 복잡하다. 그리고 이 둘을 연결하고 구성 정보를 고스트 컨테이너로 전달해 MySQL 데이터베이스에 접속할 수 있도록 해야 한다.

도커 네트워크를 사용해 엔진엑스 컨테이너를 고스트 컨테이너와 연결되도록 할 것이다. 도커 네트워크를 사용하면 맞춤형 도커 네트워크를 만들고 컨테이너를 연결할 수 있다. 해당 컨테이너는 컨테이너 이름을 호스트 이름으로 사용해 서로 접근할 수 있다.

도커 네트워크 생성은 다음과 같이 간단하다.

```
- name: Create network
  docker_network:
    name: "{{ net_name }}"
```

네트워크 이름을 변수로 사용하는 것은 아주 합리적이다. 모든 컨테이너를 시작할 때마다 이 네트워크 이름을 참조해야 하기 때문이다. 예제 13-10에서는 플레이북이 시작되는 방식을 설명한다.

예제 13-10 고스트 배포

```
- name: Deploy Ghost
  hosts: ghost
  become: true
  gather_facts: false

  vars:
    url: "https://{{ inventory_hostname }}"
    database_host: "{{ groups['database'][0] }}"
    data_dir: /data/ghostdata
    certs_dir: /data/certs
    net_name: ghostnet
```

```
tasks:
  - name: Create network
    docker_network:
      name: "{{ net_name }}"
```

이 플레이북에서는 하나의 호스트를 가진 database라는 이름의 그룹이 있다고 가정한다. 이 정보를 사용해 database_host 변수를 채운다.

고스트 프론트엔드

npm start 명령에 production 플래그를 전달해 고스트가 상용 모드로 실행되고 MySQL 데이터베이스에 연결되도록 구성한다. 그리고 이 구성을 환경 변수로 컨테이너에 전달한다. 또한 여기서 지속적으로 생성되는 파일이 볼륨 마운트에 기록되도록 한다.

예제 13-11은 지속적인 데이터를 저장하게 될 디렉터리를 생성하고 ghostnet 네트워크에 연결된 컨테이너를 시작하는 플레이북의 일부다.

예제 13-11 고스트 컨테이너

```
- name: Create ghostdata directory
  file:
    path: "{{ data_dir }}"
    state: directory
    mode: '0750'

- name: Start ghost container
  docker_container:
    name: ghost
    image: ghost
    container_default_behavior: compatibility
    network_mode: host
    networks:
      - name: "{{ net_name }}"
    volumes:
      - "{{ data_dir }}:/var/lib/ghost/content"
    env:
```

```
    database__client: mysql
    database__connection__host: "{{ database_host }}"
    database__connection__user: "{{ database_user }}"
    database__connection__password: "{{ database_password }}"
    database__connection__database: "{{ database_name }}"
    url: "https://{{ inventory_hostname }}"
    NODE_ENV: production
```

주의할 점은 고스트 컨테이너와 통신하는 것은 엔진엑스 컨테이너밖에 없기 때문에 여기서는 포트를 공개할 필요가 없다는 것이다.

엔진엑스 프론트엔드

엔진엑스 컨테이너의 구성을 ansiblebook/nginx-ghost 이미지 생성 시 하드 코딩했다. 이 설정은 ghost:2368에 연결되도록 구성됐다.

하지만 TLS 인증서를 복사해야 한다. 따라서 이전 예제들과 마찬가지로 직접 서명한 인증서를 만든다(예제 13-12 참고).

예제 13-12 엔진엑스 컨테이너

```
- name: Create certs directory
  file:
    path: "{{ certs_dir }}"
    state: directory
    mode: '0750'

- name: Generate tls certs
  command: >
    openssl req -new -x509 -nodes
    -out "{{ certs_dir }}/nginx.crt"
    -keyout "{{ certs_dir }}/nginx.key"
    -subj "/CN={{ ansible_host }}" -days 90
  args:
    creates: certs/nginx.crt

- name: Start nginx container
  docker_container:
```

```
name: nginx_ghost
image: bbaassssiiee/nginx-ghost
container_default_behavior: compatibility
network_mode: "{{ net_name }}"
networks:
  - name: "{{ net_name }}"
pull: true
ports:
  - "0.0.0.0:80:80"
  - "0.0.0.0:443:443"
volumes:
  - "{{ certs_dir }}:/certs"
```

직접 서명한 인증서는 자신의 내부 네트워크에서 개발하는 동안에만 단기간 사용한다.
외부에 해당 웹 서비스를 배포하게 되면 공인 인증기관에서 서명한 인증서를 사용한다.

컨테이너 초기화

앤서블을 사용하면 컨테이너의 중지와 제거가 간단하기 때문에 배포 스크립트를 개발
하고 시험하기에 적합하다. 예제 13-13은 ghost 호스트를 초기화하는 플레이북이다.

예제 13-13 컨테이너 초기화

```
---
- name: Remove all Ghost containers and networks
  hosts: ghost
  become: true
  gather_facts: false
  tasks:

    - name: Remove containers
      docker_container:
        name: "{{ item }}"
        state: absent
        container_default_behavior: compatibility
      loop:
        - nginx_ghost
        - ghost
```

```
- name: Remove network
  docker_network:
    name: ghostnet
    state: absent
```

docker_container에는 cleanup 불리언 파라미터가 포함되어 있으며, 컨테이너가 실행
된 이후에 제거되도록 해준다.

요약

도커는 오랫동안 사용되고 있는 신뢰할 수 있는 기술임을 명백하게 보여줬다. 13장에서
는 앤서블 모듈을 사용해 컨테이너 이미지와 컨테이너, 네트워크를 효과적으로 관리하
는 방법을 다뤘다.

## 14장

Molecule을 사용한 품질 보증

롤을 개발하기 위해서는 테스트 인프라가 필요하다. 일회성으로 사용하는 도커 컨테이너를 사용하면 다른 사용자가 사용하는 시스템에 영향을 주지 않고 다양한 리눅스 배포판이나 리눅스 버전을 테스트할 수 있다.

Molecule은 앤서블 롤을 위한 파이썬 테스트 프레임워크다. 이 프레임워크를 사용하면 다양한 운영체제와 배포판의 인스턴스를 테스트할 수 있다. 테스트 프레임워크와 여러 테스트 시나리오를 필요한 만큼 많이 사용할 할 수 있다. Molecule은 드라이버라고 하는 플러그인 형태로 제공되는 확장 기능을 통해 다양한 가상화 플랫폼을 지원한다. 제공자용으로 제공되는 드라이버는 파이썬 라이브러리로 테스트 호스트를 관리(호스트 생성 및 제거)하는 데 사용된다.

Molecule은 이해하기 쉽고 유지 관리하기 쉽도록 잘 만들어진, 지속적으로 개발되는 롤을 사용하는 방식을 권장한다. Molecule은 2015년부터 깃허브에 오픈소스로 개발됐으며, 현재는 레드햇 프로젝트에서 앤서블의 일부분으로 커뮤니티에서 유지 관리되고 있다.

설치와 설정

Molecule은 파이썬 3.6 버전 이상과 앤서블 2.8 이상의 버전이 필요하다. 자신의 운영체제에 따라 추가적인 패키지를 설치해야 할 수도 있다. 앤서블은 직접적인 의존성은 아니지만 명령줄 도구에서 호출된다.

레드햇에서 명령은 다음과 같다.

```
# yum install -y gcc python3-pip python3-devel openssl-devel python3-libselinux
```

우분투에서는 다음과 같다.

```
# apt install -y python3-pip libssl-dev
```

필요한 의존성을 설치하고 난 후 pip에서 Molecule을 설치한다. 파이썬 가상 환경(https://github.com/ansiblebook/ansiblebook/tree/master/chapter14)에서 Molecule을 설치하는 것을 권장한다. Molecule과 파이썬 의존성을 시스템 파이썬 패키지와 격리하는 것이 중요하다. 그렇게 해야 파이썬 패키지 이슈를 관리하는 데 드는 시간과 에너지를 줄일 수 있다.

Molecule 드라이버 설정

Molecule에서는 delegated라는 드라이버만 기본적으로 제공된다. Molecule에서 컨테이너나 하이퍼바이저 또는 클라우드의 인스턴스를 관리하려면 드라이버 플러그인과 의존성을 설치해야 한다. 몇 가지 드라이버 플러그인은 pyyaml 버전 5.1 이상부터 6 미만에 의존성을 갖는다.

드라이버는 다른 파이썬 의존성과 마찬가지로 pip를 사용해 설치한다. 현재 앤서블 의존성은 컬렉션으로 묶여 있다(컬렉션에 관해서는 다음 장에서 더 자세히 다룬다). 필요한 컬렉션을 설치하려면 다음 명령을 사용한다.

```
$ ansible-galaxy collection install <컬렉션 이름>
```

Molecule은 특정 클라우드 환경으로 확장이 가능하며, 따라서 일회성 테스트 인프라를 구축하는 데 사용할 수 있다.

표 14-1에서는 Molecule 드라이버와 해당 의존성 리스트를 확인할 수 있다.

표 14-1 Molecule 드라이버

드라이버 플러그인	퍼블릭 클라우드	프라이빗 클라우드	컨테이너	파이썬 의존성	앤서블 컬렉션
molecule−alicloud	✓			ansible_alicloud ansible_alicloud_module_utils	
molecule−azure	✓				
molecule−containers			✓	molecule−docker molecule−podman	
molecule−docker			✓	docker	community.docker
molecule−digitalocean	✓				
molecule−ec2	✓			boto3	
molecule−gce	✓				google.cloud community.crypto
molecule−hetznercloud	✓				
molecule−libvirt					
molecule−linode					
molecule−lxd			✓		
molecule−openstack		✓		openstacksdk	
molecule−podman			✓		containers.podman
molecule−vagrant				python−vagrant	
molecule−vmware		✓		pyvmomi	

앤서블 롤 생성

다음 명령을 통해 롤을 생성할 수 있다.

```
$ ansible-galaxy role init my_role
```

이 명령에서는 다음과 같이 my_role 디렉터리에 파일을 생성한다.

```
my_role/
├── README.md
├── defaults
│   └── main.yml
├── files
├── handlers
│   └── main.yml
├── meta
│   └── main.yml
├── tasks
│   └── main.yml
├── templates
├── tests
│   ├── inventory
│   └── test.yml
└── vars
    └── main.yml
```

Molecule을 기존 롤 안에서 초기화하거나 시나리오를 추가하려면 다음 명령을 사용한다.

```
$ molecule init scenario -r <롤 이름> --driver-name docker s_name
```

molecule init에서는 ansible-galaxy role init을 확장하여 Molecule로 테스트하기 위한 추가 파일을 포함해 롤에서 사용하기 위한 디렉터리 트리를 생성한다. 다음 명령으로 Molecule을 실행할 수 있다.

```
$ molecule init role my_new_role --driver-name docker
```

이 명령에서는 my_new_role 디렉터리에 다음 파일을 생성한다.

```
├── README.md
├── defaults
│   └── main.yml
├── files
```

```
├── handlers
│   └── main.yml
├── meta
│   └── main.yml
├── molecule
│   └── default
│       ├── converge.yml
│       ├── molecule.yml
│       └── verify.yml
├── tasks
│   └── main.yml
├── templates
├── tests
│   ├── inventory
│   └── test.yml
└── vars
    └── main.yml
```

시나리오

이전 예제에서 default라는 하위 디렉터리를 확인할 수 있다. 이는 구문을 확인하고 린터를 실행하며 롤을 사용해 플레이북을 실행하고, 이후에 멱등성을 확인하고 검증을 실행할 수 있는 첫 번째 시나리오다. 이 모든 내용이 도커의 CentOS 8 컨테이너를 사용해 수행된다.

예를 들어, 우분투나 데비안을 사용해 테스트하려는 경우 시나리오를 추가할 수 있다. 다음 플래그를 사용하면 모든 시나리오를 다른 사나리오와 독립적으로 사용할 수 있다.

```
$ molecule test -s <시나리오_이름>
```

원하는 상태

바스는 소프트웨어를 설치하는 롤을 만들 때 보통 localhost에서 사용할 시나리오를 추가한다. molecule converge(설치용)와 molecule cleanup(제거용) 명령을 사용해 원하는 상태desired state를 테스트할 수 있다. 롤의 태스크 디렉터리에는 다음과 같은 파일이 존재할 수 있다.

- absent.yml
- main.yml
- present.yml

main.yml은 단순히 다음과 같은 `desired_state` 변수의 설정에 따라 absent와 present 파일에서 참조하는 진입점이다.

```
---
- name: "Desired state is {{ desired_state }}"
  include_tasks: "{{ desired_state }}.yml"
...
```

Molecule 시나리오 구성

molecule/s_name/molecule.yml 파일은 시나리오에서 사용하는 드라이버와 Molecule 구성에 사용한다.

쓸모 있는 세 가지 구성 예시를 살펴보자. 가장 간단한 예제(예제 14-1)는 `delegated` 드라이버로 테스트하기 위해 localhost를 사용한다. 여기서 한 가지 해야 할 일은 SSH를 사용해 로그인할 수 있는지 확인하는 것이다. 기존 인벤토리와 함께 `delegated` 드라이버를 사용할 수 있다.

예제 14-1 delegated 드라이버

```
---
dependency:
  name: galaxy
  options:
    role-file: requirements.yml
    requirements-file: collections.yml
driver:
  name: delegated
lint: |
```

```
  set -e
  yamllint .
  ansible-lint
platforms:
  - name: localhost
provisioner:
  name: ansible
verifier:
  name: ansible
```

이 예제에서 볼 수 있듯이 Molecule에서는 필요한 롤과 컬렉션을 dependency 단계에서 설치할 수 있다. 온프레미스 환경에서 작업하는 경우 인증서를 무시하는 옵션을 설정할 수 있지만 올바른 인증서를 사용할 시점에는 그렇게 설정하지 않아야 한다.

가상 머신 관리

Molecule은 컨테이너와 함께 아주 잘 동작하지만 윈도우 머신을 대상으로 하는 경우와 같은 일부 시나리오에서는 가상 머신을 사용해야 할 수도 있다. 파이썬으로 작업하는 데이터 과학자는 보통 파이썬이나 그 밖의 라이브러리 패키지 관리자로 콘다^{Conda}를 사용한다. 다양한 운영체제에서 미니콘다^{Miniconda}(https://docs.conda.io/projects/miniconda/en/latest/)를 설치하기 위한 롤을 테스트하려면, 별도의 molecule.yml 파일로 윈도우 대상 시나리오를 생성할 수 있다.

예제 14-2에서는 vagrant 드라이버를 사용해 버추얼박스의 윈도우 VM을 시작한다.

예제 14-2 베이그런트 버추얼박스의 윈도우 머신

```
---
driver:
  name: vagrant
  provider:
    name: virtualbox
lint: |
  set -e
  yamllint .
  ansible-lint
```

```
platforms:
  - name: WindowsServer2016
    box: jborean93/WindowsServer2016
    memory: 4069
    cpus: 2
    groups:
      - windows
provisioner:
  name: ansible
  inventory:
    host_vars:
      WindowsServer2016:
        ansible_user: vagrant
        ansible_password: vagrant
        ansible_port: 55986
        ansible_host: 127.0.0.1
        ansible_connection: winrm
        ansible_winrm_scheme: https
        ansible_winrm_server_cert_validation: ignore
verifier:
  name: ansible
```

이 예제의 버추얼박스 이미지는 조던 보리안이 만들었으며 패커^{Packer}를 통해 이미지를 만드는 과정을 블로그(https://www.bloggingforlogging.com/2017/11/23/using-packer-to-create-windows-images/)에 올렸다.

컨테이너 관리

Molecule에서는 클러스터 설정을 평가할 수 있는 도커의 컨테이너용 네트워크를 만들 수 있다. 레디스^{Redis}는 오픈소스이며 인메모리 데이터 구조의 저장소로서 데이터베이스와 캐시, 메시지 브로커로 사용된다. 레디스에서는 문자열, 해시, 리스트, 집합^{set}, 범위 쿼리가 가능한 정렬된 집합, 비트맵, 하이퍼로그^{hyperlog}, 지리 공간^{geospatial} 인덱스, 스트림과 같은 데이터 구조를 제공한다. 앤서블 팩트용 캐시와 대규모 애플리케이션에서 잘 동작한다. 예제 14-3에서는 그림 14-1에서 보여주는 것처럼 docker 드라이버를 사용해 CentOS 7에서 동작하는 레디스 센티넬^{Redis Sentinel} 클러스터를 시뮬레이션한다.

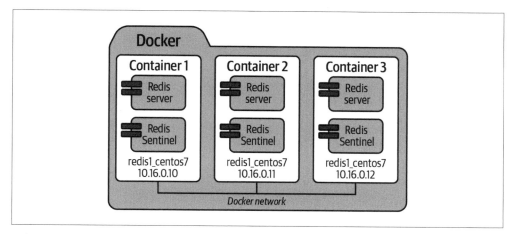

그림 14-1 docker 드라이버를 사용한 CentOS 7에서 레디스 센티널 클러스터 시뮬레이션

이러한 클러스터에서는 서로를 감시하는 여러 개의 레디스 인스턴스를 실행한다. 만약 메인 인스턴스가 다운되면 또 다른 인스턴스가 메인 인스턴스로 선출된다.

예제 14-3 도커의 레디스 클러스터

```
---
dependency:
  name: galaxy
driver:
  name: docker
lint: |
  set -e
  yamllint .
  ansible-lint
platforms:
  - name: redis1_centos7
    image: milcom/centos7-systemd
    privileged: true
    groups:
      - redis_server
      - redis_sentinel
    docker_networks:
      - name: 'redis'
        ipam_config:
```

```
          - subnet: '10.16.0.0/24'
    networks:
      - name: "redis"
        ipv4_address: '10.16.0.10'
  - name: redis2_centos7
    image: milcom/centos7-systemd
    privileged: true
    groups:
      - redis_server
      - redis_sentinel
    docker_networks:
      - name: 'redis'
        ipam_config:
          - subnet: '10.16.0.0/24'
    networks:
      - name: "redis"
        ipv4_address: '10.16.0.11'
  - name: redis3_centos7
    image: milcom/centos7-systemd
    privileged: true
    groups:
      - redis_server
      - redis_sentinel
    docker_networks:
      - name: 'redis'
        ipam_config:
          - subnet: '10.16.0.0/24'
    networks:
      - name: "redis"
        ipv4_address: '10.16.0.12'
provisioner:
  name: ansible
verifier:
  name: ansible
```

molecule converge를 롤 디렉터리에서 실행하면 도커에서 클러스터가 생성되고 레디스 소프트웨어가 설치되고 구성되는 과정을 볼 수 있다.

Molecule 명령

Molecule은 하위 명령을 가진 명령이다. 이러한 명령을 통해 QA의 일부분을 수행한다. 표 14-2에서는 모든 명령의 목적을 나열했다.

표 14-2 Molecule 하위 명령

명령	목적
check	프로비저너를 사용해 드라이런을 실행한다(destroy, dependency, create, prepare, converge).
cleanup	프로비저너를 사용해 테스트 단계에서 외부 시스템에 가한 변경사항을 정리한다.
converge	프로비저너를 사용해 인스턴스를 구성한다(dependency, create, prepare, converge).
create	프로비저너를 사용해 인스턴스를 시작한다.
dependency	롤의 의존성을 관리한다.
destroy	프로비저너를 사용해 인스턴스를 파기한다.
drivers	사용 가능한 드라이버를 나열한다.
idempotence	프로비저너를 사용해 인스턴스를 구성하고 출력 결과를 파싱하여 멱등성을 확인한다.
init	새로운 롤이나 시나리오를 초기화한다.
lint	롤을 린트한다(dependency, lint).
list	인스턴스의 상태를 나열한다.
login	인스턴스에 로그인한다.
matrix	인스턴스를 테스트하는 데 사용되는 단계 매트릭스를 나열한다.
prepare	프로비저너를 사용해 인스턴스를 특정 시작 상태로 준비한다.
reset	Molecule의 임시 폴더를 재설정한다.
side-effect	프로비저너를 사용해 인스턴스에 부수적인 효과를 수행한다.
syntax	프로비저너를 사용해 롤의 구문을 검사한다.
test	테스트의 매트릭스를 실행한다.
verify	인스턴스에 대한 자동화된 테스트를 실행한다.

적절한 앤서블 롤을 얻기 위해 molecule converge를 여러 번 실행해 시작하는 것이 일반적이다. converge는 molecule init에서 생성된 converge.yml 플레이북을 실행

한다. 롤에 먼저 실행되어야 하는 롤과 같은 사전조건이 존재한다면 prepare.yml 플레이북을 생성해 개발 시간을 절약하는 것이 좋다. `delegated` 드라이버를 사용하는 경우 cleanup.yml 플레이북을 만들어야 한다. 이러한 추가적인 플레이북은 각각 `molecule prepare`와 `molecule cleanup`을 사용해 호출할 수 있다.

린트

린트[lint]는 해당 코드가 실행되기 이전에 잠재적인 오류 코드를 분석하는 프로그램 실행 절차다. 앤서블의 콘텐츠는 여러 수준에서 분석될 수 있다. `ansible-playbook` 명령에는 `--syntax-check` 옵션이 있으며, YAML 형식과 모범 사례 적용, 좋은 코드 스타일을 검토해 주는 다양한 프로그램이 존재한다. Molecule에서는 이러한 모든 린터를 한 번에 실행할 수 있다. 코드 품질과 검증에 관심이 있다면 `molecule lint`의 이러한 구성은 아주 유용하다.

```
lint: |
  set -e
  yamllint .
  ansible-lint
  ansible-later
```

YAMLlint

YAMLlint에서는 YAML 파일의 문법 구문 검증뿐만 아니라 행의 길이나, 뒤쪽 여백, 들여쓰기 등의 가독성 문제나 키 반복과 같이 이상해 보이는 부분까지 확인해 준다. YAMLlint는 일관성 있는 YAML 파일을 생성하는 데 도움을 주며 코드를 공유할 때 아주 유용하다. 일반적으로 이러한 부분에 사용하기 위해 .yamllint라는 설정 파일을 만들며 이 파일은 다른 린터에서도 잘 동작한다(예제 14-4 참고).

예제 14-4 YAMLlint 설정 파일(.yamllint)

```
---
```

```
extends: default
rules:
  braces:
    max-spaces-inside: 1
    level: error
  document-start: enable
  document-end: enable
  key-duplicates: enable
  line-length: disable
  new-line-at-end-of-file: enable
  new-lines:
    type: unix
  trailing-spaces: enable
  truthy: enable
...
```

이러한 룰은 활성화하거나 비활성화할 수 있다. 하지만 적어도 YAMLlint의 기본 설정을 따르길 권장한다.

ansible-lint

ansible-lint는 윌 테임즈[Will Thames]가 만든 앤서블용 정적 분석 도구다. 이 도구에서는 플레이북에서 잠재적으로 개선될 수 있는 부분을 검사한다. 파이썬 스크립트로 구현된 룰이 포함된 디렉터리를 사용한다. 특정 동작을 확인하려면 룰이 포함된 추가적인 디렉터리를 직접 프로그래밍할 수도 있다.

플레이북을 검사하기 위해 해당 플레이북의 파일 이름을 인수로 사용해 ansible-lint 명령을 실행한다. 예제 14-5를 실행하려면 다음과 같다.

```
$ ansible-lint lintme.yml
```

예제 14-5 lintme.yml

```
---
- name: Run ansible-lint with the roles
  hosts: all
```

```
  gather_facts: true
  become: yes
  roles:
    - ssh
    - miniconda
    - redis
```

ansible-lint를 예제 14-5와 함께 실행하면 다음과 같은 출력 결과를 볼 수 있다.

```
WARNING Listing 3 violation(s) that are fatal
yaml: truthy value should be one of [false, true] (yaml[truthy])
lintme.yml:6

yaml: missing document end "..." (yaml[document-end])
lintme.yml:14

yaml: too many blank lines (3> 0) (yaml[empty-lines])
lintme.yml:14

You can skip specific rules by adding them to your configuration file:
# .config/ansible-lint.yml
skip_list:
  - yaml # Violations reported by yamllint.

Finished with 3 failure(s), 0 warning(s) on 22 files.
```

일반적으로 발생하는 모든 이슈를 수정하는 것이 좋다. 그러면 앤서블 코드를 좀 더 쉽
게 유지 관리할 수 있다.[1] ansible-lint는 깃허브의 앤서블 커뮤니티에서 유지 관리
한다.

ansible-later

ansible-later는 앤서블 롤과 플레이북에서 사용할 수 있는 모범 사례를 찾아주는
또 다른 도구다. 이 도구는 윌 테임즈의 또 다른 프로젝트(폐기된 프로젝트)인 ansible-
review에서 포크fork됐다. 이 도구의 장점은 코드 스타일 가이드라인(https://ansible-

---

1   추가적인 대안으로, .ansible-lint 파일의 skip_list를 관리할 수 있다.

later.geekdocs.de/included_rules/)을 강제로 따르도록 할 수 있다는 점이다. 이러한 방법으로 모든 유지 관리 담당자가 앤서블 롤을 좀 더 잘 이해할 수 있게 해주고 트러블슈팅 시간을 줄여준다. 예제 14-6과 같이 최상위 디렉터리의 .later.yml 파일을 사용해 호환되도록 구성한 경우 `ansible-later`는 YAMLlint와 `ansible-lint`를 보완해 준다.

예제 14-6 `ansible-later` 설정 파일(.later.yml)

```
---
ansible:
  # 사용 중인 사용자 정의 앤서블 모듈의 이름 추가
  custom_modules: []
  # yamllint와 호환되는 리터럴 불리언 목록(ANSIBLE0014)
  literal-bools:
    - "true"
    - "false"
...
```

검증 도구

검증 도구는 플레이북의 롤 실행이 성공했는지 확인하는 도구다. 앤서블의 모든 모듈이 테스트됐는지 알 수는 있지만 롤의 결과는 알 수 없다. 이러한 결과를 검증하는 데 테스트 자동화를 사용하는 것은 좋은 실천 방법이다. 다음은 Molecule과 함께 사용할 수 있는 세 가지 검증 도구다.

앤서블Ansible

기본 검증 도구

고스Goss

YAML 명세서 기반의 서드파티 검증 도구

테스트인프라TestInfra

파이썬 테스트 프레임워크

고스와 테스트인프라 검증 도구에서는 molecule 시나리오의 tests 하위 디렉터리에 있는 파일을 사용한다. 고스에서는 test_default.yaml 파일을 사용하고, 테스트인프라에서는 test_default.py 파일을 사용한다.

앤서블

실행이 완료된 후 verify.yml이라는 플레이북을 사용해 수렴^{converge}과 멱등성^{idempotence} 단계의 결과를 확인할 수 있다. `wait_for`, `package_facts`, `service_facts`, `uri`, `assert` 같은 앤서블 모듈을 사용해 실행 결과를 테스트한다. 그렇게 하기 위해 다음과 같은 명령을 사용한다.

```
$ molecule verify
```

고스

고스는 아메드 엘사바히^{Ahmed Elsabbahy}가 만든 YAML 기반 프로그램(https://github.com/goss-org/goss/blob/master/README.md)으로, 서버 검증을 빠르고 쉽게 수행할 수 있다. 고스에서 어떤 것을 검증할 수 있는지 확인하기 위해 예제 14-7의 SSH용 test_sshd.yml 파일을 살펴보자. 이 파일에서는 SSH 서비스 동작 여부와 재부팅 이후에 활성화 여부, TCP 22번 포트를 수신 대기하고 있는지 여부, 호스트 키의 속성 등을 확인한다.

예제 14-7 SSH 서버용 고스 파일

```
---
file:
  /etc/ssh/ssh_host_ed25519_key.pub:
    exists: true
    mode: '0644'
    owner: root
    group: root
    filetype: file
    contains:
      - 'ssh-ed25519 '
```

```
    port:
      tcp:22:
        listening: true
        ip:
          - 0.0.0.0
    service:
      sshd:
        enabled: true
        running: true
    user:
      sshd:
        exists: true
        uid: 74
        gid: 74
        groups:
          - sshd
        home: /var/empty/sshd
        shell: /sbin/nologin
    group:
      sshd:
        exists: true
    process:
      sshd:
        running: true
```

명령줄에서 이 파일을 사용해 서버 설정을 확인하는 고스를 실행하면 다음과 같은 결과를 확인할 수 있다.

```
$ /usr/local/bin/goss -g /tmp/molecule/goss/test_sshd.yml v -f tap
1..18
ok 1 - Group: sshd: exists: matches expectation: [true]
ok 2 - File: /etc/ssh/ssh_host_ed25519_key.pub: exists: matches expectation:
[true]
ok 3 - File: /etc/ssh/ssh_host_ed25519_key.pub: mode: matches expectation:
["0644"]
ok 4 - File: /etc/ssh/ssh_host_ed25519_key.pub: owner: matches expectation:
["root"]
ok 5 - File: /etc/ssh/ssh_host_ed25519_key.pub: group: matches expectation:
["root"]
```

```
ok 6 - File: /etc/ssh/ssh_host_ed25519_key.pub: filetype: matches expectation:
["file"]
ok 7 - File: /etc/ssh/ssh_host_ed25519_key.pub: contains: all expectations found:
[ssh-ed25519 ]
ok 8 - Process: sshd: running: matches expectation: [true]
ok 9 - User: sshd: exists: matches expectation: [true]
ok 10 - User: sshd: uid: matches expectation: [74]
ok 11 - User: sshd: gid: matches expectation: [74]
ok 12 - User: sshd: home: matches expectation: ["/var/empty/sshd"]
ok 13 - User: sshd: groups: matches expectation: [["sshd"]]
ok 14 - User: sshd: shell: matches expectation: ["/sbin/nologin"]
ok 15 - Port: tcp:22: listening: matches expectation: [true]
ok 16 - Port: tcp:22: ip: matches expectation: [["0.0.0.0"]]
ok 17 - Service: sshd: enabled: matches expectation: [true]
ok 18 - Service: sshd: running: matches expectation: [true]
```

고스와 Molecule을 통합하려면 pip를 사용해 **molecule-goss**를 설치하고 다음과 같이 시나리오를 만든다.

```
$ molecule init scenario -r ssh \
    --driver-name docker \
    --verifier-name goss goss
```

여러분 롤의 molecule/goss/tests/ 하위 디렉터리에 고스 YAML 파일을 만든다. 이 방법으로 운영 환경에 자동화된 테스트를 빠르고 확실하게 도입할 수 있다.

테스트인프라

고급 테스트 요구사항이 있다면 파이썬 기반 테스트 프레임워크가 유용할 수 있다. 테스트인프라를 사용하면 단위 테스트를 파이썬으로 작성해 자신의 앤서블에서 구성한 서버의 실제 상태를 확인할 수 있다. 테스트인프라는 퍼핏[Puppet]으로 관리하는 시스템을 테스트하는 프레임워크로 인기를 얻은 루비 기반의 ServerSpec을 지향하는 파이썬 프레임워크다.

테스트인프라를 검증 도구로 사용하려면 먼저 다음과 같이 설치한다.

```
$ pip install pytest-testinfra
```

다음과 같이 시나리오를 만든다.

```
$ molecule init scenario -r ssh \
    --driver-name docker \
    --verifier-name testinfra testinfra
```

테스트인프라를 사용해 SSH 서버용 테스트 스위트를 만들기 위해서는 molecule/testinfra/tests/test_default.py 파일을 만들고 예제 14-8의 코드를 추가한다. 라이브러리를 추가한 후 testinfra_hosts를 얻기 위해 Molecule 인벤토리를 호출한다.

각 호스트는 차례대로 openssh-server 패키지와 sshd 서비스, ed25519 호스트 키를 포함한 파일, 적절한 사용자와 그룹의 존재 여부에 대해 테스트가 진행된다.

예제 14-8 SSH 서버용 테스트인프라 파일

```
import os
import testinfra.utils.ansible_runner

testinfra_hosts = testinfra.utils.ansible_runner.AnsibleRunner(
    os.environ["MOLECULE_INVENTORY_FILE"]
).get_hosts("all")

def test_sshd_is_installed(host):
    sshd = host.package("openssh-server")
    assert sshd.is_installed

def test_sshd_running_and_enabled(host):
    sshd = host.service("sshd")
    assert sshd.is_running
    assert sshd.is_enabled

def test_sshd_config_file(host):
    sshd_config = host.file("/etc/ssh/ssh_host_ed25519_key.pub")
    assert sshd_config.contains("ssh-ed25519 ")
    assert sshd_config.user == "root"
    assert sshd_config.group == "root"
```

```
    assert sshd_config.mode == 0o644

def test_ssh_user(host):
    assert host.user("sshd").exists

def test_ssh_group(host):
    assert host.group("ssh").exists
```

생각하는 것처럼 파이썬을 사용할 수 있다면 서버를 확인할 수 있는 많은 가능성을 갖게 된다. 테스트인프라에서는 일반적인 경우의 테스트를 제공해 작업량을 줄여준다.

요약

앤서블 사용자라면 Molecule은 자신의 도구상자에 추가하면 좋은 도구다. 이 도구를 사용하면 일관성이 있으며 작성과 이해가 쉽고, 테스트 및 유지 관리가 용이한 롤을 개발하는 데 도움이 된다.

## 15장

컬렉션

컬렉션collection은 앤서블 콘텐츠 배포 형식이다. 일반적인 컬렉션은 연관이 있는 사용 사례의 모음이다. 예를 들어, cisco.ios 컬렉션에서는 Cisco iOS 기기의 관리를 자동화한다. 15장에서는 앤서블 콘텐츠 컬렉션을 간단히 컬렉션이라고 부른다. 이 컬렉션은 자동화 배포와 유지 관리 및 사용의 새로운 표준이다. 컬렉션은 앤서블 콘텐츠의 패키지 형식이라고 생각할 수 있다. 컬렉션에서는 플레이북, 롤, 모듈, 플러그인과 같은 유형의 여러 앤서블 콘텐츠를 결합해 유연성과 확장성을 크게 향상한다.

일반적으로 모듈 제작자는 모듈을 다음 배포 버전에 포함하거나 그렇지 않으면 롤에 추가해야 했다. 이는 모듈의 사용이나 관리를 더욱 어렵게 만들었다. 하지만 이제는 앤서블 프로젝트에서 앤서블 실행 파일을 대부분의 콘텐츠에서 분리함에 따라 고품질의 앤서블 배포 버전이 컬렉션 배포와 독립적으로 좀 더 빠르게 공급될 수 있게 됐다.

앤서블 컬렉션에 모듈을 포함시켜 롤과 문서를 제공함으로써 사용의 장벽을 제거해 모듈 제작자는 컬렉션의 수요에 빠르게 대응할 수 있게 됐다. 즉, 공급업체가 앤서블의 배포와 상관없이 기존 또는 신규 제품과 서비스의 새로운 기능을 출시하고 자동화할 수 있음을 의미한다.

누구나 컬렉션을 만들고 앤서블 갤럭시Ansible Galaxy나 사설 오토메이션 허브Automation Hub 인스턴스에 게시할 수 있다. 레드햇 파트너는 공인된 컬렉션을 레드햇 앤서블 오토메이션 플랫폼Red Hat Ansible Automation Platform의 일부인 레드햇 오토메이션 허브Red Hat Automation Hub에 배포할 수 있다. 이는 앤서블 콘텐츠 컬렉션이 이제 완벽하게 지원됨을 의미한다.

고백

지금까지 이 책에서는 학습을 용이하게 하기 위해 모든 모듈 이름을 하나의 단어로 작성했다. 그러나 이 방법은 네임스페이스를 고려하지 않은 것이다. 네임스페이스는 소유자나 유지보수 담당자와 그들의 컬렉션을 구별하는 데 사용된다. 모듈 이름이 아주 구체적이어서 찾아보기가 쉽기 때문에 플레이북에서 완전히 정규화된 컬렉션 이름(FQCN, Fully Qualified Collection Name)을 사용하는 것이 합리적이다('group'과 'ansible.builtin.group'을 구글 검색해 보면 알 수 있다).

따라서 다음과 같이 사용하지 않고

```
- name: create group members
  group:
    name: members
```

다음과 같이 namespace.collection.module 표기법을 사용한다.

```
- name: create group members
  ansible.builtin.group:
    name: members
```

ansible.builtin을 사용하는 것은 조금 어색할 수 있지만, 컬렉션을 사용할 때 이름의 충돌을 피할 수 있다.

collections 키워드를 사용하면 롤이나 플레이북에서 모듈과 액션 이름의 단축형을 검색하는 컬렉션 리스트를 정의할 수 있다. 따라서 다음과 같이 collections 키워드를 사용하고, 롤이나 플레이북에서 단축형 이름을 사용해 모듈과 액션 플러그인을 참조할 수 있다.

```
# myrole/meta/main.yml
collections:
  - my_namespace.first_collection:version
```

컬렉션을 전체 앤서블 버전이 설치된 곳에 함께 설치하고 필요한 경우 자신이 설치한 버전으로 기존 컬렉션을 덮어쓴다.

컬렉션 설치

앤서블 갤럭시에서 `ansible-galaxy` 명령을 통해 컬렉션을 찾아서 다운로드할 수 있다. 기본적으로 `ansible-galaxy collection install`에서는 갤럭시 서버의 경로로

https://galaxy.ansible.com을 참조하지만 다음과 같이 비공개 깃 저장소에도 롤과 컬렉션을 저장할 수 있다.

```
$ ansible-galaxy collection install my_namespace.my_collection
```

다음과 같이 권장되는 보안 관련 컬렉션과 롤이 열거된 requirements.yml 파일을 ansible-galaxy 명령의 입력값으로 사용할 수 있다.

```
$ ansible-galaxy install -r requirements.yml
```

기본적으로 이 명령에서는 전역으로 컬렉션을 설치하게 된다. 위치는 다음과 같으며 자신의 홈 디렉터리의 하위 디렉터리다.

$HOME/.ansible/collections/ansible_collections

다른 곳에 설치하려면 ansible.cfg의 collections_paths를 구성한다. 컬렉션 디렉터리는 playbook.yml이 있는 프로젝트 내부에 설치하는 것이 좋다.

예제 15-1에서는 2개의 리스트(롤과 컬렉션)가 있는 requirements.yml 파일 형식을 보여준다.

예제 15-1 requirements.yml

```
---
roles:
  - src: leonallen22.ansible_role_keybase
    name: keybase
  - src: https://github.com/dockpack/base_tailscale.git
    name: tailscale
collections:
  - check_point.gaia
  - check_point.mgmt
  - cyberark.conjur
  - cyberark.pas
  - fortinet.fortios
  - ibm.isam
  - junipernetworks.junos
```

```
  - paloaltonetworks.panos
...
```

컬렉션 리스트

컬렉션을 설치하고 첫 번째로 해야 할 작업은 다음과 같이 별도로 설치한 컬렉션과 기존에 설치한 앤서블에 설치된 컬렉션을 확인하는 것이다.

```
$ ansible-galaxy collection list
```

이 리스트에는 백 개가 넘는 항목이 포함되어 있지만 앤서블에서는 기본적으로 포함되는 항목이다. 컬렉션에 포함된 모듈을 확인하기 위해 다음 명령을 실행한다.

```
$ ansible-doc -l namespace.collection
```

앤서블 컬렉션은 확장할 수 있다. 내용이 너무 많다고 생각되면 ansible-core와 정말 필요한 컬렉션을 설치한다.

플레이북에서 컬렉션 활용

컬렉션에서는 플레이북과 롤, 모듈, 플러그인을 패키징하고 배포할 수 있다. 설치한 컬렉션의 모듈에 의존성이 존재한다면 자신의 플레이북에서 모듈을 사용할 때 FQCN을 사용하는 것이 좋다. 예를 들면, file이 아닌 ansible.builtin.file을 사용하는 것이다. 사용자 정의 컬렉션을 사용한다면 예제 15-2와 같이 collections 키워드를 플레이북의 맨 앞에 사용해 자신이 사용하는 컬렉션을 명확하게 선언한다.

예제 15-2 컬렉션 플레이북

```
---
- name: Collections playbook
  hosts: all
  collections:
```

```
    - our_namespace.her_collection
  tasks:
    - name: Using her module from her collection
      her_module:
        option1: value

    - name: Using her role from her collection
      import_role:
        name: her_role

    - name: Using lookup and filter plug-ins from her collection
      debug:
        msg: '{{ lookup("her_lookup", "param1") | her_filter }}'

    - name: Create directory
      become: true
      become_user: root
      ansible.builtin.file:
        path: /etc/my_software
        state: directory
        mode: '0755'
...
```

실제로 컬렉션을 사용하면 '언어에 새로운 단어를 추가'하는 것처럼 앤서블을 확장할 수 있으며, 실제로 필요한 컬렉션만 사용해 ansible-core를 실행할 수 있다.

컬렉션 개발

컬렉션은 단순하고 예측 가능하며 직관적으로 정의할 수 있는 데이터 구조를 갖고 있다. ansible-galaxy 명령줄 도구는 컬렉션을 관리하기 위해 업데이트되며, 롤을 생성 및 사용, 관리를 위해 사용되는 기능과 동일한 기능을 제공한다. 예를 들면, ansible-galaxy collection init은 다음과 같이 새로운 사용자가 만든 컬렉션의 시작점을 생성하기 위해 사용할 수 있다.

$ **ansible-galaxy collection init** *a_namespace.the_bundle* ansiblebook 네임스페이스 하위에 **the_bundle**이라는 컬렉션을 만들면 해당 디렉터리 구조는 다음과 같이 생성된다.

```
ansiblebook/
└── the_bundle
    ├── README.md
    ├── docs
    ├── galaxy.yml
    ├── plugins
    │   └── README.md
    └── roles
```

이 컬렉션의 메타 데이터는 galaxy.yml(예제 15-3 참고) 파일에 저장된다. 이 파일에는 해당 저장소와 문서, 이슈 트래커에 대한 링크가 포함된다. 태그는 https://galaxy.ansible.com을 검색할 때 사용하는 용어다. **build_ignore**는 빌드 결과물에서 파일을 필터링하는 데 사용된다.

예제 15-3 galaxy.yml 예시

```
namespace: community
name: postgresql
version: 2.1.3
readme: README.md
authors:
  - Ansible PostgreSQL community
description: null
license_file: COPYING
tags:
  - database
  - postgres
  - postgresql
repository: https://github.com/ansible-collections/community.postgresql
documentation: https://docs.ansible.com/ansible/latest/collections/community/
postgresql
homepage: https://github.com/ansible-collections/community.postgresql
issues: https://github.com/ansible-collections/community.postgresql/issues
build_ignore:
  - .gitignore
```

```
- changelogs/.plugin-cache.yaml
- '*.tar.gz'
```

컬렉션을 배포하기 위한 개발자 가이드 문서(https://docs.ansible.com/ansible/latest/dev_guide/developing_collections_distributing.html)에서 배포 요구사항과 과정에 대한 상세한 정보를 확인할 수 있다.

자신의 컬렉션을 배포하고 다른 사람이 사용할 수 있도록 자신의 컬렉션을 하나 이상의 배포 서버에 배포할 수 있다. 배포 서버는 앤서블 갤럭시와 공인 레드햇 파트너에서 제공하는 레드햇 오토메이션 허브와 사설 오토메이션 허브를 포함한다(23장 참고).

컬렉션 배포는 앤서블 갤럭시의 롤과 마찬가지로 소스 코드가 아닌 압축된 아카이브 파일^{tarball} 기반이다. tag.gz 형식은 온프레미스에서 더 사용하기 적합하다. 압축 파일은 다음 명령을 통해 컬렉션에서 만들어진다.

```
$ ansible-galaxy collection build
```

다음과 같이 로컬에서 설치하고 테스트한다.

```
$ ansible-galaxy collection install \
    a_namespace-the_bundle-1.0.0.tar.gz \
    -p ./collections
```

이제 마지막으로 해당 컬렉션을 다음과 같이 배포할 수 있다.

```
$ ansible-galaxy collection publish path/to/a_namespace-the_bundle-1.0.0.tar.gz
```

요약

컬렉션은 앤서블 프로젝트의 성숙도를 높이는 데 중요한 역할을 했다. '배터리 포함'을 통해 기본 기능을 갖춘 상태로 제공되는 앤서블 프로젝트는 시간이 지나면서 수많은 개발자가 유지 관리하기 어려운 것으로 나타났다. 이제는 적절한 네임스페이스와 역할의 분리 그리고 여러 제공자^{vender}가 레드햇 생태계에 참여하면서 커뮤니티의 혁신에 충분한 공간이 마련되어 앤서블을 통한 중요 IT 자동화 작업에 대한 사용자의 신뢰가 회복될 것이다. 컬렉션과 롤, 파이썬 라이브러리 등의 의존성을 잘 관리한다면 자신감을 가지고 자동화를 할 수 있다.

## 16장

이미지 생성

패커로 이미지 생성

패커Packer는 하나의 소스에서 다양한 플랫폼을 지원하는 머신 이미지를 만드는 데 사용할 수 있는 도구다. 가상 머신 이미지와 컨테이너 이미지 모두 패커를 통해 만들 수 있다.

Dockerfile을 통해 다양한 환경(아직은 컨테이너 플랫폼만 해당)에 배포가 용이하도록 애플리케이션을 단일 이미지로 패키징할 수 있다. 이것이 도커 프로젝트를 화물 운송용 컨테이너에 비유하는 이유다. 도커에서 동작하는 소프트웨어 시스템의 자동화를 원격 API를 통해 간단히 처리할 수 있지만, 이러한 API는 보안 측면에 주의해야 한다.

단순한 컨테이너 이미지의 경우 표준 Dockerfile이 잘 동작한다. 하지만 더 복잡한 이미지를 만들면 앤서블에서 제공되는 강력한 기능이 필요해진다. 다행히도 앤서블 플레이북을 해시코프HashiCorp 패커(https://developer.hashicorp.com/packer/docs/terminology)의 **프로비저너**provisioner로 사용할 수 있다. 플레이북을 롤과 함께 사용해 복잡성을 덜어낼 수 있다.

이 장의 워크플로는 자신의 애플리케이션을 실행할 위치와 방식을 보류하고, 단일 소스로 여러 CSP(클라우드 서비스 제공자)와 컨테이너에서 사용할 이미지를 만들어야 할 때 활용할 수 있다. 그리고 클라우드의 온라인 사용과 베이그런트 버추얼박스의 로컬 개발을 병행함으로써 비용을 절약할 수 있다.

베이그런트 버추얼박스 VM

첫 번째 예제는 베이그런트나 버추얼박스용 RHEL 8 이미지 또는 버추얼박스에서 호출하는 **박스**(버추얼박스에서는 '박스'라고 함)를 생성하는 패커의 정의다.

다음 명령으로 이미지를 만든다.

```
$ packer build rhel8.pkr.hcl
```

이 패커 파일에서는 Kickstart에서 사용되는 ISO 이미지용 변수와 이미지를 만들기 위해 사용되는 가상 머신의 속성, 프로비저닝의 단계 등이 정의된다(예제 16-1 참고). 레드햇 리눅스 계열의 설치는 Kickstart 기반이다. 해당 머신을 시작할 때 부팅 명령에서 HTTP에 대한 Kickstart 구성을 요구한다. 이 Kickstart 구성은 아나콘다^{Anaconda}라고 하는 레드햇 설치 프로그램의 입력값으로 사용된다.

예제 16-1 rhel8.pkr.hcl

```
variable "iso_url1" {
  type    = string
  default = "file:///Users/Shared/rhel-8.4-x86_64-dvd.iso"
}
variable "iso_url2" {
  type    = string
  default = "https://developers.redhat.com/content-gateway/file/rhel-8.4-x86_64-dvd.
iso"
}
variable "iso_checksum" {
  type    = string
  default = "sha256:48f955712454c32718dcde858dea5aca574376a1d7a4b0ed6908ac0b85597811"
}
source "virtualbox-iso" "rhel8" {
  boot_command          = [
   "<tab> text inst.ks=http://{{ .HTTPIP }}:{{ .HTTPPort }}/
ks.cfg<enter><wait>"
  ]
  boot_wait             = "5s"
  cpus                  = 2
  disk_size             = 65536
```

```
    gfx_controller         = "vmsvga"
    gfx_efi_resolution     = "1920x1080"
    gfx_vram_size          = "128"
    guest_os_type          = "RedHat_64"
    guest_additions_mode   = "upload"
    hard_drive_interface   = "sata"
    headless               = true
    http_directory         = "kickstart"
    iso_checksum           = "${var.iso_checksum}"
    iso_urls               = ["${var.iso_url1}", "${var.iso_url2}"]
    memory                 = 4096
    nested_virt            = true
    shutdown_command       = "echo 'vagrant' | sudo -S /sbin/halt -h -p"
    ssh_password           = "vagrant"
    ssh_username           = "root"
    ssh_wait_timeout       = "10000s"
    rtc_time_base          = "UTC"
    virtualbox_version_file= ".vbox_version"
    vrdp_bind_address      = "0.0.0.0"
    vrdp_port_min          = "5900"
    vrdp_port_max          = "5900"
    vm_name                = "RedHat-EL8"
}
build {
  sources = ["source.virtualbox-iso.rhel8"]
  provisioner "shell" {
    execute_command = "echo 'vagrant' | {{ .Vars }} sudo -S -E bash '{{ .Path }}'"
    scripts         = ["scripts/vagrant.sh", "scripts/cleanup.sh"]
  }
  provisioner "ansible" {
    playbook_file = "./packer-playbook.yml"
  }
  post-processors {
    post-processor "vagrant" {
      keep_input_artifact  = true
      compression_level    = 9
      output               = "output-rhel8/rhel8.box"
      vagrantfile_template = "Vagrantfile.template"
    }
  }
}
```

아나콘다 설치 프로그램이 종료되면 가상 머신이 재부팅되고 패커에서는 스크립트를 실행해 프로비저닝을 시작하게 되며, 최종적으로는 프로비저너 **"ansible"**이 포함된 packer-playbook.yml이 실행된다. 이는 사용자의 머신에서 실행된다.

개인 개발자는 16 RHEL 8 시스템의 등록과 관리가 무료다(https://oreil.ly/Z8HUI). 구독 기반이기 때문에 세 가지 환경 변수가 필요하며, 여기에는 레드햇 로그인 계정(RH_USER) 과 비밀번호(RH_PASS)가 필수로 포함되어야 하고 Pool ID(https://oreil.ly/DuyQ8, RH_POOL)는 선택사항이다. 이러한 내용은 패커를 실행하기에 앞서 셸에서 처리할 수 있다. 예제 16-2의 플레이북에서는 가상 머신을 등록하고 컨테이너 도구를 설치한다.

예제 16-2 packer-playbook.yml

```
---
- hosts: all:!localhost
  become: true
  gather_facts: false
  tasks:

    - name: Register RHEL 8
      redhat_subscription:
        state: present
        username: "{{ lookup('env','RH_USER') }}"
        password: "{{ lookup('env','RH_PASS') }}"
        pool_ids: "{{ lookup('env','RH_POOL') }}"
        syspurpose:
          role: "Red Hat Enterprise Server"
          usage: "Development/Test"
          service_level_agreement: "Self-Support"

    - name: Install packages
      yum:
        name: "{{ item }}"
        state: present
      loop:
        - podman
        - skopeo
...
```

빌드가 성공적으로 끝나면 다음과 같이 해당 박스 파일을 베이그런트나 버추얼박스용 템플릿으로 추가할 수 있다.

```
$ vagrant box add --force --name RedHat-EL8 output-rhel8/rhel8.box
```

이 장에서 사용하는 예제 코드에는 Vagrantfile이 포함되며, 다음과 같이 이 파일을 해당 템플릿 기반의 rhel8 가상 머신을 실행할 때 사용된다.

```
$ vagrant up rhel8
```

실행이 되고 나면 다음과 같이 원격 데스크톱을 통해 베이그런트 사용자 권한으로 해당 가상 머신에 접속할 수 있다.

```
rdp://localhost:5900
```

비주얼 스튜디오 코드Visual Studio Code를 실행해 설치된 내용을 확인한다.

패커와 베이그런트 조합

패커를 통해 이미지를 만들려면 베이그런트를 사용하는 것이 합리적이다. Vagrantfile을 사용해 결과적으로 클라우드 이미지에 추가될 새로운 기능에 관한 프로토타입을 만들 수 있다. 로컬 가상 머신에서 실행되는 플레이북은 전체 패커 실행보다 빠르게 끝나게 되어 개발 속도를 높일 수 있다. 패커는 한 번에 실행되고 실패로 생성된 모든 자원을 해제하게 된다. 베이그런트를 사용하면 점진적인 개발이 가능해진다. 다음은 "centos/7"이라는 이름의 박스를 가상 머신에서 실행하는 Vagrantfile 예다.

```
Vagrant.configure("2") do |config|
  config.vm.box = "centos/7"
  config.vm.box_check_update = true
  if Vagrant.has_plugin?("vagrant-vbguest")
    config.vbguest.auto_update = false
  end
  config.vm.graceful_halt_timeout=15
  config.ssh.insert_key = false
```

```
  config.ssh.forward_agent = true
  config.vm.provider "virtualbox" do |virtualbox|
    virtualbox.gui = false
    virtualbox.customize ["modifyvm", :id, "--memory", 2048]
    virtualbox.customize ["modifyvm", :id, "--vram", "64"]
  end
  config.vm.define :bastion do |host_config|
    host_config.vm.box = "centos/7"
    host_config.vm.hostname = "bastion"
    host_config.vm.network "private_network", ip: "192.168.56.20"
    host_config.vm.network "forwarded_port", id: 'ssh', guest: 22, host: 2220
    host_config.vm.synced_folder ".", "/vagrant", disabled: true
    host_config.vm.provider "virtualbox" do |vb|
      vb.name = "bastion"
      vb.customize ["modifyvm", :id, "--memory", 2048]
      vb.customize ["modifyvm", :id, "--vram", "64"]
    end
  end
  config.vm.provision :ansible do |ansible|
    ansible.compatibility_mode = "2.0"
    # 모든 서버에 연결할 수 있도록, 기본 제한값을 변경
    ansible.limit = "all"
    ansible.galaxy_role_file = "ansible/roles/requirements.yml"
    ansible.galaxy_roles_path = "ansible/roles"
    ansible.inventory_path = "ansible/inventories/vagrant.ini"
    ansible.playbook = "ansible/playbook.yml"
    ansible.verbose = ""
  end
end
```

베이그런트는 앤서블 프로비저너의 많은 부분을 구성할 수 있다. 모두 자동으로 수행할 수 있지만 태그를 사용하거나 검사를 위해 로그인하는 등, 플레이북을 부분적으로 실행할 수도 있다.

클라우드 이미지

패커에서는 주요 클라우드 서비스 제공자(AWS EC2(아마존), 애저Azure, 디지털 오션Digital Ocean, GCP(구글), 헤츠너 클라우드Hetzner Cloud, 오라클Oracle)와 가상화 프로그램(오픈스택

OpenStack, Hyper-V, 프록스목스^{Proxmox}, VMWare, 버추얼박스, QEMU)에서 사용할 수 있는 가상 머신을 생성할 수 있다. 패커에서는 여러 가지 다양한 차이점을 통합한 일관성 있는 인터페이스를 제공하며, 애플리케이션의 배포에 관한 의사결정을 연기할 수 있다.

앤서블과 패커를 사용할 수 있는 클라우드 제공자와 프로그램은 다음과 같다.

Alicloud ECS	Amazon EC2	Azure	CloudStack	Digital Ocean
Docker	Google Cloud Platform	Hetzner Cloud	HuaweiCloud	Hyper-V
Kamatera	Linode	LXC	LXD	OpenStack
Oracle	Parallels	ProfitBricks	Proxmox	QEMU
Scaleway	Vagrant	VirtualBox	VMware	Vultr

GCP

GCP^{Google Cloud Platform}의 시작 페이지는 직관적이다. 로그인(https://console.cloud.google.com/getting-started) 후, **Compute Engine** 메뉴에서 프로젝트를 만들고 프로젝트 ID(숫자가 뒤에 붙어 있는 이름)를 복사한다. 해당 프로젝트 ID를 사용해 다음과 같이 환경 변수를 만든다.

```
export GCP_PROJECT_ID=myproject-332421
```

자신의 프로젝트에 대한 설정 페이지(https://console.cloud.google.com/compute/settings)에서 기본 리전과 영역을 선택하고 다음과 같이 환경 변수 쌍을 생성한다.

```
export CLOUDSDK_COMPUTE_REGION=europe-west4
export CLOUDSDK_COMPUTE_ZONE=europe-west4-b
```

ansiblebook/ch16/cloud 예제는 requirements.yml 파일의 **ansible-roles** 기반이다. 이러한 롤을 설치하려면 다음 명령을 실행한다.

```
cd ansible && ansible-galaxy install -f -p roles -r roles/requirements.yml
```

이 패커 파일(예제 16-3)에서는 GCP용 변수와, 설치에 사용되는 기본 이미지, 최종 이미지의 이름, 이미지 빌드에 사용되는 가상 머신의 속성, 프로비저닝 단계를 정의한다. 이미지 생성에 사용되는 머신의 유형은 해당 이미지에서 인스턴스로 만들어진 머신과는 무관하다. 여기서는 복잡한 이미지를 만들기 위해 강력한 머신을 사용하지만 비용은 동일하고 작업은 금새 완료된다.

예제 16-3 gcp.pkr.hcl

```
variable "gcp_project_id" {
  type        = string
  default     = "${env("GCP_PROJECT_ID")}"
  description = "Create a project and use the project-id"
}
variable "gcp_region" {
  type        = string
  default     = "${env("CLOUDSDK_COMPUTE_REGION")}"
  description = "https://console.cloud.google.com/compute/settings"
}
variable "gcp_zone" {
  type        = string
  default     = "${env("CLOUDSDK_COMPUTE_ZONE")}"
  description = "https://console.cloud.google.com/compute/settings"
}
variable "gcp_centos_image" {
  type        = string
  default     = "centos-7-v20211105"
  description = ""
}
variable "image" {
  type        = string
  default     = "centos7"
  description = "Name of the image when created"
}
source "googlecompute" "gcp_image" {
  disk_size    = "30"
  image_family = "centos-7"
  image_name   = "${var.image}"
  machine_type = "e2-standard-2"
  project_id   = "${var.gcp_project_id}"
  region       = "${var.gcp_region}"
```

```
  source_image   = "${var.gcp_centos_image}"
  ssh_username   = "centos"
  state_timeout = "20m"
  zone            = "${var.gcp_zone}"
}
build {
  sources = ["googlecompute.gcp_image"]
  provisioner "shell" {
    execute_command = "{{ .Vars }} sudo -S -E bash '{{ .Path }}'"
    scripts          = ["scripts/ansible.sh"]
  }
  provisioner "ansible-local" {
    extra_arguments = ["--extra-vars \"image=${var.image}\""]
    playbook_dir     = "./ansible"
    playbook_file    = "ansible/packer.yml"
  }
  provisioner "shell" {
    execute_command = "{{ .Vars }} /usr/bin/sudo -S -E bash '{{ .Path }}'"
    script           = "scripts/cleanup.sh"
  }
}
```

먼저 "shell" 프로비저너에서 앤서블을 해당 가상 머신에 설치하는 스크립트를 실행한다. 그러고 나면 "ansible-local" 프로비저너를 사용할 수 있다. 사실상 패커 파일이 저장된 전체 디렉터리가 GCP에서 동작하는 가상 머신에 업로드되므로, 같은 디렉터리에 박스를 생성할 때 주의해야 한다.

애저

애저를 시작하려면 로그인(https://portal.azure.com) 후, 자신의 구독 ID를 검색한다. 이 ID를 사용해 다음과 같이 환경 변수를 생성한다.

```
export ARM_SUBSCRIPTION_ID=xxxxxxxx-xxxx-xxxx-xxxx-xxxxxxxxxxxx
```

이미지를 생성하기에 앞서 먼저 리소스 그룹resource group과 스토리지 어카운트storage account, 이 두 가지를 생성해야 한다. 그리고 어떤 위치(https://azure.microsoft.com/en-us/explore/global-infrastructure/geographies/)에서 게시할 것인지 결정해야 한다.

가상 머신 이미지를 생성하는 패커 파일(예제 16-4)은 GCP용 패커 파일과 유사하지만,
더 자세한 내용과 추가적인 변수가 포함된다.

예제 16-4 azure.pkr.hcl

```hcl
variable "arm_subscription_id" {
  type        = string
  default     = "${env("ARM_SUBSCRIPTION_ID")}"
  description = "https://www.packer.io/docs/builders/azure/arm"
}
variable "arm_location" {
  type        = string
  default     = "westeurope"
  description = "https://azure.microsoft.com/en-us/global-infrastructure/geographies/"
}
variable "arm_resource_group" {
  type        = string
  default     = "${env("ARM_RESOURCE_GROUP")}"
  description = "make arm-resourcegroup in Makefile"
}
variable "arm_storage_account" {
  type        = string
  default     = "${env("ARM_STORAGE_ACCOUNT")}"
  description = "make arm-storageaccount in Makefile"
}
variable "image" {
  type        = string
  default     = "centos7"
  description = "Name of the image when created"
}
source "azure-arm" "arm_image" {
  azure_tags = {
    product = "${var.image}"
  }
  image_offer                 = "CentOS"
  image_publisher             = "OpenLogic"
  image_sku                   = "7.7"
  location                    = "${var.arm_location}"
```

416

```
    managed_image_name                = "${var.image}"
    managed_image_resource_group_name = "${var.arm_resource_group}"
    os_disk_size_gb                   = "30"
    os_type                           = "Linux"
    subscription_id                   = "${var.arm_subscription_id}"
    vm_size                           = "Standard_D8_v3"
}
build {
  sources = ["source.azure-arm.arm_image"]
  provisioner "shell" {
    execute_command = "{{ .Vars }} sudo -S -E bash '{{ .Path }}'"
    scripts         = ["scripts/ansible.sh"]
  }
  provisioner "ansible-local" {
    extra_arguments = ["--extra-vars \"image=${var.image}\""]
    playbook_dir    = "./ansible"
    playbook_file   = "ansible/packer.yml"
  }
  provisioner "shell" {
    execute_command = "{{ .Vars }} /usr/bin/sudo -S -E bash '{{ .Path }}'"
    script          = "scripts/cleanup.sh"
  }
  provisioner "shell" {
    execute_command = "chmod +x {{ .Path }}; {{ .Vars }} sudo -E sh '{{ .Path }}'"
    inline = [
      "/usr/sbin/waagent -force -deprovision+user",
      "sync"
    ]
    inline_shebang  = "/bin/sh -x"
  }
}
```

이 프로비저닝 과정에서는 GCP 설정을 확장하여 **waagent**를 마지막에 실행한다. 이를 통해 VM에서 사용자와 SSH 키를 제거해 이미지를 새로운 가상 머신 인스턴스에서 안전하게 사용될 수 있도록 한다.

아마존 EC2

아마존 클라우드에서 IaaS^{Infrastructure as a Service}로 제공되는 EC2를 시작하기 위해 로그인 후 IAM^{Identity and Access Management}을 설정한다. 여기서는 AWS_ACCESS_KEY_ID, AWS_SECRET_ACCESS_KEY, AWS_REGION 환경 변수를 사용하는 방법을 알고 있다고 가정한다. 아마존 클라우드 기반 구조에 대한 더 자세한 내용은 다음 장에서 살펴본다.

패커 템플릿(예제 16-5)은 다른 클라우드 이미지 템플릿과 유사하지만, aws_centos_image 변수에 지역별 베이스 이미지가 필요하다.

예제 16-5 aws.pkr.hcl

```
variable "aws_region" {
  type        = string
  default     = "${env("AWS_REGION")}"
  description = "https://docs.aws.amazon.com/general/latest/gr/rande.html"
}

variable "aws_centos_image" {
  type        = string
  default     = "ami-0e8286b71b81c3cc1"
  description = "https://docs.aws.amazon.com/AWSEC2/latest/UserGuide/AMIs.html"
}

variable "image" {
  type        = string
  default     = "centos7"
  description = "Name of the image when created"
}

locals { timestamp = regex_replace(timestamp(), "[- TZ:]", "") }

source "amazon-ebs" "aws_image" {
  ami_name      = "${var.image}-${local.timestamp}"
  instance_type = "t2.micro"
  region        = "${var.aws_region}"
  source_ami    = "${var.aws_centos_image}"
  ssh_username  = "centos"
  tags = {
```

```
    Name = "${var.image}"
  }
}

build {
  sources = ["source.amazon-ebs.aws_image"]
  provisioner "shell" {
    execute_command = "{{ .Vars }} sudo -S -E bash '{{ .Path }}'"
    scripts         = ["scripts/ansible.sh"]
  }

  provisioner "ansible-local" {
    extra_arguments = ["--extra-vars \"image=${var.image}\""]
    playbook_dir    = "./ansible"
    playbook_file   = "ansible/playbook.yml"
  }

  provisioner "shell" {
    execute_command = "{{ .Vars }} /usr/bin/sudo -S -E bash '{{ .Path }}'"
    script          = "scripts/cleanup.sh"
  }
}
```

플레이북

이미지는 잘 알려진 CentOS 7 기반이며, 배스천 호스트나 VPN으로 사용할 수 있는 배포판이다.

```
---
- hosts: all:127.0.0.1
  gather_facts: true
  become: true
  vars:
    net_allow:
      - '10.1.0.0/16'
      - '192.168.56.0/24'
  roles:
    - {role: common, tags: common}
    - {role: epel, tags: epel}
```

```
    - {role: ansible-auditd, tags: auditd}
    - {role: nettime, tags: nettime}
    - {role: rsyslog, tags: syslog}
    - {role: crontab, tags: crontab}
    - {role: keybase, tags: keybase}
    - {role: gpg_agent, tags: gpg}
    - {role: tailscale, tags: tailscale}
...
```

클라우드의 가상 머신은 안전해야 하기 때문에 몇 가지 롤을 통해 보안과 감사 및 시간 동기화를 설정한다. 그리고 SSH 설정을 구성하고 암호화와 VPN을 위한 추가적인 소프트웨어를 설치한다.

도커 이미지 GCC 11

이 장의 마지막 예제에서는 패커를 사용해 GCC용으로 복잡한 컨테이너 이미지를 생성한다. GCC에서는 리눅스를 만들고 리눅스용 네이티브 소프트웨어를 컴파일하는 데 사용한다. 리눅스 배포판에는 특정 버전의 GCC가 포함되어 있으므로 C나 C++ 소스 코드를 컴파일할 수 있다. GCC는 개발의 근간이며 일반적으로 최신 버전의 컴파일러는 최적화 기술의 발전으로 구 버전에 비해 동일한 소스 코드로 좀 더 빠른 바이너리 파일을 만들어 준다. 쉽게 말해서 좀 더 빠른 프로그램을 원한다면 최신 버전의 컴파일러를 사용하면 된다. 필요한 경우, GCC 11 버전이 아직 포함되기 전이라면 직접 컴파일한다.

CentOS나 RHEL에서 GCC를 컴파일하고 C++ 프로그래밍에서 사용하기 위해 몇 가지 패키지와 도구 및 라이브러리를 설치해야 한다. 예를 들어, Boost는 널리 알려진 C++ 프로그래밍 라이브러리 모음이다. CMake는 빌드 도구로 널리 사용된다. 레드햇 개발자 도구 모음인 DTS는 개발자에게 필요한 다양한 도구를 제공한다.

여타 롤(예: 바스가 앤서블 갤럭시에 배포한 롤)을 필요로 하는 플레이북에서 버전과 옵션을 구성해야 한다고 가정해 보자. 이러한 요구사항은 다음과 같이 roles라는 이름의 디렉터리 안의 requirements.yml 파일에서 지정할 수 있다.

```
---
- src: dockpack.base_gcc
  name: base_gcc
  version: '1.3.2'
- src: dockpack.compile_gcc
  name: compile_gcc
  version: 'v1.0.5'
- src: dockpack.base_cmake
  name: base_cmake
  version: '1.3.1'
- src: dockpack.base_boost
  name: base_boost
  version: '2.1.9'
- src: dockpack.base_python
  name: base_python
  version: 'v1.1.2'
```

이 플레이북에서는 변수와 설치 순서(예제 16-6)를 설정했다. 닭이 먼저인지 달걀이 먼저인지 하는 문제처럼 GCC 11용 소스 코드를 컴파일하기 위해서는 GCC가 필요하다. 소프트웨어 컬렉션^{Software Collections}(https://oreil.ly/6EzPZ)에서 CentOS 7에 GCC 최신 배포 버전을 올리기 위해 개발자 도구 모음 10^{Developer Toolset 10}을 설치한 후 GCC를 컴파일하기 전에 파이썬과 CMake도 설치한다. GCC를 컴파일하고 나면 GCC를 사용해 Boost를 컴파일할 수 있다.

예제 16-6 docker-playbook.yml

```
---
- hosts: all:!localhost
  gather_facts: true
  vars:
    # 소프트웨어 컬렉션 설치 여부
    collections_enabled: true
    # 컴파일에 사용할 Devtoolset
    DTSVER: 10
    # 컴파일하기 위한 C++ 컴파일러
    GCCVER: '11.2.0'
    dependencies_url_signed: false
    # 컴파일하기 위한 Boost 버전
```

```
      boost_version: 1.66.0
      boost_cflags: '-fPIC -fno-rtti'
      boost_cxxflags: '-fPIC -fno-rtti'
      boost_properties: "link=static threading=multi runtime-link=shared"
    roles:
      - role: base_python
      - role: base_cmake
      - role: base_gcc
      - role: compile_gcc
      - role: base_boost
...
```

패커의 동작은 패커에서 따라야 할 명령과 일련의 선언으로 구성된 템플릿에 의해 결정된다. 이 템플릿인 gcc.pkr.hcl(예제 16-7)은 패커가 어떤 플러그인(빌더, 프로비저너, 후처리기)을 사용해야 할지 그리고 그러한 플러그인을 구성하는 방법과 어떤 순서로 실행할지 알려준다.

예제 16-7 gcc.pkr.hcl

```
packer {
  required_plugins {
    docker = {
      version = ">= 0.0.7"
      source = "github.com/hashicorp/docker"
    }
  }
}
source "docker" "gcc" {
  changes = ["CMD [\"/bin/bash\"]", "ENTRYPOINT [\"\"]"]
  commit = true
  image  = "centos:7"
  run_command = [
    "-d",
    "-i",
    "-t",
    "--network=host",
    "--entrypoint=/bin/sh",
    "--", "{{ .Image }}"
  ]
```

```
}
build {
  name    = "docker-gcc"
  sources = [
    "source.docker.gcc"
  ]
  provisioner "shell" {
    inline = ["yum -y install sudo"]
  }
  provisioner "ansible" {
    playbook_file = "./playbooks/docker-playbook.yml"
    galaxy_file   = "./roles/requirements.yml"
  }
  post-processors {
    post-processor "docker-tag" {
      repository = "localhost/gcc11-centos7"
      tags = ["0.1"]
    }
  }
}
```

이 컨테이너 이미지를 생성하려면 패커 빌드를 다음과 같이 실행한다.

```
$ packer build gcc.pkr.hcl
```

이 명령은 컴파일에 수 시간이 소요될 수 있음에 유의한다.

요약

도커 이미지는 Dockerfile을 사용해 생성하는 경우 복잡해질 수 있다. 하지만 패커와 앤서블을 사용하면 명확한 관심사의 분리를 통해 소프트웨어를 언제든지 변경할 수 있다. 패커와 베이그런트, 앤서블은 클라우드와 온프레미스에서 IaaS용 베이스 이미지를 만드는 데 사용할 수 있는 훌륭한 조합이다. 대규모 조직에서 일하고 있다면 베이스 이미지를 만들어 다른 사용자가 이를 기반으로 빌드하도록 공유할 수 있다.

## 17장

클라우드 인프라

앤서블에는 퍼블릭 클라우드와 프라이빗 클라우드를 좀 더 쉽게 사용할 수 있도록 해주는 다양한 기능이 있다. 클라우드는 사용자가 리소스를 생성해 소프트웨어 애플리케이션을 실행할 수 있는 계층화된 플랫폼으로 볼 수 있다.[1] 사용자는 클라우드 인프라를 동적으로 할당하거나 프로그래밍 방식으로 제거할 수 있다. 이 클라우드 인프라에는 컴퓨터와 네트워크, 저장소 리소스가 포함되며 IaaS^Infrastructure as a Service라고 한다.

IaaS 클라우드 서비스는 사용자가 새로운 서버를 프로비저닝(생성)할 수 있도록 만들어준다. 모든 IaaS 클라우드는 직접 설정하는 서비스다. 즉, IT 부서에 티켓 발급을 통해 요청하지 않고 사용자가 직접 소프트웨어 서비스와 인터랙션하는 구조다. 대부분의 IaaS 클라우드에서는 다음 세 가지 형태의 인터페이스를 제공해 사용자가 시스템과 인터랙션할 수 있도록 해준다.

- 웹 인터페이스

- CLI(명령줄 인터페이스)

- REST API

---

1   국립표준기술연구소(NIST, National Institute of Standards and Technology)에서는 '클라우드 컴퓨팅의 NIST 정의(The NIST Definition of Cloud Computing, https://csrc.nist.gov/pubs/sp/800/145/final)'를 통해 클라우드 컴퓨팅에 대해 아주 괜찮은 정의를 제시한다.

EC2의 경우 웹 인터페이스를 AWS 관리 콘솔(https://console.aws.amazon.com/console/home)이라고 하며, 명령줄 인터페이스는 너무 평범하게도 AWS 명령줄 인터페이스(https://aws.amazon.com/ko/cli/)라고 부른다. REST API는 아마존(https://docs.aws.amazon.com/AWSEC2/latest/APIReference/Welcome.html)에서 문서를 제공한다.

IaaS 클라우드는 보통 가상 머신을 사용해 서버를 구현하지만, 사용자가 가상 머신이 아닌 하드웨어에서 직접 실행하는 **베어 메탈 서버**bare-metal server나 컨테이너를 사용해 IaaS 클라우드를 만들 수도 있다. 대부분의 IaaS 클라우드에서는 서버를 시작하고 종료하는 것 이상의 기능을 제공한다. 실제로 IaaS 클라우드에서는 스토리지를 생성해 서버에 디스크를 연결하거나 제거할 수 있다. 이러한 유형의 스토리지를 일반적으로 **블록 스토리지**block storage라고 한다. 그리고 네트워크 기능도 제공하며 서버 간 연결 방법을 기술한 네트워크 토폴로지를 정의할 수 있다. 또한 방화벽 정책이나 보안 그룹security group을 통해 서버의 네트워크를 제한할 수 있다.

클라우드의 다음 계층은 서비스 제공자와 애플리케이션 런타임(애플리케이션 서버와 서버리스 환경, 운영체제, 데이터베이스 등)에서 제공하는 혁신적인 기능으로 구성된다. 이 계층을 **PaaS**Platform as a Service라고 부른다. 사용자는 애플리케이션과 데이터를 관리하며 플랫폼에서 나머지를 관리한다. PaaS에서는 독특한 기능을 제공한다. 이러한 독특한 기능은 클라우드 제공자들 사이에서 경쟁 요소다. 즉, IaaS에서는 비용 대비 효율성에 대한 경쟁이 치열해 더 이상의 경쟁이 어렵기 때문이다. 하지만 모든 클라우드에서 공통적으로 제공되는 쿠버네티스 컨테이너 플랫폼은 아주 큰 관심을 받고 있다.

클라우드의 모든 애플리케이션은 다양한 계층에서 동작하지만, 클라우드 사용자(또는 클라우드 고객의 사용자)가 하나의 계층만 볼 수 있는 경우를 **SaaS**Software as a Service라고 한다. 고객은 소프트웨어만 사용하며 서버의 위치는 알 필요가 없다.

426

클라우드 프로비저닝이란?

프로비저닝의 의미가 무엇인지 살펴보자. 먼저 다음은 일반적인 IaaS 클라우드 이용자의 행동 방식 예다.

사용자: 서버 5대가 필요하며, 각 서버는 CPU 2개, 메모리 4GB, 저장소 100GB, 우분투 20.04가 구동되어야 합니다.

서비스: 요청사항 접수되었습니다. 요청번호는 432789입니다.

사용자: 요청번호 432789의 현재 상태는 어떻게 되나요?

서비스: 서버가 준비되었습니다. IP는 203.0.113.5, 203.0.113.13, 203.0.113.49, 203.0.113.124, 203.0.113.209입니다.

사용자: 요청번호 432789의 서버를 모두 사용했습니다.

서비스: 요청사항 접수되었습니다. 해당 서버는 중지됩니다.

프로비저닝은 소프트웨어를 구성하고 실행하는 데 필요한 리소스를 생성하는 과정이다.

클라우드에서 리소스를 생성하는 전문적인 방식은 해당 클라우드에서 제공되는 API를 사용하는 것이며 이를 IaC(Infrastructure as Code)라고 한다. 일반적인 클라우드 API와 특정 공급자의 API가 있으며, 프로그래머가 이러한 API를 조합해 처리할 수 있는 추상화 방식을 사용한다. 원하는 리소스 상태에 대한 **선언적 모델**(declarative model)을 만들고 현재 상태와 원하는 상태를 비교하고 그 결과에 따라서 동작하도록 하거나, 또는 원하는 상태에 도달하는 데 필요한 동작을 명령형으로 프로그래밍할 수도 있다. 어떤 방식이든 처음은 리소스와 속성에 대한 설명이다. 명령형 프로그래밍이라면 사용자는 네트워크, 서브넷, 보안 그룹, 네트워크 인터페이스, 디스크, 가상 머신 이미지, 가상 머신 등 스택의 생성 순서도 추가로 알고 있어야 한다. 선언적 모델 사용자는 상호 의존성만 알고 있으면 된다. 하시코프(HashiCorp)사의 테라폼(Terraform)은 선언적 프로비저닝 도구이며, 앤서블은 명령형 프로그래밍 도구다. 즉, 앤서블은 멱등한 방식으로 하나의 상태를 정의할 수 있다. 이러한 두 가지 방식은 인프라를 변경하는 경우뿐만 아니라, 프로비저닝 도구 이외의 방법으로 인프라의 상태가 바뀌는 경우에도 차이가 있다.

다른 인프라도 간단하게 프로비저닝을 할 수 있을까? 앤서블 모듈에는 되돌리는 기능(예: 생성한 리소스를 삭제하는 기능)을 포함할 필요가 없지만, 추가적인 노력을 기울여 플레이북을 멱등하면서 취소 가능하게 만들 수 있다. 즉, 다음과 같이 원하는 상태 변수를 사용해 리소스를 제거할 수 있다.

```
state: "{{ desired_state }}"
```

하지만 앤서블은 undo나 redo 패턴을 구현하더라도, 테라폼처럼 변경을 계획(전후 상태를 비교)하는 방식으로 상태를 사용하지는 않는다. 앤서블 인벤토리는 멱등성과 원하는 상태 프로비저닝 플레이북으로 버전을 관리할 수 있으며, 객체 속성을 기술한 부분으로 인해 테라폼 같은 도구와 유사한 양의 코드가 필요해진다. 변경을 위해 인프라의 상태를 조회해야 한다면 앤서블 코드의 양은 더 늘어난다.

앤서블에서는 여러 가지 다양한 클라우드 서비스 모듈을 제공한다. 여기에는 마이크로소프트 애저Azure, 알리바바Alibaba, 클라우드스케일Cloudscale, 디지털 오션Digital Ocean, 구글 컴퓨트 엔진Google Compute Engine, 헤츠너Hetzner, 오라클 클라우드, IBM 클라우드, 락스페이스Rackspace, 벌터Vultr가 포함되며, 오버트oVirt, 오픈스택OpenStack, 클라우드스택CloudStack, 프록스목스Proxmox, VMWare 브이스피어vSphere를 사용해 구성한 프라이빗 클라우드도 포함된다.

앤서블을 설치하는 경우 대부분의 기능은 컬렉션에 포함되어 제공되며 가장 최신 버전은 아닐 수 있다. 특정 클라우드 서비스를 사용한다면 해당되는 컬렉션을 설치하는 것이 좋다. 표 17-1에서 제공자를 찾을 수 없다면 community.general 컬렉션 문서 (https://docs.ansible.com/ansible/latest/collections/community/general/)에서 다양한 기능을 확인한다. 일반적으로 제공자가 아직 컬렉션을 제공하지 않은 경우라면 자신이 선택한 클라우드에서 사용하기 위한 파이썬 라이브러리를 설치해야 한다.

표 17-1 클라우드 서비스 컬렉션과 파이썬 라이브러리

클라우드	컬렉션	파이썬 라이브러리
AWS(Amazon Web Services) (https://oreil.ly/1T1Rp)	amazon.aws	boto3
알리바바 클라우드(Alibaba Cloud Compute Services) (https://oreil.ly/9YoAD)		footmark
클라우드스케일(Cloudscale.ch) (https://oreil.ly/k3iCE)	cloudscale_ch.cloud	
클라우드스택(CloudStack) (https://oreil.ly/AdPO8)	ngine_io.cloudstack	cs
디지털 오션(Digital Ocean) (https://oreil.ly/Nhbkq)	community.digitalocean	
구글 클라우드(Google Cloud) (https://oreil.ly/TqTn9)	google.cloud	google-auth, requests
헤츠너 클라우드(Hetzner Cloud) (https://oreil.ly/bh4Pw)	hetzner.hcloud	hcloud-python
IBM 클라우드 (https://oreil.ly/R11XU)	ibm.cloudcollection	

(계속)

클라우드	컬렉션	파이썬 라이브러리
마이크로소프트 애저(Azure) (https://oreil.ly/B4nmQ)	azure.azcollection	ansible[azure]
오픈스택(Openstack) (https://oreil.ly/VGkRE)	openstack.cloud	
오라클 클라우드(Oracle Cloud Infrastructure) (https://oreil.ly/Si7nX)	oracle.oci	oci
오버트(Ovirt) (https://www.ovirt.org)	ovirt.ovirt	
패킷(Packet.net) (https://oreil.ly/8PYcX)		packet-python
락스페이스(Rackspace) (https://oreil.ly/ycnze)	openstack.cloud	
스케일웨이(Scaleway) (https://oreil.ly/Yf80f)	community.general	
벌터(Vultr) (https://www.vultr.com)	ngine_io.vultr	

아마존 EC2

이 장에서는 아마존 EC2(Amazon Elastic Compute Cloud)에 중점을 둔다. 그 이유는 가장 잘 알려진 클라우드 서비스이기 때문이다. 하지만 대부분의 개념은 앤서블에서 지원하는 다른 클라우드에도 적용되어 있다. 앤서블에서는 다음 두 가지 방식으로 EC2를 지원한다.

- 서버를 수동으로 지정하지 않고 앤서블 인벤토리를 자동으로 채워주는 동적 인벤토리 플러그인(dynamic inventory plug-in) 방식
- EC2에서 새로운 서버를 생성하는 등의 동작을 수행하는 모듈(module) 방식

이 장에서는 EC2 동적 인벤토리 플러그인 방식과 EC2 모듈 방식을 모두 다룬다.

앤서블에는 아주 많은 모듈이 포함되어 있다. 이러한 모듈은 EC2뿐만 아니라 그 밖의 아마존 웹 서비스(AWS)에서 제공되는 기능과도 관련이 있다. 이 책에서는 그중에서 몇 가지를 다루며 기본적인 사항에 중점을 둔다.

용어

EC2에는 다양한 개념이 포함된다. 이 장에서는 이러한 개념을 살펴볼 것이다. 우선 인스턴스, 아마존 머신 이미지, 태그라는 세 가지 용어를 먼저 살펴보겠다.

인스턴스

EC2 문서에서는 가상 머신을 설명하기 위해 **인스턴스**^{instance}라는 용어를 사용하며 이 장에서도 같은 용어를 사용한다. EC2 인스턴스는 앤서블에서 바라보는 호스트라고 생각하면 된다.

EC2 문서(https://docs.aws.amazon.com/AWSEC2/latest/UserGuide/ec2-instance-lifecycle.html)에서는 이 용어를 **인스턴스 생성**, **인스턴스 시작**^{launching}, **인스턴스 실행**과 같이 사용해 새로운 인스턴스를 시작하는 과정을 설명한다. 하지만 '인스턴스 시작'이라는 용어는 이전에 중지된 상태의 인스턴스를 재기동한다는 의미의 인스턴스 시작^{starting up}(재시작)과 약간 차이가 있다.

아마존 머신 이미지

아마존 머신 이미지^{AMI, Amazon Machine Image}는 가상 머신 이미지를 말하며, 운영체제와 함께 설치된 파일 시스템을 포함한다. EC2 인스턴스를 만들고자 하는 경우에는 EC2에서 인스턴스 생성에 사용할 AMI를 지정해 인스턴스가 동작할 운영체제를 선택한다.

모든 AMI는 AMI ID라고 하는 식별 문자열과 연결된다. 이 AMI ID는 `ami-`로 시작하며 그 이후는 `ami-1234567890abcdef0`과 같이 16진수 문자로 구성된다. 2016년 1월 이전의 ID는 `ami-1a2b3c4d`와 같이 생성된 AMI에 8자리 문자를 신규로 할당했다. 2016년 1월부터 2018년 7월까지 아마존에서는 모든 리소스 유형에 대해 하이픈 다음에 17자리 문자가 적용되도록 ID 체계를 변경했다. 자신의 계정이 언제 생성됐는지에 따라 리소스의 ID가 짧은 경우도 있겠지만 이 유형의 신규 리소스는 모두 긴 길이의 ID가 할당된다.

태그

EC2에서는 사용자 정의 메타 데이터를 사용해 인스턴스를 포함한 AMI, 볼륨, SG(보안 그룹) 같은 리소스에 대해서도 설명을 부여할 수 있으며, 이 기능을 **태그**^{tag}라고 한다. 태그는 키-값 쌍으로 이뤄진 문자열이다. 예를 들어, 다음과 같이 인스턴스에 태그를 지정할 수 있다.

```
Name=Staging database
env=staging
type=database
```

AWS 관리 콘솔에서 EC2 인스턴스의 이름을 지정했다면 이러한 내용을 모르더라도 태그가 지정된 것이다. EC2는 인스턴스 이름이 태그로 구현되어 있으며, 키는 **Name**이고 값은 해당 인스턴스에 자신이 지정한 이름이다. 그 밖에 **Name** 태그에 관한 특별한 내용은 없으며 관리 콘솔을 설정해 다른 태그의 값이 표시되도록 할 수도 있다.

태그는 고유한 값을 갖지 않아도 된다. 따라서 100개의 인스턴스에 하나의 태그를 지정할 수도 있다. 앤서블 EC2 모듈에서는 리소스를 식별하고 먹등성을 구현하기 위해 일반적으로 태그를 사용하기 때문에 이 장에서 이 부분이 여러 번 언급될 것이다.

자신의 EC2 리소스에 의미 있는 태그를 붙이는 것이 좋다. 태그가 일종의 설명서 역할을 하기 때문이다.

자격증명 지정

아마존 EC2를 요청하게 되면 자격증명을 입력해야 한다. 아마존 웹 콘솔을 사용했다면 로그인할 때 사용자 이름과 비밀번호를 사용했을 것이다. 하지만 EC2와 상호 작용하는 앤서블에서는 EC2 API와 통신하게 된다. 이 API는 사용자 이름과 비밀번호를 자격증명으로 사용하지 않는다. 대신 다음과 같은 2개의 문자열(**액세스 키 ID**^{access key ID}와 **비밀 액세스 키**^{secret access key})을 사용한다.

일반적으로 이러한 문자열은 다음과 같은 형태다.

- EC2 액세스 키 ID 예시: `AKIAIOSFODNN7EXAMPLE`

- EC2 비밀 액세스 키 예시: `wJalrXUtnFEMI/K7MDENG/bPxRfiCYEXAMPLEKEY`

이러한 자격증명은 IAM^{Identity and Access Management} 서비스에서 얻을 수 있다. 이 서비스를 사용하면 다양한 IAM 사용자를 생성하고 권한을 차등 부여할 수 있다. IAM 사용자를 생성했다면 해당 사용자의 액세스 키 ID와 비밀 액세스 키를 생성할 수 있다.

EC2 관련 모듈을 호출하는 경우 이러한 문자열을 모듈의 인수로 전달할 수 있다. 동적 인벤토리 플러그인의 경우는 aws_ec2.yml 파일에 이러한 자격증명을 지정할 수 있다 (이 부분은 다음 절에서 다룬다). 하지만 EC2 모듈과 동적 인벤토리 플러그인 모두 이러한 자격증명을 환경 변수로 지정할 수도 있다. 제어 머신이 아마존 EC2 인스턴스라면 IAM 역할(https://docs.aws.amazon.com/IAM/latest/UserGuide/id_roles.html)을 사용할 수도 있다.

환경 변수

앤서블에서 명시적으로 자격증명을 모듈의 인수로 전달할 수 있지만 EC2 자격 자격증명을 환경 변수로 설정할 수도 있다. 예제 17-1에서는 이러한 환경 변수 설정 방법을 보여준다.

예제 17-1 EC2 환경 변수 설정

```
# 다음 값은 자신의 실제 자격증명으로 변경해야 함!
export AWS_ACCESS_KEY_ID=AKIAIOSFODNN7EXAMPLE
export AWS_SECRET_ACCESS_KEY=wJatrXUtnFEMI/K7MDENG/bPxRfiCYEXAMPLEKEY
export AWS_DEFAULT_REGION=us-west-2
```

바스는 환경 변수에서 `AWS_ACCESS_KEY_ID`와 `AWS_SECRET_ACCESS_KEY`를 사용하는 방식을 권장한다. 그 이유는 모든 앤서블 관련 파일에 자격증명을 넣지 않아도 EC2 관련 모듈과 인벤토리 플러그인을 사용할 수 있기 때문이다.

바스는 .env.rc 파일에 해당 변수를 내보내며, 이 파일은 ansible-vault로 암호화되어 있다. 세션이 시작되면 이 파일이 로딩된다. 바스는 Z셸을 사용하므로 이 경우 해당 파일은 ~/.zshrc이다. 배시 셸을 사용한다면 ~/.bash_profile 파일에 이 내용을 추가한다. 배시나 Z셸이 아닌 그 밖의 셸을 사용하고 있다면 다음과 같은 환경 변수를 설정하기 위해 어떤 파일을 수정할지 잘 알고 있을 것이다.

```
export ANSIBLE_VAULT_PASSWORD_FILE=~/.apw_exe
$(ansible-vault view ~/.ec2.rc)
```

ANSIBLE_VAULT_PASSWORD_FILE은 비밀번호가 포함된 또 다른 파일의 복호화에 사용하는 실행 파일이다. 바스는 다음과 같이 GPG(GNU Privacy Guard)를 사용한다. GPG는 PGP의 오픈소스 버전이다.

```
#!/bin/sh
exec gpg -q -d ${HOME}/vault_pw.gpg
```

GPG는 중요한 데이터가 암호화되지 않은 상태로 존재하는 일이 없음을 보장해 준다. 다시 말해, vault 비밀번호가 포함된 평문으로 된 텍스트 파일이 존재하지 않는다는 뜻이다. 또한 GPG 에이전트를 사용하면 매번 비밀번호를 입력해야 하는 번거로움이 사라진다.

환경 변수에 이러한 자격증명을 설정했다면 제어 머신에서 앤서블 EC2 모듈을 호출하고 동적 인벤토리를 사용할 수 있다.

구성 파일

환경 변수를 사용하는 것보다 안전하지 않지만 대안으로 사용할 수 있는 방법은 EC2 자격증명을 구성 파일 안에 두는 방식이다. 다음 절에서 다루겠지만, 앤서블에서는 파이썬 Boto3 라이브러리를 사용하므로 Boto 구성 파일에서 자격증명을 관리할 수 있는 Boto3 작성 규칙을 지원한다. 여기서는 해당 형식에 대해서는 다루지 않으며 좀 더 자세한 내용은 Boto3 구성을 설명하는 문서(https://boto3.amazonaws.com/v1/documentation/api/latest/guide/quickstart.html#configuration)를 참고한다.

전제 조건: Boto3 파이썬 라이브러리

모든 앤서블 EC2 기능을 사용하려면 해당 제어 머신에 파이썬 Boto3 라이브러리를 파이썬 시스템 패키지로 설치해야 한다. 그렇게 하려면 다음 명령을 사용한다.[2]

```
# python3 -m venv --system-site-packages /usr/local
# source /usr/local/bin/activate
(local) # pip3 install boto3
```

EC2에서 인스턴스가 이미 동작하고 있다면 Boto3가 적절하게 설치됐고 자격증명이 정확한지 대해 예제 17-2와 같이 파이썬 명령줄을 통해 확인할 수 있다.

예제 17-2 Boto3와 자격증명 확인

```
$ python3
Python 3.6.8 (default, Sep 9 2021, 07:49:02)
[GCC 8.5.0 20210514 (Red Hat 8.5.0-3)] on linux
Type "help", "copyright", "credits" or "license" for more information.
>>> import boto3
>>> ec2 = boto3.client("ec2")
>>> regions = [region["RegionName"] for region in ec2.describe_regions()["Regions"]]
>>> for r in regions:
...     print(f" - {r}")
...
  - eu-north-1
  - ap-south-1
  - eu-west-3
  - eu-west-2
  - eu-west-1
  - ap-northeast-3
  - ap-northeast-2
  - ap-northeast-1
  - sa-east-1
  - ca-central-1
  - ap-southeast-1
  - ap-southeast-2
  - eu-central-1
```

---

2   sudo를 사용하거나 다른 가상 환경을 활성화해야 이 패키지가 설치될 수 있으며, 이는 앤서블을 설치한 방식에 따라 달라진다.

```
    - us-east-1
    - us-east-2
    - us-west-1
    - us-west-2
>>>
```

앤서블과 함께 설치된 모듈을 살펴보면 파이썬 2용 Boto 라이브러리가 필요한 기존 모듈(예: 앤서블 코어 팀에서 유지보수하는 ec2 모듈(아마존에서 관리하지 않음))이 있는 경우가 있다.

```
fatal: [localhost]: FAILED! => changed=false
  msg: boto required for this module
```

이러한 오류가 발생하는 경우, 해당 플레이북에서 모듈 앞에 amazon.aws를 붙인 완전한 이름을 사용하는지 확인한다.

동적 인벤토리

EC2에서 여러 대의 서버를 가동하고 있다면 이러한 각 서버 사본에 동일한 앤서블 인벤토리 파일을 관리하고 싶지는 않을 것이다. 왜냐하면 새로운 서버를 가동하고 오래된 서버를 해체하면서 해당 파일이 오래되어 더 이상 유효하지 않은 정보가 될 것이기 때문이다. 앤서블에서 제공되는 동적 인벤토리 플러그인을 통해 EC2에서 직접 호스트에 대한 정보를 직접 가져오는 EC2 서버 추적 방법을 사용하면 간단히 이러한 문제를 해결할 수 있다.

이 플러그인은 amazon.aws 컬렉션(https://oreil.ly/OpS3x, 버전 2.2.0)의 일부다. 앤서블 패키지를 설치했다면 이미 이 컬렉션이 설치되어 있을 수 있다. 어떤 버전이 설치되어 있는지 확인하려면 다음 명령을 실행한다.

```
$ ansible-galaxy collection list|grep amazon.aws
```

이 컬렉션의 최신 버전을 설치하려면 다음 명령을 사용한다.

```
$ ansible-galaxy collection install amazon.aws
```

이전에는 playbooks/inventory/hosts 파일이 인벤토리로 사용됐다. 이제 playbooks/inventory 디렉터리를 사용하며, 해당 디렉터리에 aws_ec2.yml 파일을 둔다.

예제 17-3에서는 EC2 인벤토리 예제를 보여준다.

예제 17-3 EC2 동적 인벤토리

```
---
# 환경 변수를 사용하는 최소한의 예시
# eu-central-1의 모든 호스트를 가져옴
plugin: amazon.aws.aws_ec2
regions:
  - eu-north-1
  - ap-south-1
  - eu-west-1
  - ap-northeast-1
  - sa-east-1
  - ca-central-1
  - ap-southeast-1
  - eu-central-1
  - us-east-1
  - us-west-1
# 403 오류를 무시하고 실패하지 않도록 설정
strict_permissions: false
...
```

이전 절에서 설명한 것처럼 환경 변수를 설정했다면 다음 명령을 통해 해당 인벤토리가 동작하는지 확인할 수 있다.

```
$ ansible-inventory --list|jq -r .aws_ec2
```

이 명령은 EC2 인스턴스에 관한 정보를 출력한다. 그 형태는 다음과 같다.

```
{
  "hosts": [
    "ec2-203-0-113-75.eu-central-1.compute.amazonaws.com"
  ]
}
```

인벤토리 캐시

앤서블에서 EC2 인벤토리 플러그인을 실행하면, 해당 스크립트에서는 하나 이상의 EC2 엔드포인트에 요청해 정보를 조회하게 된다. 이 작업은 시간이 걸리기 때문에 스크립트에서는 처음 호출된 정보를 로컬 캐시에 기록해 성능을 향상할 수 있다. 이후에 실행되는 동적 인벤토리 스크립트의 호출에서는 해당 캐시가 만료되기 전까지 캐시된 정보를 사용하게 된다.

이러한 동작은 ansible.cfg라고 하는 앤서블 구성 파일의 캐시 구성 옵션을 수정해 변경할 수 있다. 캐시의 기본 만료 시간은 300초(5분)다. 만약 한 시간 동안 캐시하려면 이 값을 3,600으로 설정한다(예제 17-4 참고).

예제 17-4 ansible.cfg

```
[defaults]
fact_caching = jsonfile
fact_caching_connection = /tmp/ansible_fact_cache
fact_caching_timeout = 3600

[inventory]
cache = true
cache_plugin = jsonfile
cache_timeout = 3600
```

이 작업이 수행된 후 다음 한 시간 동안 인벤토리의 목록이 더 빠르게 처리된다. 앤서블에서는 팩트 캐시에 인벤토리의 상세 정보를 저장하게 된다. 생성된 캐시는 다음과 같이 확인할 수 있다.

```
$ ls /tmp/ansible_fact_cache/
ansible_inventory_amazon.aws.aws_ec2_6b737s_3206c
```

 인스턴스를 생성하거나 삭제하는 경우에도, 캐시가 만료되거나 수동으로 캐시를 지우기 전까지는 EC2 동적 인벤토리 스크립트에서 이러한 변경사항을 반영하지 않는다.

그 밖의 구성 옵션

aws_ec2.yml 파일에는 구성 옵션이 포함되어 있으며 이 옵션을 통해 동적 인벤토리 스크립트의 동작을 제어할 수 있다. 파라미터가 적절히 문서화(https://docs.ansible.com/ansible/latest/collections/amazon/aws/aws_ec2_inventory.html#parameters)되어 있으므로 여기서는 이러한 옵션을 자세히 다루지 않는다.

태그를 사용해 동적 그룹 정의

동적 인벤토리 스크립트에서는 인스턴스 유형, 보안 그룹, 키 쌍, 태그와 같은 특성에 기반해 그룹을 자동으로 생성한다는 점을 떠올려 보자. EC2 태그는 원하는 방식으로 정의할 수 있으므로 앤서블 그룹을 가장 쉽게 생성하는 방법이다.

인벤토리 플러그인을 사용하는 경우 AWS에서 반환된 메타 데이터에 기반한 추가적인 인벤토리 구조를 구성할 수 있다. 예를 들어, 다음과 같이 keyed_groups를 사용해 인스턴스 태그에서 그룹을 생성할 수 있다.

```
plugin: aws_ec2
keyed_groups:
  - prefix: tag
    key: tags
```

앤서블은 자동으로 tag_type_web이라는 그룹을 생성하며, 이 그룹에는 이름이 type이고 값이 web인 태그를 가진 모든 서버가 포함된다.

EC2에서는 인스턴스에 다중 태그를 적용할 수 있다. 예를 들어, 별도의 스테이징과 상용 환경이 있는 경우 상용 웹 서버에 다음과 같이 태그를 적용할 수 있다.

```
env=production
type=web
```

이제 상용 머신은 tag_env_production으로, 웹 서버는 tag_type_web으로 참조할 수 있다. 상용 웹 서버를 참조하고 싶다면 다음과 같이 앤서블 교차 구문^{intersection syntax}을 사용한다.

```
hosts: tag_env_production:&tag_type_web
```

기존 리소스에 태그 적용

EC2 인스턴스를 생성하면서 해당 인스턴스에 태그를 적용하는 것이 이상적이다. 하지만 기존 EC2 인스턴스를 앤서블을 통해 관리하는 경우, 이미 실행 중인 인스턴스가 존재하고 이러한 인스턴스에 태그를 지정해야 한다. 앤서블에는 ec2_tag 모듈이 포함되어 있으며 이를 통해 이러한 부분을 처리할 수 있다.

예를 들어, 인스턴스에 env=production이고 type=web이라는 태그를 적용하고 싶다면 예제 17-5에서 볼 수 있는 간단한 플레이북을 통해 이러한 내용을 처리할 수 있다.

예제 17-5 인스턴스에 EC2 태그 적용

```
---
- name: Add tags to existing instances
 hosts: localhost
 vars:
   web_production:
     - i-1234567890abcdef0
     - i-1234567890abcdef1
   web_staging:
     - i-abcdef01234567890
     - i-33333333333333333
 tasks:
   - name: Tag production webservers
     ec2_tag:
       resource: "{{ item }}"
       region: "{{ lookup('env','AWS_REGION') }}"
     args:
       tags: {type: web, env: production}
     loop: "{{ web_production }}"

   - name: Tag staging webservers
     ec2_tag:
       resource: "{{ item }}"
```

```
      region: "{{ lookup('env','AWS_REGION') }}"
    args:
      tags: {type: web, env: staging}
    loop: "{{ web_staging }}"
...
```

이 예제에서는 태그({type: web, env: production})를 지정할 때 플레이북을 좀 더 단순하게 만드는 YAML 딕셔너리의 인라인 구문을 사용하지만, 다음과 같이 일반적인 YAML 딕셔너리 구문도 마찬가지로 잘 동작한다.

```
tags:
  type: web
  env: production
```

더 나은 그룹 이름

로린은 개인적으로 그룹 이름을 **tag_type_web**으로 지정하는 것을 좋아하지 않는다. 그냥 단순하게 **web**으로 지정하는 것을 선호한다.

해당 이름을 변경하기 위해서는 새로운 파일을 그룹에 관한 정보를 담고 있는 playbooks/inventory 디렉터리에 추가해야 한다. 이 파일은 전통적인 앤서블 인벤토리 파일이며 playbooks/inventory/hosts라고 한다(예제 17-6 참고).

예제 17-6 playbooks/inventory/hosts

```
[web:children]
tag_type_web
[tag_type_web]
```

이렇게 하고 나면 앤서블 플레이에서 **web**을 그룹으로 참조할 수 있다.

 aws_ec2 인벤토리 플러그인에는 그 밖에도 인벤토리를 세부적으로 관리할 수 있는 다양한 기능이 포함되어 있다. 예제 17-3은 시작하기에 충분한 내용을 담고 있다. 더 많은 정보는 aws_ec2 인벤토리 플러그인 문서(https://docs.ansible.com/ansible/latest/collections/amazon/aws/aws_ec2_inventory.html)를 참고한다.

가상 사설 클라우드

아마존에서 EC2를 2006년에 처음 출시했을 때 사실상 모든 EC2 인스턴스는 동일한 네트워크에 연결됐다.[3] 모든 EC2 인스턴스는 사설 IP 주소와 공인 IP 주소를 가졌다. 2009년에 아마존에서는 VPC^{Virtual Private Cloud}라는 가상 사설 클라우드 기능을 도입했다. VPC에서는 사용자가 인스턴스 간의 통신과 공개된 인터넷 망에서 접근하게 할 것인지 또는 격리할 것인지를 제어할 수 있다. 아마존은 사용자가 EC2 내부에 생성할 수 있는 가상 네트워크를 나타내는 용어로 VPC를 사용한다. VPC는 격리된 네트워크로 생각할 수 있다. VPC를 생성할 때 IP 주소의 범위를 지정한다. 이 IP 대역은 사설 주소 대역 (10.0.0.0/8, 172.16.0.0/12, 192.168.0.0/16) 중 하나의 부분집합이다.

VPC를 서브넷으로 나누게 되며, 이 서브넷은 전체 VPC가 갖고 있는 IP 범위의 부분집합에 해당하는 IP의 범위를 갖게 된다. 예제 17-14의 VPC는 10.0.0.0/16 대역의 IP 범위를 가지며 2개의 서브넷(10.0.0.0/24와 10.0.1.0/24)과 연결된다.

인스턴스를 실행하면 이 인스턴스는 VPC의 서브넷에 할당된다. 인스턴스에서 공인 IP 주소나 사설 IP 주소를 받을 수 있도록 서브넷을 구성할 수 있다. EC2를 사용하면 라우팅 테이블을 정의하여 서브넷 간에 트래픽을 라우팅할 수 있으며, 인터넷 게이트웨이를 만들어 서브넷에서 인터넷으로 나가는 트래픽을 라우팅할 수도 있다.

네트워크 구성은 복잡한 주제이며 이 책의 범위를 벗어난다. 더 자세한 정보를 확인하려면 VPC에 관한 아마존 EC2 문서(https://docs.aws.amazon.com/ko_kr/vpc/latest/userguide/what-is-amazon-vpc.html)를 참고한다.

ec2와 함께 사용할 ansible.cfg 구성

로린은 앤서블을 사용해 EC2 인스턴스를 구성할 때 ansible.cfg 파일에 다음 행을 추가한다.

---

3   아마존의 내부 네트워크는 서브넷으로 나뉘지만 사용자는 인스턴스가 서브넷에 할당되는 방식을 제어할 수 없다.

```
[defaults]
remote_user = ec2-user
host_key_checking = False
```

사용하는 이미지에 따라 특정 사용자(여기서는 ec2-user)로 SSH 접속을 해야 하며 이 정보는 ubuntu나 centos가 될 수도 있다. 로린은 호스트 키 확인을 사용하지 않는다. 그이유는 새로운 인스턴스의 호스트 키를 미리 알 수 없기 때문이다.[4]

새 인스턴스 시작

amazon.aws.ec2_instance 모듈을 사용해 EC2에서 새 인스턴스를 시작할 수 있다. 이모듈은 가장 복잡한 앤서블 모듈 중 하나로 아주 많은 인자를 지원한다.

예제 17-7에서는 우분투 20.04 EC2 인스턴스를 시작하는 단순한 플레이북을 보여준다.

예제 17-7 EC2 인스턴스 생성

```
- name: Configure and start EC2 instance
  amazon.aws.ec2_instance:
    name: 'web1'
    image_id: 'ami-0e8286b71b81c3cc1'
    instance_type: 't2.micro'
    key_name: 'ec2key'
    region: "{{ lookup('env', 'AWS_REGION') }}"
    security_group: "{{ security_group }}"
    network:
      assign_public_ip: true
    tags:
      type: web
      env: production
    volumes:
      - device_name: /dev/sda1
```

---

4   로린의 말: EC2의 인스턴스 콘솔 출력을 조회해 호스트 키를 검색할 수 있지만, 실제로 콘솔 출력에서 호스트 키를 파싱하는 스크립트를 작성한 적이 없으므로 이를 시도하지 않았다.

```
      ebs:
        volume_size: 16
        delete_on_termination: true
  wait: true
  register: ec2
```

파라미터의 의미를 살펴보자.

예제 17-7의 `image_id` 파라미터는 AMI ID를 나타내며, 항상 지정해야 한다. 이 장의 도입부에서 설명한 것처럼 이미지는 기본적으로 파일 시스템이며 설치된 운영체제를 포함한다. 예시로 사용된 `ami-0e8286b71b81c3cc1`은 64비트 CentOS 7이 설치된 이미지를 나타낸다.

`instance_type` 파라미터는 인스턴스에 할당될 CPU 코어 개수와 메모리와 스토리지의 크기를 나타낸다. EC2에서는 코어와 메모리, 스토리지의 조합을 임의로 선택할 수 없다. 그 대신 아마존에서는 인스턴스 유형의 조합을 정의한다.[5] 예제 17-7에서는 t2.micro 인스턴스 유형을 사용한다. 이 유형은 64비트 인스턴스 유형이며 1개의 코어와 1GB의 램, EBS 기반의 스토리지를 갖는다. 이 부분은 나중에 더 자세히 설명한다.

`key_name` 파라미터는 등록된 SSH 키 쌍을 나타낸다. 아마존에서는 SSH 키 쌍을 사용해 사용자가 서버에 접근하는 기능을 제공한다. 처음 서버를 시작하기 전에 새로운 SSH 키 쌍을 만들거나 또는 이전에 생성했던 키 쌍의 공개 키를 업로드해야 한다. 어떤 방법을 선택하든 이름으로 SSH 키 쌍을 등록해야 한다.

`regions` 파라미터는 인스턴스가 호스팅될 데이터 센터의 위치를 나타낸다. 이 예제에서는 환경 변수 `AWS_REGION`의 값을 찾는다.

`security_group` 파라미터는 인스턴스와 연관이 있는 방화벽 룰에 관한 리스트를 나타낸다. 보안 그룹에서는 허용된 인바운드와 아웃바운드 네트워크 연결을 정의한다. 예를 들면 웹 서버는 TCP 80 포트와 443 포트를 허용하고, 앤서블은 TCP 22 포트에서 SSH를 사용할 수 있게 한다.

---

5   비공식적이긴 하지만 유용한 웹사이트(https://instances.vantage.sh/)에서 사용 가능한 모든 EC2 인스턴스 유형을 표로 제공한다.

network에서는 인터넷에서 공인 IP 주소를 사용하도록 지정했다.

tags 파라미터에서는 메타데이터와 인스턴스를 EC2 태그 형식인 키-값의 쌍으로 연결한다. 이전 예제에서는 다음과 같이 태그를 설정했었다.

```
tags:
  Name: ansiblebook
  type: web
  env: production
```

 인스턴스 ID를 알고 있다는 가정하에, 다음과 같이 amazon.aws.ec2_instance 모듈을 명령줄에서 호출하면 인스턴스를 간단하게 종료할 수 있다.

```
$ ansible localhost -m amazon.aws.ec2_instance -a \
'instance_id=i-01176c6682556a360' \
-a state=absent'
```

EC2 키 쌍

예제 17-7에서는 아마존에서 이미 **mykey**라는 이름의 SSH 키 쌍을 알고 있다고 가정한다. 이제 앤서블을 사용해 키 쌍을 등록하는 방법을 살펴보자.

새 키 생성

먼저 다음과 같이 무차별 대입 공격brute-force을 방어할 수 있는 ed25519 유형의 키 쌍에 패스프레이즈passphrase를 입력해 암호화된 키 쌍을 생성한다.

```
$ ssh-keygen -t ed25519 -a 100 -C '' -f ~/.ssh/ec2-user
```

공개 키는 ~/.ssh/ec2-user.pub 파일에 저장된다. 이 파일은 다음과 같이 한 줄로 작성된다.

```
ssh-ed25519 AAAAC3NzaC1lZDI1NTE5AAAAIOvcnUtQI2wd4GwfOL4RckmwTinG1Zw7ia96EpVObs9x
```

공개 키 업로드

SSH 키 쌍을 갖고 있다면 공개 키를 아마존에 업로드해 키 쌍을 등록해야 한다. 개인 키는 다른 사람과 공유하면 안 되며, 자신이 사용하는 공개 키 역시 기록하면 안 된다. 개인정보 보호와 정보 보호가 중요하기 때문이다.

```
---
- name: Register SSH keypair
  hosts: localhost
  gather_facts: false
  tasks:
    - name: Upload public key
      amazon.aws.ec2_key:
        name: ec2key
        key_material: "{{ item }}"
        state: present
        force: true
      no_log: true
      with_file:
        - ~/.ssh/ec2key.pub
...
```

보안 그룹

예제 17-7에서는 my_security_group 보안 그룹이 이미 존재한다고 가정한다. amazon.aws.ec2_group 모듈을 사용해 해당 보안 그룹을 사용하기 전에 확인할 수 있다.

보안 그룹은 방화벽 룰과 같다. 이 룰에서 머신에 누가 어떻게 접속할 것인지 지정한다. 예제 17-8에서는 아무나 인터넷으로 80 포트와 443 포트에 연결할 수 있도록 보안 그룹을 지정한다. 이 예제에서는 아무나 인터넷을 통해 22 포트에 연결할 수 있지만, 알려진 주소로 제한할 수도 있다. 인터넷으로 나가는 HTTP와 HTTPS 연결은 허용하는데, 그 이유는 인터넷에서 패키지를 다운로드해야 하기 때문이다. 좀 더 안전한 대안은 특정 저장소나 필터링 프록시 서버로 접속하도록 하는 것이다.

보안 그룹

```yaml
- name: Configure SSH security group
  amazon.aws.ec2_group:
    name: my_security_group
    description: SSH and Web Access
    rules:
      - proto: tcp
        from_port: 22
        to_port: 22
        cidr_ip: '0.0.0.0/0'
      - proto: tcp
        from_port: 80
        to_port: 80
        cidr_ip: 0.0.0.0/0
      - proto: tcp
        from_port: 443
        to_port: 443
        cidr_ip: 0.0.0.0/0
    rules_egress:
      - proto: tcp
        from_port: 443
        to_port: 443
        cidr_ip: 0.0.0.0/0
      - proto: tcp
        from_port: 80
        to_port: 80
        cidr_ip: 0.0.0.0/0
```

보안 그룹을 처음 사용한다면 룰 딕셔너리의 파라미터에 대한 설명이 필요할 수 있다. 표 17-2에서는 보안 그룹 연결 룰에 대한 파라미터를 간단하게 설명하고 있다.

표 17-2 보안 그룹 룰에 대한 파라미터

파라미터	설명
proto	IP 프로토콜(tcp, udp, icmp) 또는 모든 프로토콜과 포트를 허용하는 all
cidr_ip	CIDR로 표기한 연결 허용 IP 주소의 서브넷
from_port	허용된 포트 범위의 첫 번째 포트
to_port	허용된 포트 범위의 마지막 포트

허용 IP 주소

보안 그룹을 통해 인스턴스에 연결할 IP 주소를 제한할 수 있다. CIDR^{Classless Interdomain} Routing 표기법을 사용해 서브넷을 지정한다. CIDR 표기법을 사용해 지정한 서브넷 예시는 203.0.113.0/24이며,[6] IP 주소의 처음 24비트가 203.0.113.0의 처음 24비트와 매칭되어야 함을 의미한다. 경우에 따라 /24로 끝나는 CIDR의 크기를 '/24'라고만 말하기도 한다.

/24는 적당한 값으로, IP 주소의 처음 3개의 옥텟^{octet}에 해당하는 203.0.113을 말한다.[7] 즉, 서브넷의 모든 IP 주소는 203.0.113으로 시작하며, 203.0.113.0에서부터 203.0.113.255까지 범위 안에 있다는 뜻이다. 0과 255는 호스트 용도로 허용되지 않는다는 점에 유의한다.

0.0.0.0/0을 지정하면 모든 IP 주소의 연결을 허용하게 된다.

보안 그룹 포트

EC2 보안 그룹의 헷갈리는 부분 중 하나는 출발지 포트와 도착지 포트 표기법이다. EC2에서는 사용할 포트의 범위를 지정할 수 있다. 예를 들어, 다음과 같이 지정해 5900 포트에서 5999 포트까지 TCP 연결을 허용할 수 있다.

```
- proto: tcp
  from_port: 5900
  to_port: 5999
  cidr_ip: 0.0.0.0/0
```

하지만 포트의 범위를 거의 지정하지 않기 때문에 from과 to 표기법은 헷갈린다.[8] 보통은 그렇게 설정하지 않고 80과 443 같은 단독 포트를 활성화하는 것이 일반적이다. 따라서 대부분의 경우 from_port와 to_port 파라미터는 동일하다.

---

6   이 예제는 예시로 예약된 TEST-NET-3라고 이름 붙인 특정 IP 주소 범위에 해당하며, example.com의 IP 서브넷이다.

7   /8이나 /16, /24 같은 서브넷이 /17이나 /23보다 계산하기 쉬우므로 적당한 예라고 할 수 있다.

8   예리한 관찰력을 가졌다면 5900~5999 포트는 VNC 원격 데스크톱 프로토콜에서 사용하며 이렇게 몇 안 되는 애플리케이션에서 포트의 범위 지정이 의미가 있음을 알아챘을 것이다.

amazon.aws.ec2_group 모듈에는 이 밖에도 여러 파라미터가 있으며 더 자세한 내용은
해당 문서를 확인하자.

최신 AMI

예제 17-7에서는 다음과 같이 CentOS AMI를 명시적으로 지정했다.

```
image_id: ami-0e8286b71b81c3cc1
```

이 이미지 대신 최신 우분투 20.04 이미지를 시작해야 한다면 어떤가? 이렇게 AMI를 하
드코딩하고 싶지는 않을 것이다. 그 이유는 캐노니컬Canonical(우분투 프로젝트를 운영하는
기업)에서 우분투의 소규모 업데이트를 자주 진행하고, 업데이트 때마다 새로운 AMI를
만들기 때문이다. 어제까지 ami-0d527b8c289b4af7f가 우분투 20.04 최신 배포 버전이
었다고 해서 내일도 최신 배포판이 될 것이라는 보장이 없다.

amazon.aws 컬렉션에는 ec2_ami_info라는 모듈이 있으며, 아키텍처와 이미지 이름 같
은 검색 조건을 사용해 AMI의 리스트를 검색할 수 있다. 예제 17-9에서는 이 모듈을 사
용해 SSD 기반의 EBS 인스턴스에서 동작하는 최신 버전의 64비트 우분투 Focal 20.04
AMI 식별자를 찾는 방법을 보여준다. 최신 AMI로 인스턴스를 생성하는 데도 동일한 방
법을 사용할 수 있다.

예제 17-9 최신 우분투 AMI 검색

```
---
- name: Find latest Ubuntu image on Amazon EC2
  hosts: localhost
  gather_facts: false
  tasks:
    - name: Gather information on Ubuntu AMIs published by Canonical
      amazon.aws.ec2_ami_info:
        owners: 099720109477
        filters:
          name: "ubuntu/images/hvm-ssd/ubuntu-focal-20.04-*"
          architecture: "x86_64"
```

```
        root-device-type: "ebs"
        virtualization-type: "hvm"
        state: "available"
    register: ec2_ami_info

  - name: Sort the list of AMIs by date for the latest image
    set_fact:
      latest_ami: |
        {{ ec2_ami_info.images | sort(attribute='creation_date') | last }
  - name: Display the latest AMI ID
    debug:
      var: latest_ami.image_id
...
```

우분투의 이미지 명명 규칙을 알아보자. 이미지 이름은 항상 날짜 스탬프로 끝난다. 예를 들면 ubuntu/images/hvm-ssd/ubuntu-focal-20.04-amd64-server-20211129와 같다. `ec2_ami_info` 모듈의 `name` 필터에는 *를 지정할 수 있다.

이 작업을 통해 AMI의 리스트가 등록되므로, 가장 최신의 이미지를 얻으려면 생성된 날짜로 정렬해 가장 최신 AMI를 사용한다.

 모든 배포판은 저마다 고유의 AMI 명명 규칙을 사용하므로 우분투가 아닌 배포판의 AMI를 배포하려면 알맞은 검색 문자열을 찾기 위해 어느 정도의 조사가 필요할 수 있다.

새 인스턴스 생성과 그룹 추가

경우에 따라 로린은 하나의 플레이북을 작성해, 인스턴스를 시작하고 해당 인스턴스에 대해 플레이북을 실행하는 것을 선호한다.

하지만 아쉽게도 해당 플레이북이 실행되기 전에는 호스트가 존재하지 않는다. 동적 인벤토리 스크립트에서 캐시를 비활성화하는 것이 여기서는 도움이 되지 않는다. 왜냐하면 앤서블에서는 동적 인벤토리 스크립트가 플레이북이 실행되는 시작 시점에 호출되기 때문이다. 즉, 해당 호스트가 존재하기 이전 시점이다.

이러한 상황에서는 예제 17-10과 같이 add_host 모듈을 사용해 인스턴스를 그룹에 동적으로 추가하는 태스크를 작성할 수 있다.

예제 17-10 인스턴스 추가

```
- name: Create an ubuntu instance on Amazon EC2
  hosts: localhost
  gather_facts: false
  tasks:
    - name: Configure and start EC2 instance
      amazon.aws.ec2_instance:
        name: 'web1'
        image_id: "{{ latest_ami.image_id }}"
        instance_type: "{{ instance_type }}"
        key_name: "{{ key_name }}"
        security_group: "{{ security_group }}"
        network:
          assign_public_ip: true
        tags: {type: web, env: production}
        volumes:
          - device_name: /dev/sda1
            ebs:
              volume_size: 16
              delete_on_termination: true
        wait: true
      register: ec2

    - name: Add the instances to the web and production groups
      add_host:
        hostname: "{{ item.public_dns_name }}"
        groupname:
          - web
          - production
      loop: "{{ ec2.instances }}"
- name: Configure Web Server
  hosts: web:&production
  become: true
  gather_facts: true
  remote_user: ubuntu
  roles:
    - webserver
```

450

> **반환된 정보**
>
> amazon.aws.ec2_instance 모듈에서는 시작된 인스턴스에 관한 여러 가지 정보를 담은 딕셔너리를 반환한다. 설명서를 확인하고 싶다면 구글 검색 대신 설치된 컬렉션에 대해 다음과 같은 명령을 실행한다.
>
> ```
> $ ansible-doc amazon.aws.ec2_instance
> ```

서버 생성 대기

EC2와 같은 IaaS 클라우드는 기술적으로 눈부시게 발전했지만 여전히 인스턴스를 새로 생성하는 작업은 어느 정도의 시간이 필요하다. EC2 인스턴스 생성을 요청한 직후에는 해당 인스턴스에 대해 플레이북을 실행할 수 없다. 즉, 해당 인스턴스가 생성되기를 대기해야 한다. 그리고 인스턴스는 차례로 생성되는 여러 부분으로 구성된다는 점도 알아야 한다. 따라서 대기를 해야 하는데, 어떤 방법으로 대기할 수 있을까?

ec2 모듈에서는 wait 파라미터를 제공한다. 이 파라미터를 yes로 설정하면 ec2 태스크는 인스턴스가 동작 상태로 전환되기 전까지는 반환되지 않는다.

안타깝지만 인스턴스가 동작 상태로 바뀌기를 기다리는 방법만으로는 호스트에서 플레이북을 실행할 수 있는지 알 수 없다. 인스턴스의 부팅 과정이 충분히 진행되어 SSH 서버가 시작되고 들어오는 연결을 수락할 수 있을 때까지 기다려야 한다.

wait_for 모듈은 이러한 시나리오에서 사용하기 위해 만들어졌다. 다음은 ec2와 wait_for 모듈을 함께 사용해 인스턴스가 시작되고 해당 인스턴스가 SSH 연결을 수락할 준비가 될 때까지 대기하는 방법이다.

```
- name: Wait for EC2 instance to be ready
  wait_for:
    host: "{{ item.public_dns_name }}"
    port: 22
    search_regex: OpenSSH
    delay: 60
  loop: "{{ ec2.instances }}"
  register: wait
```

이 `wait_for` 호출에서는 호스트에 연결 후 `search_regex` 인자를 통해 OpenSSH 문자열을 찾는다. 이 `search_regex`에서는 SSH 클라이언트가 완전하게 작동하는 SSH 서버에서 처음 접속하는 시점에 예제 17-11과 유사한 형태의 문자열을 반환하는 특징을 활용한다.

예제 17-11 우분투에서 동작하는 SSH 서버의 초기 응답

```
SSH-2.0-OpenSSH_8.2p1 Ubuntu-4ubuntu0.3
```

`wait_for` 모듈을 호출해 22 포트로 들어오는 연결을 수신 대기하고 있는지 확인할 수 있다. 하지만 경우에 따라 시작 프로세스에서 SSH 서버가 충분히 진행되어 22 포트를 수신 대기하고 있으나 아직 완전히 동작하지는 않는 경우가 있다. 공개 DNS 이름 설정에도 추가적인 시간이 필요하므로 1분의 지연 시간을 사용한다. 즉, 초기 응답을 기다림으로써 SSH 서버가 완벽히 시작된 경우에만 `wait_for` 모듈이 반환되도록 한다.

하나로 통합

예제 17-12에서는 EC2 인스턴스를 생성하고 웹 서버를 구성하는 플레이북을 보여준다. 이 플레이북은 멱등성을 가지므로 여러 번 실행해도 안전하며, 인스턴스가 생성되지 않은 경우에만 새 인스턴스를 생성한다.

예제 17-12 ec2-example.yml(완성된 EC2 플레이북)

```
---
- name: Provision Ubuntu Web Server on Amazon EC2
  hosts: localhost
  gather_facts: false
  vars:
    instance_type: t2.micro
    key_name: ec2key
    aws_region: "{{ lookup('env', 'AWS_REGION') }}"
    security_group: my_security_group
  tasks:
```

```yaml
  - name: Upload public key ec2key.pub
    amazon.aws.ec2_key:
      name: "{{ key_name }}"
      key_material: "{{ item }}"
      state: present
      force: true
    no_log: true
    with_file:
      - ~/.ssh/ec2key.pub

  - name: Configure my_security_group
    amazon.aws.ec2_group:
      name: "{{ security_group }}"
      region: "{{ aws_region }}"
      description: SSH and Web Access
      rules:
        - proto: tcp
          from_port: 22
          to_port: 22
          cidr_ip: '0.0.0.0/0'
        - proto: tcp
          from_port: 80
          to_port: 80
          cidr_ip: 0.0.0.0/0
        - proto: tcp
          from_port: 443
          to_port: 443
          cidr_ip: 0.0.0.0/0
      rules_egress:
        - proto: tcp
          from_port: 443
          to_port: 443
          cidr_ip: 0.0.0.0/0
        - proto: tcp
          from_port: 80
          to_port: 80
          cidr_ip: 0.0.0.0/0

  - name: Gather information on Ubuntu AMIs published by Canonical
    amazon.aws.ec2_ami_info:
```

```
    region: "{{ aws_region }}"
    owners: 099720109477
    filters:
      name: "ubuntu/images/hvm-ssd/ubuntu-focal-20.04-*"
      architecture: "x86_64"
      root-device-type: "ebs"
      virtualization-type: "hvm"
      state: "available"
  register: ec2_ami_info

- name: Sort the list of AMIs by date for the latest image
  set_fact:
    latest_ami: |
      {{ ec2_ami_info.images | sort(attribute='creation_date') | last }}

- name: Configure and start EC2 instance
  amazon.aws.ec2_instance:
    region: "{{ aws_region }}"
    name: 'web1'
    image_id: "{{ latest_ami.image_id }}"
    instance_type: "{{ instance_type }}"
    key_name: "{{ key_name }}"
    security_group: "{{ security_group }}"
    network:
      assign_public_ip: true
    tags:
      type: web
      env: production
    volumes:
      - device_name: /dev/sda1
        ebs:
          volume_size: 16
          delete_on_termination: true
    wait: true
  register: ec2

- name: Wait for EC2 instance to be ready
  wait_for:
    host: "{{ item.public_dns_name }}"
    port: 22
```

```
        search_regex: OpenSSH
        delay: 30
    loop: "{{ ec2.instances }}"
    register: wait

  - name: Add the instances to the web and production groups
    add_host:
      hostname: "{{ item.public_dns_name }}"
      groupname:
        - web
        - production
    loop: "{{ ec2.instances }}"

- name: Configure Web Server
  hosts: web:&production
  become: true
  gather_facts: true
  remote_user: ubuntu
  roles:
    - ssh
    - webserver
...
```

이 예제의 롤은 깃허브(https://github.com/ansiblebook)에서 확인할 수 있다.

VPC 지정

지금까지는 기본 VPC에서 인스턴스를 시작했다. 앤서블에서는 새로운 VPC를 생성하고 해당 VPC에서 인스턴스를 시작할 수 있다.

예제 17-13에서는 인터넷 게이트웨이와 2개의 서브넷, 라우팅 테이블이 포함된 VPC를 생성하는 방법을 보여준다. 이 VPC에서는 인터넷 게이트웨이를 통해 아웃바운드 연결을 라우팅할 수 있다.

create-vpc.yml(VPC 생성)

```yaml
---
- name: Create a Virtual Private Cloud (VPC)
  hosts: localhost
  gather_facts: false
  vars:
    aws_region: "{{ lookup('env', 'AWS_REGION') }}"
  tasks:
    - name: Create a vpc
      amazon.aws.ec2_vpc_net:
        region: "{{ aws_region }}"
        name: "Book example"
        cidr_block: 10.0.0.0/16
        tags:
          env: production
      register: result

    - name: Set vpc_id as fact
      set_fact:
        vpc_id: "{{ result.vpc.id }}"

    - name: Add gateway
      amazon.aws.ec2_vpc_igw:
        region: "{{ aws_region }}"
        vpc_id: "{{ vpc_id }}"

    - name: Create web subnet
      amazon.aws.ec2_vpc_subnet:
        region: "{{ aws_region }}"
        vpc_id: "{{ vpc_id }}"
        cidr: 10.0.0.0/24
        tags:
          env: production
          tier: web

    - name: Create db subnet
      amazon.aws.ec2_vpc_subnet:
        region: "{{ aws_region }}"
        vpc_id: "{{ vpc_id }}"
        cidr: 10.0.1.0/24
```

```
      tags:
        env: production
        tier: db

  - name: Set routes
    amazon.aws.ec2_vpc_route_table:
      region: "{{ aws_region }}"
      vpc_id: "{{ vpc_id }}"
      tags:
        purpose: permit-outbound
      subnets:
        - 10.0.0.0/24
        - 10.0.1.0/24
      routes:
      - dest: 0.0.0.0/0
        gateway_id: igw
...
```

이러한 명령은 모두 멱등성을 갖지만 멱등성 검사 방법은 모듈별로 조금씩 다르다(표 17-3 참고).

표 17-3 일부 VPC 모듈의 멱등성 검사 방법

모듈	멱등성 검사 방법
ec2_vpc_net	이름과 CIDR 옵션
ec2_vpc_igw	인터넷 게이트웨이의 존재 여부 확인
ec2_vpc_subnet	vpc_id와 CIDR 옵션
ec2_vpc_route_table	vpc_id와 태그[a]

[a] lookup 옵션을 id로 설정하면 멱등성 검사 방법은 tags가 아닌 route_table_id 옵션이 사용된다.

여러 개의 항목이 멱등성 검사를 통과하면 앤서블에서는 해당 모듈을 실패로 처리한다.

ec2_vpc_route_table에 태그를 지정하지 않으면 해당 모듈을 실행할 때마다 새로운 라우팅 테이블이 생성된다.

예제 17-12는 2개의 서브넷을 정의한 네트워크 관점의 간단한 예다. 한 서브넷은 인터넷으로 라우팅할 수 있고 다른 하나는 할 수 없다. 웹 서브넷에서 데이터베이스로 향하는 트래픽 라우팅 보안 그룹, 인터넷에서 웹 서브넷으로 향하는 트래픽 라우팅 보안 그룹, 사용 중인 제한된 서브넷으로 접속하는 SSH, 패키지를 설치하기 위한 아웃바운드 규칙을 갖고 있어야 한다. 예제 17-14에서는 이러한 보안 그룹을 생성하는 예를 보여준다.

예제 17-14 EC2 보안 그룹

```
---
- name: Create EC2 Security Groups
  hosts: localhost
  vars:
    aws_region: "{{ lookup('env', 'AWS_REGION') }}"
    database_port: 5432
    cidrs:
      web: 10.0.0.0/24
      db: 10.0.1.0/24
      ssh: 203.0.113.0/24
  tasks:
    - name: DB security group
      amazon.aws.ec2_group:
        name: db
        region: "{{ aws_region }}"
        description: allow database access for web servers
        vpc_id: "{{ vpc_id }}"
        rules:
          - proto: tcp
            from_port: "{{ database_port }}"
            to_port: "{{ database_port }}"
            cidr_ip: "{{ cidrs.web }}"

    - name: Web security group
      amazon.aws.ec2_group:
        name: web
        region: "{{ aws_region }}"
        description: allow http and https access to web servers
        vpc_id: "{{ vpc_id }}"
```

```
        rules:
          - proto: tcp
            from_port: 80
            to_port: 80
            cidr_ip: 0.0.0.0/0
          - proto: tcp
            from_port: 443
            to_port: 443
            cidr_ip: 0.0.0.0/0

    - name: SSH security group
      amazon.aws.ec2_group:
        name: ssh
        region: "{{ aws_region }}"
        description: allow ssh access
        vpc_id: "{{ vpc_id }}"
        rules:
          - proto: tcp
            from_port: 22
            to_port: 22
            cidr_ip: "{{ cidrs.ssh }}"

    - name: Outbound security group
      amazon.aws.ec2_group:
        name: outbound
        description: allow outbound connections to the internet
        region: "{{ aws_region }}"
        vpc_id: "{{ vpc_id }}"
        rules_egress:
          - proto: all
            cidr_ip: 0.0.0.0/0
...
```

vpc_id는 캐시된 팩트 또는 명령줄에서 추가 변수로 제공되어야 한다는 점에 유의한다.

동적 인벤토리와 VPC

VPC를 사용하는 경우에는 보통 인터넷으로 라우팅할 수 없는 프라이빗 서브넷에 일부 인스턴스를 두게 된다. 이렇게 하면 해당 인스턴스와 연결된 공인 IP 주소가 없다.

그러한 경우 앤서블을 VPC 내부의 인스턴스에서 실행할 수 있다. 앤서블 동적 인벤토리 스크립트는 공인 IP 주소가 없는 VPC 인스턴스에 대해 내부 IP 주소를 반환할 수 있다.

요약

앤서블에서는 EC2뿐만 아니라 그 밖의 더 많은 AWS 서비스를 지원한다. EC2와 함께 앤서블을 사용하는 방법은 책 한 권 분량이 될 만큼 큰 주제다. 실제로, 얀 쿠르니아완[Yan Kurniawan]은 『Ansible for AWS』(Packt, 2016)라는 책을 썼다. 이 장을 이해하고 나면 어렵지 않게 다른 모듈을 이해할 수 있는 충분한 지식을 갖게 될 것이다.

## 18장

콜백 플러그인

앤서블에서는 **콜백 플러그인**callback plug-ins 기능을 제공한다. 이 기능을 통해 호스트에서 플레이를 시작하거나 태스크를 완료하는 등의 앤서블 이벤트에 응답하는 사용자 정의 액션을 수행할 수 있다. 콜백 플러그인을 사용해 슬랙slack 메시지를 전송하거나 원격 로그 서버에 로그를 남기는 등의 작업을 처리할 수 있다. 실제로 앤서블 플레이북을 실행할 때 터미널에 표시되는 출력 결과는 콜백 플러그인으로 구현됐다.

앤서블에서는 다음 세 가지 종류의 콜백 플러그인을 제공한다.

- stdout 플러그인
- notification 플러그인
- aggregate 플러그인

stdout 플러그인에서는 터미널에 출력되는 출력 결과의 형식을 제어한다. 앤서블의 구현에서는 다양한 액션을 수행할 수 있는 notification 플러그인과 aggregate 플러그인을 다르게 처리하지 않는다.

stdout 플러그인

한 번에 하나의 stdout 플러그인만 활성화할 수 있다. ansible.cfg의 defaults 섹션에 stdout_callback 파라미터를 설정해 stdout 콜백을 지정한다. 예를 들어, 로그를 좀 더 가독성 있게 만들어 주는 yaml 플러그인을 선택하는 방법은 다음과 같다.

```
[defaults]
stdout_callback = yaml
```

ansible-doc -t callback -l을 사용해 설치된 버전에서 사용할 수 있는 플러그인 목록을 확인할 수 있다. 표 18-1은 바스가 흥미롭게 생각하는 stdout_callback 플러그인 리스트의 일부다.

표 18-1 stdout 플러그인

이름	설명	파이썬 요구사항
ara	ARA(Ansible Recording Ansible)는 앤서블의 실행을 기록하고 시각화한다.	ara[server]
debug	지정된 형식으로 stdout/stderr를 출력한다.	
default	앤서블의 기본 화면을 출력한다.	
dense	출력 결과를 스크롤하지 않고 덮어쓰는 방식으로 제공한다.	
json	JSON 출력 결과를 제공한다.	
minimal	간결한 형식의 출력 결과를 제공한다.	
null	결과를 화면에 표시하지 않는다.	
oneline	간결한 형식의 출력 결과를 한 줄로 제공한다.	

앤서블 2.11에서 actionable은 삭제됐다. display_skipped_hosts = false나 display_ok_hosts = false 옵션과 함께 default 콜백 플러그인을 사용한다.

ARA

ARA Records Ansible(ARA, 또 다른 재귀적인 약어)은 단순한 콜백 플러그인 그 이상이다. 앤서블과 앤서블 플레이북 명령을 실행할 때, 해당 실행 결과를 상세하고 세부적으로 저장하고 보고하는 기능을 제공한다(그림 18-1 참고). 팀 전체가 ARA를 사용하면 모두 현재 어떤 일이 일어나고 있는지 알 수 있다.

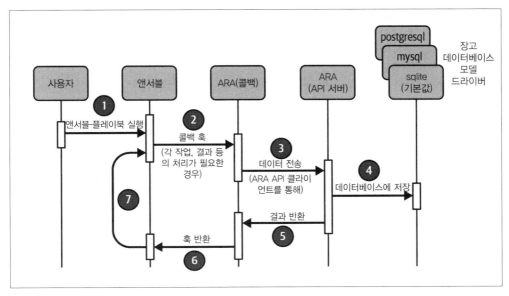

그림 18-1 ARA를 통해 앤서블의 데이터를 DB에 저장

가장 단순하게는 SQLite 파일에 저장하도록 설정하는 방법이 있지만 장고 사이트를 실행해 브라우저에서 보거나 API 또는 CLI 클라이언트(https://ara.readthedocs.io/en/latest/cli.html#cli-ara-api-client)를 실행할 수도 있다. 앤서블에서 사용하는 파이썬을 통해 다음과 같이 ARA를 설치한다.

```
$ pip3 install --user "ara[server]"
$ export ANSIBLE_CALLBACK_PLUGINS="$(python3 -m ara.setup.callback_plugins)"
# ... 플레이북이나 앤서블 명령을 실행 ...
$ ara-manage runserver
```

더 자세한 내용은 ARA 문서(https://ara.readthedocs.io/en/latest/)를 참고한다.

debug

debug 플러그인에서는 태스크에서 반환된 stdout(명령 정상 출력 결과)과 stderr(명령어 오류 출력 결과)를 쉽게 디버깅할 수 있도록 좀 더 읽기 좋게 만들어 준다. default 플러그인의 출력 결과는 다음과 같이 읽기 어렵다.

```
TASK [Clone repository] **********************************************************
fatal: [one]: FAILED! => {"changed": false, "cmd": "/usr/bin/git clone --origin
origin '' /tmp/mezzanine_example", "msg": "Cloning into '/tmp/mezzanine_example'...
\n/private/tmp/mezzanine_example/.git: Permission denied", "rc": 1, "stderr":
"Cloning into '/tmp/mezzanine_example'...\n/private/tmp/mezzanine_example/.git:
Permission denied\n", "stderr_lines": ["Cloning into '/tmp/mezzanine_example'...",
"/private/tmp/mezzanine_example/.git: Permission denied"], "stdout": "",
"stdout_lines": []}
```

debug 플러그인을 사용하면 가독성이 좋아진다.

```
TASK [Clone repository] **********************************************************
fatal: [one]: FAILED! => {
    "changed": false,
    "cmd": "/usr/bin/git clone --origin origin '' /tmp/mezzanine_example",
    "rc": 1
}
STDERR:
Cloning into '/tmp/mezzanine_example'...
/private/tmp/mezzanine_example/.git: Permission denied
MSG:
Cloning into '/tmp/mezzanine_example'...
/private/tmp/mezzanine_example/.git: Permission denied
```

default

stdout_callback을 설정하지 않으면 default 플러그인에서는 다음과 같은 작업 결과
를 만든다.

```
TASK [Clone repository] **********************************************************
changed: [one]
```

dense

dense 플러그인은 앤서블 2.3에서 추가됐으며 항상 출력을 두 줄로 보여준다. 즉, 다음
과 같이 스크롤하지 않고 기존 행을 덮어쓴다.

464

```
PLAY 1: LOCAL
task 1: one
```

json

json 플러그인에서는 출력 결과를 시스템에서 판독할 수 있는 JSON으로 생성한다. 이 방식은 스크립트를 사용해 앤서블의 출력 결과를 처리할 때 유용하다. 이 콜백에서는 전체 플레이북의 실행이 끝날 때까지 출력 결과를 생성하지 않는다는 점에 유의한다. JSON 출력 결과는 너무 많은 내용을 담고 있기 때문에 여기서는 생략한다.

minimal

minimal 플러그인에서는 앤서블이 이벤트에서 반환한 결과를 최소한으로 처리한다. 예를 들면, default 플러그인에서는 다음과 같은 작업 결과를 만든다.

```
TASK [Clone repository] ***********************************************
changed: [one]
```

하지만 minimal 플러그인의 실행 결과는 다음과 같다.

```
one | CHANGED => {
    "after": "2c19a94be566058e4430c46b75e3ce9d17c25f56",
    "before": null,
    "changed": true
}
```

null

null 플러그인에서는 아무런 출력 결과를 표시하지 않는다.

oneline

oneline 플러그인은 minimal 플러그인과 유사하지만 출력 결과를 한 줄로 표시한다(책에서는 텍스트를 한 줄로 표현할 수 없어 여러 줄로 표시함).

one | CHANGED => {"after": "2c19a94be566058e4430c46b75e3ce9d17c25f56","before": ...

notification과 aggregate 플러그인

그 밖의 플러그인으로는 실행 시간을 기록하거나 슬랙 알람을 전송하는 등 다양한 액션을 수행할 수 있다(표 18-2 참고).

stdout 플러그인과는 다르게 여러 다른 플러그인을 동시에 활성화할 수 있다. 예를 들면, ansible.cfg에서 다음과 같이 콤마로 구분한 리스트를 callback_whitelist에 설정하는 방식으로 원하는 그 밖의 다양한 플러그인을 활성화한다.

```
[defaults]
callback_whitelist = mail, slack
```

 callback_whitelist는 callback_enabled로 표준화될 것이다.

이러한 플러그인은 대부분 구성 옵션을 제공하며 ansible.cfg나 환경 변수를 통해 설정할 수 있다. 바스는 이러한 옵션을 ansible.cfg에서 설정하며 환경 변수가 복잡해지는 것을 선호하지 않는다. 추가로 ansible.cfg를 형상 관리 도구에 저장할 수 있어 사용자나 개발자가 이 설정을 공유할 수 있다.

특정 콜백 플러그인 옵션을 확인하려면 다음 명령을 실행한다.

```
$ ansible-doc -t callback plugin
```

표 18-2 그 밖의 다양한 플러그인

이름	설명	파이썬 요구사항
foreman	Foreman으로 알림 전송	requests
jabber	Jabber로 알림 전송	xmpppy
junit	JUnit 형식의 XML 파일 작성	junit_xml
log_plays	각 호스트에 대한 플레이북 결과 기록	
logentries	Logentries로 알림 전송	certifi, flatdict
logstash	Logstash로 결과 전송	logstash
mail	태스크 실패 시 메일 발송	
nrdp	Nagios 서버로 태스크 결과 게시	
say	소프트웨어 음성 합성기(speech synthesizer)를 통해 알림	
profile_roles	롤에 시간 정보를 추가	
profile_tasks	태스크에 시간 정보를 추가	
slack	Slack으로 알림 전송	prettytable
splunk	Splunk로 태스크 결과 이벤트 전송	
timer	플레이 통계에 시간 추가	

파이썬 요구사항

여러 플러그인에서 앤서블 제어 머신에 1개나 2개의 파이썬 라이브러리의 설치를 요구한다. 표 18-2에서는 플러그인과 해당 플러그인의 파이썬 요구사항을 보여준다. 예를 들어, 앤서블에서 사용하는 파이썬을 통해 슬랙을 위한 prettytable 파이썬 라이브러리를 설치하는 방법은 다음과 같다.

```
$ pip3 install prettytable
```

foreman

foreman 플러그인을 사용해 Foreman(https://theforeman.org/)으로 알람을 전송한다. 표 18-3에서는 이 플러그인을 구성하기 위해 사용한 ansible.cfg의 [callback_ foreman] 그룹 하위에 있는 구성 항목을 보여준다.

표 18-3 foreman 플러그인 환경 변수

환경 변수	설명	기본값
url	Foreman 서버 URL	*http://localhost:3000*
client_cert	HTTPS를 사용하는 경우, Foreman 서버에 인증하기 위한 X509 인증서	/etc/foreman/client_cert.pem
client_key	해당 인증서에 대응되는 개인 키	/etc/foreman/client_key.pem
verify_certs	앤서블에서 Foreman 인증서를 확인할지 여부 지정 1: 설치된 CA 또는 CA 번들을 가리키는 경로를 사용해 SSL 인증서 확인 0: 인증서 검사 비활성화	1

jabber

jabber 플러그인에서는 Jabber(https://www.jabber.org/)로 알람을 전송한다. 이 플러그인의 구성 옵션은 모두 기본값이 존재하지 않는다. 이러한 옵션은 표 18-4에서 볼 수 있는 환경 변수를 통해서만 설정할 수 있다.

표 18-4 jabber 플러그인 환경 변수

환경 변수	설명
JABBER_SERV	Jabber 서버의 호스트 이름
JABBER_USER	인증을 위한 Jabber 사용자 이름
JABBER_PASS	인증을 위한 Jabber 비밀번호
JABBER_TO	알람을 전달하기 위한 Jabber 사용자

junit

junit 플러그인에서는 XML 파일에 JUnit 형식으로 플레이북 실행 결과를 기록한다. 이 플러그인은 표 18-5의 환경 변수를 통해 구성한다. 그리고 표 18-6의 규칙을 사용해 XML 보고서를 생성한다.

표 18-5 junit 플러그인 환경 변수

환경 변수	설명	기본값
JUNIT_OUTPUT_DIR	파일의 대상 디렉터리 설정	~/.ansible.log
JUNIT_TASK_CLASS	출력 구성: YAML 파일당 하나의 클래스 설정	false
JUNIT_FAIL_ON_CHANGE	'변경'으로 보고된 모든 태스크를 JUnit 테스트 실패로 간주	false
JUNIT_FAIL_ON_IGNORE	ignore_on_error가 설정됐더라도 실패한 태스크를 JUnit 테스트 실패로 간주	false
JUNIT_HIDE_TASK_ARGUMENTS	태스크 인수 숨김 여부 설정	false
JUNIT_INCLUDE_SETUP_TASKS_IN_REPORT	최종 보고서에 설정 태스크 포함 여부 설정	true

표 18-6 JUnit 보고서

앤서블 태스크 결과	JUnit 보고서
ok	pass
failed with EXPECTED FAILURE in the task name	pass
failed due to an exception	error
failed for other reasons	failure
skipped	skipped

log_plays

log_plays 플러그인에서는 log_folder의 로그 파일에 실행 결과를 기록한다. 이 로그 파일은 호스트당 하나다.

logentries

logentries 플러그인에서는 검사나 디버깅 목적으로 JSON 객체를 생성하고 TCP를 통해 Logentries로 전송한다. 이 플러그인의 구성 항목은 표 18-7과 같고, ansible.cfg의 [callback_logentries] 그룹에 작성한다.

표 18-7 logentries 플러그인 구성 항목

Logentries 구성 항목	설명	기본값
token	Logentries 토큰	없음
api	Logentries 엔드포인트 호스트 이름	data.logentries.com
port	Logentries 포트	80
tls_port	Logentries TLS 포트	443
use_tls	Logentries와 TLS 사용 여부	false
flatten	결과의 평탄화 여부	false

logstash

logstash 플러그인에서는 팩트와 태스크 이벤트를 Logstash(https://www.elastic.co/kr/logstash)로 보고한다. 이 플러그인 구성 항목은 표 18-8의 내용과 같고 ansible.cfg의 [callback_logstash] 그룹에 작성한다.

표 18-8 logstash 플러그인 구성 항목

구성 항목	설명	기본값
format_version	로그 형식	v1
server	Logstash 서버 호스트 이름	localhost
port	Logstash 서버 포트	5000
pre_command	앤서블의 작업을 실행하기 전에 특정 명령을 실행하고 그 결과를 ansible_pre_command_output 필드에 저장	null
type	메시지 유형	ansible

mail

mail 플러그인을 사용하면 호스트에서 태스크가 실패할 때마다 이메일을 전송할 수 있다. 이 플러그인의 구성 항목은 표 18-9와 같고 ansible.cfg의 [callback_mail] 그룹에 작성한다.

표 18-9 `mail` 플러그인 환경 변수

환경 변수	설명	기본값
bcc	숨은 참조 수신자	null
cc	참조 수신자	null
mta	메일 전송 에이전트	localhost
mtaport	메일 전송 에이전트 포트	25
sender	메일 발신자	null
to	메일 수신자	root

profile_roles

이 콜백 모듈은 앤서블 롤에 대한 프로파일링 정보를 집계한다.

profile_tasks

`profile_tasks` 플러그인에서는 다음과 같이 개별 태스트의 수행 시간과 플레이북의 총 수행 시간에 대한 요약을 생성한다.

```
Wednesday 11 August 2021  23:00:43 +0200 (0:00:00.910)       0:01:26.498 ******
===============================================================================
Install apt packages ----------------------------------------------- 83.50s
Gathering Facts ---------------------------------------------------- 1.46s
Check out the repository on the host ------------------------------- 0.91s
Create project path ------------------------------------------------ 0.40s
Create a logs directory -------------------------------------------- 0.21s
```

이 플러그인에서는 태스크가 실행되는 동안 수행 시간 정보를 출력하며 다음 내용을 보여준다.

- 태스크의 시작 일시

- 이전 태스크 수행 시간(괄호 안에 표시)

- 플레이에 대한 누적 수행 시간

다음은 해당 출력에 관한 예시다.

```
TASK [Create project path] ****************************************************
Wednesday 11 August 2021 23:00:42 +0200 (0:01:23.500)            0:01:24.975
changed: [web] ==> {"changed": true, "gid": 1000, "group": "vagrant", "mode":
"0755", "owner": "vagrant", "path": "/home/vagrant/mezzanine/mezzanine_example",
"size": 4096, "state": "directory", "uid": 1000}
```

표 18-10에서는 구성에 사용할 수 있는 환경 변수를 보여준다.

표 18-10 profile-tasks 플러그인 환경 변수

환경 변수	설명	기본값
PROFILE_TASKS_SORT_ORDER	출력 결과 정렬(ascending 또는 none)	none
PROFILE_TASKS_TASK_OUTPUT_LIMIT	표시할 태스크 개수 또는 all	20

say

say 플러그인에서는 say나 espeak 프로그램을 사용해 플레이 이벤트를 음성으로 알려준다. say 플러그인에는 구성 옵션이 없다. 이 모듈은 음성 파라미터가 제공된다.

2.8 버전에서 osx_say가 say로 명칭이 변경됐다.

slack

slack 플러그인에서는 플레이북이 실행되는 동안 슬랙(https://slack.com/intl/ko-kr/) 채널로 알람을 전송한다. 이 플러그인 구성 항목은 ansible.cfg의 [callback_slack] 그룹에 작성한다. 환경 변수는 표 18-11과 같다.

표 18-11 slack 플러그인 환경 변수

구성 항목	설명	기본값
webhook_url	슬랙 웹훅 URL	없음
channel	알림을 게시할 슬랙의 채널	#ansible
username	알림을 게시할 슬랙 사용자	ansible
validate_certs	슬랙 서버의 SSL 인증서 검사	true

splunk

이 콜백 플러그인에서는 작업 결과를 JSON 형식 이벤트로 Splunk HTTP 수집기에 전송한다. 구성 항목은 표 18-12와 같고 ansible.cfg의 [callback_mail] 그룹에 작성할 수 있다.

표 18-12 splunk 플러그인 환경 변수

구성 항목	설명	기본값
authtoken	Splunk HTTP 수집기에 연결을 인증하는 토큰	null
include_milliseconds	생성된 타임스탬프 필드에 1/1000초 포함 여부	false
url	Splunk HTTP 수집기 소스 URL	ansible
validate_certs	Splunk 서버에 대한 SSL 인증서 검사 여부	true

timer

timer 플러그인에서는 단순하게 통계에 다음과 같은 전체 플레이의 실행 시간을 추가한다.

```
Playbook run took 0 days, 0 hours, 2 minutes, 16 seconds
```

일반적으로 각 태스크의 수행 시간까지 표시해 주는 profile_tasks 플러그인을 사용한다.

요약

앤서블의 콜백 플러그인에서는 조직에서 사용하는 대화 채널에 보고 기능을 통합하는 여러 가지 방식을 제공한다. 이는 앤서블을 통해 여러 도구와 조화를 이루어 다양한 분야의 솔루션을 구성할 수 있기 때문에 가치를 더하게 된다.

때에 따라 원하는 작업을 처리할 수 있는 모듈이 존재하지 않는 경우가 있고, 명령이나 셸 모듈로 아주 복잡한 태스크를 수행해야 할 수도 있다. 그러한 경우 해당 모듈을 직접 작성해야 한다.

모듈은 앤서블이라는 '언어'의 '동사'라고 생각할 수 있다. 모듈이 없으면 YAML에서는 아무것도 처리하지 못한다. 앤서블 모듈은 리눅스/BSD/유닉스 머신에서는 파이썬으로 프로그래밍하고 윈도우 머신에서는 파워셸로 프로그래밍하지만 원칙적으로는 언어의 제약 없이 작성할 수 있다. 그림 19-1에서는 앤서블의 주요 구성요소인 프로젝트, 플레이북, 인벤토리, 모듈을 보여준다.

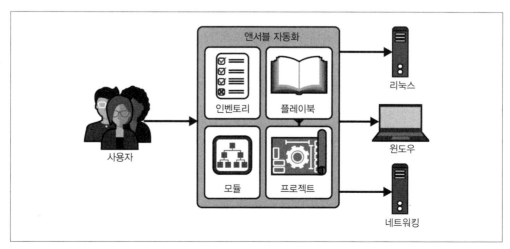

그림 19-1 모듈

원격 서버에 접속 가능 여부를 점검하는 예제

원격 서버에 특정 포트를 통해 연결할 수 있는지 여부를 확인하고 싶다고 가정해 보자. 접속할 수 없는 경우 앤서블에서 오류로 처리하고 해당 플레이의 실행을 중단하도록 한다.

 이 장에서 만들게 될 사용자 정의 모듈은 기본적으로 wait_for 모듈을 단순화한 형태다.

script 모듈 사용

7장의 예제 7-13으로 돌아가 기억을 떠올려 보면 script 모듈을 사용해 사용자 정의 스크립트를 원격 호스트에서 실행했었다. 경우에 따라서는 script 모듈을 사용하는 편이 전체 앤서블 모듈을 작성하는 방법보다 더 간단하다.

로린은 이러한 종류의 스크립트를 scripts 폴더에 두고 플레이북에서 사용한다. 예를 들면 playbooks/scripts/can_reach.sh 스크립트 파일을 생성해 다음과 같이 호스트의 이름, 연결 포트, 타임아웃 전까지 연결을 시도할 시간을 인수로 전달할 수 있다.

```
$ ./can_reach.sh www.example.com 80 1
```

예제 19-1에서 볼 수 있듯이 netcat을 호출하는 셸 스크립트를 작성할 수 있다.

예제 19-1 can_reach.sh

```
#!/bin/bash -eu
host="$1"
port="$2"
timeout="$3"
nc -z -w "$timeout" "$host" "$port"
```

그리고 다음과 같이 호출할 수 있다.

```
- name: Run my custom script
  script: scripts/can_reach.sh www.google.com 80 1
```

앤서블 모듈이 동작하는 것처럼 스크립트는 원격 호스트에서 수행된다는 점에 주의한다. 따라서 스크립트에서 필요한 모든 프로그램이 원격 호스트에 미리 설치되어 있어야 한다(예: 예제 19-1의 nc). 이 장에서 사용하는 예제 Vagrantfile에서는 **vagrant up**을 사용해 필요한 모든 부분을 프로비저닝하므로 playbook.yml과 함께 실행할 수 있다.

펄^{Perl}이 원격 호스트에 설치되어 있는 경우, 스크립트를 순수 펄로 작성할 수 있다. 이 스크립트의 첫 번째 줄에서는 펄 인터프리터를 호출한다(예제 19-2 참고).[1]

예제 19-2 can_reach.pl

```perl
#!/usr/bin/perl
use strict;
use English qw( -no_match_vars );     # PBP 79
use Carp;                             # PBP 283
use warnings;                         # PBP 431
use Socket;
our $VERSION = 1;
my $host = $ARGV[0], my $port = $ARGV[1];

# 소켓 생성 및 포트 연결
socket SOCKET, PF_INET, SOCK_STREAM, ( getprotobyname 'tcp' )[2]
    or croak "Can't create a socket $OS_ERROR\n";
connect SOCKET, pack_sockaddr_in( $port, inet_aton($host) )
    or croak "Can't connect to port $port! \n";

# 결과 출력
print "Connected to $host:$port\n" or croak "IO Error $OS_ERROR";

# 소켓 종료
close SOCKET or croak "close: $OS_ERROR";
__END__
```

자신이 선호하는 스크립트 언어와 **script** 모듈을 함께 사용한다.

---

1   이 스크립트에서는 perlcritic --brutal 규격을 준수한다.

can_reach 모듈

다음으로 적절한 앤서블 파이썬 모듈로 can_reach를 구현한다. 다음과 같이 파라미터를 사용해 이 모듈을 호출한다.

```
- name: Check if host can reach the database
  can_reach:
    host: example.com
    port: 5432
    timeout: 1
```

이 모듈에서는 호스트에서 example.com에 5432 포트를 통해 TCP 연결을 할 수 있는지 여부를 검사한다. 연결을 할 수 없다면 1초 이후에 타임아웃된다.

이 예제는 이 장의 전반에서 사용한다.

모듈을 개발해야 하는가?

모듈을 개발하기 전에 다음과 같은 근본적인 질문을 해보는 것이 좋다. 정말 새로운 모듈인가? 유사한 기존 모듈이 존재하는가? 액션 플러그인을 사용하거나 개발해야 하는가? 단순히 롤을 사용할 수 있는가? 단일 모듈 대신 컬렉션을 만들어야 하는가? 가능하다면 기존 코드를 재사용하는 편이 훨씬 쉽다. 또한 앤서블을 사용하는 것이 파이썬으로 프로그래밍하는 것보다 쉽다. 자신의 제품에 대한 파이썬 API를 제공하는 벤더라면 컬렉션으로 개발하는 것이 의미가 있다. 모듈은 15장에서 살펴봤던 것처럼 컬렉션의 일부분이 될 수 있다.

사용자 정의 모듈의 위치

앤서블에서는 플레이북의 상대적인 경로에 있는 library 디렉터리를 찾는다. 예제의 경우는 해당 플레이북을 playbooks 디렉터리에 두었으므로 사용자 정의 모듈을 playbooks/library/can_reach에 두게 될 것이고 ansible-playbook에서는 자동으로

library 디렉터리를 찾게 된다. 모듈을 앤서블 애드훅^{ad hoc} 명령[2]에서 사용하고 싶다면 다음 행을 ansible.cfg에 추가한다.

```
library = library
```

또한 모듈은 앤서블 롤의 library 디렉터리나 컬렉션에 추가할 수 있다. .py 파일 확장자를 사용하거나 또는 해당 스크립트 언어에서 일반적으로 사용하는 확장자를 사용할 수 있다.

앤서블에서 모듈 호출 방법

모듈을 구현하기에 앞서, 앤서블에서 어떻게 모듈을 호출하는지 살펴보자.

1. 인수가 있는 독립 실행 파이썬 스크립트 생성(파이썬 모듈에 해당)

2. 모듈을 호스트로 복사

3. 호스트에서 인수 파일 생성(비 파이썬 모듈에만 해당)

4. 호스트에서 모듈을 호출하고 인수 파일을 인수로 전달

5. 모듈의 표준 출력 파싱

각 단계를 좀 더 자세히 살펴보자.

인수가 있는 독립 실행 파이썬 스크립트 생성(파이썬 모듈에 해당)

모듈이 파이썬으로 작성됐고 앤서블에서 제공하는 헬퍼 코드(나중에 설명함)를 사용한다면 앤서블에서는 헬퍼 코드와 모듈 인수를 주입하는 자체 포함[3] 파이썬 스크립트를 생성하게 된다.

---

2 애드훅 명령은 명령줄에서 앤서블 모듈을 직접 실행하는 방식으로, 일반적으로 단일 작업을 빠르게 수행하거나 테스트하는 데 사용된다. – 옮긴이

3 앤서블이 생성한 스크립트가 독립적으로 실행될 수 있는 완전한 형태로 구성된다는 뜻이다. 즉, 생성된 스크립트에는 필요한 모든 코드와 의존성이 포함되어 있어 별도의 환경 설정이나 외부 의존성 없이 실행될 수 있는 상태를 말한다. – 옮긴이

모듈을 호스트로 복사

앤서블에서는 생성된 파이썬 스크립트나 로컬 파일(playbooks/library/can_reach, 비 파이썬 기반 모듈용)을 원격 호스트의 임시 디렉터리로 복사한다. vagrant 사용자로 원격 호스트에 접근하면 앤서블에서는 해당 파일을 다음과 같은 경로로 복사하게 된다.

/home/vagrant/.ansible/tmp/ansible-tmp-1412459504.14-47728545618200/can_reach

호스트에서 인수 파일 생성(비 파이썬 모듈에 해당)

모듈이 파이썬으로 작성되지 않았다면 앤서블에서는 원격 호스트에 다음과 같은 이름의 파일을 생성하게 된다.

/home/vagrant/.ansible/tmp/ansible-tmp-1412459504.14-47728545618200/arguments

모듈을 다음과 같이 호출하면

```
- name: Check if host can reach the database server
  can_reach:
    host: db.example.com
    port: 5432
    timeout: 1
```

인수 파일에는 다음과 같은 내용이 포함된다.

```
host=db.example.com port=5432 timeout=1
```

앤서블에서 모듈의 인수 파일을 JSON 형식으로 생성하려면 playbooks/library/can_reach에 다음 내용을 추가한다.

```
# WANT_JSON
```

모듈에서 JSON 입력을 사용할 수 있게 구성했다면 인수 파일은 다음과 같은 모양이 된다.

```
{"host": "www.example.com", "port": "80", "timeout": "1"}
```

모듈 호출

앤서블에서는 모듈을 호출하고 인수 파일을 인수로 전달하게 된다. 파이썬 기반 모듈이라면 앤서블에서는 다음과 같은 동작을 수행한다(/path/to/는 실제 경로로 대체됨).

```
/path/to/can_reach
```

파이썬 기반 모듈이 아니라면 앤서블에서는 인터프리터를 결정하기 위해 모듈의 첫 번째 줄을 확인하고 다음을 명령을 실행한다.

```
/path/to/interpreter /path/to/can_reach /path/to/arguments
```

can_reach 모듈이 배시 스크립트로 구현됐고 #!/bin/bash로 시작한다고 가정하면 앤서블에서는 다음과 같이 명령을 실행한다.

```
/bin/bash /path/to/can_reach /path/to/arguments
```

하지만 이 내용은 엄밀히 말해서 정확하지 않다. 실제로 앤서블에서 수행되는 내용은 좀 더 복잡하다. 앤서블에서는 다음과 같이 모듈을 보안 셸 명령으로 감싸 로케일을 준비하고 정리 작업을 수행한다.

```
/bin/sh -c 'LANG=en_US.UTF-8 LC_CTYPE=en_US.UTF-8 /bin/bash /path/to/can_reach \
/path/to/arguments; rm -rf /path/to/ >/dev/null 2>&1'
```

ansible-playbook에 -vvv 옵션을 사용해 호출하면 앤서블에서 실행하는 정확한 명령을 확인할 수 있다.

데비안(Debian)에서는 다음과 같이 로케일을 구성한다.

```
localedef -i en_US -f UTF-8 en_US.UTF-8
```

앤서블 파이썬 모듈을 원격으로 실행하는 방식은 셸 중심적인 방법이다. 하지만 앤서블에서는 제한된 셸^restricted shell을 사용할 수 없다는 점에 유의한다.

예상 출력

앤서블은 모듈에서 다음과 같은 JSON 형식의 출력값이 생성될 것을 기대한다.

```
{"changed": false, "failed": true, "msg": "could not reach the host"}
```

나중에 살펴보겠지만 모듈을 파이썬으로 작성하는 경우 앤서블에서 JSON 형식의 출력을 쉽게 생성할 수 있도록 도와주는 헬퍼 메서드를 제공한다.

앤서블의 예상 변수 출력

모듈에서는 원하는 변수를 반환할 수 있지만 앤서블에서는 반환된 특정 변수에 대해 특별한 처리를 하게 된다.

changed

모든 앤서블 모듈에서는 changed 변수를 반환해야 한다. 이 changed 변수는 불리언 값이며 해당 모듈 실행으로 호스트의 상태가 변경됐는지 여부를 알려준다. 앤서블이 실행될 때 출력 결과에서 상태 변경이 발생했는지 보여준다. 태스크에 핸들러를 알려주는 notify 절이 포함된 경우 해당 알림은 changed가 true인 경우에만 발생한다.

failed

모듈이 완료되지 못했다면 "failed": true를 반환해야 한다. 앤서블에서는 이러한 태스크의 수행을 실패로 취급하며 ignore_errors나 failed_when 절이 포함되지 않았다면 실패한 호스트에서 이후 추가적인 태스크는 모두 실행되지 않는다.

모듈이 성공적으로 실행되는 경우, "failed": false를 반환하거나 이 변수를 생략할 수 있다.

msg

`msg` 변수를 사용해 설명 메시지를 추가한다. 이 변수에 모듈이 실패한 이유를 기술한다.

태스크가 실패하고 모듈에서 `msg` 변수를 반환하는 경우, 앤서블에서는 다른 변수에서 처리되는 것과는 조금 다르게 해당 변수를 출력한다. 예를 들어, 모듈에서 반환되는 내용이 다음과 같다면

```
{"failed": true, "msg": "could not reach www.example.com:81"}
```

앤서블에서 이 태스크를 실행할 때 다음과 같은 결과를 보여준다.

```
failed: [fedora] ==> {"failed": true}
msg: could not reach www.example.com:81
```

특정 호스트에서 실패가 발생하는 경우 앤서블에서는 아직 실패하지 않은 나머지 호스트에서 태스크를 계속해서 실행한다.

파이썬 모듈 구현

파이썬으로 사용자 정의 모듈을 구현하는 경우 앤서블에서 제공하는 `AnsibleModule` 클래스를 사용할 수 있다. 이 클래스를 사용하면 입력값의 파싱과 JSON 형식의 출력값 반환, 외부 프로그램 호출이 쉬워진다.

실제로 파이썬 모듈을 작성할 때 앤서블에서는 개별 인수 파일을 파싱하지 않고, 생성된 파이썬 파일에 직접 주입하게 된다. 나중에 이 장에서 축약된 입력shorthand input이 어떻게 동작하는지 살펴본다.

can_reach 파일로 파이썬 모듈을 만든다. 구현한 다음 세부적으로 살펴보겠다(예제 19-3 참고).

예제 19-3 can_reach

```
#!/usr/bin/env python3
```

```
""" can_reach ansible module """
from ansible.module_utils.basic import AnsibleModule          ❶

def can_reach(module, host, port, timeout):
    """ can_reach is a method that does a tcp connect with nc """
    nc_path = module.get_bin_path('nc', required=True)        ❷
    args = [nc_path, "-z", "-w", str(timeout), host, str(port)]
    # (return_code, stdout, stderr) = module.run_command(args)
    return module.run_command(args,check_rc=True)             ❸

def main():
    """ ansible module that uses netcat to connect """
    module = AnsibleModule(                                   ❹
        argument_spec=dict(                                  ❺
            host=dict(required=True),
            port=dict(required=True, type='int'),            ❻
            timeout=dict(required=False, type='int', default=3) ❼
        ),
        supports_check_mode=True                             ❽
    )

    # In check mode, we take no action
    # Since this module never changes system state, we just
    # return changed=False
    if module.check_mode:                                    ❾
        module.exit_json(changed=False)                      ❿
    host = module.params['host']                             ⓫
    port = module.params['port']
    timeout = module.params['timeout']

    if can_reach(module, host, port, timeout)[0] == 0:
        msg = "Could reach %s:%s" % (host, port)
        module.exit_json(changed=False, msg=msg)             ⓬
    else:
        msg = "Could not reach %s:%s" % (host, port)
        module.fail_json(msg=msg)                            ⓭

if __name__ == "__main__":
    main()
```

❶ AnsibleModule 헬퍼 클래스 불러오기

❷ 외부 프로그램의 경로 얻어오기

❸ 외부 프로그램 호출

❹ AnsibleModule 헬퍼 클래스 인스턴스 생성

❺ 허용된 인수 지정

❻ 필수 인수

❼ 선택사항 인수의 기본값 사용

❽ 이 모듈에서 체크 모드를 지원한다는 내용을 지정

❾ 이 모듈이 체크 모드에서 동작하는지 확인

❿ 반환값을 전달하고 성공적으로 종료

⓫ 인수 추출

⓬ 메시지 전달하고 성공적으로 종료

⓭ 오류 메시지를 전달하고 실패로 종료

인수 파싱

예제를 통해 AnsibleModule 핸들러 인수 파싱 방식을 쉽게 이해할 수 있다. 모듈이 다음과 같이 호출된다고 가정해 보자.

```
- name: Check if host can reach the database server
  can_reach:
    host: db.example.com
    port: 5432
    timeout: 1
```

host와 port 파라미터는 필수이고, timeout 파라미터는 선택사항으로 기본값은 3초라고 해보자.

다음과 같이 argument_spec을 전달해 AnsibleModule 객체의 인스턴스를 만든다. argument_spec은 딕셔너리이며 키는 파라미터의 이름이고 값은 파라미터의 정보가 포함된 딕셔너리로 구성된다.

```
module = AnsibleModule(
    argument_spec=dict(
        ...
```

예제 19-3에서는 다음과 같이 host 인수를 필수로 정의했다. 앤서블에서는 태스크에서 모듈을 사용할 때 해당 인수가 모듈에 전달되지 않으면 오류를 보고하게 된다.

```
host=dict(required=True),
```

timeout 변수는 선택사항이다. 앤서블에서는 인수를 명시적으로 지정하지 않으면 문자열로 가정한다. timeout 변수는 정수형^{integer}이다. 따라서 유형을 int로 지정하므로 앤서블에서는 자동으로 파이썬 숫자^{number}로 변환하도록 한다. timeout을 지정하지 않으면 모듈에서는 이 값을 기본값인 3으로 가정한다.

```
timeout=dict(required=False, type='int', default=3)
```

AnsibleModule 생성자는 argument_spec 이외에 또 다른 인수를 받는다. 이전 예제에서는 다음과 같이 인수를 추가했다.

```
supports_check_mode = True
```

이 인수는 해당 모듈에서 체크 모드를 지원한다는 내용을 알려준다. 체크 모드에 관해서는 이 장의 뒷부분에서 살펴본다.

파라미터 접근

AnsibleModule 객체를 정의했다면 다음과 같이 params 딕셔너리를 통해 이 인수의 값에 접근할 수 있다.

```
module = AnsibleModule(...)
host = module.params["host"]
port = module.params["port"]
timeout = module.params["timeout"]
```

AnsibleModule 헬퍼 클래스 불러오기

앤서블에서는 ZIP 파일을 호스트로 전달해 모듈을 배포한다. 이 ZIP 파일에는 모듈 파일과 모듈에서 사용하는 헬퍼 파일이 포함된다. 그 결과 다음과 같이 클래스를 명시적으로 불러올 수 있게 된다.

from ansible.module_utils.basic import AnsibleModule

인수 옵션

다음 표의 여러 옵션을 앤서블 모듈의 각 인수에 지정할 수 있다.

표 19-1 인수 옵션

옵션	설명
required	Ture이면 필수
default	필수가 아닌 경우의 기본값
choices	인수로 사용할 수 있는 값 리스트
deprecated_aliases	name, version, date, collection_name을 가진 딕셔너리 리스트 또는 튜플
aliases	인수의 별칭으로 사용할 수 있는 이름
type	인수의 데이터 유형
elements	유형이 리스트인 경우, 리스트의 요소에 대한 데이터 유형 정의 가능
fallback	조회 함수와 이 함수에 전달할 리스트로 구성된 튜플
no_log	로그에서 마스킹 여부를 정의한 불리언 값
options	하위 옵션이 있는 딕셔너리로 복잡한 인수를 생성할 수 있는 기능[a]
mutually_exclusive	상호 배제되는 하위 옵션 리스트
required_together	모두 필수인 하위 옵션 리스트
required_one_of	상호 배제되는 하위 옵션 리스트에서 필수 항목

(계속)

옵션	설명
required_if	특정 조건이 충족될 때 다른 옵션을 필수로 만들기 위해 사용. 시퀀스(리스트) 내에 다른 시퀀스(리스트)를 갖도록 표현
required_by	주어진 옵션의 존재 여부에 따라 종속적인 옵션을 필수로 만들기 위해 사용. 특정 옵션이 주어진 경우에만 다른 옵션을 필수로 지정

[a] 모듈 옵션 간 의존성에 관한 문서(https://docs.ansible.com/ansible/latest/dev_guide/developing_program_flow_modules.html#dependencies-between-module-options) 참고

required

required 옵션은 항상 지정해야 하는 유일한 옵션이다. 이 옵션이 True인 경우, 앤서블에서는 사용자가 인수를 지정하지 않았다면 오류를 반환하게 된다.

can_reach 예제에서는 host와 port가 필수이며, timeout이 선택사항이다.

default

required=False로 설정한 인수는 일반적으로 기본값을 지정한다. 예제에서는 다음과 같이 지정했다.

```
timeout=dict(required=False, type='int', default=3)
```

사용자가 이 모듈을 다음과 같이 호출하면

```
can_reach: host=www.example.com port=443
```

module.params["timeout"]은 3이 된다.

choices

choices 옵션을 통해 사용할 수 있는 인수를 미리 정의된 리스트로 제한할 수 있다.

다음 예제의 distro 인수를 살펴보자.

```
distro=dict(required=True, choices=['ubuntu', 'centos', 'fedora'])
```

사용자가 다음과 같이 리스트에 존재하지 않는 인수를 전달하면

```
distro=debian
```

앤서블에서는 오류가 발생한다.

aliases

aliases를 사용해 동일한 인수를 참조하는 다른 이름을 사용할 수 있다. 예를 들어 apt 모듈의 package 인수를 살펴보자.

```
module = AnsibleModule(
    argument_spec=dict(
        ...
        package = dict(default=None, aliases=['pkg', 'name'], type='list'),
    )
)
```

pkg와 name이 package 인수의 별칭이기 때문에 다음 호출은 모두 동일한 결과를 갖는다.

```
- apt:
    package: vim

- apt:
    name: vim

- apt:
    pkg: vim
```

type

type 옵션을 사용해 인수의 데이터 유형을 지정할 수 있다. 기본적으로 앤서블에서는 모든 인수를 문자열로 간주한다.

하지만 인수의 데이터 유형을 지정하고 앤서블에서 인수를 원하는 데이터 유형으로 변

환되도록 할 수 있다. 지원되는 데이터 유형은 다음과 같다.

- str
- dict
- int
- path
- jsonarg
- bytes

- list
- bool
- float
- raw
- json
- bits

예제에서는 다음과 같이 port 인수를 int로 지정했다.

```
port=dict(required=True, type='int'),
```

params 딕셔너리에서 이 인수에 접근하는 방법은 다음과 같다.

```
port = module.params['port']
```

port 변수의 값은 정수가 된다. port 변수를 정의할 때 유형을 int로 지정하지 않았으면 module.params['port'] 값은 정수가 아닌 문자열이 된다.

리스트는 콤마로 구분된다. 예를 들어, 다음과 같이 colors라는 리스트 파라미터를 갖는 foo라는 모듈이 있다면

```
colors=dict(required=True, type='list')
```

다음과 같이 리스트를 전달한다.

```
foo: colors=red,green,blue
```

딕셔너리에서는 콤마로 구분한 key=value 쌍이나 인라인 JSON을 사용할 수 있다.

예를 들어, bar라는 모듈이 있고 다음과 같은 tags라는 dict 파라미터를 갖는다면

```
tags=dict(required=False, type='dict', default={})
```

다음과 같이 인수를 전달할 수 있다.

```
- bar: tags=env=staging,function=web
```

또는 다음과 같이 전달할 수도 있다.

```
- bar: tags={"env": "staging", "function": "web"}
```

공식 앤서블 문서에서는 모듈에 인수로 전달되는 딕셔너리와 리스트를 복잡한 인수라는 용어를 사용해 설명한다. 플레이북에서 이와 같은 유형의 인수를 전달하는 방법은 7장의 '태스크에서 복잡한 인수에 관한 짧은 이야기' 절을 참고한다.

AnsibleModule 초기화 파라미터

AnsibleModule 초기화 메서드에서는 표 19-2의 리스트와 같은 다양한 인수를 갖는다. 유일한 필수 인자는 argument_spec이다.

표 19-2 AnsibleModule 초기화 인수

파라미터	기본값	설명
argument_spec	없음	인수에 관한 정보를 가진 딕셔너리
bypass_checks	False	True이면 매개변수 제약 조건을 확인하지 않음
no_log	False	True이면 모듈의 동작을 기록하지 않음
check_invalid_arguments	True	True이면 알려지지 않은 인수를 전달할 때 오류 반환
mutually_exclusive	없음	상호 배제되는 인수 리스트
required_together	없음	함께 필요한 인수 리스트
required_one_of	없음	적어도 하나는 존재해야 하는 인수 리스트
add_file_common_args	False	file 모듈의 인수 지원
supports_check_mode	False	True이면 모듈에서 체크 모드 지원

argument_spec

앞 절에서 설명한 것과 마찬가지로, 모듈에서 허용된 인수에 대한 설명을 담은 딕셔너리다.

no_log

앤서블에서 호스트의 모듈을 실행할 때 모듈에서는 syslog로 실행 결과를 기록하게 되며, 우분투의 경우는 /var/log/syslog에 기록된다.

로그 출력은 다음과 같은 형태다.

```
Aug 29 18:55:05 ubuntu-focal python3[5688]: ansible-lineinfile Invoked with
dest=/etc/ssh/sshd_config.d/10-crypto.conf regexp=^HostKeyAlgorithms line=
state=present path=/etc/ssh/sshd_config.d/10-crypto.conf backrefs=False
create=False backup=False firstmatch=False unsafe_writes=False
search_string=None insertafter=None insertbefore=None validate=None
mode=None owner=None group=None seuser=None serole=None selevel=None
setype=None attributes=None
Aug 29 18:55:05 ubuntu-focal python3[5711]: ansible-stat Invoked with
path=/etc/ssh/ssh_host_ed25519_key follow=False get_md5=False
get_checksum=True get_mime=True get_attributes=True checksum_algorithm=sha1
Aug 29 18:55:06 ubuntu-focal python3[5736]: ansible-file Invoked with
path=/etc/ssh/ssh_host_ed25519_key mode=384 recurse=False force=False
follow=True modification_time_format=%Y%m%d%H%M.%S
access_time_format=%Y%m%d%H%M.%S unsafe_writes=False state=None
_original_basename=None _diff_peek=None src=None modification_time=None
access_time=None owner=None group=None seuser=None serole=None selevel=None
setype=None attributes=None
Aug 29 18:55:06 ubuntu-focal python3[5759]: ansible-lineinfile Invoked with
dest=/etc/ssh/sshd_config regexp=^HostKey /etc/ssh/ssh_host_ed25519_key
line=HostKey /etc/ssh/ssh_host_ed25519_key insertbefore=^# HostKey
/etc/ssh/ssh_host_rsa_key mode=384 state=present path=/etc/ssh/sshd_config
backrefs=False create=False backup=False firstmatch=False
unsafe_writes=False search_string=None insertafter=None validate=None
owner=None group=None seuser=None serole=None selevel=None setype=None
attributes=None
```

모듈에서 민감한 정보를 인수로 받는다면 이러한 로그를 비활성화한다. syslog를 기록하지 않도록 모듈을 설정하려면 no_tog=True를 AnsibleModule 초기화 파라미터에 전달한다.

check_invalid_arguments

기본적으로 앤서블에서는 사용자가 모듈로 전달한 모든 인수가 유효한 인수인지 확인한다. check_invalid_arguments=False를 AnsibleModule 초기화 파라미터에 전달해 이러한 확인 기능을 비활성화할 수 있다.

mutually_exclusive

mutually_exclusive 파라미터는 동일한 모듈을 호출하는 동안 지정할 수 없는 인수 리스트다. 예를 들어 lineinfile 모듈은 파일에 행을 추가할 수 있다. insertbefore 인수를 사용해 어떤 행 앞에 추가할지 또는 insertafter 인수를 통해 어떤 행 다음에 추가할지 지정할 수 있지만, 둘 다 지정할 수는 없다.

따라서 이 모듈은 다음과 같이 두 인수가 상호 배제되도록 지정한다.

```
mutually_exclusive=[['insertbefore', 'insertafter']]
```

required_one_of

required_one_of 파라미터에는 모듈에 필수로 전달돼야 하는 하나 이상의 인수가 포함된 리스트를 지정한다. 예를 들어, 파이썬 패키지를 설치할 때 사용되는 pip 모듈에서는 다음과 같이 패키지의 이름이나 패키지 리스트가 포함된 요구사항requirements 파일 이름을 인수로 갖는다.

```
required_one_of=[['name', 'requirements']]
```

add_file_common_args

여러 모듈에서 파일을 생성하거나 수정할 수 있다. 경우에 따라서 해당 파일에 소유자, 그룹, 파일 권한과 같은 일부 속성을 지정할 수 있다.

다음과 같이 file 모듈을 이러한 파라미터를 사용해 호출한다.

```
- name: Download a file
  get_url:
    url: http://www.example.com/myfile.dat
    dest: /tmp/myfile.dat

- name: Set the permissions
  file:
    path: /tmp/myfile.dat
    owner: vagrant
    mode: '0600'
```

앤서블에서는 모듈에서 file 모듈과 동일한 인수를 받을 수 있도록 간단하게 지정할 수 있다. 즉, 파일을 생성하거나 수정하는 모듈에서 관련된 인수를 전달해 파일 속성을 간편하게 설정할 수 있다. 예를 들면 다음과 같다.

```
- name: Download a file
  get_url:
    url: http://www.example.com/myfile.dat
    dest: /tmp/myfile.dat
    owner: vagrant
    mode: '0600'
```

이러한 인수를 모듈에서 지원하도록 지정하는 방법은 다음과 같다.

```
add_file_common_args=True
```

AnsibleModule 모듈에서는 이러한 인수를 사용하는 헬퍼 메서드를 제공한다.

load_file_common_arguments 메서드에서는 인수로 파라미터 딕셔너리를 받고, 파일 속성 설정과 관련된 모든 인수가 포함된 파라미터 딕셔너리를 반환한다.

set_fs_attributes_if_different 메서드에서는 파일 파라미터 딕셔너리와 호스트 상태 변경이 발생했는지 여부를 알려주는 불리언 값을 인수로 받는다. 이 메서드에서는 부가적인 효과로 파일 속성을 설정하며 호스트 상태 변경이 있으면 true를 반환한다(초기 인수가 true이거나, 부가적인 효과의 일부로 인해 파일 변경이 발생한 경우).

일반적인 파일 인수를 사용한다면 명시적으로 인수를 지정하지 않아도 된다. 코드를 통해 이러한 속성에 접근하려면 다음과 같이 헬퍼 메서드를 사용해 인수를 추출해 파일 속성을 설정한다.

```
module = AnsibleModule(
    argument_spec=dict(
        dest=dict(required=True),
        ...
    ),
    add_file_common_args=True
)

# 모듈이 실행되어 호스트의 상태가 바뀌면 "changed"는 True
changed = do_module_stuff(param)

file_args = module.load_file_common_arguments(module.params)

changed = module.set_fs_attributes_if_different(file_args, changed)
module.exit_json(changed=changed, ...)
```

앤서블에서는 모듈에 파일 경로를 저장하는 path나 dest라는 인수가 있다고 가정한다. 하지만 이러한 인수는 일관성이 없을 수 있기 때문에 다음과 같이 확인한다.

$ ansible-doc module

bypass_checks

앤서블 모듈을 실행하기 전에 모든 인수의 제약 조건이 만족하는지 그리고 만족하지 못한다면 오류를 반환하는지 먼저 점검한다. 이러한 점검사항에는 다음 내용이 포함된다.

- 상호 배제 인수가 존재하지 않는지 여부

- required 옵션으로 지정된 인수의 존재 여부

- choices 옵션으로 지정된 인수에 예상 값 포함 여부

- type을 지정하는 인수에 해당 type에 일치하는 값 포함 여부

- required_together로 지정된 모든 인수의 존재 여부

- required_one_of에 전달되는 리스트에 적어도 하나 이상의 인수가 존재하는지 여부

이러한 확인 옵션은 bypass_checks=True 설정을 통해 모두 비활성화할 수 있다.

성공/실패 반환

exit_json 메서드를 사용해 성공을 반환할 수 있다. 다음과 같이 changed 인수를 항상 반환해야 하며 msg에 의미 있는 메시지를 포함해 반환한 것은 좋은 방법이다.

```
module = AnsibleModule(...)
...
module.exit_json(changed=False, msg="meaningful message goes here")
```

fail_json 메서드를 사용해 실패를 표현할 수 있다. 다음과 같이 msg 파라미터를 항상 반환해야 하며 사용자에게 실패의 이유를 설명할 수 있다.

```
module = AnsibleModule(...)
...
module.fail_json(msg="Out of disk space")
```

외부 명령 호출

AnsibleModule 클래스에서는 기본적으로 내장된 파이썬 subprocess 모듈을 래핑한 run_command 메서드를 제공하며 외부 프로그램을 호출할 수 있는 편리한 방법이다. 표 19-3은 인수의 리스트다.

표 19-3 run_command 인수

인수	유형	기본값	설명
args(기본값)	문자열 또는 문자열의 리스트	없음	실행할 명령(다음 절 참고)
check_rc	불리언	False	True인 경우 명령이 0이 아닌 반환 코드를 가질 때 fail_json을 호출(stderr 포함)
close_fds	불리언	True	subprocess.Popen에 close_fds 인수로 전달
executable	문자열(프로그램 경로)	없음	subprocess.Popen에 executable 인수로 전달
data	문자열	없음	자식 프로세스에 전송할 경우 stdin으로 전송
binary_data	불리언	False	False이고 데이터가 존재하는 경우, 앤서블에서는 데이터 전송 후 stdin에 개행 문자 전송
path_prefix	문자열(경로 리스트)	없음	PATH 환경 변수에 접두사로 추가할 콤마로 구분된 경로 리스트 지정
cwd	문자열(디렉터리 경로)	없음	지정된 경우, 앤서블에서는 실행 전에 해당 디렉터리로 변경
use_unsafe_shell	불리언	False	다음 절 참고

예제 19-4에서 볼 수 있듯이, 리스트로 args가 전달되면 앤서블에서는 subprocess. Popen을 shell=False로 호출한다.

예제 19-4 리스트로 args 전달

```
module = AnsibleModule(...)
...
module.run_command(['/usr/local/bin/myprog', '-i', 'myarg'])
```

예제 19-5에서 볼 수 있듯이 args가 문자열로 전달되면 동작은 use_unsafe_shell의 값에 따라 달라진다. use_unsafe_shell이 false이면 앤서블에서는 args를 리스트에 나누어 담고 shell=False로 subprocess.Popen을 호출한다. use_unsafe_shell이 true이면 앤서블에서는 args를 문자열 그대로 사용하고 shell=True로 subprocess.Popen을 호출한다.[4]

---

[4] 파이썬 표준 라이브러리의 subprocess.Popen 클래스에 관한 더 자세한 내용은 해당 문서(https://docs.python.org/3/library/subprocess.html#popen-constructor)를 참고한다.

예제 19-5 문자열로 args 전달

```
module = AnsibleModule(...)
...
module.run_command('/usr/local/bin/myprog -i myarg')
```

체크 모드

앤서블에서는 **체크 모드**^{check mode}를 지원한다. 이 체크 모드는 ansible-playbook에 -C나 --check 플래그를 전달하면 활성화된다. 다른 여러 도구에서 지원되는 **드라이 런**^{dry run}과 유사하다.

앤서블에서 체크 모드로 플레이북을 실행하는 경우 호스트에는 아무런 변경도 가하지 않는다. 단순히 각 태스크에서 호스트를 변경할 것인지, 아무런 변경 없이 성공적으로 완료될지, 그렇지 않고 오류가 발생할지 리포트하게 된다.

 모듈은 명시적으로 체크 모드를 지원하도록 구성해야 한다. 모듈을 직접 만드는 경우라면 해당 모듈이 플레이북의 드라이 런에 사용될 수 있도록 체크 모드를 지원하는 것이 좋다.

예제 19-6에서 볼 수 있듯이 모듈에서 체크 모드를 지원한다는 내용을 앤서블이 인식할 수 있게 하려면 AnsibleModule 초기화 메서드의 supports_check_mode를 True로 설정한다.

예제 19-6 모듈의 체크 모드 지원 여부를 앤서블에게 전달

```
module = AnsibleModule(
    argument_spec=dict(...),
    supports_check_mode=True)
```

해당 모듈에서는 예제 19-7에서 볼 수 있는 것처럼 AnsibleModule 객체의 check_mode 속성의 값을 검사해 체크 모드가 활성화됐는지 여부를 확인한다. 그리고 exit_json이나 fail_json 메서드를 호출한다.

체크 모드 활성화 여부 확인

```
module = AnsibleModule(...)
...if module.check_mode:
    # 모듈에서 변경을 발생시키는지 여부 확인
    would_change = would_executing_this_module_change_something()
    module.exit_json(changed=would_change)
```

모듈이 체크 모드로 실행될 때 해당 모듈에서 호스트의 상태를 변경하지 않도록 하는 것은 모듈 작성자의 몫이다.

모듈 문서화

앤서블 프로젝트 표준을 따라 모듈을 문서화하면 해당 모듈의 HTML 문서가 정확하게 생성되고, ansible-doc 프로그램에서 해당 문서를 표시할 수 있다. 앤서블에서는 특별한 YAML 기반 구문을 사용해 모듈을 문서화한다.

모듈 맨 처음 부분에 DOCUMENTATION 문자열 변수를 정의하고 문서의 내용을 포함시킨다. EXAMPLES 문자열 변수에는 예제 사용법을 포함시킨다. 모듈에서 JSON 형식의 정보를 반환한다면 RETURN 변수에 그 내용을 문서화한다.

예제 19-8은 can_reach 모듈 문서에 관한 예다.

예제 19-8 모듈 문서화 예제

```
DOCUMENTATION = r'''
---
module: can_reach
short_description: Checks server reachability
description: Checks if a remote server can be reached
version_added: "1.8"
options:
  host:
    description:
      - A DNS hostname or IP address
    required: true
```

```
    port:
      description:
        - The TCP port number
      required: true
    timeout:
      description:
        - The amount of time trying to connect before giving up, in seconds
      required: false
      default: 3
requirements: [nmap]
author: Lorin Hochstein, Bas Meijer
notes:
  - This is just an example to demonstrate how to write a module.
  - You probably want to use the native M(wait_for) module instead.
'''

EXAMPLES = r'''
# 기본 timeout 값으로 ssh 실행 여부 확인
- can_reach: host=localhost port=22 timeout=1
# 특정 타임아웃 값으로 postgres 실행 여부 확인
- can_reach: host=example.com port=5432
'''
```

앤서블에서는 설명서에 제한된 마크업을 제공한다. 표 19-4는 지원되는 마크업 구문이며, 사용하는 시점과 권장사항이 포함되어 있다.

표 19-4 문서 마크업

유형	구문 예시	사용하는 시점
URL	U(http://www.example.com)	URL을 표기할 때
Module	M(apt)	모듈 이름을 표기할 때
Italics	I(port)	파라미터 이름을 표기할 때
Constant-width	C(/bin/bash)	파일과 옵션 이름을 표기할 때

기존 앤서블 모듈은 문서화할 때 참고할 수 있는 좋은 예다.

모듈 디버깅

깃허브의 앤서블 저장소에는 여러 스크립트가 포함되어 있으며 ansible이나 ansible-playbook 명령을 사용해 이 스크립트를 호출하지 않고 로컬 머신의 모듈에서 직접 호출할 수 있다.

앤서블 저장소를 클론하는 방법은 다음과 같다.

```
$ git clone https://github.com/ansible/ansible.git
```

저장소의 루트 디렉터리로 디렉터리를 변경한다.

```
$ cd ansible
```

가상 환경을 생성한다.

```
$ python3 -m venv venv
```

가상 환경을 활성화한다.

```
$ source venv/bin/activate
```

개발에 필요한 내용을 설치한다.

```
$ python3 -m pip install --upgrade pip
$ pip install -r requirements.txt
```

각각의 새로운 개발 셸 프로세스에서 사용하기 위한 환경 설정 스크립트를 실행한다.

```
$ source hacking/env-setup
```

모듈을 호출한다.

```
$ ansible/hacking/test-module -m /path/to/can_reach -a "host=example.com port=81"
```

example.com에서는 81번 포트를 수신하는 서비스가 없으므로 모듈은 오류 메시지와 함께 실패해야 하며, 실제로 결과는 다음과 같다.

```
* including generated source, if any, saving to:
/Users/bas/.ansible_module_generated
* ansiballz module detected; extracted module source to:
/Users/bas/debug_dir
*********************************
RAW OUTPUT

{"cmd": "/usr/bin/nc -z -v -w 3 example.com 81", "rc": 1, "stdout": "",
"stderr": "nc: connectx to example.com port 81 (tcp) failed: Operation timed
out\n", "failed": true, "msg": "nc: connectx to example.com port 81 (tcp)
failed: Operation timed out", "invocation": {"module_args": {"host":
"example.com", "port": 81, "timeout": 3}}}


*********************************
PARSED OUTPUT
{
        "cmd": "/usr/bin/nc -z -v -w 3 example.com 81",
        "failed": true,
        "invocation": {
                "module_args": {
                        "host": "example.com",
                        "port": 81,
                        "timeout": 3
                }
        },
        "msg": "nc: connectx to example.com port 81 (tcp) failed: Operation
timed out",
        "rc": 1,
        "stderr": "nc: connectx to example.com port 81 (tcp) failed: Operation
timed out\n",
        "stdout": ""
}
```

이 실행 결과에서 볼 수 있는 것처럼 이 test-module을 실행하면 앤서블에서는 파이썬 스크립트를 생성해 ~/.ansible_module_generated로 복사하게 된다. 이는 독립적으로 실행되는 파이썬 스크립트이며 필요에 따라 직접 실행할 수 있다.

앤서블 2.1.0부터 이 파이썬 스크립트에는 모듈의 실제 소스 코드를 포함하는 base64로 인코딩된 ZIP 파일이 포함되며, 해당 ZIP 파일을 확장하고 내부의 소스 코드를 실행하는 코드가 포함된다.

이 파일은 아무 인수도 받지 않는다. 대신 다음과 같이 앤서블에서는 `ANSIBALLZ_PARAMS` 변수를 사용해 인수를 해당 파일에 직접 입력한다.

```
ANSIBALLZ_PARAMS = '{"ANSIBLE_MODULE_ARGS": {"_ansible_selinux_special_fs":
["fuse", "nfs", "vboxsf", "ramfs", "9p", "vfat"], "_ansible_tmpdir":
"/Users/bas/.ansible/tmp/ansible-local-12753r6nenhh",
"_ansible_keep_remote_files": false, "_ansible_version": "2.12.0.dev0",
"host": "example.com", "port": "81"}}'
```

모듈을 작성하지 않더라도, 앤서블 모듈 디버깅은 앤서블을 이해하는 데 도움이 된다.

배시에서 모듈 작성

리눅스나 유닉스용 앤서블 모듈을 작성할 계획이라면 파이썬으로 작성할 것을 권장한다. 그 이유는 이 장에서 살펴본 것처럼 앤서블에서는 파이썬으로 모듈을 작성하는 데 도움이 되는 헬퍼 클래스를 제공하기 때문이다. 파워셸은 윈도우 시스템을 관리하는 모듈을 만들 때 사용된다. 하지만 다른 언어를 사용해 모듈을 작성할 수도 있다. 다른 언어로 작성해야 한다면 해당 모듈이 파이썬으로 구현할 수 없는 서드파티 라이브러리에 의존성을 갖고 있기 때문이거나, 그게 아니라면 배시에서 모듈을 작성할 수 있을 만큼 아주 쉽고 간단하기 때문일 것이다.

이 절에서는 배시 스크립트로 모듈을 구현하는 예제를 살펴본다. 예제 19-1에서 구현된 내용과 아주 흡사한 모양이 될 것이다. 주요 차이점은 입력 인수를 파싱하고 앤서블에서 인식할 수 있도록 출력 결과를 만드는 작업이다.

입력에는 JSON 형식을 사용하고 jq(https://jqlang.github.io/jq/)라는 도구를 사용해 JSON으로 파싱한다. 이 모듈을 호출하기 전에 해당 호스트에 jq를 설치해야 한다. 예제

19-9에서는 모듈에 대한 완성된 배시 구현을 보여준다.

예제 19-9 배시로 구현한 can_reach 모듈

```
#!/bin/bash -e
# WANT_JSON
# jq로 파일에서 변수 읽음
host=$(jq -r .host <"$1")
port=$(jq -r .port <"$1")
timeout=$(jq -r .timeout <"$1")
# 기본 타임아웃 = 3
if [[ $timeout = null ]]; then
    timeout=3
fi
# 호스트에 연결할 수 있는지 확인
if nc -z -w "$timeout" "$host" "$port"; then
    echo '{"changed": false}'
else
    echo "{\"failed\": true, \"msg\": \"could not reach $host:$port\"}"
fi
```

WANT_JSON을 주석으로 추가해 앤서블에서 입력이 JSON 구문이어야 한다는 내용을 인식할 수 있도록 한다. 마이클 데한은 2013년도에 작성한 "앤서블에서는 키=값 쌍으로 이루어진 리스트인 'baby JSON'을 지원하므로 엄밀하게 말하면 JSON을 출력하지 않아도 된다."라는 글에서 이러한 유형의 JSON을 'Baby JSON'이라고 언급했다.

배시 모듈에서 축약된 입력 사용

입력으로 축약 표기법을 사용해 배시 모듈을 구현할 수 있다. 하지만 이 방법을 권장하지는 않는다. 그 이유는 source를 포함하는 이러한 단순한 방법을 사용하면 잠재적인 보안 위험이 있기 때문이다. 하지만 그럼에도 정말 사용해 보려면 얀-피트 멘스(Jan-Piet Mens)가 작성한 블로그의 게시글('Shell Scripts as Ansible Modules', https://jpmens.net/2012/07/05/shell-scripts-as-ansible-modules/)을 확인하기 바란다.

해당 블로그에서 얀-피트 멘스는 다음과 같이 jq를 사용하지 않고 셸에서 입력 파일을 파싱해 모듈 인수로 사용하도록 했다.

```
source ${1} # Very, *very*, dangerous!
```

배시용 대체 경로 지정

예제 모듈에서는 배시가 /bin/bash에 있다고 가정한다. 하지만 모든 시스템에서 배시가 해당 위치에서 실행되는 것은 아니다. 다른 곳에 배시가 설치된 호스트에서는 ansible_bash_interpreter 변수를 설정해 앤서블에서 배시 인터프리터를 다른 곳에서 찾을 수 있도록 지정할 수 있다.

예를 들어, fileserver.example.com이라는 FreeBSD 호스트가 있고 /usr/local/bin/bash에 배시가 설치되어 있다고 해보자. host_vars/fileserver.example.com 파일을 만들고 호스트 변수를 생성할 수 있다. 이 파일에는 다음 내용을 포함한다.

```
ansible_bash_interpreter: /usr/local/bin/bash
```

그런 다음 앤서블에서 이 모듈을 FreeBSD 호스트에서 호출하게 되면 /bin/bash가 아닌 /usr/local/bin/bash를 사용하게 된다.

앤서블에서는 어떤 인터프리터를 사용할지 쉬뱅(#!)을 찾은 다음 첫 번째 요소의 기본 이름을 살펴보고 결정한다. 예제에서는 다음 행이 해당 부분이다.

```
#!/bin/bash
```

그러면 앤서블에서는 /bin/bash의 기본 이름인 bash를 찾게 된다. 만약 사용자가 대체 경로를 지정한 경우라면 ansible_bash_interpreter를 사용하게 된다.

예컨대, #!/usr/bin/env bash와 같이 쉬뱅에서 /usr/bin/env를 호출하면 앤서블에서는 env를 인터프리터로 잘못 식별할 수 있다. 그 이유는 인터프리터를 식별하기 위해 /usr/bin/env의 basename을 확인하기 때문이다.

쉬뱅에서 env를 호출하면 안 된다는 부분에 주의한다. 대신 명시적으로 인터프리터의 위치를 지정하고 필요한 경우 ansible_bash_interpreter(또는 해당되는 변수)를 사용해 재정의한다.

요약

19장에서는 파이썬과 그 밖의 언어를 사용해 모듈을 작성하는 방법을 살펴봤다. 전체 모듈을 직접 작성하지 않고 script 모듈을 사용하는 방법도 살펴봤다. 모듈에 관해 더 자세한 내용을 살펴보고 싶다면 개발 가이드(https://docs.ansible.com/ansible/latest/ dev_guide/developing_modules.html)를 읽는 것부터 시작해 보길 바란다. 앤서블 모듈 작성 방법을 배우기 위한 가장 좋은 방법은 깃허브에서 앤서블과 함께 올려놓은 모듈의 소스 코드(https://github.com/ansible/ansible/tree/devel/lib/ansible/modules)를 읽어보는 것이다.

## 20장

앤서블 성능 개선

앤서블을 정기적으로 사용하다 보면 플레이북이 더 빠르게 실행되면 좋겠다는 생각이 들 수 있다. 20장에서는 앤서블에서 플레이북을 실행할 때 걸리는 시간을 줄이는 전략을 살펴본다.

SSH 다중화와 ControlPersist

이 책을 지금까지 따라왔다면 앤서블에서 서버와 통신을 하기 위한 주요 전송 기술로 SSH를 사용한다는 내용을 알고 있을 것이다. 특히 해당 시스템의 SSH 프로그램을 기본적으로 사용한다.

SSH 프로토콜은 TCP 프로토콜 기반으로 실행되므로 원격 머신에 연결을 SSH로 하게 되면 새로운 TCP 연결을 만들어야 한다. 실제로 의미 있는 작업을 처리하기 전에 클라이언트와 서버에서는 이 연결을 협상^{negotiation}해야 한다. 이 협상은 적은 시간이 소모되지만 이 작업을 여러 번 수행해야 한다면 시간이 늘어나므로 페널티를 갖게 된다.

앤서블에서 플레이북을 실행하는 경우 파일을 복사하고 모듈을 실행하는 등의 처리를 하기 위해 SSH 연결을 다량으로 생성하게 된다. 앤서블에서 호스트와 새로운 SSH 연결을 만들 때마다 협상에 대한 페널티를 갖게 된다.

OpenSSH는 가장 잘 알려진 SSH 구현체다. 리눅스나 맥OS를 사용한다면 해당 로컬 머신에 설치된 클라이언트는 대부분 이 SSH 클라이언트일 것이다.

OpenSSH에서는 SSH 다중화^{multiplexing} 또는 ControlPersist라고 하는 최적화를 지원한다. 이 기능을 사용하면 동일한 호스트에 대해 여러 SSH 세션에서 동일한 TCP 연결을 공유해 사용할 수 있다. 이는 TCP 연결 협상이 처음에만 일어나 협상에 대한 페널티가 없음을 의미한다.

다중화를 활성화하면 다음과 같은 일이 일어난다.

- 처음 호스트로 SSH를 실행하면 OpenSSH에서는 하나의 연결을 시작한다.

- OpenSSH에서는 원격 호스트와 관련된 유닉스 도메인 소켓$^{Unix\ domain\ socket}$(컨트롤 소켓$^{control\ socket}$이라고도 함)을 생성한다.

- 두 번째부터 호스트로 SSH를 실행하면 OpenSSH에서는 TCP 연결을 새로 만들지 않고 기존 컨트롤 소켓을 사용해 해당 호스트와 통신한다.

주 연결은 사용자가 구성한 시간(앤서블의 기본값은 60초) 동안 연결을 유지한 다음 SSH 클라이언트에서 해당 연결을 닫게 된다.

SSH 다중화 수동 설정

앤서블에서는 자동으로 SSH 다중화가 설정되지만, 보이지 않는 내부 동작을 이해하기 위해 수동으로 SSH 다중화를 설정하고 원격 머신에 SSH로 접속하는 단계를 살펴보자.

예제 20-1에서는 ~/.ssh/config 파일에 SSH 다중화를 구성하기 위해 추가할 내용을 보여준다.

예제 20-1 SSH 다중화를 구성하기 위한 ~/.ssh/config

```
ControlMaster auto
ControlPath ~/.ssh/sockets/%r@%h:%p
ControlPersist 10m
```

ControlMaster auto에서는 SSH 다중화를 설정한다. 여기서는 해당 연결이 없는 경우 주 연결과 컨트롤 소켓을 생성하도록 SSH에 지시한다.

ControlPersist 10m에서는 10분 동안 SSH 연결이 없는 경우 주 연결을 닫도록 SSH에 지시한다.

ControlPath ~/.ssh/sockets/%r@%h:%p에서는 SSH에서 제어 유닉스 도메인 소켓 파일을 파일 시스템의 어느 위치에 둘지 알려준다.

- %l은 로컬 호스트(도메인 포함) 이름을 나타내는 플레이스홀더placeholder다.

- %h는 대상 호스트 이름을 나타내는 플레이스홀더다.

- %p는 포트를 나타내는 플레이스홀더다.

- %r은 원격 로그인 사용자 이름을 나타내는 플레이스 홀더다.

- %C는 %l%h%p%r 해시 값을 나타내는 플레이스홀더다.

베이그런트 사용자가 SSH로 이러한 옵션을 통해 접속하려면 다음과 같다.

```
$ ssh -i ~/.vagrant.d/insecure_private_key vagrant@192.168.56.10.nip.io
```

처음으로 서버에 SSH로 접속하면 ~/.ssh/sockets/vagrant@192.168.56.10.nip.io:22 에 컨트롤 소켓을 생성하게 된다. ControlPath의 인수에는 사용자의 홈 디렉터리를 나타내는 틸드(~) 구문을 사용할 수 있다. 상황에 맞게 연결을 공유하는 데 사용되는 모든 ControlPath에는 적어도 %h와 %p, %r(또는 대안으로 %C)을 포함하고, 다른 사용자가 쓰기 권한을 갖고 있지 않은 디렉터리에 둘 것을 권고한다. 이러한 방식을 통해 공유된 연결이 유일하게 식별되도록 할 수 있다.

다음과 같이 -O check 플래그를 사용해 주 연결이 열려 있는지 여부를 확인한다.

```
$ ssh -O check vagrant@192.168.56.10.nip.io
```

컨트롤 마스터control master가 실행 중인 경우에, 이 명령을 실행하면 다음과 같은 출력 결과를 볼 수 있다.

```
Master running (pid=5099)
```

ps 5099 명령을 사용하면 다음과 같이 컨트롤 마스터 프로세스를 확인할 수 있다.

```
PID   TT  STAT    TIME COMMAND
5099  ??  Ss      0:00.00 ssh: /Users/bas/.ssh/sockets/vagrant@192.168.56.10.
nip.io:22 [mux]
```

다음과 같이 -O exit 플래그를 사용해 주 연결을 중지할 수도 있다.

```
$ ssh -O exit vagrant@192.168.56.10.nip.io
```

이러한 설정에 대해 더 자세히 알고 싶다면 ssh_config 문서 페이지를 살펴본다.

```
$ man 5 ssh_config
```

SSH 연결 속도를 테스트했다. 서버에 SSH 연결을 초기화하고, /usr/bin/true 프로그램을 실행하는 데 걸리는 시간을 다음과 같이 측정했다. 이 코드는 단순히 0을 반환하고 종료한다.

```
$ time ssh -i ~/.vagrant.d/insecure_private_key \
    vagrant@192.168.56.10.nip.io \
    /usr/bin/true
```

처음 실행했을 때 출력 시간에 대한 부분은 다음과 같다.[1]

```
real  0m0.319s
user  0m0.018s
sys   0m0.011s
```

여기서 필요한 시간은 전체 시간(0m0.319s)이다. 즉, 명령 실행에 걸린 시간이 총 시간이 0분 0.319초임을 알려준다(전체 시간은 경우에 따라 **벽시계 시간**wall-clock time이라고도 한다. 이는 실제 세계에서 벽에 걸린 시계를 보면서 확인할 수 있는 시간으로, 사용자가 체감하는 시간을 말한다).

---

1   출력 형식은 자신의 셸이나 OS에 따라 다르게 보일 수 있다. 이 예제는 맥OS의 배시에서 실행했다.

510

두 번째 실행 시 출력 결과는 다음과 같다.

```
real    0m0.010s
user    0m0.004s
sys     0m0.006s
```

전체 실행 시간은 0.010s로 첫 번째 실행 이후 SSH 연결당 약 0.3s가 절약됐다. 앤서블에서는 적어도 2개의 SSH 세션을 사용해 모든 태스크를 수행한다는 내용을 다시 떠올려 보자. 즉, 하나의 세션은 모듈 파일을 호스트로 복사하고 나머지 하나의 세션에서는 해당 모듈을 실행한다.[2] 이는 SSH 다중화를 통해 플레이북에서 실행되는 각 태스크당 대략 1 내지는 2초를 아낄 수 있음을 의미한다.

앤서블의 SSH 다중화 옵션

앤서블에서는 표 20-1에서 볼 수 있는 SSH 다중화 옵션을 사용한다.

표 20-1 앤서블의 SSH 다중화 옵션

옵션	값
ControlMaster	auto
ControlPath	~/.ssh/sockets/%r@%h:%p
ControlPersist	60s

앤서블의 ControlMaster 값은 기본적으로 변경이 필요치 않다. ControlPersist=10m으로 변경하면 소켓 생성에 드는 오버헤드가 줄지만 다중화가 활성화된 상태에서 노트북이 슬립 모드로 들어간 경우, 네트워크의 변경사항을 반영하는 데 시간이 소요된다는 단점이 있다.

ControlPath 옵션의 값은 변경해야 했다. 그 이유는 운영체제에서는 유닉스 도메인 소켓 경로의 최대 길이를 설정하므로 ControlPath 문자열이 너무 긴 경우 다중화가 동작하지 않게 되기 때문이다. 아쉽게도 앤서블에서는 ControlPath 문자열이 너무 긴 경우

---

2   이러한 단계로 파이프라이닝을 통한 최적화를 예로 들 수 있다. 해당 내용은 이번 장의 뒷부분에서 다룬다.

알람 없이, SSH 다중화를 사용하지 않고 시작하게 된다.

다음과 같이 제어 머신에서 수동으로 SSH를 통해 앤서블에서 사용하는 `ControlPath`를 사용해 테스트해 볼 수 있다.

```
$ CP=~/.ansible/cp/ansible-ssh-%h-%p-%r
$ ssh -o ControlMaster=auto -o ControlPersist=60s \
   -o ControlPath=$CP \
   ubuntu@ec2-203-0-113-12.compute-1.amazonaws.com \
   /bin/true
```

`ControlPath`가 너무 긴 경우 예제 20-2와 같은 오류가 발생한다.

예제 20-2 ControlPath가 너무 긴 경우

```
"/Users/lorin/.ansible/cp/ansible-ssh-ec2-203-0-113-12.compute-1.amazonaws.
com-22-ubuntu.KIwEKEsRzCKFABch"
too long for Unix domain socket
```

이러한 오류는 보통 아마존 EC2 인스턴스에 연결하는 경우 발생한다. 그 이유는 EC2에서 아주 긴 호스트 이름을 사용하기 때문이다.

이를 우회하는 방법은 앤서블에서 짧은 `ControlPath`를 사용하도록 설정하는 것이다. 공식 문서(https://docs.ansible.com/ansible/latest/collections/ansible/builtin/ssh_connection.html#parameters)에서는 이러한 옵션을 ansible.cfg 파일에 다음과 같이 설정하도록 권고한다.

```
[ssh_connection]
control_path = %(directory)s/%%h-%%r
```

앤서블에서는 `%(directory)s`를 `$HOME/.ansible/cp`로 설정한다. 퍼센트 기호 2개(`%%`)는 이스케이프 문자로 사용한다. .ini 형식의 파일에서 퍼센트 기호는 특별한 문자로 취급되기 때문이다.

SSH 다중화가 활성화된 상태에서 SSH 연결에 대한 설정을 변경하는 경우(예: ssh_args 구성 옵션 변경), 이러한 변경사항은 이전 연결의 컨트롤 소켓이 열려 있다면 즉시 반영되지 않는다.

SSH 최적화

모든 서버를 관리해야 하거나 또는 단순하게 보안에 관한 책임을 갖고 있는 경우 SSH 클라이언트와 서버의 구성 최적화를 고려해야 한다. SSH 프로토콜에서는 여러 가지 알고리듬을 사용해 연결에 대한 협상^{negotiation}과 설정^{establish}, 서버와 클라이언트 호스트 인증, 사용자와 세션 파라미터 설정 등을 처리한다. 협상에는 시간이 소요되며, 알고리듬에 따라 속도와 보안에서 차이가 발생한다. 매일 앤서블로 서버를 관리하는 경우 SSH 설정을 좀 더 자세히 살펴보는 것이 좋다.

알고리듬 권장사항

주요 리눅스 배포판에는 SSH 서버용 '호환성' 구성을 제공한다. 이는 모든 사용자가 유효한 로그인 방법을 알고 있는 경우, 선호하는 클라이언트 소프트웨어를 통해 어떤 IP 주소에서든지 서버에 연결하고 로그인할 수 있도록 하는 것이다. 이 부분을 더 자세히 살펴보자.

바스는 ssh_args의 순서와 값을 변경하고 tests.yml을 반복적으로 실행하면서 앤서블의 SSH 연결에 대한 성능을 시험했지만 이러한 내용은 대부분 이미 최적화됐다는 결론에 도달했다. 하지만 바스는 이전에 살펴본 다중화 옵션을 조합하면 몇 마이크로초를 줄일 수 있는 2개의 ssh_args 값을 찾았다.

```
ssh_args = -4 -o PreferredAuthentications=publickey
```

-4 옵션은 inet 프로토콜 패밀리(ipv4)를 전용으로 선택하고, PreferredAuthentications 옵션은 사용자 인증을 ssh-agent 소켓으로 재정렬한다.

sshd-config의 경우 바스는 가장 빠른 알고리듬을 먼저 선택하고 호환성을 위한 몇 가지 안전한 알고리듬을 허용하지만, 속도를 위해 이를 역순으로 설정했다.

추가로 속도 개선을 위해 바스는 키 쌍 유형을 최신 표준으로 변경했다. 타원 곡선[elliptic curve] 25519는 RSA보다 빠르고 좀 더 안전하므로 공개 키 인증과 호스트 키에 사용했다 (https://www.openssh.com/txt/release-8.3).

바스는 머신에 키 쌍을 생성할 때 -a 100 옵션을 사용해 무차별 대입 공격을 방어하도록 했다.

```
$ ssh-keygen -t ed25519 -a 100 -C bas
```

다음 태스크에서는 바스의 키가 deploy 사용자에게 독점적인 접근 권한을 갖도록 한다.

```
- name: Change ssh key to ed25519
  authorized_key:
    user: deploy
    key: "{{ lookup('file', '~/.ssh/id_ed25519.pub') }}"
    exclusive: true
```

다음 태스크에서는 호스트 키가 생성되고 구성된다.

```
- name: Check the ed25519 host key
  stat:
    path: /etc/ssh/ssh_host_ed25519_key
  register: ed25519

- name: Generate ed25519 host key
  command: ssh-keygen -t ed25519 -f /etc/ssh/ssh_host_ed25519_key -N ""
  when:
    - not ed25519.stat.exists|bool
  notify: Restart sshd
  changed_when: true

- name: Set permissions
  file:
    path: /etc/ssh/ssh_host_ed25519_key
```

```
      mode: '0600'

- name: Configure ed25519 host key
  lineinfile:
    dest: /etc/ssh/sshd_config
    regexp: '^HostKey /etc/ssh/ssh_host_ed25519_key'
    line: 'HostKey /etc/ssh/ssh_host_ed25519_key'
    insertbefore: '^# HostKey /etc/ssh/ssh_host_rsa_key'
    mode: '0600'
    state: present
  notify: Restart sshd
```

바스는 SSH 서버의 구성을 SSH 클라이언트 구성과 일치시켜, 최초 협상 시 양쪽 모두 최적의 설정이 적용되도록 보장한다. 이러한 파일을 SSH 연결을 할 때마다 읽어야 하기 때문에, 클라이언트 구성에 추가적인 최적화 옵션을 적용하는 방법이 서버 측 구성에 최적화 옵션을 적용하는 것만큼 성능 개선에 도움이 되지 않는다.

파이프라인

앤서블에서 태스크를 수행하는 방식을 다시 살펴보자.

1. 호출하기 위한 모듈 기반의 파이썬 스크립트를 생성한다.

2. 파이썬 스크립트를 호스트로 복사한다.

3. 해당 파이썬 스크립트를 실행한다.

앤서블에서는 파이프라인이라는 최적화 옵션을 지원한다. 연결 플러그인에서 파이프라인을 지원하는 경우, 이 기능을 사용해 원격 서버에서 모듈 실행에 필요한 네트워크 작업의 많은 부분을 실제 파일 전송 없이 앤서블 모듈에서 대부분 처리하는 방식으로 줄일 수 있다. 앤서블에서는 파이썬 스크립트를 복사하는 대신 SSH 세션을 통해 파이썬 스크립트를 실행한다. 이 방법은 앤서블에서 2개의 세션이 아닌 하나의 SSH 세션을 사용하게 되므로 시간이 절약된다.

파이프라인 설정

파이프라인은 기본적으로 비활성화되어 있다. 그 이유는 원격 호스트의 구성이 어느 정도 필요할 수 있기 때문이다. 하지만 이 기능을 활성화하는 것이 좋다. 앤서블의 속도 향상에 많은 도움이 된다. 이 기능을 설정하려면 ansible.cfg 파일을 예제 20-3과 같이 변경한다.

예제 20-3 ansible.cfg 파이프라인 설정

```
[connection]
pipelining = True
```

파이프라인용 호스트 구성

리눅스에서 파이프라인을 설정하려면 requiretty가 호스트의 /etc/sudoers 파일에 설정되어 있지 않은지 확인해야 한다. 그렇지 않은 경우라면 플레이북 실행 시 예제 20-4와 같은 오류가 발생한다.

예제 20-4 requiretty가 설정된 경우 발생하는 오류

```
failed: [centos] ==> {"failed": true, "parsed": false}
invalid output was: sudo: sorry, you must have a tty to run sudo
```

호스트에 /etc/sudoers.d에서 파일을 읽도록 sudo 설정이 되어 있는 경우 이 문제를 해결하는 가장 간단한 방법은 sudoers 설정 파일을 추가해 사용자의 SSH를 통한 requiretty 제한을 비활성화하는 것이다.

/etc/sudoers.d 디렉터리가 존재한다면 해당 호스트에서는 해당 디렉터리에 sudoers 설정 파일을 추가할 수 있다. 다음과 같이 ansible 명령줄 도구를 사용해 해당 디렉터리를 확인할 수 있다.

```
$ ansible vagrant -a "file /etc/sudoers.d"
```

디렉터리가 존재하는 경우 실행 결과는 다음과 같다.

516

```
centos | CHANGED | rc=0 >>
/etc/sudoers.d: directory
ubuntu | CHANGED | rc=0 >>
/etc/sudoers.d: directory
fedora | CHANGED | rc=0 >>
/etc/sudoers.d: directory
debian | CHANGED | rc=0 >>
/etc/sudoers.d: directory
```

디렉터리가 존재하지 않는다면 실행 결과는 다음과 같다.

```
vagrant3 | FAILED | rc=1 >>
/etc/sudoers.d: ERROR: cannot open `/etc/sudoers.d' (No such file or
directory)
vagrant2 | FAILED | rc=1 >>
/etc/sudoers.d: ERROR: cannot open `/etc/sudoers.d' (No such file or
directory)
vagrant1 | FAILED | rc=1 >>
/etc/sudoers.d: ERROR: cannot open `/etc/sudoers.d" (No such file or
directory)
```

디렉터리가 존재하는 경우 예제 20-5와 같은 템플릿 파일을 생성한다.

예제 20-5 templates/disable-requiretty.j2

```
Defaults:{{ ansible_user }} !requiretty
```

그리고 예제 20-6에서 볼 수 있는 호스트를 **vagrant**로 변경한 플레이북을 실행한다. 이 플레이북을 실행하기 전에 파이프라인을 비활성화해야 한다. 그렇지 않으면 오류가 발생하고 실행되지 않는다.

예제 20-6 disable-requiretty.yml

```
---
- name: Do not require tty for ssh-ing user
  hosts: vagrant
  become: true
```

```
tasks:
  - name: Set a sudoers file to disable tty
    template:
      src: disable-requiretty.j2
      dest: /etc/sudoers.d/disable-requiretty
      owner: root
      group: root
      mode: '0440'
      validate: 'bash -c "cat /etc/sudoers /etc/sudoers.d/* %s | visudo -cf-"'
...
```

파일 유효성 검사

copy와 template 모듈에서는 validate 구문을 지원한다. 이 구문을 통해 앤서블에서 생성할 파일을 실행하기 위한 프로그램을 지정할 수 있다. 플레이스홀더로 %s를 사용해 파일 이름을 지정한다. 예를 들면 다음과 같다.

```
validate: 'bash -c "cat /etc/sudoers /etc/sudoers.d/* %s|visudo -cf-"'
```

validate 구문이 있는 경우 앤서블에서는 파일을 임시 디렉터리로 먼저 복사한 후 지정된 유효성 검사 프로그램을 실행한다. 만약 해당 유효성 검사 프로그램이 성공(0)을 반환하면 앤서블에서는 해당 파일을 임시 위치에서 적절한 대상 위치로 복사한다. 해당 유효성 검사 프로그램에서 0이 아닌 다른 코드를 반환하면 앤서블에서는 다음과 같은 오류를 반환한다.

```
SSH | 367
failed: [myhost] ==> {"checksum": "ac32f572f0a670c3579ac2864cc3069ee8a19588",
"failed": true}
msg: failed to validate: rc:1 error:
FATAL: all hosts have already failed -- aborting
```

호스트에 있는 정확하게 설정되지 않은 sudoers 파일은 루트 권한으로 호스트에 접근할 수 없게 만들기 때문에 항상 sudoers 파일과 /etc/sudoers.d에 visudo 프로그램을 통해 생성한 파일을 조합해 유효성을 검증하는 것이 좋다. 유효하지 않은 sudoers 파일에 대한 주의사항은 앤서블 기여자인 얀-피트 멘스가 작성한 블로그 게시글("Don't Try This at the Office: /etc/sudoers", https://jpmens.net/2013/02/06/don-t-try-this-at-the-office-etc-sudoers/)을 참고한다.

앤서블용 Mitogen

Mitogen은 서드파티 파이썬 라이브러리로, 분산형 자기 복제 프로그램을 작성할 수 있다. 앤서블용 Mitogen(https://mitogen.networkgenomics.com/ansible_detailed.html)은 앤서블을 위해 완전히 다시 설계된 유닉스 연결 계층과 모듈 런타임이다. 최소한의 구성 변경을 통해 느리고 자원 소모가 많은 앤서블의 셸 중심 구현을, 순수 파이썬 기반의 동일한 코드로 바꿔준다. Mitogen을 사용하면 서버와의 통신이 SSH를 통해 이뤄지며, 한 번 연결된 파이썬 인터프리터를 계속 사용해서 원격 프로시저 호출remote procedure call 을 빠르게 처리한다. 이는 설정을 거의 바꾸지 않아도 되며, 앤서블이 더 빠르게 작업을 수행하도록 도와준다.

Mitogen이 만들어진 시점에는 앤서블 2.9만 지원한다는 부분에 주의한다. 이후 버전은 아직 지원하지 않는다. 대상 호스트에서 변경할 내용은 없으나, 앤서블 컨트롤러에서는 다음 명령을 통해 Mitogen을 설치해야 한다.

```
$ pip3 install --user mitogen
```

ansible.cfg에서 Mitogen을 전략strategy 플러그인으로 구성하는 방법은 다음과 같다.

```
[defaults]
strategy_plugins = /path/to/strategy
strategy = mitogen_linear
```

팩트 캐시

서버에 대한 팩트에는 여러 종류의 변수가 포함되며 플레이북에서 유용하게 쓸 수 있다. 이러한 팩트는 플레이북의 시작 시점에 수집되지만 이러한 과정은 시간이 걸리므로 최적화의 대상이 된다. 최적화할 수 있는 옵션으로는 이러한 데이터를 로컬에 캐시하는 방법이 있으며 그 밖에는 팩트를 수집하지 않는 방법이 있다.

플레이에서 앤서블 팩트를 참조하지 않는다면 해당 플레이에 대한 팩트 수집을 비활성화할 수 있다. 다음 예제와 같이 플레이에서 gather_facts 구문을 사용해 팩트 수집을 비활성화한다.

```
- name: An example play that doesn't need facts
  hosts: myhosts
  gather_facts: false
  tasks:
    # 태스크 생략
```

ansible.cfg 파일에 다음 내용을 추가하면 팩트 수집을 기본적으로 비활성화할 수 있다.

```
[defaults]
gathering = explicit
```

만약 플레이에서 팩트를 참조하는 경우, 팩트 캐시를 사용할 수 있다. 팩트 캐시를 사용하면 앤서블에서는 호스트에 처음 연결할 때만 팩트를 수집하고, 이후 플레이북을 다시 실행하거나 동일한 호스트에 연결하는 다른 플레이북을 실행하더라도 수집하지 않는다.

팩트 캐시가 활성화되면 앤서블에서 호스트에 처음 접속할 때 팩트를 캐시에 저장한다. 이후에 실행되는 플레이북에서는 해당 캐시가 만료되기 전까지 원격 호스트에서 팩트를 조회하지 않고 캐시에 저장된 팩트를 찾는다.

예제 20-7에서는 팩트 캐시를 활성화하기 위해 ansible.cfg 파일에 추가해야 하는 내용을 보여준다. fact_caching_timeout은 초 단위로 작성하며 예제에서는 24시간(86,400초)을 만료 시간으로 사용한다.

모든 캐시 기반 솔루션의 사용에는 언제나 캐시된 데이터의 최신성이 떨어진다는 위험성이 존재한다. CPU 아키텍처(ansible_architecture 팩트에 저장됨)와 같은 팩트는 변경이 자주 발생하지 않을 가능성이 크다. 그 밖에, 머신에서 제공되는 날짜와 시간(ansible_date_time 팩트에 저장됨) 등은 변경이 자주 발생한다.

팩트 캐시를 활성화하기로 결정한다면 플레이북에서 사용되는 팩트가 얼마나 자주 변경되는지 확인하고 팩트 캐시 만료 시간 값을 적절하게 설정해야 한다. 플레이북을 실행하기 전에 팩트 캐시를 비우려면 ansible-playbook에 --flush-cache 플래그를 전달한다.

예제 20-7 ansible.cfg에서 팩트 캐시 설정

```
[defaults]
gathering = smart
# 24시간 타임아웃, 필요시 조정
fact_caching_timeout = 86400
# 팩트 캐시 방식을 지정해야 함
fact_caching = ...
```

ansible.cfg에서 **gathering** 설정 옵션을 **smart**로 설정하면 앤서블에 스마트한 수집 옵션이 지정된다. 즉, 앤서블에서는 팩트가 캐시에 존재하지 않거나 해당 캐시가 만료되지 않은 경우에만 팩트를 수집하게 된다. 캐시 메커니즘은 플러그인 기반이며 사용할 수 있는 플러그인 리스트는 다음 명령을 통해 조회할 수 있다.

```
$ ansible-doc -t cache -l
```

팩트 캐시를 사용하려면 플레이북에서 명시적으로 gather_facts: true 또는 gather_facts: false로 지정하지 않아야 한다. 구성 파일에서 스마트한 수집을 활성화하면 앤서블에서는 캐시에 팩트가 존재하지 않는 경우에만 팩트를 수집하게 된다.

ansible.cfg에 **fact_caching** 구현체를 명시적으로 지정해야 한다. 그렇지 않으면 앤서블에서는 플레이북이 실행되는 사이에 팩트를 캐시하지 않게 된다. 이 책을 쓰는 시점에는 다음과 같은 세 가지 유형의 **fact_caching** 구현체가 존재한다.

- 파일 기반: JSON, YAML, 피클[Pickle]

- RAM 기반(비지속성): 메모리

- NoSQL: 레디스[Redis], 멤캐스드[Memcached], 몽고DB[MongoDB]

레디스가 팩트 캐시 구현체로 가장 많이 사용된다.

JSON 파일 팩트 캐시

JSON 파일 팩트 캐시를 사용하면 앤서블에서는 수집한 팩트를 제어 머신의 파일에 작성하게 된다. 해당 파일이 머신에 존재하는 경우 호스트에 연결해 팩트를 수집하지 않

고 해당 파일을 사용하게 된다.

JSON 파일 팩트 캐시를 설정하려면 예제 20-8의 설정을 ansible.cfg 파일에 추가한다.

예제 20-8 ansible.cfg에서 JSON 팩트 캐시 설정

```
[defaults]
gathering = smart
# 24시간 타임아웃, 필요시 조정
fact_caching_timeout = 86400
# JSON 파일 구현
fact_caching = jsonfile
fact_caching_connection = /tmp/ansible_fact_cache
```

`fact_caching_connection` 구성 옵션을 사용해 앤서블에서 팩트를 포함한 JSON 파일을 작성할 디렉터리의 위치를 지정한다. 해당 디렉터리가 존재하지 않는 경우 앤서블에서는 해당 디렉터리를 생성하게 된다.

앤서블에서는 파일 변경 시간^{file modification time}을 사용해 팩트 캐시 만료 시간이 도래했는지 여부를 확인한다. JSON 파일을 사용하는 것이 가장 쉬운 팩트 캐시 방법이지만, 파일 권한과 파일 위치로 인해 다중 사용자나 다중 컨트롤러가 있는 시나리오에서는 제약이 따른다.

레디스 팩트 캐시

레디스는 잘 알려진 키-값 데이터 저장소로, 캐시에 자주 사용된다. 특히 여러 대의 머신으로 확장하는 경우에 유용하다. 레디스를 사용해 팩트 캐시를 설정하려면 다음 단계를 수행한다.

1. 제어 머신에 레디스를 설치한다.

2. 레디스 서비스가 제어 머신에서 동작하는지 확인한다.

3. 파이썬 레디스 패키지를 설치한다.

4. ansible.cfg를 수정해 레디스를 통해 팩트 캐시하도록 설정한다.

예제 20-9에서는 레디스로 캐시하도록 ansible.cfg를 설정하는 방법을 보여준다.

예제 20-9 ansible.cfg에서 레디스 팩트 캐시 설정

```
[defaults]
gathering = smart
# 24시간 타임아웃, 필요시 조정
fact_caching_timeout = 86400

fact_caching = redis
```

앤서블에서는 제어 머신에서 레디스 패키지를 찾게 되며 pip를 통해 설치할 수 있다.[3]

```
$ pip install redis
```

레디스를 설치하고, 제어 머신에서 동작하는지 확인한다. 맥OS를 사용한다면 홈브루 Homebrew를 통해 레디스를 설치한다. 리눅스를 사용 중이라면 리눅스에서 제공하는 패키지 관리자를 사용해 레디스를 설치한다.

멤캐시드 팩트 캐시

멤캐시드는 또 다른 널리 알려진 키-값 데이터 저장소로, 단순성과 낮은 자원 사용률 때문에 캐시에 자주 사용된다. 멤캐시드로 팩트 캐시를 설정하려면 다음 단계를 따른다.

1. 멤캐시드를 제어 머신에 설치한다.

2. 멤캐시드 서비스가 제어 머신에서 동작하는지 확인한다.

3. 파이썬 멤캐시드 패키지를 설치한다.

4. ansible.cfg를 수정해 멤캐시드를 통해 팩트 캐시하도록 설정한다.

예제 20-10은 ansible.cfg를 구성해 멤캐시드를 캐시로 사용하도록 설정하는 방식을 보여준다.

---

3   제어 머신에 설치한 앤서블 설치 방식에 따라 sudo를 사용하거나 가상 환경을 활성화해야 할 수 있다.

ansible.cfg에서 멤캐시드 팩트 캐시 설정

```
[defaults]
gathering = smart
# 24시간 타임아웃, 필요시 조정
fact_caching_timeout = 86400
fact_caching = memcached
```

앤서블에서는 파이썬 멤캐시드 패키지를 제어 머신에서 찾게 되며, pip를 통해 설치할 수 있다. 제어 머신에 설치한 앤서블의 설치 방식에 따라 sudo를 사용하거나 가상 환경을 활성화해야 할 수 있다.

```
$ pip install python-memcached
```

멤캐시드를 설치하고, 제어 머신에서 동작하는지 확인한다. 맥OS를 사용한다면 홈브루를 통해 멤캐시드를 설치한다. 리눅스를 사용 중이라면 리눅스에서 제공하는 패키지 관리자를 사용해 멤캐시드를 설치한다.

팩트 캐시에 관한 더 자세한 정보는 공식 문서를 확인한다.

병렬 처리

모든 태스크에 대해 앤서블에서는 호스트에 병렬로 접속해 처리하게 된다. 하지만 모든 호스트에 병렬로 연결해야 하는 것은 아니다. 병렬 처리 수준을 파라미터를 통해 제어할 수 있다. 기본값은 5이다. 이 기본 파라미터를 다음 두 가지 방법 중 하나로 변경할 수 있다.

예제 20-11에서 볼 수 있는 것처럼 ANSIBLE_FORKS 환경 변수를 설정할 수 있다.

예제 20-11 ANSIBLE_FORKS 설정

```
$ export ANSIBLE_FORKS=8
$ ansible-playbook playbook.yml
```

또는 예제 20-12에서 볼 수 있듯이, 앤서블 구성 파일의 defaults 섹션을 수정해 forks 옵션을 설정할 수도 있다. 바스는 앤서블 컨트롤러의 코어 수와 최적의 forks 수 사이의 관련성을 기대한다. 해당 수를 너무 높게 설명하면 문맥 교환이 성능에 부정적인 영향을 주게 된다. 여기서는 이 수를 8로 설정했다. 또한 제어 노드의 메모리와 관련성도 존재한다. forks를 많이 사용할수록 동작 중인 태스크를 추적하는 프로세스를 관리하는데 더 많은 메모리가 사용된다. 상용 환경에서는 25나 50이 일반적인 값이며, 이 값은 호스트의 수에 따라 달라질 수 있다.

예제 20-12 ansible.cfg에서 forks 수 구성

```
[defaults]
forks = 8
```

비동기 동시 태스크

앤서블에서는 연결 만료 시간에 관한 문제를 회피하기 위해 async 구문을 사용한 비동기 동작에 대한 지원을 도입했다. 태스크의 수행 시간이 연결 만료 시간을 초과하면 앤서블에서는 호스트와 연결이 끊기고 오류가 발생한다. async 구문을 사용해 실행 시간이 긴 태스크라고 표시하면 연결 만료 시간에 대한 위험을 없앨 수 있다.

하지만 비동기 동작은 첫 번째 태스크가 완료되기 전에 두 번째 태스크를 시작시키는 등의 다른 목적으로도 사용된다. 2개의 태스크가 있고 두 태스크 모두 수행 시간이 길며 서로 의존성이 없는 경우에 이러한 방식을 적용할 수 있다. 즉, 두 번째 태스크를 실행하기 위해 첫 번째 태스크가 완료되지 않아도 되는 경우에 적용할 수 있다.

예제 20-13에서는 대규모 깃 저장소를 복제하기 위해 async 구문을 사용한 태스크 리스트를 보여준다. 해당 태스크가 async로 표시되어 있기 때문에 앤서블에서는 운영체제 패키지 설치를 시작하기 위해 깃 복제 작업의 완료를 기다리지 않는다.

예제 20-13 async를 사용해 태스크 병렬 처리

```
- name: Install git
```

```
  become: true
  apt:
    name: git
    update_cache: true

- name: Clone Linus's git repo
  git:
    repo: git://git.kernel.org/pub/scm/linux/kernel/git/torvalds/linux.git
    dest: /home/vagrant/linux
  async: 3600                               ❶
  poll: 0                                   ❷
  register: linux_clone                     ❸

- name: Install several packages
  apt:
    name:
      - apt-transport-https
      - ca-certificates
      - linux-image-extra-virtual
      - software-properties-common
      - python-pip
  become: true

- name: Wait for linux clone to complete
  async_status:                            ❹
    jid: "{{ linux_clone.ansible_job_id }}" ❺
  register: result
  until: result.finished                    ❻
  retries: 3600
```

❶ 이 태스크가 비동기 태스크이고 실행에 걸리는 시간은 3,600초 미만이라고 지정
  한다. 실행 시간이 이 값을 초과하면 앤서블에서는 해당 태스크와 연결된 프로세
  스를 자동으로 중단하게 된다.

❷ poll 인수를 0으로 지정해 앤서블에서 이 태스크를 비동기로 생성한 후 즉시 다
  음 태스크를 진행하도록 지시한다. 이 값을 0이 아닌 값으로 지정하면 앤서블에
  서는 다음 태스크를 진행하지 않고, 비동기 태스크가 완료됐는지 확인하기 위해
  poll 인수로 지정한 시간(초)만큼 대기하면서 주기적으로 해당 태스크의 상태를

폴링한다.

❸ async 실행 시 register 구문을 사용해 async 결과를 캡처한다. 이 result 객체에는 ansible_job_id 값이 포함되며 이 값은 나중에 태스크의 상태를 폴링하는 데 사용한다.

❹ async_status 모듈을 사용해 앞서 시작한 async 태스크의 상태를 폴링한다.

❺ async 태스크를 식별할 수 있는 jid 값을 지정한다.

❻ async_status 모듈에서는 단 한 번만 폴링한다. until 구문을 지정해 작업이 완료되거나 재시도 횟수에 도달할 때까지 지속적으로 폴링한다.

요약

지금까지 플레이북을 좀 더 빠르게 동작시키기 위해 SSH, 파이프라인, 팩트 캐시, 병렬처리, 비동기를 구성하는 방법을 살펴봤다. 다음은 앤서블의 네트워크와 보안에 관해 알아본다.

21장
네트워크와 보안

네트워크 관리

네트워크 장치를 구성하고 관리하는 일은 언제나 향수를 불러일으킨다. 텔넷으로 콘솔을 통해 로그인하고 명령을 입력한 후 설정이 시작될 수 있게 구성한 내용을 저장하면 마무리된다. 오랫동안 다음과 같은 두 가지 유형의 네트워크 장치 관리 전략을 사용했다.

- 장치를 구성하는 고비용의 독점 소프트웨어를 구입한다.

- 구성 파일을 최소한으로 처리할 수 있는 도구를 개발한다. 이를테면 설정을 로컬에 백업하고 변경사항을 편집하고 콘솔을 통해 장치에 복사하는 등의 기능이다.

이 분야에서 일어나는 몇 가지 움직임이 있었다. 첫 번째는 네트워크 장치 공급사에서 모든 사람이 사용할 수 있도록 자신들의 API를 만들거나 공개하기 시작했다는 점이다. 두 번째는 앤서블 커뮤니티에서 스택의 하위를 다루는 것을 멈추지 않았다는 점이다. 여기서 스택은 하드웨어 서버, 로드 밸런스 장치, 방화벽 장치, 네트워크 장치, 라우터, 특수 장치 등이다. 레드햇에서는 앤서블 2.5 배포 버전에서 네트워크 자동화를 위해 앤서블을 조율했다. 앤서블 2.5 버전과 2.9 버전 사이에서는 네트워크 모듈에 집중했다. 나중에 이 아이디어는 유지 관리상의 이유로 컬렉션을 선호하는 방향으로 변경됐으며, 앤서블 게시글(https://www.ansible.com/blog/thoughts-on-restructuring-the-ansible-project)에 따르면 얀-피트 멘스의 블로그(https://jpmens.net/2019/06/21/i-care-aboutansible/)를 수용해 앤서블 팀은 **ansible-core**에 집중하고 레드햇 파트너와 나머지 커뮤니티에 인증된 콘텐츠를 위임한 것이 네트워크를 위해 좋은 결정이었음을 말하고 있다. 네트워크 공급사도 콘텐츠를 자율적으로 배포할 수 있기 때문에 이러한 움직임에 동참했다.

지원되는 공급사

첫 번째로 생각할 수 있는 질문은 "내가 선호하는 공급사나 네트워크 운영체제가 지원되는가?"일 것이다. 공급사의 컬렉션 리스트는 책에 담기에는 너무 길고 다양하므로 다음 경로를 참고한다.

https://docs.ansible.com/ansible/latest/collections/index.html

Community 네임스페이스는 많은 내용을 담고 있으며 공급사와 독립적으로 개발됐다. 추가로, **ansible.netcommon**에서는 서로 다른 공급사에서 사용할 수 있는 추상화를 제공하며 사용하기 좋게 조정되고 설계됐음을 의미하기도 한다. 컬렉션에는 다음 제조사가 포함되며 이것이 전부는 아니다.

- 아리스타[Arista]
- 체크포인트[Checkpoint]
- 시스코 ACI[Cisco ACI]
- 시스코 메라키[Cisco Meraki]
- 사이버아크[Cyberark]
- F5 네트웍스[F5 Networks]
- 포티넷[Fortinet]
- IBM
- 인포블록스[Infoblox]

- 주니퍼^{Juniper}

- 비오스^{Vyos}

이러한 공급사 중 일부는 가상 장치를 지원하며 다운로드해 베이그런트에서 사용할 수 있다. 이 장에서 사용하는 예제 코드의 Vagrantfile에는 junos, nxosv, vyos가 포함된다.

 명시적으로 설치된 컬렉션의 네트워크 자동화 모듈을 사용한다. 그리고 모듈을 사용할 때 앤서블에 포함된 모듈의 짧은 이름을 사용하는 대신 완전히 정규화된 컬렉션 네임스페이스를 사용해야 한다. 태스크 파일이나 플레이북을 검사하는 경우, 모듈에 `cisco.iosxr.iosxr_l2_interfaces`와 같이 점(.)이 포함됐는지 확인한다.

네트워크 자동화를 위한 앤서블 연결

앤서블을 사용해 네트워크 장치를 관리할 수 있지만 윈도우나 맥OS, 리눅스가 실행되는 머신을 관리하는 것과 비교하면 일부 차이점이 존재한다. 리눅스 시스템은 SSH 연결을 통해 관리하는 것이 일반적이고, 윈도우 머신은 WinRM 연결을 통해 관리한다. 그 밖에, 지금까지 사용한 연결은 `local`과 `docker`, `raw`가 있다. `uri` 모듈을 통해 REST를 사용하는 경우, `ansible_connection`으로 간주하지 않는다. 그 이유는 해당 연결을 통해 다른 모듈을 사용할 수 없기 때문이다.

네트워크 장치에서는 파이썬을 실행하지 못하기 때문에 네트워크 자동화는 또 다른 방식이 필요했다. 네트워크 자동화는 제어 노드에서 실행되며, 네트워크 장치의 API와 통신한다. 네트워크 자동화를 위한 플레이북에는 일반적으로 헤더에 다음과 같은 내용을 포함하게 된다.

```
hosts: localhost
```

제어 노드에서 장치 연결에 사용되는 `ansible_connection`은 플랫폼과 사용하는 모듈의 목적에 따라 달라진다. 전송 프로토콜은 SSH나 HTTP/HTTPS가 될 수 있다. HTTPS 연결은 보통 REST API용이며, SSH는 일반적인 앤서블에서 셸 모듈과 명령 같은 CLI를 사용하기 위한 용도다. SSH를 통한 네트워크 구성(netconf)은 XML을 활용한다. `ncclient`

파이썬 라이브러리를 설치하면 사용할 수 있다.

특권 모드

다양한 네트워크 장치에서는 일반 사용자 모드와 ansible_become: true를 사용해 중요한 작업에 사용하는 **특권 모드**privileged mode를 구분하는 기능을 지원한다. 이 기능은 리눅스에서 사용하는 sudo를 사용하지 않고 enable을 사용한다. 태스크 시작 부분, 즉 이름 바로 아래에 become을 사용하면 어떤 작업이 특권 모드로 실행되는지 감사 추적이 용이하다.

여러 종류의 장치에 대해 여러 가지 파라미터를 사용해 앤서블 연결을 구성할 수 있다. 인벤토리의 vars 블록은 이러한 파라미터를 등록하기 위해 선택할 수 있는 일반적인 방법이다. 앤서블에서는 연결에 사용하는 프로토콜 이외에도 예제 21-1의 INI 인벤토리 파일에서 볼 수 있는 것처럼 네트워크 장치의 운영체제를 알아야 한다.

예제 21-1 playbooks/inventory/hosts

```
[arista:vars]
# https://galaxy.ansible.com/arista/eos
ansible_connection=ansible.netcommon.httpapi
ansible_network_os=arista.eos.eos
ansible_become_method=enable

[cisco:vars]
# https://galaxy.ansible.com/cisco/ios
ansible_connection=ansible.netcommon.network_cli
ansible_network_os=cisco.ios.ios
ansible_become_method=enable

[junos:vars]
# https://galaxy.ansible.com/junipernetworks/junos
ansible_connection=ansible.netcommon.netconf
ansible_network_os=junipernetworks.junos.junos
ansible_become_method=enable
```

네트워크 인벤토리

클라우드와 베이그런트용으로는 동적 인벤토리를 선호하고, 인벤토리 파일용으로는 INI 형식의 단순함을 선호하지만, 대규모 네트워크 토폴로지의 인벤토리에서는 예제 21-2의 구조와 같은 YAML 형식이 더 적합하다. 모범적인 모델링은 근본적인 질문에 답하는 것이다. 즉, 무엇을, 어디에, 누가 운영하는지 그리고 언제 개발, 테스트, 파일럿, 스테이징, 상용 단계로 진행할 것인지에 대한 질문이 될 수 있다.

예제 21-2 YAML 인벤토리

```
backbone:
  hosts:
    rt_dc1_noc_p:
      ansible_host: 10.31.1.1
  vars:
    ansible_connection: ansible.netcommon.network_cli
    ansible_network_os: cisco.ios.ios
    ansible_become_method: enable

perimeter:
  hosts:
    proxy_dc1_soc_p:
      ansible_host: 10.31.2.1
    vars:
      ansible_become_method: sudo

network:
  children:
    backbone:
    perimeter:
```

다음 명령을 사용해 그래프 형식으로 인벤토리를 확인하고 분석할 수 있다.

```
ansible-inventory -i inventory/hosts.yml --graph
```

네트워크 자동화 사용 예시

기업 IT 인프라 설계는 신중하게 네트워크 구성도를 작성하면 된다는 이론은 최근 수십 년 동안 IT의 발전, 파괴적인 경쟁, 글로벌 위기, 시장 변동성과 같이 안정성을 위협하는 많은 요소의 일반적인 엔트로피로 인해 더 이상 쓸모없어졌다. 조직은 상황의 변화에 적응해야 하고, 이는 지속적이고 민첩한 변화를 의미한다.

여러 가지 일을 하는 다기능 팀에서 비즈니스 목표를 달성하기 위해 자율적으로, 분산된 방식의 상용 클라우드 네이티브 기술을 활용해 일한다는 아이디어는 완곡하게 표현하더라도 네트워크 운영 센터와 보안 운영 센터에 걱정거리가 된다.

앤서블을 사용하면 규모에 맞게 모든 장치와 호스트의 상태를 검토하여 구성 관리와 상황 인식에 필요한 정보를 수집할 수 있다. 장치를 구성하고 업데이트를 자동화하며 모든 것이 예상대로 동작하는지 테스트할 수 있다. 일반적인 부분에서 앤서블 네트워크 자동화Ansible Network Automation는 장치를 수동으로 구성하는 것보다 더 발전된 방법이다.

보안

모든 조직은 각기 다른 보안 요구사항을 갖는다. 미국은 카드 결제, 의료, 연방 정부, 국방 계약업체를 포함한 다양한 산업군에서 적용할 수 있는 CIS(https://www.cisecurity.org/cis-benchmarks)와 DISA-STIG(https://public.cyber.mil/stigs/), PCI(https://www.pcisecuritystandards.org/), HIPAA(https://www.hhs.gov/hipaa/for-professionals/privacy/laws-regulations/index.html), NIST(https://www.nist.gov/itl/publications-0/nist-special-publication-800-series-general-information), FedRAMP(https://www.fedramp.gov/)와 같은 다양한 보안 기준이 존재한다. 유럽은 BSI 독일(https://www.bsi.bund.de/DE/Home/home_node.html), BSI 영국(https://www.bsigroup.com/de-DE/), NCSC(https://www.ncsc.nl/actueel/beveiligingsadviezen)와 같은 기관에서 컴퓨터와 컴퓨터의 연결을 안전하게 할 수 있는 권장사항을 발표한다. 정부에서 보안 표준을 요구하지 않는 경우, 모질라Mozilla와 같은 소프트웨어 재단에서 제공하는 예시를 참고할 수 있다.

레드햇에서 앤서블사를 인수하기 전에도 특정 보안 기준을 준수해야 하는 상황이 있었다. 2015년에 앤서블사에서는 `ansible-lockdown` 오픈소스 프로젝트를 마인드포인트 그룹[MindPointGroup]이라는 보안 회사에 맡겼다.[1] 이후에 많은 일이 일어났다. 보안 기준 준수에 관한 내용의 일부분은 PDF 문서와 스프레드시트에서 플레이북으로 옮겨졌다. 앤서블이 발전하고 있는 영역 중 하나가 보안 자동화다.

네트워크 장치와 클러스터, 호스트와 같은 시스템의 보안 강화에 앤서블을 사용하는 것은 훌륭한 아이디어로 보인다. 하지만 관리 이론의 원칙 중 하나는 관심사의 분리다. 따라서 실제로는 선택한 보안 프로필을 기반으로 보안이 강화된 플레이북의 결과를 평가하기 위한 별도의 스캐닝 도구를 찾는 것이 좋다.

인터넷 보안 센터[Center for Internet Security]는 다양한 운영체제와 미들웨어에 대한 사이버 보안 벤치마크를 관리하며 이 벤치마크는 보안 구성에 대한 자세한 지침을 제공한다. 또한 상업용 보안 스캐너도 사용할 수 있다. 오픈스캡[OpenSCAP](https://www.open-scap.org/getting-started/)에서는 무료로 보안 가이드(https://www.open-scap.org/security-policies/scap-security-guide/)를 발행하며, 업계에 적합한 프로필을 선택하여 RHEL 시스템의 보안 기준을 준수하는지 여부를 자세히 스캔할 수 있다. 레드햇에서 지원하는 앤서블 플레이북을 통해 보안 기준 준수과 불일치하는 부분의 차이를 줄일 수 있는 괜찮은 방법도 있다. 독립 개발자들이 깃허브에서 진행하는 또 다른 보안 강화 프로젝트도 존재한다. 예를 들면 독일의 DevSec 프로젝트(https://dev-sec.io/project/)가 있다.

규정 준수

이러한 도구를 손쉽게 사용할 수 있음에도 "누구를 신뢰할 것인가?"라고 하는 톰슨[Thompson]의 질문은 여전히 남아 있다.[2] 이 질문을 들여다보면 그 안에서 더 많은 질문을 찾을 수 있다. 이를테면 "공급업체의 스캔 결과보다 앤서블의 보안 강화 플레이북을 더 신뢰할 수 있는가?", "규정 준수는 보안과 동일한가?", "자신의 국가 표준(https://

---

1   바스는 CIS와 DISA–STIG를 준수하기 위해 어느 정도 노력을 기울이고 있다.
2   켄 톰슨(Ken Thompson), '신뢰에 대한 고찰(Reflections on Trusting Trust)', https://oreil.ly/mAxJw, ACM 통신 27권 8호(1984년 8월)

www.wassenaar.org/participating-states/)에서 암호화 방식에 제한을 두는가?", "감시 (https://bada55.cr.yp.to/), 침입 탐지, 멀웨어 탐지(https://jhalderm.com/pub/papers/ interception-ndss17.pdf), 지적 재산권, 시민권, 고용법, 노동 조합 및 정치가 보안 결정에 어떤 영향을 주는가?", "사이버 보안 문제가 조직의 목표를 달성하는 데 방해가 되는 가?", "대화는 어디까지 비공개인가?" 등의 질문이다.

현대 IT 아키텍처에서는 여러 가지 요소가 인터넷 및 암호화 사용에 영향을 미친다. PC 의 멀웨어 감염을 방지하기 위해 보통 웹 프록시 서버에서 SSL 검사^{inspection}를 사용한다. SSL 검사를 통해 IT 관리자는 회사의 웹 브라우저 트래픽을 확인하고 개입할 수 있다. 법적인 문제를 피하기 위해 이러한 프록시 서버에서는 신뢰할 수 있는 사이트 범주 리스트와 신뢰할 수 없는 사이트 범주 리스트를 지원한다. 웹 프록시 서버를 통해 좋은 의도로 직원의 인터넷 사용을 제한하겠지만 소프트웨어의 보안 문제가 발생할 수도 있다. 어쨌든 프록시 검사는 바이러스와 랜섬웨어를 방지하는 데 도움이 되지만 발전과 혁신에 방해가 될 수도 있다.

프로그래머를 위한 공급망을 간소화하기 위해 소프트웨어 라이브러리 프록시를 만드는 것도 좋은 방법이다. 22장에서는 소나타입 넥서스$^{Sonatype Nexus}$를 사용해 이러한 프록시 예제를 만든다. 비즈니스 사용자와 IT 직원 모두 웹 트래픽에 은닉 채널$^{covert channel}$의 사용을 근절하는 정책이 적용되어야 한다.

안전하지만 안전하지 않은

이 장의 예제 코드에서는 ansiblebook/Bastion이라는 베이그런트 박스를 생성한다. 이 박스는 RHEL 8을 위한 OSPP$^{Operating System Protection Profile}$를 적용해 보안을 강화한 버전이다.

> 이 구성 프로파일은 미국 국가 보안 체계의 특정 구성 파라미터를 준수해야 하는 CNSSI-1253과 일치한다. 따라서 이 구성 프로파일은 미국 국가 안보 시스템에서 사용하기에 적합하다.

이러한 목적이라면 당연히 안전해야 한다.

예제 코드의 `ansible_role_ssh`에서는 시스템(또는 사용자 정의한 시스템) 전반에 암호화 정책을 적용할 수 있다. `ansible_role_ansible`에서는 파이썬과 파이썬 요구사항, 앤서블, 컬렉션, 롤을 보안이 강화된 운영체제에 설치한다. 그리고 볼륨 마운트 옵션, SELinux, `fapolicyd`에 대한 제약사항을 처리한다.

다음 두 롤을 깃허브에 게시했으며 자신의 플레이북에서 사용할 수 있다.

- `ansible_role_ssh`(https://github.com/ansiblebook/ansible_role_ssh)

- `ansible_role_ansible`(https://github.com/ansiblebook/ansible_role_ansible)

kickstart 구성의 `org_fedora_oscap` 애드온[add-on]에서는 `ospp`를 프로파일로 사용한다. OSPP는 FIPS 암호화 정책을 기반으로 한다. FIPS:OSPP 암호화 정책은 FIPS보다 더 알고리듬 집합을 제한한다. FIPS에서는 특정 암호화 알고리듬을 배제하며 미 정부 기관에서는 NIST에서 평가한 특정 알고리듬 집합의 사용을 규제한다.

예제 21-3 packer-playbook.yml

```
---
- name: Provisioner
  hosts: all
  become: true
  gather_facts: true
  vars:
    crypto_policy: FIPS:OSPP
    intended_user: vagrant
    home_dir: "/home/{{ intended_user }}"
  pre_tasks:
    - name: Generate 4096 bits RSA key pair for SSH
      user:
        name: "{{ intended_user }}"
        generate_ssh_key: true
        ssh_key_bits: 4096

    - name: Fetch ssh keys
      fetch:
        flat: true
```

```
      src: "{{ home_dir }}/.ssh/{{ item }}"
      dest: files/
      mode: 0600
    loop:
      - id_rsa
      - id_rsa.pub

  - name: Install authorized_keys from generated file
    authorized_key:
      user: "{{ intended_user }}"
      state: present
      key: "{{ lookup('file','files/id_rsa.pub') }}"
      exclusive: false

  - name: Fix auditd max_log_file_action
    lineinfile:
      path: /etc/audit/auditd.conf
      regexp: '^max_log_file_action'
      line: max_log_file_action = rotate
      state: present

  roles:
    - ansible_book_ssh
    - ansible_book_ansible
```

ansiblebook/Bastion 박스는 패커^{Packer}를 통해 생성하고, 기본 키 쌍보다 더 큰 키를 베이그런트에서 사용하기 위해 생성했다. 이 4096비트 RSA 키(https://gist.github.com/bbaassssiiee/0ad9194ba0dd09080f10255d8af7114d)를 다운로드한 후 베이그런트에서 사용할 수 있다. 다음과 같이 Vagrantfile에 이름을 지정한다.

```
config.ssh.private_key_path = "./playbooks/files/id_rsa"
```

예제 21-4의 앤서블 플레이북에서는 보안 감사를 실행하고 Downloads 폴더에 리포트를 생성하게 된다.

예제 21-4 vagrant-playbook.yml

```yaml
---
- name: Security Audit
  hosts: bastion
  become: true
  gather_facts: true
  tasks:
    - name: 'Run the audit and create a report.'
      command:
        oscap xccdf eval \
          --report /tmp/report.html
          --profile ospp
          /usr/share/xml/scap/ssg/content/ssg-rhel8-ds.xml
      no_log: true
      ignore_errors: true

    - name: 'Fetch the report.'
      fetch:
        flat: true
        src: /tmp/report.html
        dest: "~/Downloads/ospp.html"
...
```

이 머신에서는 200개의 보안 테스트 중 198개가 통과됐음을 알 수 있으며, 괜찮은 수준이다. 즉, 보안이 강화됐다.

하지만 보안이 강화된 시스템에서 **ssh-audit**(https://pypi.org/project/ssh-audit/)을 실행하면 다음과 같이 여러 취약점이 확인된다.

```
# 키 교환 알고리듬
(kex) ecdh-sha2-nistp256    -- [fail] using weak elliptic curves
(kex) ecdh-sha2-nistp384    -- [fail] using weak elliptic curves
(kex) ecdh-sha2-nistp521    -- [fail] using weak elliptic curves
# 호스트 키 알고리듬
(key) ecdsa-sha2-nistp256   -- [fail] using weak elliptic curves
                            `- [warn] using weak random number generator could
                            reveal the key
# 암호화 알고리듬(암호)
```

```
(enc) aes256-cbc              -- [fail] removed (in server) since OpenSSH 6.7,
unsafe algorithm
                              `- [warn] using weak cipher mode
(enc) aes128-cbc              -- [fail] removed (in server) since OpenSSH 6.7,
unsafe algorithm
                              `- [warn] using weak cipher mode
# 메시지 인증 코드 알고리듬
(mac) hmac-sha2-256           -- [warn] using encrypt-and-MAC mode
(mac) hmac-sha2-512           -- [warn] using encrypt-and-MAC mode
# 알고리듬 추천(OpenSSH 8.0용)
(rec) -aes128-cbc            -- enc algorithm to remove
(rec) -aes256-cbc            -- enc algorithm to remove
(rec) -ecdh-sha2-nistp256    -- kex algorithm to remove
(rec) -ecdh-sha2-nistp384    -- kex algorithm to remove
(rec) -ecdh-sha2-nistp521    -- kex algorithm to remove
(rec) -ecdsa-sha2-nistp256   -- key algorithm to remove
(rec) -hmac-sha2-256         -- mac algorithm to remove
(rec) -hmac-sha2-512         -- mac algorithm to remove
```

유사한 취약점이 OpenSSH 8의 기본 설정과 시스템 보안보다 감시를 선호하는 국가의 권장사항에서도 발견될 수 있다. SSH 롤을 기본 crypto_policy: STRICT로 설정해 ed25519 타원 곡선 알고리듬을 사용할 수 있다. 아인트호벤 공대[Technische Universiteit Eindhoven](https://safecurves.cr.yp.to)의 연구 결과에 따르면 이 알고리듬은 빠르면서도 안전하다. FIPS의 업데이트 버전에서는 ed25519 타원 곡선 알고리듬의 사용을 권장하지만, FIPS 186-5 문서는 아직 초안[draft] 상태다. STRICT 암호화 정책은 ssh-audit을 통과한다. 약한 암호화를 사용하더라도 보안 기준을 따르는 시스템이 될 수 있다는 점에 유의한다.

양자 컴퓨터의 등장은 민감한 정보를 처리하는 조직에 중대한 영향을 미칠 수 있다. 그 결과는 심각하다. 즉, 잘 알려진 암호화 알고리듬으로 암호화된 데이터는 미래의 양자 컴퓨터를 사용해 복호화되어 탈취될 수 있다. OpenSSH 릴리스 9(https://www.openssh.com/txt/release-9.0)에서는 기본적으로 NTRU 알고리듬과 X25519 ECDH 키 교환을 사용해 이러한 문제를 예방하도록 변경됐다.

섀도 IT

당신의 장치는 안전한가? 보안 관리에 효과적인가? 제한사항이 정책에 반영되는가? 아니면 이러한 제한사항을 우회할 수 있는가? 회사에 있는 다른 모든 장치는 어떤가? IT 부서에서 네트워크 인프라, 서버, 데이터 접근, 데스크톱을 아주 엄격하게 보호하므로 자신이 필요한 작업을 처리하기 위해 개인 이메일 주소로 파일을 보내기도 하는가? 아니면 다른 대안을 찾고 있는가? 기업의 거버넌스는 기술적인 보안 통제(엔드포인트 보호, SSL 검사, 망분리 환경 등)와 승인 프로세스, '완료'의 정의$^{DoD, Definitions of Done}$, 위험 및 규정 준수 감사 등이 혁신 이니셔티브를 중단시킬 수 있다.[3] 직원들은 이러한 규정을 따르기 위해 근무 시간을 낭비하거나 **섀도 IT**$^{shadow\ IT}$를 만들 수 있다.

섀도 IT는 기업 거버넌스에서 제공하지 않은 모든 컴퓨팅 리소스를 말한다. 여기에는 개인 노트북, 책상 밑에 숨겨진 오래된 PC, 개인 클라우드 구독, 개인 서버 등이 포함된다. 경쟁에서 앞서기 위해 일부 기업에서는 수십 년 동안 쌓인 모든 형식적인 절차를 피하기 위해 그린필드^{greenfield} 회사를 설립하기도 한다. 중앙 IT 조직에서 개발자의 기대에 미치지 못하는 시스템을 제공하는 경우 개발자는 자신만의 시스템을 만들게 된다.

선샤인 IT

최신의 소프트웨어는 부서나 지역, 무엇보다 기업의 방화벽을 통해 생산성이 저해되지 않는 플랫폼을 가진 자율적인 팀에서 가장 잘 만들어진다. 한마디로 이러한 소프트웨어 개발 팀은 자유로운 생각을 펼칠 수 있다. 즉, 업무를 완수하기 위해 API나 AI, SaaS, IaaS, PaaS, 소스 코드, 라이브러리, 도구 등 모든 정보에 접근할 수 있다. 작업을 스스로 정리하고 엄격하게 정보가 보호된 상태에서 통신할 수 있다. 전략적으로 생각해 보면 이러한 부분은 경쟁 우위라고 할 수 있다. 자신이 중앙 IT 조직에 소속되어 있다면 업무에 방해가 될 수 있지만 두려워할 필요는 없다.

선샤인 IT$^{sunshine\ IT}$는 협업에 관한 내용이며, 인터넷 연결 API, 셀프 서비스 인프라, 보안 협업을 중심으로 하는 공통 플랫폼을 만들어 팀이 빛을 발할 수 있도록 지원한다. 사업

---

3   켈리 쇼트리지(Kelly Shortridge)는 이러한 보안 방해 요소에 대해 설득력 있는 블로그 게시물(https://kellyshortridge.com/blog/posts/the-security-obstructionism-secobs-market/)을 작성했다.

분야별 애플리케이션에서 활용 가능한 기술 스택은 다음과 같은 요소가 있으며 팀의 부담을 덜어준다.

- 소프트웨어 정의 인프라software-defined infrastructure: 애플리케이션 중심, 클라우드 기반

- 플랫폼 서비스: 서비스형 CI/CD, 컨테이너 플랫폼

- 통합 플랫폼: API 관리자, 이벤트 스트리밍, 메시징

- 기술 모니터링

즉, 선샤인 IT는 단순히 자율적인 개발 팀에 관한 내용이 아니라, 몇 가지 핵심적인 요소를 통해 자율적인 팀을 강화하는 조직 내 팀 간의 협업에 관한 내용이다.

제로 트러스트

제로 트러스트zero trust는 보안 전문가인 존 킨더백John Kindervag이 사용한 용어이며, 전통적으로 경계선 보안을 위해 배스천bastion과 방화벽을 사용하는 조직 내부 네트워크는 암묵적으로 믿을 수 있다고 하는 '요새' 보안 모델은 구시대적이라는 주장이다. 암묵적인 신뢰implicit trust는 세밀한 보안 관리의 부족함을 의미하며, 네트워크에 한 번 접속한 사용자(공격자와 악의적인 내부자 포함)는 자유롭게 내부를 넘나들며 민감한 정보에 접근하거나 유출할 수 있다. 이러한 모델은 클라우드와 컨테이너 기술을 사용하는 현 시대에 와서는 더 이상 작동하지 않는다. 영업 사원이 ID 관리와 명시적 검증, 자동화, 권한 최소화 등 더 많은 최신 용어를 사용하면서 판매를 권유하게 될 것이다. 이러한 모든 내용은 다음과 같은 킨더백의 글로 충분하다.[4]

> 제로 트러스트의 상징은 단순함이다. 모든 사용자, 패킷, 네트워크 인터페이스 및 장치가 신뢰되지 않을 때, 자산의 보호는 단순해진다. 사이버 보안 환경의 복잡성을 줄이기 위해 조직은 반복적이고 수동적인 작업을 자동화하고, 여러 보안 도구와 시스템

---

4   존 킨더백(John Kindervag), 'The Hallmark of Zero Trust Is Simplicity'(https://deloitte.wsj.com/riskandcompliance/john-kindervag-the-hallmark-of-zero-trust-is-simplicity-01618513330), 2021년 4월 15일. 「월스트리트저널(Wall Street Journal)」

을 통합하고 관리하며, 알려진 취약점을 자동으로 해결하는 보안 기술과 도구를 우선
적으로 선택할 수 있다.

간단한 앱을 통해 관리가 가능한 차세대 네트워크 보안 소프트웨어가 존재한다. 이 소
프트웨어를 통해 관리자는 신뢰할 수 있는 사용자 그룹을 생성할 수 있고, 신뢰할 수 없
는 네트워크를 통해 시스템에 연결될 수 있도록 해준다. 이러한 소프트웨어에서는 세밀
한 사용자 제어와 다양한 플랫폼 간 암호화를 제공한다.

요약

앤서블을 사용한 네트워크 자동화에 대해 자세히 알아보려면 '네트워크 시작Network
Getting Started'(https://docs.ansible.com/ansible/latest/network/getting_started/index.
html#network-getting-started)과 '네트워크 고급 주제Network Advanced Topics'(https://docs.
ansible.com/ansible/latest/network/user_guide/index.html#network-advanced) 부분을
참고하기 바란다. 확인이 필요한 경우 예제 15-1의 롤과 컬렉션을 설치한다. 더 많은 정
보는 모질라 재단Mozilla Foundation의 사이트(https://infosec.mozilla.org/)를 방문해 볼 수
있다.

보안 자동화는 또 다른 책으로 다뤄야 할 만큼 큰 주제이기 때문에 앤서블에서 안내서
를 제공하는 것은 다행스러운 일이다. 자동화 주제에 이어서 다음 장에서는 CI/CD와 앤
서블을 주제로 살펴본다.

CI/CD와 앤서블

롤은 앤서블을 통해 IaC^{Infrastructure as Code}를 구성하기 위해 사용되는 기본 구성 요소다. 시스템 관리를 소프트웨어 엔지니어링으로 다루고 소프트웨어 개발 관행을 IaC에 적용하는 것은 애자일^{Agile} 운영의 기본적인 사항 중 하나다. 이러한 변경사항을 소프트웨어 환경에서 단계적으로 적용하고 변경사항의 검증을 자동화함으로써 오류를 줄이고 생산성을 높이며 더 성공적인 변경과 적은 다운타임을 달성할 수 있다. 격리된 환경에서 코드 품질을 평가하고 자동화된 테스트를 수행해 오류가 광범하게 영향을 미치기 전에 미리 제거할 수 있다.

22장에서는 소프트웨어 개발 팀에서 사용하기 위한 CI/CD^{Continuous Integration and Continuous Delivery} 환경의 핵심적인 사항을 설정하는 방법을 설명한다. 실행 파일과 라이브러리용 중앙 저장소 프록시 구성, 소스 관리 시스템, 코드 품질 도구, CI 서버 등이다. 예제 코드를 통해 4개의 가상 머신(소나타입 넥서스3^{Sonatype Nexus3}, 기테아^{Gitea}, 소나큐브^{SonarQube}, 젠킨스^{Jenkins})을 생성한다. 젠킨스에서는 앤서블 플러그인을 통해 앤서블 명령과 앤서블 플레이북을 사용할 수 있다. 젠킨스용 앤서블 타워^{Ansible Tower} 플러그인을 통해 앤서블 오토메이션 플랫폼^{Ansible Automation Platform}(타워^{Tower}라고도 함)에 접근해 잡 템플릿^{job template}을 시작하는 등 다양한 작업을 요청할 수 있다.

CI

2006년에 마틴 파울러^{Martin Fowler}가 작성한 (성공적인 소프트웨어 개발 방법을 다룬) CI^{Continuous Integration}에 관한 영향력 있는 글(https://martinfowler.com/articles/continuous Integration.html)에서는 다음과 같이 설명한다.

> 소프트웨어를 개발하는 방법으로, 팀 구성원이 자신의 작업을 자주 통합하며 보통 각 구성원이 적어도 하루에 한 번은 통합하게 되므로 하루에 여러 번의 통합이 일어난다. 각 통합에서는 오류가 포함되는 것을 방지하기 위해 테스트를 포함한 자동화된 빌드를 통해 아주 빠르게 검증하게 된다. 많은 개발 팀에서 이러한 방법을 통해 통합의 문제를 크게 줄이고 조화롭고 빠르게 소프트웨어를 개발할 수 있다는 것이 확인됐다.

이러한 방법은 개발 팀에서 소프트웨어를 신뢰할 수 있는 반복적인 방법으로 배포하려는 경우에 필요하다. 마틴 파울러는 "누구든지 새로운 컴퓨터에서, 저장소의 소스 코드를 가져와, 한 번의 명령을 사용해, 해당 컴퓨터에서 시스템을 실행할 수 있어야 한다." 라고 말했다.

최근에는 대부분의 최신 시스템이 더 복잡해지고, 동작을 하기 위해서는 하나 이상의 머신이 필요하며, 인프라, 구성 관리, 시스템 운영, 보안, 법규 준수도 마찬가지로 코드 (프로그래밍)를 통해 처리하는 등 좀 더 큰 도전 과제가 생겼다.

개발자는 이 모든 코드를 버전 관리 시스템에 저장하고 통합 머신에서 다양한 작업을 진행하며, 상용 환경으로 넘어갈 준비가 되면 배포하기 위해 코드를 테스트하고 안전하게 저장소에 저장할 수 있다. 간단히 말해서 이러한 부분을 자동화할 수 있다.

CI 시스템의 구성 요소

버전 관리 시스템^{VCS, Version Control System}에 모든 시스템 요구사항을 저장하는 것은 CI의 전제 조건이다. VCS는 두 가지 종류가 있다. 특정 소스 코드와 같은 텍스트 기반 데이터를 위한 시스템과 특정 소프트웨어 패키지와 같은 실행 파일 데이터용 아티팩트^{artifact}

저장소가 존재한다.

아티팩트 저장소

제이프로그 아티팩토리^{JFrog Artifactory}와 소나타입 넥서스^{Sonatype Nexus}는 가장 잘 알려진 아티팩트 저장소다. 이 책에 포함된 예제 코드에서는 파이썬 라이브러리용 프록시로 넥서스^{Nexus}를 배포한다. 넥서스는 자바 프로그램이며 배포하는 플레이북은 다음과 같이 요약할 수 있다.

```
#!/usr/bin/env ansible-playbook
---
- name: Artefact Repository
  hosts: nexus
  become: true
  roles:

    - role: java
      tags: java
    - role: nexus
      tags: nexus
```

인벤토리에는 nexus라는 그룹과 그 안에 이름이 지정된 서버가 포함된다. 이 프로젝트에 사용할 네 대의 서버로 인벤토리를 만들 수 있으며, 재사용이 가능하다. 롤은 다음과 같이 roles/requirements.yml 파일을 사용해 앤서블 갤럭시를 통해 설치된다.

```
---
roles:
  - src: ansible-thoteam.nexus3-oss
    name: nexus
  - src: geerlingguy.java
    name: java
```

다음으로 group_vars/nexus를 생성한다. 이 예제에서는 다음과 같이 간단한 구성 옵션을 설정한다.

```
nexus_config_pypi: true
nexus_config_docker: true
nexus_admin_password: 'changeme'
nexus_anonymous_access: true
nexus_public_hostname: "{{ ansible_fqdn }}"
nexus_public_scheme: http
httpd_setup_enable: false
```

넥서스는 다양한 구성 옵션을 포함하고 있으며 스크립트를 통해 구성할 수 있다.

기테아

최근에는 소스 코드 버전 관리를 위한 VCS로 글로벌 공급사가 개발하고 SaaS 서비스 형태로 제공되는 깃^{Git}을 가장 선호한다. 깃허브(https://github.com/)를 포함해 잘 알려진 브랜드는 아틀라시안^{Atlassian}의 빗버킷^{BitBucket}(https://bitbucket.org/)과 깃랩^{GitLab}(오픈소스, https://about.gitlab.com/)이 있다. 협업 환경에서는 빗버킷과 함께 컨플루언스^{Confluence}와 지라^{Jira} 같은 아틀라시안 도구를 사용하는 것이 일반적이다. 깃허브와 깃랩은 기업용으로 제공되며 기능 면에서 경쟁하고 있다. 개인용 깃을 운영하고자 한다면 깃허브와 유사하고, 직접 호스팅해야 하며, 오픈소스 솔루션이면서, 접근성이 뛰어난 API를 제공하는 기테아^{Gitea}를 가볍게 선택해 볼 수 있다.

인벤토리에 **git**이라는 그룹을 만든 후 동일한 호스트에 MySQL 데이터베이스 관리자와 함께 기테아를 배포하기 위한 플레이북을 생성해 보자.

```
---
- name: Git Server
  hosts: git
  become: true
  collections:
    - community.mysql
  roles:
    - role: mysql
      tags: mysql
    - role: gitea
      tags: gitea
```

앤서블 갤럭시에서 roles/requirements.yml의 다음 항목을 사용해 컬렉션과 롤을 설치한다.

```
collections:
  - community.mysql
roles:
  - src: do1jlr.gitea
    name: gitea

  - src: do1jlr.mysql
    name: mysql
```

group_vars/git에는 데이터베이스와 기테아에 사용되는 구성이 존재한다.

```
# https://github.com/roles-ansible/ansible_role_gitea
gitea_db_host: '127.0.0.1:3306'
gitea_db_name: 'gitea'
gitea_db_type: 'mysql'
gitea_db_password: "YourOwnPasswordIsBetter"
gitea_require_signin: false
gitea_fqdn: "{{ ansible_fqdn }}"
gitea_http_listen: '0.0.0.0'
gitea_http_port: '3000'
# https://github.com/roles-ansible/ansible_role_mysql
mysql_bind_address: '127.0.0.1'
mysql_root_password: '' # insecure
mysql_user_home: /home/vagrant
mysql_user_name: vagrant
mysql_user_password: vagrant
mysql_databases:
  - name: 'gitea'
mysql_users:
  - name: "{{ gitea_db_name }}"
    password: "{{ gitea_db_password }}"
    priv: "{{ gitea_db_name }}.*:ALL"
    state: present
```

이 구성은 기테아 설치의 시작일 뿐이며, 좀 더 많은 내용으로 발전할 수 있다.

코드 품질

개발자는 소프트웨어 품질 관리 도구를 사용해야 하며, 기술 부채[technical debt] 관리와 보안이 필요한 위치를 식별하는 데도 모두 도구가 필요하다. 소나소스 소나큐브[SonarSource SonarQube]는 오픈소스 소프트웨어이며 이러한 부분에 사용할 수 있다. 소나큐브를 설치하기 위해 다음 플레이북을 사용한다.

```
- name: Code Quality
  hosts: sonar
  become: true
  collections:
    - community.postgres
  roles:
    - role: utils
    - role: java
    - role: postgres
      tags: postgres
    - role: sonarqube
```

앤서블 갤럭시에서 roles/requirements.yml의 다음 항목을 사용해 컬렉션과 롤을 설치한다.

```
---
collections:
  - community.postgresql
roles:
  - src: dockpack.base_utils
    name: utils
  - src: geerlingguy.java
    name: java
  - src: lrk.sonarqube
    name: sonarqube
  - src: robertdebock.postgres
    name: postgres
```

group_vars/sonar에는 데이터베이스와 소나큐브(소나[Sonar]라고도 함)의 구성뿐만 아니라 필요한 패키지가 포함된다. 소나큐브는 플러그인을 사용해 확장이 가능하다.

550

ansible-lint를 실행하기 위한 플러그인이 존재하며 앤서블과 다른 언어를 사용한 소스 코드를 함께 사용하는 소프트웨어 프로젝트에서 활용할 수 있다. 소나큐브는 자바 프로그램이지만 다양한 프로그래밍 언어를 지원한다. Postgres 데이터베이스와 잘 동작한다. 하지만 사용자를 생성하기 위해서는 추가적인 패키지를 설치해 파이썬에서 필요한 데이터베이스 라이브러리를 빌드해야 한다. 다음은 최소한으로 필요한 내용이다.

```
base_utils:
  - gcc
  - make
  - python36-devel
  - unzip
java_packages:
  - java-11-openjdk-devel
```

CI 서버

자신이 소속된 조직에서 소스 코드를 관리하는 방식에 따라 빌드 서버를 마련해 자동화 태스크를 수행해야 할 수 있다. 깃허브는 액션^{Actions}, 깃랩은 러너^{Runners}를 사용해 컨테이너에서 자동화된 태스크를 수행한다. 두 가지 방식 모두 클라우드와 온프레미스에서 사용할 수 있으며 다양한 과금 체계를 갖고 있다. 대안으로는 직접 CI 서버를 운영하는 것이다. 예를 들면, 팀시티^{TeamCity}와 아틀라시안 뱀부$^{Atlassian\ Bamboo}$, 젠킨스^{Jenkins} 등이 될 수 있다.

젠킨스

젠킨스는 사실상 업계의 표준 CI 서버라고 할 수 있다. 자바 프로그램이며 플러그인을 사용해 많은 부분을 원하는 대로 변경할 수 있다. 깃, 기테아, 빗버킷과 함께 사용할 수 있는 다양한 플러그인이 존재한다. 앤서블과 앤서블 타워 플러그인도 사용할 수 있다.

하지만 시스템 관리자의 경우 의존성 설치를 포함해 젠킨스 서버 실행과 구성, 파이프라인 정의, 잡 구성 등의 젠킨스 설정을 별도의 절차를 통해 오랜 시간 동안 수동으로 해왔다. 이러한 부분도 가능한 한 많은 부분을 자동화해야 한다.

인벤토리에 jenkins 그룹을 생성한 다음, 제프 기어링^{Jeff Geerling}(『Ansible for DevOps』의 저자이자 앤서블 갤럭시와 깃허브에서 @geerlingguy로 활동 중)이 작성한 롤을 사용해 젠킨스를 배포하는 플레이북을 생성한다.

```
- name: CI Server
  hosts: jenkins
  become: true
  roles:
    - role: epel
      tags: epel
    - role: utils
      tags: utils
    - role: java
    - role: docker
      tags: docker
    - role: jenkins
      tags: jenkins
    - role: configuration
      tags: qa
```

앤서블 갤럭시에서 roles/requirements.yml의 다음 항목을 사용해 대부분의 롤을 설치한다.

```
---
roles:
  - src: dockpack.base_utils
    name: utils
  - src: geerlingguy.repo-epel
    name: epel
  - src: geerlingguy.docker
    name: docker
  - src: geerlingguy.java
    name: java
  - src: geerlingguy.jenkins
    name: jenkins
...
```

group_vars/jenkins에는 다음과 같이 기본적인 설정에 대한 구성이 포함되며, 이러한

552

몇 가지 도구와 플러그인은 나중에 사용할 수 있다.

```
jenkins_plugins:
  - ansible
  - ansible-tower
  - ansicolor
  - configuration-as-code
  - docker
  - docker-build-step
  - docker-workflow
  - git
  - gitea
  - job-dsl
  - pipeline-build-step
  - pipeline-rest-api
  - pipeline-stage-view
  - sonar
  - timestamps
  - ws-cleanup
base_utils:
  - unzip
  - git
docker_users:
  - jenkins
  - vagrant
```

이 코드에서는 도커를 설치하고 젠킨스에서 사용할 수 있게 해준다.

젠킨스와 앤서블

앤서블과 앤서블 타워용 플러그인을 설치하면 .jpi 파일 확장자를 가진 자바 아카이브만 추가된다. 파이썬과 앤서블은 직접 설치해야 한다. 다양한 설치 옵션이 존재하지만, 예제에서는 젠킨스용 롤을 생성하고 이를 사용해 몇 가지 롤을 테스트한다.

코드를 통한 젠킨스 구성

구성 관리에 대한 아이디어에 동의한다면 젠킨스를 자동으로 구성하기를 원할 것이다.

젠킨스에서는 geerlingguy.jenkins 롤에서 사용된 API를 제공하며 get_url과 uri 같은 메서드를 사용할 수 있다. 젠킨스는 대부분 XML 파일로 구성된다. 표 22-1의 리스트는 몇 가지 앤서블 모듈이다.

표 22-1 젠킨스를 구성하기 위한 앤서블 모듈

모듈	용도
jenkins_job	젠킨스 잡 관리
jenkins_job_facts	젠킨스 잡에 대한 팩트 정보 조회
jenkins_job_info	젠킨스 잡에 대한 정보 조회
jenkins_plugin	젠킨스 플러그인 추가/제거
jenkins_script	젠킨스 인스턴스에서 그루비(Groovy) 스크립트 실행

그루비Groovy는 JVM 스크립트 언어이며, 젠킨스에서 내부적으로 사용된다.

API를 통해 자바 jar 파일을 다운로드하면 명령줄에서 젠킨스를 사용할 수도 있다.

```
- name: Get Jenkins CLI for automation
  get_url:
    url: "http://127.0.0.1:8080/jnlpJars/jenkins-cli.jar"
    dest: /var/lib/jenkins/jenkins-cli.jar
    mode: '0755'
    timeout: 300
  retries: 3
  delay: 10
```

젠킨스와 같은 복잡한 플러그인을 사용해 자동화하는 시스템은 스스로 관리할 수 있도록 앤서블을 최소한으로 사용하는 것이 좋다. 플러그인 casc(configuration-as-code)에서는 YAML 파일을 사용해 젠킨스 설정의 여러 부분을 구성할 수 있다. 젠킨스에서는 템플릿 모듈을 통해 설치한 YAML 구성 파일을 통해 몇 가지 도구를 자체적으로 설치할 수 있다.

```
tool:
  ansibleInstallation:
```

```
    installations:
    - home: "/usr/local/bin"
      name: "ansible"
git:
  installations:
  - home: "git"
    name: "Default"
jdk:
  installations:
  - properties:
    - installSource:
        installers:
        - jdkInstaller:
            acceptLicense: true
            id: "jdk-8u221-oth-JPR"
maven:
  installations:
  - name: "Maven3"
    properties:
    - installSource:
        installers:
        - maven:
            id: "3.8.4"
mavenGlobalConfig:
  globalSettingsProvider: "standard"
  settingsProvider: "standard"
sonarRunnerInstallation:
  installations:
  - name: "SonarScanner"
    properties:
    - installSource:
        installers:
        - sonarRunnerInstaller:
            id: "4.6.2.2472"
```

모든 도구가 지원되지는 않는다. 여기서는 utils 롤을 사용해 깃을 설치했다.

이러한 방식의 큰 장점이라면 젠킨스에서는 이러한 도구를 필요에 따라 빌드 에이전트에 설치한다는 점이다. 빌드 에이전트는 추가적인 서버를 말하며, 더 많은 작업이 필요한 경우에 설치한다. 다음은 YAML 파일을 통해 젠킨스를 구성하는 방법이다. 젠킨스는 다음과 같은 추가적인 자바 속성을 사용해 재시작해야 한다는 점에 유의한다. 이 속성을 통해 파일의 경로를 알려주게 된다.

```
- name: Ensure casc_configs directory exists
  file:
    path: "{{ casc_configs }}"
    state: directory
    owner: jenkins
    group: root
    mode: '0750'

- name: Create Jenkins jobs configuration
  template:
    src: jenkins.yaml.j2
    dest: "{{ casc_configs }}/jenkins.yaml"
    owner: jenkins
    group: root
    mode: '0440'

- name: Enable configuration as code
  lineinfile:
    dest: /etc/sysconfig/jenkins
    regexp: '^JENKINS_JAVA_OPTIONS='
    line:>-
      JENKINS_JAVA_OPTIONS="-Djava.awt.headless=true
      -Djenkins.install.runSetupWizard=false
      -Dcasc.jenkins.config={{ casc_configs }}"
    state: present
    mode: '0600'
  notify: Restart Jenkins

- name: Flush handlers
  meta: flush_handlers

- name: Wait for Jenkins
  wait_for:
    port: 8080
    state: started
```

```
    delay: 10
    timeout: 600
```

/var/lib/jenkins/casc_configs 디렉터리에 YAML 파일을 설치하고 자바 속성(-Dcasc. jenkins.config=/var/lib/jenkins/casc_configs)을 설정한다. 이렇게 하면 젠킨스에서 적용할 구성의 위치가 지정된다.

코드를 통한 젠킨스 잡 구성

job-dsl 플러그인(https://plugins.jenkins.io/job-dsl/)을 사용해 추가적인 수준의 자동화를 구현할 수 있다. 다음은 젠킨스 플러그인 문서에서 설명하는 방법이다.

> 젠킨스는 빌드 관리에 탁월한 시스템이며, 작업을 구성하기 위해 사용자는 UI를 즐겨 사용한다. 그러나 잡의 수가 증가함에 따라 유지 관리가 지루해지고, UI를 사용하지 않게 된다. 이러한 상황에서 일반적으로 사용하는 방식은 잡을 복사하여 새 잡을 만드는 것이다. 하지만 이러한 '하위' 잡은 원본 '템플릿'에서 벗어나 일관성이 없어지기 쉽다.

> Job DSL 플러그인에서는 이러한 문제를 해결하기 위해 프로그래밍 형태로 잡을 정의할 수 있으며 읽기 쉬운 파일로 제공된다. 이 파일은 젠킨스 전문가가 아니더라도 작성할 수 있으며, 웹 UI에서 구성한 내용이 직관적으로 코드로 변환되기 때문에 가능하다.

다시 말해, 기본 잡을 기반으로 젠킨스 잡을 생성한다. 젠킨스에서 그렇게 되도록 구성하려면 YAML casc 템플릿에 다음과 같은 블록을 추가한다.

```
jobs:
  - file: /home/jenkins/jobs.groovy
```

이제 이러한 잡을 설명하는 그루비Groovy 파일이 필요하다. 다음과 같이 Jinja2 템플릿인 jobs.groovy.j2를 사용한다.

```
{% for repo in git_repositories %}
pipelineJob('{{ repo }}') {
```

```
    triggers {
      scm ''
    }
    definition {
      cpsScm {
        scm {
          git {
            remote {
              url('https://{{ git_host }}/{{ git_path }}/{{ repo }}.git')
            }
          }
        }
        scriptPath('Jenkinsfile')
      }
    }
}
{% endfor %}
```

이 템플릿은 다음과 같이 정의된 변수가 있어야 한다.

```
git_host: github.com
git_path: ansiblebook
git_repositories:
  - ansible_role_ssh
  - ansible_role_ansible
  - ansible_role_web
```

이제 jobs.groovy 파일이 설치됐다. command 모듈에서 젠킨스용 자바 명령줄 도구인
jenkins-cli.jar를 사용해 잡을 활성화할 수 있다.

```
- name: Create Job DSL plugin seed job
  template:
    src: jobs.groovy.j2
    dest: /home/jenkins/jobs.groovy
    owner: jenkins
    mode: '0750'

- name: Activate jobs configuration with Jenkins CLI
  command: |
```

```
    java -jar jenkins-cli.jar \
    -s http://127.0.0.1:8080/ \
    -auth admin:{{ jenkins_admin_password }} \
    reload-jcasc-configuration
  changed_when: true
  args:
    chdir: /var/lib/jenkins
```

앤서블 롤용 CI 실행

14장에서 살펴봤던 Molecule은 앤서블 롤의 품질을 보장하기 위해 사용하는 훌륭한 프레임워크다. 젠킨스 잡을 자동화하기 위해 젠킨스를 사용할 각 소스 저장소의 루트 디렉터리마다 그루비 스크립트를 추가한다. 이 스크립트는 `Jenkinsfile`이라는 이름이어야 한다. 예제의 Jenkinsfile에서는 앞부분에서 정보를 제공하는 단계를 정의하고, 사용할 Molecule 단계마다 Jenkins 단계를 정의한다.

```
pipeline {
  agent any
  options {
    disableConcurrentBuilds()
    ansiColor('vga')
  }
  triggers {
    pollSCM 'H/15 * * * *'
    cron 'H H * * *'
  }
  stages {
    stage ("Build Environment") {
      steps {
        sh '''
          source /usr/local/bin/activate
          python -V
          ansible --version
          molecule --version
          '''
      }
    }
    stage ("Syntax") {
```

```
      steps {
        sh '(source /usr/local/bin/activate && molecule syntax)'
      }
    }
    stage ("Linting") {
      steps {
        sh '(source /usr/local/bin/activate && molecule lint)'
      }
    }
    stage ("Playbook") {
      steps {
        sh '(source /usr/local/bin/activate && molecule converge)'
      }
    }
    stage ("Verification") {
      steps {
        sh '(source /usr/local/bin/activate && molecule verify)'
      }
    }
    stage ("Idempotency") {
      steps {
        sh '(source /usr/local/bin/activate && molecule idempotence)'
      }
    }
  }
}
```

이와 같이 단계를 정의하면 젠킨스에서 진행 상황을 한눈에 확인할 수 있다(그림 22-1 참고).

Jenkinsfile을 여러 가지 용도로 사용할 수 있다. 이 예제는 Molecule의 단계와 매핑되는 파이프라인 잡에 관한 내용이며, 다른 태스크는 구현되지 않았다. 파이프라인에 관한 더 많은 정보는 젠킨스 문서(https://www.jenkins.io/doc/book/pipeline/)를 확인한다.

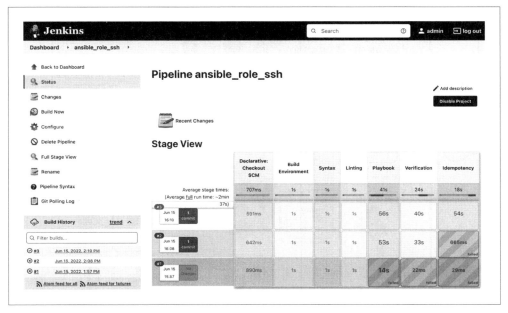

그림 22-1 앤서블 롤용 젠킨스 파이프라인

스테이징

소프트웨어 개발 조직은 대부분 스테이징에 대한 계획을 갖고 있다. 스테이징의 의미는 소프트웨어의 생애 주기에 따라 다양한 목적의 구별된 환경을 구동하는 것을 말한다. 가상 PC에서 소프트웨어를 개발하고 해당 소프트웨어를 개발 환경에서 빌드하고 테스트 환경에서 테스트한 후 인수 테스트와 최종 상용 환경으로 가기 위해 배포한다. 이러한 과정을 수행할 방법은 여러 가지가 존재하지만, 보통은 가능한 한 빨리 문제점을 찾는 것이 좋다. 방화벽과 같은 보안 통제와 네트워크 분리, 권한 관리, 다중화 등의 활용은 좋은 방법이다. 그림 22-2에서는 그러한 스테이징 환경을 그림으로 보여준다.

기본적인 설정이 복잡한 구조로 급변할 수 있지만, 이러한 환경에 특화된 젠킨스 에이전트를 사용하면 상당히 안전한 방식으로 스테이징 프로세스를 자동화할 수 있다.

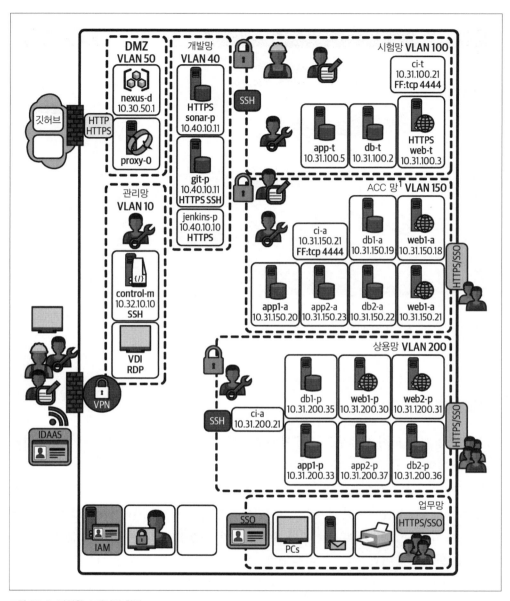

그림 22-2 다양한 스테이징 환경

앤서블 플러그인

앤서블 젠킨스 플러그인은 젠킨스 잡의 빌드 단계에서 사용할 수 있는 사용자 인터페이스를 생성해 준다. Jenkinsfile을 사용해 파이프라인 작업을 하려면 파이프라인에서 다음 내용을 사용해 플레이북을 실행한다.

```
ansiblePlaybook become: true, colorized: true, credentialsId: 'Machines',
disableHostKeyChecking: true, installation: 'ansible', inventory:
'inventory/hosts', limit: 'webservers', playbook: 'playbooks/playbook.yml',
tags: 'ssh', vaultCredentialsId: 'ANSIBLE_VAULT_PASSWORD'
```

빌드 단계를 파라미터로 만들어 주는 스니펫 제너레이터Snippet Generator를 사용한다(그림 22-3 참고).

플레이북 실행에 젠킨스를 사용하면 좋은 점은 중앙화된 실행과 로그 기록이다. 이미 젠킨스에 대해 알고 사용 중인 개발 팀에 적합하다. 잡을 실행할 젠킨스 서버나 젠킨스 에이전트에 앤서블이 존재해야 한다.

앤서블 타워 플러그인

기업의 상용 환경을 앤서블 오토메이션 컨트롤러Ansible Automation Controller(23장 참고)를 통해 자동화하고 있다면, 애플리케이션 개발에 앤서블 타워 플러그인을 사용하게 될 수 있다. 앤서블 오토메이션 컨트롤러를 사용하면 이를 사용하는 많은 팀과 역할 기반 접근 제어에서 모두 확장이 가능하다. 앤서블 오토메이션 컨트롤러에는 젠킨스보다 더 많은 보안 기능도 포함된다.

내부 관리에 대한 관심사를 분리하기 위해 조직에서는 스테이징 환경을 만들고 상용 환경 접근을 제한하기도 한다. 개발자는 플레이북과 머신, 자격증명, 그 밖에 미리 정의된 여러 옵션으로 적절하게 정의한 조합의 잡과 워크플로를 시작할 수 있는 권한을 받을 수 있다. 젠킨스를 사용해 잡 템플릿을 시작하는 것은 지속적인 배포continuous delivery를 향해 내딛는 큰 걸음이 될 수 있다! 젠킨스 스니펫 제너레이터를 사용하면 앤서블 오토

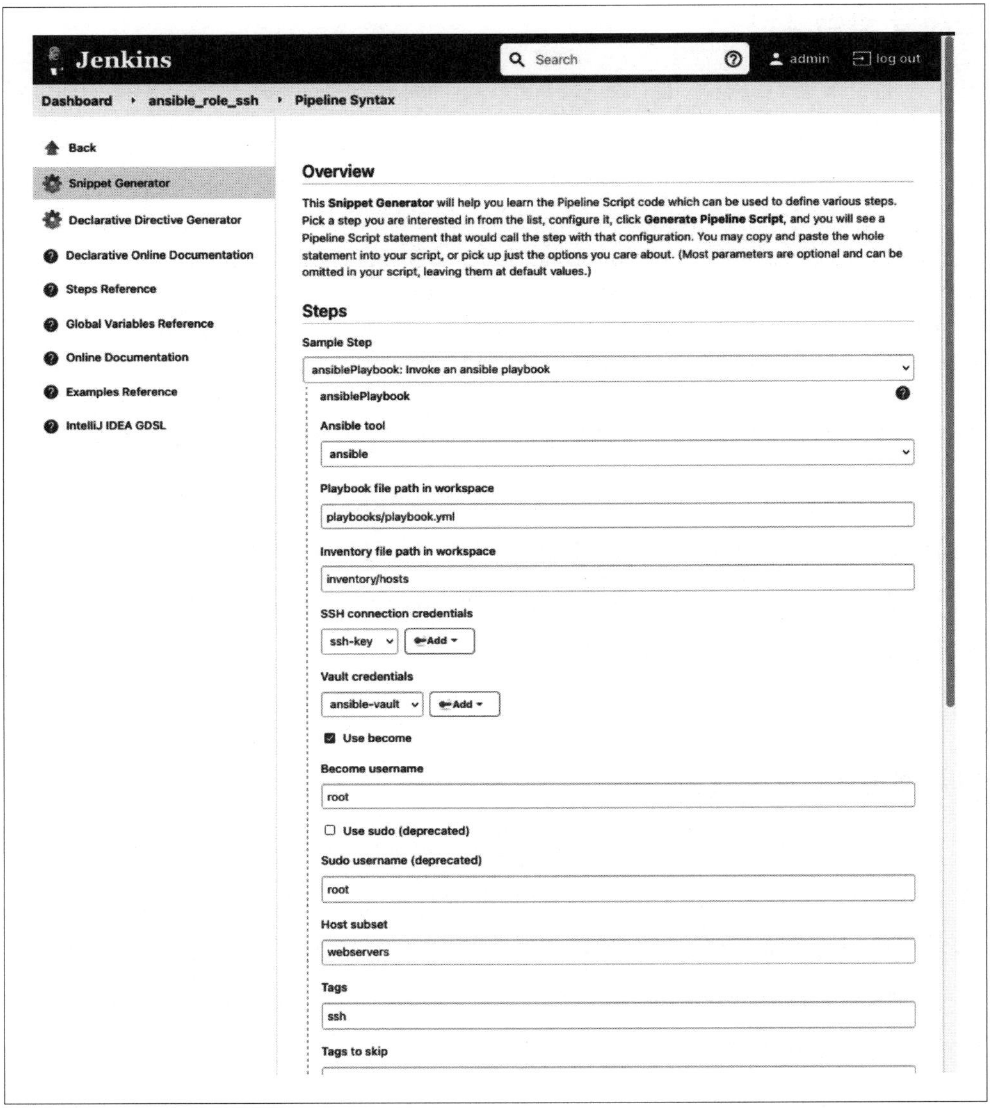

그림 22-3 앤서블 플레이북 빌드 단계에 사용할 수 있는 젠킨스 스니펫 제너레이터

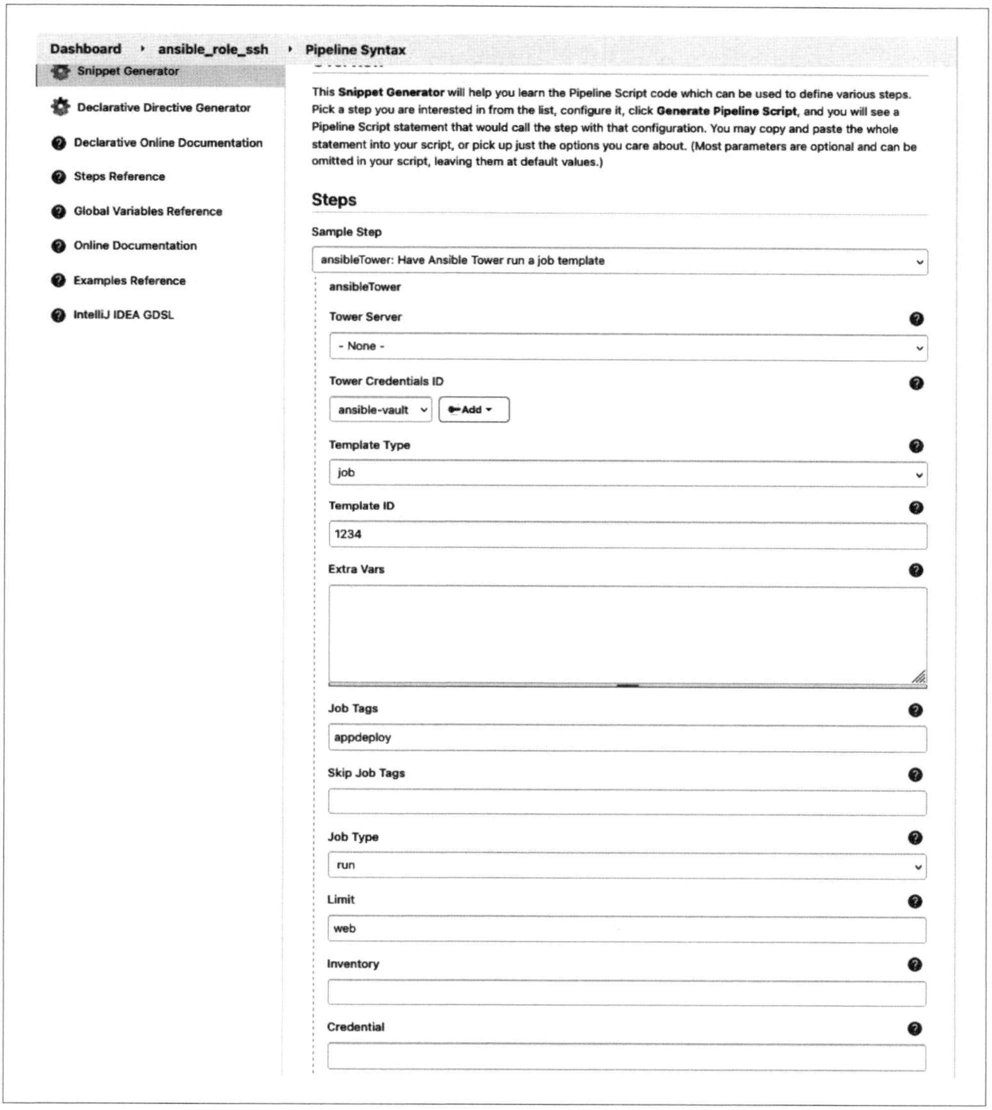

그림 22-4 잡 템플릿 빌드 단계에 사용할 수 있는 젠킨스 스니펫 제너레이터

메이션 컨트롤러에 세밀한 접근이 가능하며, 특정 파라미터(그림 22-4의 잡 템플릿 참고)를 사용해 플레이북을 시작할 수 있다. 자격증명은 앤서블 오토메이션 컨트롤러에 안전하게 저장하고, 젠킨스 잡에서 사용하도록 할 수 있다. 즉, 개발자는 앱을 배포하기 위해 인벤토리에 로그인할 필요가 없다는 뜻이다. 개발자의 로그인이 필요 없거나, 규정 준수나 리스크 관리의 이유로 허용하지 않을 수도 있다.

이 플러그인은 스테이징 환경에서 소프트웨어를 빌드하고 테스트한 이후에 상용 환경으로 앱을 배포하기 위해 사용할 수 있다. 스니펫 제너레이터를 사용해 Jenkinsfile에 다음 코드를 작성하면 이러한 최종 빌드 단계를 구성할 수 있다.

```
ansibleTower jobTags: 'appdeploy', jobTemplate: '1234', jobType: 'run', limit:
'web', throwExceptionWhenFail: false, towerCredentialsId:
'ANSIBLE_VAULT_PASSWORD', towerLogLevel: 'false', towerServer: 'tower'
```

요약

앤서블은 복잡한 소프트웨어 시스템을 지속적으로 배포할 수 있는 훌륭한 도구다. 개발 환경을 관리하는 것뿐만 아니라 수동으로 처리할 때 생산성을 저해할 수 있는 많은 작업을 자동화함으로써 소프트웨어 스테이징 과정에도 세밀하게 관여할 수 있다.

23장
앤서블 오토메이션 플랫폼

앤서블 오토메이션 플랫폼^{Ansible Automation Platform}은 레드햇의 상용 소프트웨어 제품이다. 앤서블 오토메이션 플랫폼 2는 기업용 차세대 자동화 플랫폼이다. 이 플랫폼은 재설계된 **오토메이션 컨트롤러 4**^{Automation Controller 4}(타워^{Tower}나 AWX라고도 함)와 온프레미스 앤서블 갤럭시를 대체하는 **오토메이션 허브**^{Automation Hub}(앤서블 콘텐츠용 온프레미스 저장소)로 구성된다. 오토메이션 허브를 통해 조직의 거버넌스 정책을 관리하거나 커뮤니티 콘텐츠를 간단하게 동기화할 수 있다. 예제 23-1은 오토메이션 허브 관리자가 업로드하는 파일이다(그림 23-1 참고). 이 파일에는 오토메이션 허브가 로컬 네트워크에서 사용하는 컬렉션이 정의된다. 오토메이션 허브에서 이러한 컬렉션을 다운로드하려면 인터넷에 연결되어야 한다.

예제 23-1 오토메이션 허브의 커뮤니티 콘텐츠용 requirements.yml

```
---
collections:
  # 앤서블 갤럭시에서 컬렉션 설치
  - name: ansible.windows
    source: https://galaxy.ansible.com
  - name: ansible.utils
    source: https://galaxy.ansible.com
  - name: awx.awx
    source: https://galaxy.ansible.com
  - name: community.crypto
    source: https://galaxy.ansible.com
  - name: community.docker
```

```
      source: https://galaxy.ansible.com
  - name: community.general
    source: https://galaxy.ansible.com
  - name: community.kubernetes
    source: https://galaxy.ansible.com
...
```

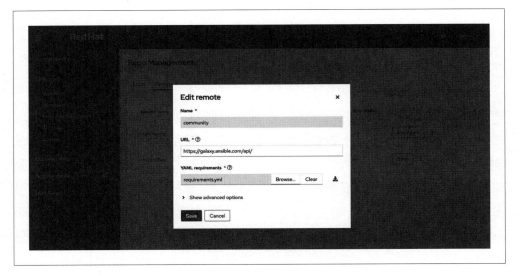

그림 23-1 requirements 파일 업로드

앤서블 오토메이션 플랫폼 2에서 프라이빗 오토메이션 허브^{Private Automation Hub}를 사용하
는 경우, **ansible-galaxy** 명령에서 사용하기 위해 ansible.cfg 파일에 여러 서버를 구성
할 수 있다(예제 23-2 참고).

예제 23-2 ansible.cfg

```
[galaxy]
server_list = automation_hub, release_galaxy, my_org_hub, my_test_hub

[galaxy_server.automation_hub]
url=https://cloud.redhat.com/api/automation-hub/
auth_url=https://sso.redhat.com/auth/realms/redhat-external/protocol/openid-connect/
token
token=my_ah_token
```

```
[galaxy_server.release_galaxy]
url=https://galaxy.ansible.com/
token=my_token

[galaxy_server.my_org_hub]
url=https://automation.my_org/
username=my_user
password=my_pass

[galaxy_server.my_test_hub]
url=https://automation-test.my_org/
username=test_user
password=test_pass
```

my_test_hub와 같은 스테이징 환경에서는 테스트를 위해, 최종적으로 my_org_hub에 배포될 로컬 컬렉션이 사용될 수 있다.

앤서블 오토메이션 플랫폼 2의 아키텍처는 컨테이너 기술을 통해 개발에 이점을 제공한다. 기존 방식보다 확장성과 보안이 더 강화됐다. 가장 큰 차이점은 그림 23-2에서 볼 수 있듯이 실행 환경과 관리 영역control plane이 분리된다는 점이다.

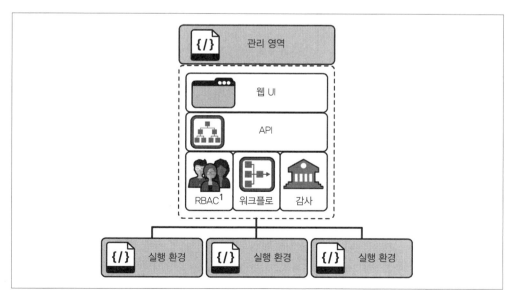

그림 23-2 앤서블 오토메이션 플랫폼 2 아키텍처

---

1   역할 기반 접근 제어 – 옮긴이

앤서블 타워에서는 의존성을 관리하기 위해 파이썬 가상 환경을 사용했으나 이 방법은 타워 운영 팀에서 처리해야 할 부분이 발생하게 된다. 앤서블 오토메이션 플랫폼 2에서는 자동 실행 환경을 도입했다. 다시 말해, 그림 23-3에서 볼 수 있듯이 앤서블과 앤서블 콘텐츠, 그 밖의 의존성을 포함한 컨테이너 이미지에서 자동화가 실행된다.

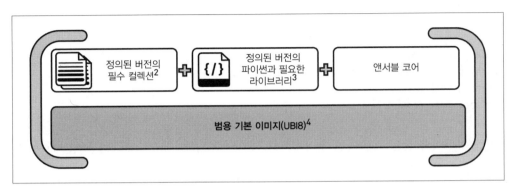

정의된 버전의 필수 컬렉션[2] ＋ 정의된 버전의 파이썬과 필요한 라이브러리[3] ＋ 앤서블 코어

범용 기본 이미지(UBI8)[4]

그림 23-3 앤서블 실행 환경

앤서블 실행 환경Ansible Execution Environment은 `ansible-builder`(이 장에서 나중에 다룸)를 기반으로 한다.

앤서블 오토메이션 플랫폼은 레드햇 오픈시프트Red Hat OpenShift나 레드햇 엔터프라이즈 리눅스Red Hat Enterprise Linux 8(rhel/8)에 설치할 수 있다. 이 장의 예제 코드에서는 개발 클러스터를 버추얼박스와 베이그런트에 생성한다. 패커Packer 구성은 rhel/8 버추얼박스 생성을 포함한다(패커는 16장에서 다뤘다).

오토메이션 컨트롤러에서는 그림 23-4에서 볼 수 있듯이, 웹 UI와 RESTful API를 통해 좀 더 세밀한 사용자와 역할 기반의 접근 정책 관리 기능을 제공한다.

---

2   앤서블에서 사용되는 특정 버전의 모듈, 플러그인 등의 컬렉션을 포함 - 옮긴이
3   앤서블이 실행되는 데 필요한 특정 버전의 파이썬과 관련 라이브러리들을 포함 - 옮긴이
4   모든 구성 요소가 설치되는 기본 운영체제 이미지. UBI8은 레드햇의 Universal Base Image 버전 8을 의미 - 옮긴이

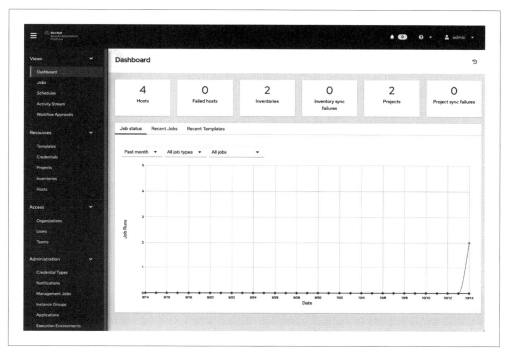

그림 23-4 앤서블 오토메이션 컨트롤러 대시보드

구독 모델

레드햇에서는 제품의 연간 구독 모델을 다음과 같이 서로 다른 SLA^{Service Level Agreement}의 세 가지 구독 유형으로 제공한다(https://access.redhat.com/support/offerings/production/sla).

- 셀프 서포트(제품 지원 및 SLA 미제공)

- 스탠다드(제품 지원 및 SLA: 표준 근무 시간 지원)

- 프리미엄(제품 지원 및 SLA: 상시 지원)

모든 구독에는 앤서블 오토메이션 플랫폼에 대한 기본 업데이트와 릴리스가 포함된다.

개발자의 경우 레드햇에서 제공되는 다양한 기술 리소스에 무료로 접근할 수 있다. 먼저 레드햇 개발자 개별 구독(https://developers.redhat.com/register)을 해야 한다.

앤서블 오토메이션 플랫폼 시험판

레드햇에서는 무료 60일 시험판 라이선스(https://www.redhat.com/en/technologies/management/ansible/trial)를 제공하며, 100개 이상의 매니지드 호스트에 대한 셀프 서포트 구독 모델 기능이 포함된다.

개발자로 등록하고 시험판을 적용하면 그림 23-5와 같이 자신의 인스턴스를 활성화할 수 있는 라이선스 매니페스트를 익스포트할 수 있다.

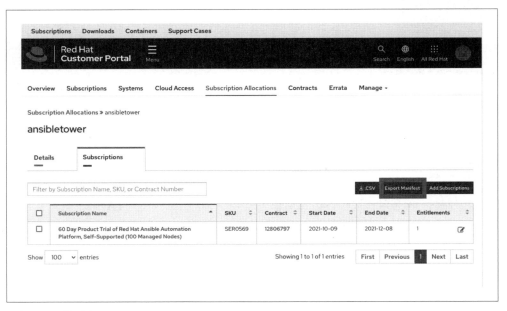

그림 23-5 구독 관리

 2015년에 앤서블사를 인수한 후 레드햇에서는 AWX라고 하는 앤서블 타워의 오픈소스 버전에 대한 작업을 시작했다. 앤서블 타워는 AWX Operator를 사용해 쿠버네티스에 설치한다. 명령어는 설명 문서(https://github.com/ansible/awx-operator#basic-install)를 참고하기 바란다. AWX 소스 코드는 깃허브(https://github.com/ansible/awx)를 통해 확인한다.

베이그런트를 통해 간편한 검토 환경을 설정하려면 다음과 같이 깃허브에서 'ansiblebook' 소스를 사용한다.

```
$ git clone https://github.com/ansiblebook/ansiblebook.git
$ cd ansiblebook/ch23 && vagrant up
```

베이그런트 머신에서 https://server03/에 접근할 수 없다면 해당 베이그런트 머신에서 다음 명령을 통해 해당 IP 주소(192.168.56.13)와 연결된 네트워크 인터페이스를 시작시켜야 할 수 있다.

```
$ sudo systemctl restart network.service
```

앤서블 오토메이션 플랫폼의 기능

앤서블 오토메이션 플랫폼은 앤서블의 웹 UI 기능만 제공하는 것은 아니다. 잡 템플릿을 통한 잡 실행과 접근 통제, 프로젝트, 인벤토리 관리로 앤서블의 기능을 확장한다. 이러한 각각의 내용을 좀 더 자세히 살펴보자.

접근 통제

대규모 기업에서는 앤서블 오토메이션 플랫폼을 통해 관리 권한을 위임함으로써 자동화 관리에 도움을 받을 수 있다. 각 부서별로 조직을 만들고, 지역 시스템 관리자는 롤과 팀을 설정하고 직원을 추가할 수 있으며, 직원이 잡을 처리하기 위해 필요한 만큼 호스트와 기기에 대한 접근 권한을 부여할 수 있다.

앤서블 오토메이션 플랫폼은 적절하게 적용되기만 한다면 강력한 개념인 직무의 분리를 염두에 두고 만들어졌다. 플레이북 개발자가 인프라 소유자와 같은 직원이 아니라고 해보자. 플레이북용 저장소와 인벤토리용 저장소를 각각 생성하면, 머신을 운영하는 팀에서는 또 다른 **인벤토리**를 생성해 개발자가 만든 플레이북을 재사용할 수 있다. 앤서블 오토메이션 플랫폼은 **팀**별로 다른 수준의 권한을 가진 **조직**이라는 개념이 있다.

앤서블 오토메이션 플랫폼은 호스트의 문지기 역할을 한다. 관리되는 호스트에 직접 접근할 수 있는 팀이나 직원을 허용하지 않으므로 복잡도는 줄어들고 보안은 향상된다. 그림 23-6에서는 앤서블 오토메이션 플랫폼의 사용자 관리 웹 UI를 보여준다. 이 제품에서는 다른 인증 시스템을 사용하는 것도 가능하다. 예를 들면 애저 AD나 깃허브, 구글 OAuth2, LDAP, RADIUS, SAML, TACACS+ 등이 될 수 있다. LDAP 디렉터리와 같은 기존 인증 시스템으로 앤서블 오토메이션 플랫폼을 연결하면 사용자당 관리 비용을 줄일 수 있다.

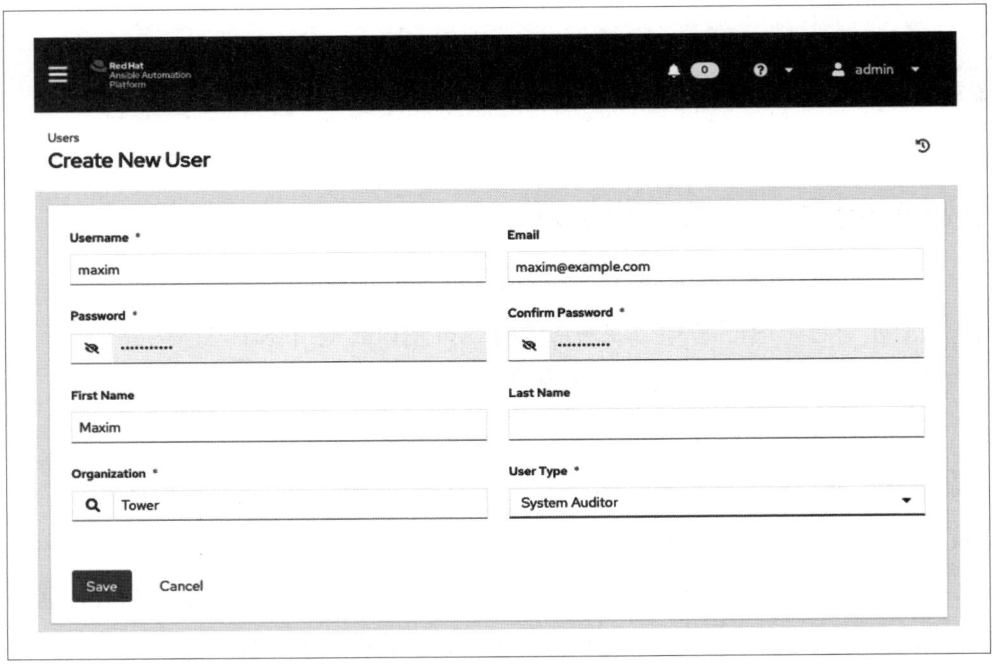

그림 23-6 사용자 관리

프로젝트

앤서블 오토메이션 플랫폼 용어에서 **프로젝트**는 논리적으로 관련이 있는 플레이북과 롤을 담는 그릇이라고 할 수 있다.

일반적인 앤서블 프로젝트에서는 정적 인벤토리를 플레이북이나 롤과 같이 다룬다. 하지만 앤서블 오토메이션 플랫폼에서는 인벤토리를 별도로 처리한다. 따라서 그룹 변수나 호스트 변수와 같이 프로젝트에 저장되는 인벤토리와 인벤토리 변수에 관련된 모든 것은 나중에 접근할 수 없게 된다.

 이러한 플레이북에서 대상(예: hosts: `<target>`)은 중요하다. 플레이북에서 공통적인 이름을 사용하는 것이 현명한 방법이다. 이 방법으로 플레이북을 다른 인벤토리에서 사용할 수 있다. 좀 더 자세한 내용은 이 장에서 나중에 다룬다.

모범 사례를 따라서 이 책에서는 프로젝트를 플레이북과 함께 소스 코드 관리[SCM, Source Code Management] 시스템을 통해 저장하며, SCM의 사용을 권장한다. 앤서블 오토메이션 플랫폼에서 프로젝트 관리는 SCM 서버에서 프로젝트를 다운로드하도록 구성할 수 있으며, 깃이나 머큐리얼[Mercurial], 섭버전[Subversion]과 같은 주요 오픈소스 SCM 시스템을 지원한다.

SCM을 사용하지 않으려면 대안으로 /var/lib/awx/projects 하위에 고정된 경로를 설정할 수 있다. 앤서블 오토메이션 컨트롤러에서 이 경로에 프로젝트가 저장된다. 원격 저장소에서 다운로드할 수도 있다.

프로젝트가 시간에 따라 바뀌기 때문에 앤서블 오토메이션 컨트롤러의 프로젝트는 SCM에 동기화되어야 한다. 하지만 앤서블 오토메이션 플랫폼에는 프로젝트를 업데이트할 수 있는 여러 가지 방법이 있으므로 걱정하지 않아도 된다.

먼저, 그림 23-7에서 볼 수 있는 것처럼 앤서블 오토메이션 플랫폼에서 Update Revision on Launch를 선택해 최신 프로젝트 상태가 되도록 한다. 또는 각 프로젝트에서 정기적인 업데이트 잡을 설정할 수 있다. 마지막으로, 업데이트가 발생하는 시점을 직접 제어하려면 수동으로 프로젝트를 업데이트한다.

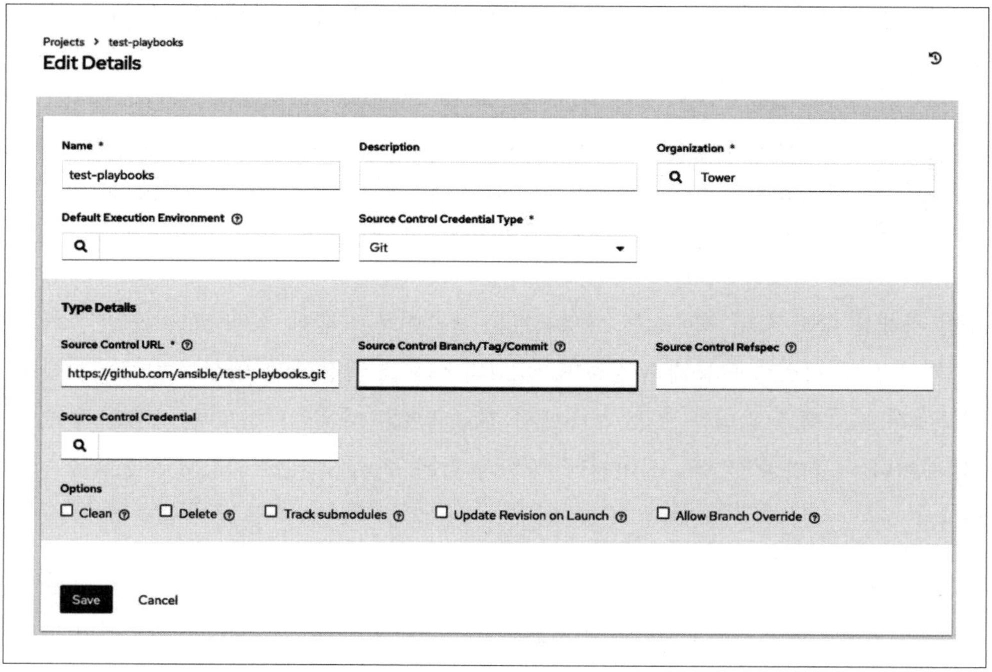

그림 23-7 앤서블 오토메이션 컨트롤러 프로젝트의 SCM 업데이트 옵션

인벤토리 관리

앤서블 오토메이션 플랫폼에서는 접근 제어 관리를 포함해 인벤토리를 전용 리소스로 관리할 수 있다. 일반적인 패턴은 상용 및 스테이징, 테스트 호스트를 자격증명 및 변숫값과 함께 별도의 인벤토리에 두는 방법이다.

이러한 인벤토리에는 기본 변수를 추가하고, 그룹 및 호스트를 수동으로 추가할 수 있다. 더불어, 그림 23-8에서 볼 수 있듯이 앤서블 오토메이션 플랫폼에서는 마이크로소프트 애저 리소스 관리자 등의 소스에서 호스트를 동적으로 조회해, 이 호스트를 그룹에 추가할 수 있다.

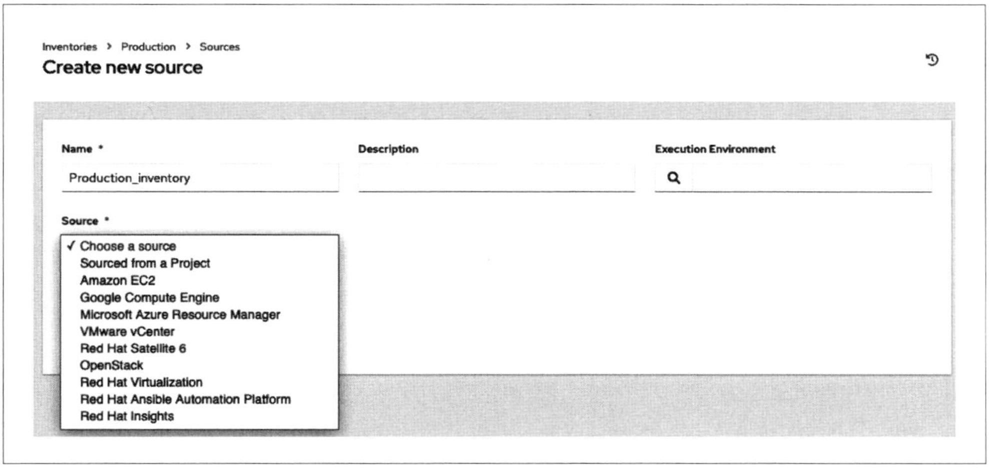

그림 23-8 앤서블 오토메이션 컨트롤러 인벤토리 소스

그룹과 호스트 변수는 기본값을 덮어쓰게 되는 폼 필드로 추가할 수 있다. 그림 23-9에서 볼 수 있는 것처럼 버튼을 클릭해 특정 호스트를 임시로 비활성화할 수도 있으며, 그렇게 하면 모든 잡의 실행에서 제외된다.

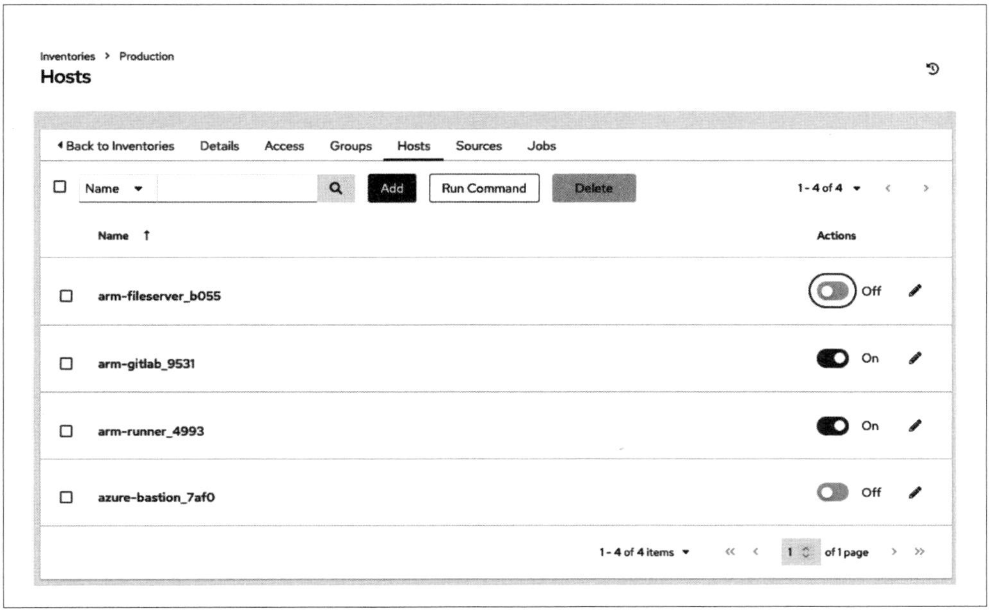

그림 23-9 특정 호스트가 제외된 앤서블 오토메이션 플랫폼 인벤토리

잡 템플릿을 통한 잡 실행

잡 템플릿은 인벤토리와 프로젝트를 연결한다(그림 23-10 참고). 이를 통해 사용자에게 프로젝트에서부터 선택된 인벤토리의 특정 대상까지 어떻게 플레이북의 실행을 허용할 것인지 정의한다.

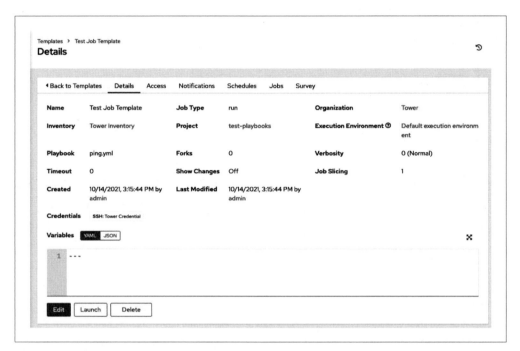

그림 23-10 앤서블 오토메이션 플랫폼 잡 템플릿

추가적인 파라미터나 태그 같은 세부적인 사항은 플레이북 수준에서 적용할 수 있다. 더불어 플레이북이 어떤 **모드**에서 실행될지 지정할 수 있다. 예컨대 일부 사용자는 플레이북이 **체크 모드**check mode에서만 실행되도록 허용하고, 다른 사용자는 일부 호스트에서만 **라이브 모드**live mode에서 실행되도록 허용할 수 있다.

대상 레벨에서 인벤토리를 선택하고 선택적으로 일부 호스트나 그룹에 제한을 둘 수 있다.

실행된 잡 템플릿에서는 새로운 잡 항목을 생성하게 된다(그림 23-11).

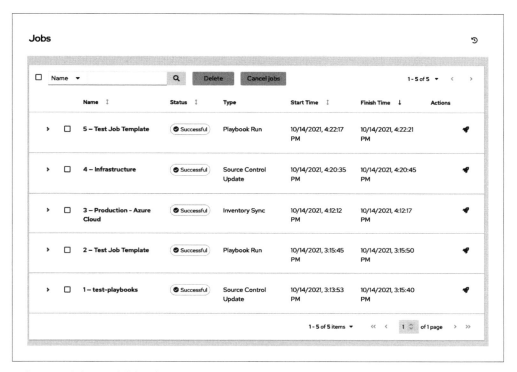

그림 23-11 앤서블 오토메이션 플랫폼 잡 항목

각 잡 항목에 대한 상세 정보(그림 23-12)에서는 해당 잡이 성공적으로 실행됐는지에 관한 정보뿐만 아니라 실행된 일시와 종료 시점, 누가 실행했고 어떤 파라미터를 사용했는지까지 확인할 수 있다. 플레이play로 필터해 모든 태스크와 그 결과를 확인할 수도 있다. 이 모든 정보는 데이터베이스에 저장되므로 언제든지 확인할 수 있다.

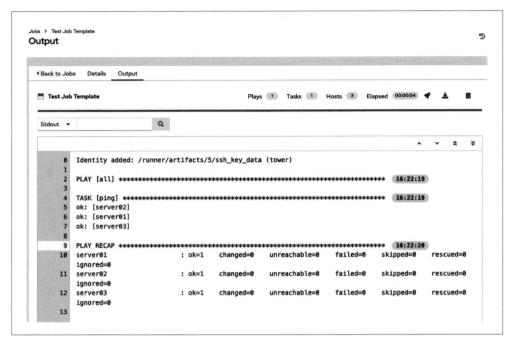

그림 23-12 앤서블 오토메이션 플랫폼의 잡 항목 상세 정보

RESTful API

앤서블 오토메이션 컨트롤러에서는 REST^{REpresentational State Transfer} API를 제공하므로 기존의 빌드 및 배포하는 파이프라인과 통합하거나 CI 개발 시스템에 통합할 수 있다.

해당 API는 탐색이 가능하므로 다음과 같이 자신이 선호하는 브라우저에서 http://〈타워 서버〉/api/v2/ URL을 열고 전체 내용 확인 후, 사용할 수 있는 리소스를 모두 가져올 수 있다(그림 23-13 참고).

```
$ firefox https://server03/api/v2/
```

현재 시점에 API 최신 버전은 v2이다.

해당 API를 사용해 통합할 수 있지만 앤서블 오토메이션 컨트롤러 접속은 awx.awx 앤서블 컬렉션을 사용한다.

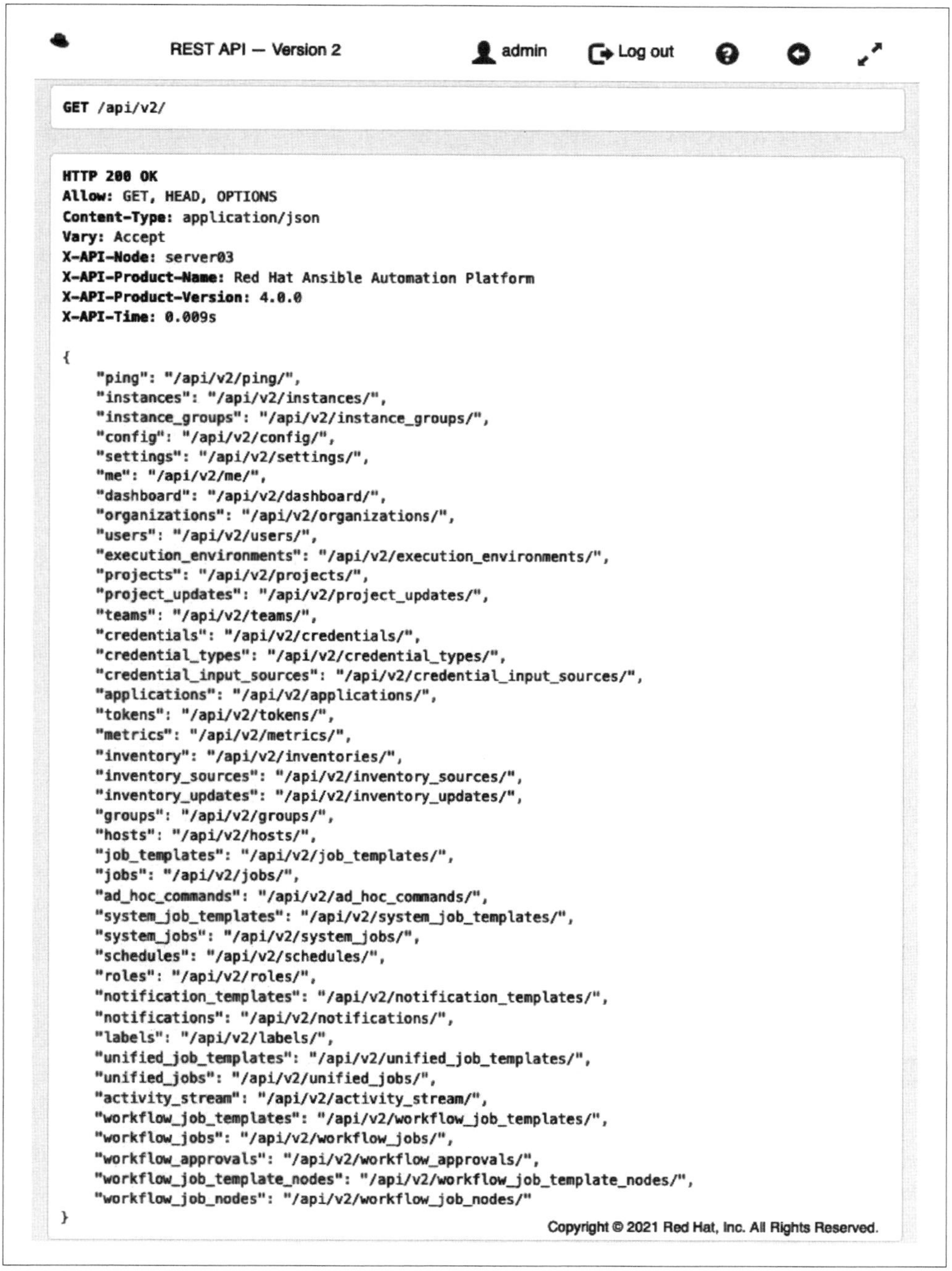
REST API — Version 2
admin
Log out
GET /api/v2/
HTTP 200 OK
Allow: GET, HEAD, OPTIONS
Content-Type: application/json
Vary: Accept
X-API-Node: server03
X-API-Product-Name: Red Hat Ansible Automation Platform
X-API-Product-Version: 4.0.0
X-API-Time: 0.009s
{
"ping": "/api/v2/ping/",
"instances": "/api/v2/instances/",
"instance_groups": "/api/v2/instance_groups/",
"config": "/api/v2/config/",
"settings": "/api/v2/settings/",
"me": "/api/v2/me/",
"dashboard": "/api/v2/dashboard/",
"organizations": "/api/v2/organizations/",
"users": "/api/v2/users/",
"execution_environments": "/api/v2/execution_environments/",
"projects": "/api/v2/projects/",
"project_updates": "/api/v2/project_updates/",
"teams": "/api/v2/teams/",
"credentials": "/api/v2/credentials/",
"credential_types": "/api/v2/credential_types/",
"credential_input_sources": "/api/v2/credential_input_sources/",
"applications": "/api/v2/applications/",
"tokens": "/api/v2/tokens/",
"metrics": "/api/v2/metrics/",
"inventory": "/api/v2/inventories/",
"inventory_sources": "/api/v2/inventory_sources/",
"inventory_updates": "/api/v2/inventory_updates/",
"groups": "/api/v2/groups/",
"hosts": "/api/v2/hosts/",
"job_templates": "/api/v2/job_templates/",
"jobs": "/api/v2/jobs/",
"ad_hoc_commands": "/api/v2/ad_hoc_commands/",
"system_job_templates": "/api/v2/system_job_templates/",
"system_jobs": "/api/v2/system_jobs/",
"schedules": "/api/v2/schedules/",
"roles": "/api/v2/roles/",
"notification_templates": "/api/v2/notification_templates/",
"notifications": "/api/v2/notifications/",
"labels": "/api/v2/labels/",
"unified_job_templates": "/api/v2/unified_job_templates/",
"unified_jobs": "/api/v2/unified_jobs/",
"activity_stream": "/api/v2/activity_stream/",
"workflow_job_templates": "/api/v2/workflow_job_templates/",
"workflow_jobs": "/api/v2/workflow_jobs/",
"workflow_approvals": "/api/v2/workflow_approvals/",
"workflow_job_template_nodes": "/api/v2/workflow_job_template_nodes/",
"workflow_job_nodes": "/api/v2/workflow_job_nodes/"
}
Copyright © 2021 Red Hat, Inc. All Rights Reserved.

그림 23-13 앤서블 오토메이션 플랫폼 API 버전 2

AWX.AWX

앤서블 오토메이션 컨트롤러에서 새로운 사용자를 생성하는 방법이나 API를 사용해 실행할 수 있는 방법이 존재할까? 물론 언제나 기본적인 명령줄 HTTP 도구인 cURL을 사용할 수 있지만 앤서블에서는 좀 더 사용자 친화적인 플레이북을 사용할 수 있다.

 앤서블 오토메이션 플랫폼 애플리케이션과 달리 앤서블 타워 CLI는 오픈소스 소프트웨어이며, 아파치 2.0 라이선스로 깃허브(https://github.com/ansible/awx)에서 배포된다.

설치

awx.awx를 설치하기 위해 다음과 같이 앤서블 갤럭시를 사용한다.

```
$ ansible-galaxy collection install awx.awx
```

앤서블 오토메이션 플랫폼에서는 미리 설정된 자체 서명한 SSL/TLS 인증서를 사용하므로 다음과 같이 tower_cli.cfg 파일용 템플릿에서 검사를 제외한다.

```
[general]
host = https://{{ awx_host }}
verify_ssl = false
oauth_token = {{ awx_token }}
```

해당 API에 접속하기 전에 예제 23-3과 같이 추가적인 변수로 admin_password와 함께 자격증명을 구성해야 한다.

예제 23-3 awx-config.yml

```
---
- name: Configure awx
  hosts: automationcontroller
  become: false
  gather_facts: false
```

```
  vars:
    awx_host: "{{ groups.automationcontroller[0] }}"
    awx_user: admin
    cfg: "-k --conf.host https://{{ awx_host }} --conf.user {{ awx_user }}"

  tasks:

  - name: Login to Tower
    delegate_to: localhost
    no_log: true
    changed_when: false
    command: "awx {{ cfg }} --conf.password {{ admin_password }} -k login"
    register: awx_login

  - name: Set awx_token
    delegate_to: localhost
    set_fact:
      awx_token: "{{ awx_login.stdout | from_json | json_query('token') }}"

  - name: Create ~/.tower_cli.cfg
    delegate_to: localhost
    template:
      src: tower_cli.cfg
      dest: "~/.tower_cli.cfg"
      mode: '0600'
...
```

여기서는 토큰이 포함된 ~/.tower_cli.cfg 파일이 생성된다. 이제 플레이북을 생성해 오토메이션 컨트롤러를 자동화할 수 있다.

조직 생성

그림 23-13에 나열된 데이터 모델은 특정 객체가 필요하며 이 객체는 나머지 부분을 생성하기 전에 존재해야 한다. 따라서 우선 해야 할 작업은 조직을 생성하는 것이다.

```
---
- name: Configure Organization
  hosts: localhost
```

```
  gather_facts: false
  collections:
    - awx.awx

  tasks:

    - name: Create organization
      tower_organization:
        name: "Tower"
        description: "Tower organization"
        state: present

    - name: Create a team
      tower_team:
        name: "Tower Team"
        description: "Tower team"
        organization: "Tower"
        state: present
```

모든 것은 조직이나 인벤토리와 연결된다.

인벤토리 생성

예제 코드를 위해, awx.awx를 사용해 앤서블 오토메이션 플랫폼에 대한 단순한 인벤토리를 생성했다. 일반적으로 tower_project를 사용해 깃 저장소를 지정하고 tower_inventory_source로 설정하며, 다음과 같은 tower_inventory로 연결한다.

```
---
- name: Configure Tower Inventory
  hosts: localhost
  gather_facts: false
  collections:
    - awx.awx

  tasks:

    - name: Create inventory
      tower_inventory:
```

```
      name: "Tower Inventory"
      description: "Tower infra"
      organization: "Tower"
      state: present

  - name: Populate inventory
    tower_host:
      name: "{{ item }}"
      inventory: "Tower Inventory"
      state: present
    with_items:
      - 'server01'
      - 'server02'
      - 'server03'

  - name: Create groups
    tower_group:
      name: "{{ item.group }}"
      inventory: "Tower Inventory"
      state: present
      hosts:
        - "{{ item.host }}"
    with_items:
      - group: automationcontroller
        host: 'server03'
      - group: automationhub
        host: 'server02'
      - group: database
        host: 'server01'
```

앤서블을 사용해 가상 머신을 생성하고 삭제하는 경우 이러한 방법으로 인벤토리를 관리한다.

잡 템플릿을 통해 플레이북 실행

앤서블 코어만 사용해 명령줄에서 플레이북을 실행했다면 관리자 권한을 사용했을 것이다. 앤서블 오토메이션 플랫폼에서는 이러한 방식을 적절하게 조정해 안전한 설정으로 모델링한 방식을 제공한다.

플레이북은 깃과 같은 소스 관리 시스템에 저장된다. 하나의 **프로젝트**는 하나의 깃 저장소에 해당한다. 다음과 같이 프로젝트를 불러와 tower_project 모듈에서 사용할 수 있다.

```
- name: Create project
  tower_project:
    name: "test-playbooks"
    organization: "Tower"
    scm_type: git
    scm_url: https://github.com/ansible/test-playbooks.git
```

앤서블 플레이북을 명령줄에서 실행한 경우 SSH 키나 그 밖의 방식으로 인벤토리의 대상 시스템에 로그인하기 위한 방식을 설정했을 것이다. 그러한 방식으로 플레이북을 실행하면 앤서블 관리 호스트와 자신의 사용자 계정이 바인딩된다. 하지만 앤서블 오토메이션 플랫폼을 사용하면 인벤토리의 머신에 접근하기 위한 머신의 자격증명을 플랫폼의 데이터베이스에 암호화하여 저장하게 된다.

SSH 키는 민감한 데이터이지만, 다음과 같이 앤서블 오토메이션 컨트롤러에 암호화된 개인 키를 추가하고 잡 템플릿에서 실행할 때 패스프레이즈[passphrase]를 요청하는 방법이 존재한다.

```
- name: Create machine credential
  tower_credential:
    name: 'Tower Credential'
    credential_type: Machine
    ssh_key_unlock: ASK
    organization: "Tower"
    inputs:
      ssh_key_data: "{{ lookup('file', 'files/tower_ed25519') }}"
```

이제 프로젝트와 인벤토리, 자격증명을 통해 해당 머신에 접근할 수 있으며, 다음과 같이 인벤토리의 머신에서 프로젝트의 플레이북을 실행하기 위한 잡 템플릿을 생성할 수 있다.

```
- name: Create job template
  tower_job_template:
    name: "Test Job Template"
    project: "test-playbooks"
    inventory: "Tower Inventory"
    credential: 'Tower Credential'
    playbook: ping.yml
```

잡 템플릿의 잡을 자동으로 실행하도록 설정하려는 경우, awx.awx 컬렉션을 사용하면 아주 직관적으로 처리할 수 있다. 필요한 내용은 다음과 같이 실행하려는 잡 템플릿의 이름이 전부다.

```
- name: Launch the Job Template
  tower_job_launch:
    job_template: "Test Job Template"
```

잡 템플릿은 일반적인 운영 절차에서 사용할 수 있는 아주 유용한 방식이다. 지금까지 살펴본 예제는 개발 시스템에서 따라 하기 쉽다. 여러 팀이 함께 작업하는 경우 잡 템플릿을 실행할 때 입력을 요청해야 한다. 이러한 방식으로 인벤토리와 자격증명을 요청해 해당 팀의 인프라 환경에 대한 모든 종류의 일반적인 작업을 위임할 수 있다.

컨테이너를 통해 앤서블 실행

컨테이너를 사용하면 두 가지 측면에서 앤서블 작업을 간편하게 처리할 수 있다. 한 가지는 14장에서 살펴봤던 Molecule(https://ansible.readthedocs.io/projects/molecule/)을 사용해 앤서블 롤을 테스트하는 것이다.

컨테이너를 사용하는 두 번째 이유는 각 프로젝트나 팀이 달라 외부 의존성에 대한 복잡도가 높아지는 경우다. 파이썬 라이브러리나 또는 롤과 모듈, 플러그인, 컬렉션과 같은 외부 앤서블 콘텐츠를 불러오는 경우, 컨테이너 이미지를 생성해 사용하면 장기간 사용할 수 있도록 최신 상태를 유지하는 데 도움이 된다. 리눅스 패키지, 파이썬 버전, 앤서블 버전, 앤서블 롤과 컬렉션은 지속적으로 업데이트된다. 따라서 서로 다른 시점이

나 다양한 머신에서 동일한 앤서블 실행 환경을 유지하기가 어렵다. 실행 환경(https://
ansible.readthedocs.io/projects/runner/en/stable/execution_environments/)은 AWX나
앤서블 오토메이션 플랫폼에서 앤서블 오토메이션 잡을 실행하는 방법과 완전히 동일
한 방식으로 노트북에서 사용할 수 있도록 일관성이 있어야 하고 재구성 및 이식이 가
능해야 하며 공유할 수 있어야 한다.

실행 환경 생성

앤서블 실행 환경을 만드는 것은 심화 주제이며 앤서블 오토메이션 플랫폼 2을 사용할
때 필요해질 것이다. 실행 환경은 파이썬 라이브러리인 ansible-runner(https://ansible.
readthedocs.io/projects/runner/en/stable/intro/)에서 발전했다. ansible-builder
(https://www.ansible.com/blog/introduction-to-ansible-builder)라고 하는 파이썬 도구
를 사용한 RHEL 8의 Podman을 통해 만들어졌다. Podman은 RHEL 8 개발자용 컨테
이너 런타임이다.

실행 환경을 만드는 방법을 살펴보자. 먼저 다음과 같이 ansible-builder와 ansible-
runner가 동작하기 위한 가상 환경을 만든다.

```
$ python3 -m venv .venv
```

가상 환경을 활성화하고 도구를 업데이트한다.

```
$ source .venv/bin/activate
$ python3 -m pip install --upgrade pip
$ pip3 install wheel
```

다음으로 ansible-builder와 ansible-runner를 설치한다.

```
$ pip3 install ansible-builder
$ pip3 install ansible-runner
```

앤서블 빌더Ansible Builder는 다음과 같이 execution-environment.yml 파일에 정의가 필
요하다.

```
---
version: 1

ansible_config: 'ansible.cfg'

dependencies:
  galaxy: requirements.yml
  python: requirements.txt
  system: bindep.txt

additional_build_steps:
  prepend: |
    RUN pip3 install --upgrade pip setuptools
  append:
    - RUN yum clean all
```

파이썬 라이브러리는 requirements.txt에, 앤서블 요구사항은 requirements.yml에 포함시켜야 한다. 새로운 파일 유형은 **git**과 **unzip** 패키지 같은 바이너리 의존성을 위해 사용된다. 이러한 의존성은 다음과 같이 플랫폼의 패키지 관리자와 함께 bindep.txt에 포함한다.

```
git [platform:rpm]
unzip [platform:rpm]
```

자신의 실행 환경이 정의됐다면 다음과 같이 빌드할 수 있다.

```
$ ansible-builder \
--build-arg ANSIBLE_RUNNER_IMAGE=quay.io/ansible/ansible-runner:stable-2.11-latest \
-t ansible-controller -c context --container-runtime podman
```

실행 환경을 사용하기 위해 다음과 같이 해당 명령을 포함하는 래퍼 스크립트를 만든다.

```
$ podman run --rm --network=host -ti \
    -v${HOME}/.ssh:/root/.ssh \
    -v ${PWD}/playbooks:/runner \
    -e RUNNER_PLAYBOOK=playbook.yml \
    ansible-controller
```

요약

앤서블 오토메이션 플랫폼 2는 전사적 IT 자동화 제품이다. 오토메이션 컨트롤러(이전에는 앤서블 타워)에서는 롤 기반 접근 통제, 직무 분리, 위임 기능을 제공한다. 앤서블 프로젝트는 소스 관리에서 가져오고, 자격증명은 안전하게 관리되며, 인벤토리는 할당되고 모든 시스템 변경사항은 기록될 수 있다. 이를 통해 수백 개의 팀으로 구성된 조직에서 수만 대의 머신을 관리할 수 있다. 라이선스 비용은 당연히 호스트 개수당 계산된다.

오토메이션 허브는 레드햇의 파트너가 만든 앤서블 컬렉션을 제공하면서 관리자가 커뮤니티 콘텐츠를 관리하고 앤서블 갤럭시(https://galaxy.ansible.com/)에 대한 접근을 제한하거나 대체할 수 있게 한다.

앤서블 오토메이션 플랫폼 2에서 앤서블 실행 환경은 소프트웨어 의존성을 컨테이너로 격리해, 앤서블 타워에서 사용된 가상 환경보다 더 많은 유연성을 제공한다. 앤서블의 기술 부채(특정 버전의 필요성, 라이브러리의 충돌 등)를 여러 컨테이너에 격리하여 간단하게 관리할 수 있다. 실행 환경은 관리자가 아닌 각 팀에서 만들 수 있어 인수 인계 과정의 비용이 줄어든다.

모범 사례

24장에서는 대화의 시작점으로 모범 사례를 제시한다. 하지만 이 사례들이 모든 상황에 잘 맞는 것은 아니다. 스포티파이^{Spotify}나 넷플릭스^{Netflix}에서 적용된 내용을 반드시 다른 기업에도 적용할 수 있는 것은 아니다. 여기서 하고자 하는 주요 목표는 이러한 문제에 대한 생각을 가지고 상상력이나 관심이 시작되도록 이야기하는 것이다. 모범 사례는 다양한 환경에서 앤서블을 사용한 경험과 설계 원칙을 기반으로 한다. 관리 수준에서는 실무자의 수행 방법과 데브옵스^{DevOps} 팀의 평가 방법을 고려해야 한다.

단순성, 모듈화, 결합성

마이클 데한은 지루한 작업을 가장 단순한 방식으로 자동화할 수 있도록 앤서블을 설계했다. 그리고 남은 시간을 더 흥미로운 일을 하는 데 활용했다. 아직 경험해 보지 못한 사용자는 앤서블 갤럭시 사이트(https://galaxy.ansible.com/ui/)에서 롤과 컬렉션을 찾아보고 몇 시간 안에 앤서블을 시작해 볼 수 있다.

데한과 그렉 드쾨니히스버그^{Greg DeKoenigsberg}가 앤서블 커뮤니티를 시작한 이후로 모범 사례에 관한 내용(https://opensource.com/business/14/9/community-best-practices-new-era-open-source)을 고민하고 글을 작성했다. 이 글에서 사용되는 용어가 2.9에서는 'best practices', 2.10에서는 'tips and tricks'로 변경됐다. 이 글에서 오픈소스 프로젝트는 두 가지 특성을 갖는 경우에 더 많은 기여자를 확보하고 유지할 가능성이 높다고 지적했다. 그 두 가지 특징은 모듈화^{modularity}가 잘되어 있고 선택의 폭이 넓은 경우를 말한다. **높은 모듈화** 또는 **느슨한 결합**은 자유롭게 앤서블을 확장할 수 있게 해준다. **조합 가능성이 높다**는 것은 **결합성**^{composability}을 의미하며 갤럭시에서 자신의 상황에딱 맞는 부분을 선택할 수 있다. 예컨대, 시스템을 관리하려면 앤서블을 선택하고 인프라를 프로비저닝하려면 테라폼^{Terraform}을 선택할 수 있다. 결합성은 '해시코프의 도$^{Tao\ of}$^{HashiCorp}'(https://www.hashicorp.com/tao-of-hashicorp)의 기본적인 사항 중 하나이기도 하다.

콘텐츠 구조화

- 깃허브를 통해 앤서블 콘텐츠를 공유하고 협업 및 관리에 활용한다.
- 롤과 컬렉션, 프로젝트, 인벤토리당 하나의 저장소를 사용한다.
- 깃허브 플로$^{GitHub\ Flow}$(https://www.w3schools.com/git/git_github_flow.asp)와 같은 워크플로를 통해 변경사항을 추적하고 승인한다.
- 배포판, 패키지, 라이브러리, 도구 등의 의존성을 관리한다.
- 파일을 정확한 위치에 넣으면 마법이 일어난다.
- 작업에 해당하는 적절한 도구를 사용한다. 먼저 모듈을 찾아본다.
- 앤서블로 복잡한 문제를 해결하지 않는다. 대신 파이썬으로 모듈을 작성한다.

프로젝트와 인벤토리 분리

- 프로젝트를 재사용 가능하도록 만들어 여러 사용자에 대응할 수 있도록 한다.
- 인프라 소유자가 인벤토리의 호스트에 대한 접근을 정의할 수 있게 한다.
- 기능 또는 역할에 따라 그룹 이름의 인벤토리를 사용한다.
- 프로젝트와 인벤토리를 별도의 깃 저장소에 연결한다.

- 상용 환경으로 이동하기 전에 적절한 테스트를 하기 위해 스테이징 환경을 구성한다.

- AWX나 앤서블 오토메이션 플랫폼용 대체 디렉터리 레이아웃(https://docs.ansible.com/ansible/2.9/user_guide/playbooks_best_practices.html#alternative-directory-layout)을 사용한다.

롤과 컬렉션 분리

- 롤은 알려진 파일 구조를 기반으로 변수와 파일, 태스크, 핸들러, 템플릿을 자동으로 로드한다. 여기서는 설정보다 관행이 더 강력한 패턴이다.

- 하나의 롤에서는 하나의 내용을 적절하게 처리한다.

- 컬렉션은 역할, 모듈, 플러그인 등으로 구성된다. 이 구성 요소를 테스트한다.

- 롤을 기준으로 콘텐츠를 그룹화하여 다른 사용자와 쉽게 공유할 수 있게 한다.

- 의존성 버전을 표현하기 위해 roles/requirements.yml 매니페스트를 사용한다.

- 프로젝트 롤project role, 공유 롤shared role, 갤럭시 롤Galaxy role을 분리한다. 이러한 롤을 찾을 수 있도록 roles_path를 구성한다.

- files 및 templates 같은 최상위 디렉터리를 사용해 롤 템플릿을 로컬로 구현한다.

- 기본값은 사용자가 group_vars를 통해 간단히 재정의할 수 있다.

- 변수는 사용자가 변경할 수 없다.

플레이북

- 전문가가 아닌 사람도 플레이북을 읽을 수 있게 만든다(스스로에게 남기는 메모라고 생각한다).

- 원하는 상태 또는 단순한 상태 변경을 선언한다.

- 초보자를 위해 안전한 기본 설정을 제공한다. 팀 전체가 IT 작업을 쉽게 이해하고 활용하도록 만든다.

- 간단하게 처리할 수 있다면 간단하게 처리한다.

- 플레이북은 실행할 수 있으나(#! 쉬뱅을 사용), 변수 파일은 그렇지 않다.

코드 스타일

- 플레이북은 기본 YAML 스타일 형식을 사용한다.

- 에디터에서는 구문 강조와 린팅을 위해 파일 확장자를 사용한다.

- 로그에 남을 것을 고려해 플레이북과 플레이, 태스크의 이름을 지정한다.

- 주석은 해시마크(#)로 시작한다. 주석과 빈 줄을 과도하게 사용하지 않는다.

- 커밋하기 전에 문제점을 발견하기 위해 ansible-lint, ansible-later, yamllint, 소나큐브, Pylint, ShellCheck, Perl::Critic 또는 프로젝트에서 요구하는 그 밖의 린터 규칙을 사용한다.

모두 태그 및 테스트

- 태그를 통해 플레이북 실행을 구조화할 수 있다. 플레이북의 일부를 실행하거나 건너뛸 수 있다.

- 태그는 테스트에 도움이 될 수 있다. unitTest 태그로 단위 테스트 태스크를 추가한다.

- 롤을 테스트하기 위해 Molecule을 사용한다. 그리고 결과를 확인한다.

원하는 상태

- 멱등성을 가져야 한다. 즉, 같은 작업은 반복해도 항상 같은 결과가 나와야 한다.

- 상황이 변하지 않는 한 변경사항이 없어야 한다.

- 불확실성이 없어야 한다. 원하는 상태를 기술하고, 상태 변경은 변수를 사용한다.

- 체크 모드check mode를 지원한다.

- 위임된 드라이버로 상태를 테스트한다(molecule converge와 molecule cleanup 사용).

지속적인 제공

- 가능한 한 빠르게 프로비저닝과 배포 일정을 계획한다.

- 각 환경에서 동일한 플레이북을 사용하되 다른 자격증명을 사용한다.

- 타워 또는 ARA와 젠킨스를 사용해 단계적이고 식별 가능한 방식으로 모든 환경에 변경사항을 배포한다.

- 롤링 업데이트에 사용되는 serial 키워드를 이해한다.

보안

- 보안 변수(vault) 관리를 쉽게 만든다(https://docs.ansible.com/ansible/2.9/user_guide/playbooks_best_practices.html#variables-and-vaults).

- 루트로 로그인하지 않는다. 서비스 계정은 상호 작용되지 않도록 한다.

- 사용자 및 그룹을 최소 권한으로 설계한다.

- 로그인 및 비밀번호를 인벤토리에 저장하지 않는다.

- ansible-vault로 로그인과 비밀번호, 토큰을 암호화한다.

- 서로 다른 액세스 수준별 보안 식별자(vault ID)를 사용한다.

- 감사가 용이하도록 become 사용에 대해 태스크의 상단에 명시한다.

- SSH와 시스템 공격 표면의 보안을 강화한다.

- SSH 암호를 검사하기 위해 ssh-audit를 실행한다.

- 서명된 SSH 키 사용을 고려한다.

배포

- 넥서스^{Nexus}나 아티팩토리^{Artifactory} 같은 저장소에 소프트웨어 패키지를 생성하고 저장한다.

- 소프트웨어 배포는 1비트(0, 1)의 의사결정이다. 단순히 바이트(파일)의 전송이 아니다.

- 중앙 시스템이나 깃 워크플로를 사용해 애플리케이션 구성을 관리한다.

- 적절하게 시작되는지 확인하고 시작 순서가 적절한지 검증하기 위해 스모크 테스트를 진행한다.

성과 지표

소프트웨어 프로젝트의 팀 매니저, 스크럼 마스터, 제품 소유자 또는 기타 이해관계자라면 기준이 필요할 것이다. CALMS는 데브옵스 프로세스를 채택하는 능력과 데브옵스 전환 과정의 성공을 측정하는 방법론이다. 『The DevOps Handbook』(IT Revolution Press)의 공동 저자인 제즈 험블^{Jez Humble}이 이 약어를 만들었으며, 문화^{Culture}와 자동화^{Automation}, 린^{Lean}, 측정^{Measurement}, 공유^{Sharing}를 나타낸다.

소프트웨어 공학에서 모범 사례를 채택하는 데 사용되는 주요 성과 지표는 다음과 같다.

협업collaboration

팀이 기술 지식을 공유하고 애플리케이션과 환경을 통합하기 위해 다른 팀과 적극적으로 협력하고 있는가?

자동화automation

팀이 애플리케이션과 환경의 배포 및 홍보 과정을 자동화하고 있는가?

문화culture

팀이 애플리케이션과 환경을 구축하고 구성할 때 개선과 모범 사례, 공통 원칙을 추구하고 있는가?

측정measurement

팀이 애플리케이션을 상용 환경에 홍보하기 전에 기능 및 비기능 요구사항을 (자동으로) 확인하고 있는가?

공유sharing

팀이 관리하는 솔루션의 유지 관리를 위해 필요한 피드백을 제공하고 받고 있는가?

성과 측정 근거

앤서블 모범 사례를 적절하게 적용하면 다음 질문에 충분히 근거를 제시할 수 있다.

- 운영체제 버전, 패치 수준, 네트워크 구성, SW 스택, 배포된 애플리케이션, 구성 등 모든 환경을 정확하게 재현할 수 있는가?

- 이러한 개별 항목을 쉽게 점진적으로 변경하고 해당 변경사항을 환경 전체에 배포할 수 있는가?

- 특정 환경에 발생한 각 변경사항을 쉽게 확인하고 추적해 변경 내용, 변경 주체, 변경 시기를 정확하게 확인할 수 있는가?

- 준수해야 하는 모든 규정을 준수할 수 있는가?

- 팀의 모든 구성원이 필요한 정보를 얻고 변경하는 것이 쉬운가? 그렇지 않으면 정보 전달 주기가 늘어나고 피드백이 줄어 계획이 효율적으로 전달이 되지 않는가?

- 새로운 팀원을 영입할 때 열정적인 첫인상을 주는가?

맺는말

책을 마무리하면서도 두 시간 안에 앤서블을 배우고 세 시간째에 엔진엑스와 Postgres를 배포할 수 있다고 말하기는 어렵다. 그러나 이 책을 읽은 후에는 살펴본 내용을 동료에게 설명하거나 밋업^{Meetup}에서 데모 프로젝트를 공유해 볼 수 있을 것이다. 앤서블 커뮤니티는 글로벌이다. 커뮤니티에 참여하고 싶다면, 앤서블 커뮤니티 페이지(https://www.ansible.com/community)를 살펴보기 바란다. 앤서블 토론 그룹은 온라인 토론과 지원을 위해 RC, 깃허브, 디스코드^{Discord}, 레딧^{Reddit}에서 활동한다.

주위에 밋업이 없다면 직접 시작해 보기 바란다. 밋업이 활성화되지 않았다면 직접 이끌어도 좋다. 바스는 2014년 앤서블 베넬룩스 밋업 그룹으로 밋업을 처음 시작했다. 밋업은 새로운 것을 배우고 동일한 관심사를 가진 사람을 만나는 좋은 방법이다. 바스는 암스테르담 주변의 다양한 장소에서 열었던 토론과 시연, 워크숍에 대한 좋은 기억을 간직하고 있다. 모든 분들께 감사드린다!

친애하는 독자 여러분, 이 책과 소스 코드 저장소에서 원하는 바를 얻었길 바라며, 앞으로 수행할 일을 대비해 앤서블을 충분히 배웠기를 바란다. 건투를 빈다!

참고문헌

Barrett, Daniel, Richard Silverman and Robert Byrnes. *SSH The Secure Shell: The Definitive Guide*. Sebastopol, CA: O'Reilly Media, 2005.

Bauer, Kirk. *Automating UNIX and Linux Administration*. New York: Apress, 2003.

Clark, Mike. *Pragmatic Project Automation: How to Build, Deploy, and Monitor Java Applications*. Raleigh, NC: Pragmatic Bookshelf, 2004.

Conway, Damien. *Perl Best Practices*. Sebastopol, CA: O'Reilly Media, 2005.

Dobies, Jason, and Joshua Wood. *Kubernetes Operators*. Sebastopol, CA: O'Reilly Media, 2020.

Duvall, Paul, Steve Matyas, and Andrew Glover. *Continuous Integration: Improving Software Quality and Reducing Risk*. Upper Saddle River, NJ: Pearson Education, 2007.

Forsgren, Nicole, Jez Humble, and Gene Kim. *Accelerate: Building and Scaling High Performing Technology Organizations*. Portland, OR: IT Revolution, 2018.

Geewax, JJ. *Google Cloud Platform in Action*. Shelter Island, NY: Manning Publications, 2018.

Gift, Noah, and Jeremy Jones. *Python for Unix and Linux System Administration*. Sebastopol, CA: O'Reilly Media, 2008.

Hashimoto, Mitchell. *Vagrant: Up and Running*. Sebastopol, CA: O'Reilly Media, 2013.

Holzner, Steve. *Ant: The Definitive Guide*. Sebastopol, CA: O'Reilly Media, 2005.

Humble, Jeff, and David Farley. *Continuous Delivery: Reliable Software Releases through Build, Test, and Deployment Automation*. Upper Saddle River, NJ: Pearson Education, 2011.

Hunt, Andrew, and David Thomas. *The Pragmatic Programmer: From Journeyman to Master*. Boston, MA: Addison-Wesley, 2000.

Jaynes, Matt. *Taste Test: Puppet, Chef, Salt, Ansible*. Self-published, 2014.

Kernighan, Brian, and Rob Pike. *The UNIX Programming Environment*. Hoboken, NJ: Prentice Hall, 1984.

Kim, Gene, Jez Humble, Patrick DeBois, and John Willis. *The DevOps Handbook: How to Create World-Class Agility, Reliability, and Security in Technology Organizations*. Portland, OR: IT Revolution, 2016.

Kleppmann, Martin. *Designing Data-Intensive Applications*. Sebastopol, CA: O'Reilly Media, 2015.

Kurniawan, Yan. *Ansible for AWS*. Leanpub, 2016.

Limoncelli, Thomas A., Christina J. Hogan, and Strata R. Chalup. *The Practice of Cloud System Administration: Designing and Operating Large Distributed Systems*. Boston, MA: Addison-Wesley Professional, 2014.

Luksa, Marko. *Kubernetes in Action*. Shelter Island, NY: Manning Publications, 2018.

Mell, Peter, and Timothy Grance. *The NIST Definition of Cloud Computing*. NIST Special Publication 800-145, 2011.

Morris, Kief. *Infrastructure as Code: Dynamic Systems for the Cloud Age*. Sebastopol, CA: O'Reilly Media, 2021.

OpenSSH/Cookbook/Multiplexing, Wikibooks, October 28, 2014.

Oram, Andrew, and Steve Talbott. *Managing Projects with Make*. Sebastopol, CA: O'Reilly Media, 1986.

Reitz, Kenneth, and Tanya Schlusser. *The Hitchhiker's Guide to Python: Best Practices for Development*. Sebastopol, CA: O'Reilly Media, 2016.

Ryan, Mike, and Federico Lucifredi. *AWS System Administration*. Sebastopol, CA: O'Reilly Media, 2018.

Shafer, Andrew Clay. *Agile Infrastructure in Web Operations: Keeping the Data on Time*. Sebastopol, CA: O'Reilly Media, 2010.

Turnbull, James, and Jeffrey McCune. *Pro Puppet: Maximize and Customize Puppet's Capabilities for Your Environment*. New York: Apress, 2011.

찾아보기

V

Vagrant 56

Vagrantfile 57

variable substitution 151

vault 311

vbguest 73

virtualenv 191

VPC 441

W

wall-clock time 510

WinRM 39

WSGI 177

기호

.NET 345

번호

10층 테스트 46

앤서블 시작과 실행 3/e

구성 관리와 배포를 쉽게 자동화하는 방법

3판 발행 | 2025년 1월 2일

지은이 | 바스 마이어 · 로린 혹스테인 · 르네 모저
옮긴이 | 양 정 열

펴낸이 | 옥 경 석
편집장 | 황 영 주
편 집 | 김 진 아
          임 지 원
디자인 | 윤 서 빈

에이콘출판주식회사
서울특별시 양천구 국회대로 287 (목동)
전화 02-2653-7600, 팩스 02-2653-0433
www.acornpub.co.kr / editor@acornpub.co.kr

한국어판 ⓒ 에이콘출판주식회사, 2025, Printed in Korea.
ISBN 979-11-6175-926-5
http://www.acornpub.co.kr/book/ansible-3e

책값은 뒤표지에 있습니다.